Hans-Jürgen Schmelzer
Siehe, dein König kommt
Leben und Musik des Georg Friedrich Händel
Eine Biographie

Meiner Frau Sabine Schmelzer geb. v. Storp,
gest. 17. März 1992, posthum zugeeignet

Hans-Jürgen Schmelzer

Siehe, dein König kommt
Leben und Musik des
Georg Friedrich Händel

Eine Biographie

Droste Verlag

Bildnachweis:
Archiv für Kunst und Geschichte: Umschlag-Vorderseite und
Abb. 7, 10, 14 (Historia Photo), 19
Händelhaus Halle: 1 (Aufnahme WD = Walter Danz, Halle),
2 (Aufn. WD), 3 (Aufn. WD), 5, 6, 8 (Aufn. WD), 9 (Aufn. WD),
11 (Aufn. Edwin Werner, Halle), 12, 13 (Aufn. WD), 15 (Aufn. WD),
16 (Aufn. WD), 18, 20, 22 (Aufn. WD), 24, 25 (Aufn. WD)
Keystone: Abb. 23
Ullstein: Abb. 21
Verlagsarchiv: Abb. 4, 17

Die Deutsche Bibliothek – CIP-Einheitsaufnahme

Schmelzer, Hans-Jürgen:
Siehe, Dein König kommt: Leben und Musik des
Georg Friedrich Händel / Hans-Jürgen Schmelzer.
Düsseldorf: Droste, 1995
ISBN 3-7700-1044-2

© 1995 Droste Verlag GmbH. Düsseldorf
Schutzumschlagentwurf: Helmut Schwanen
unter Verwendung eines Fotos des
Archivs für Kunst und Geschichte
Gesamtherstellung: Clausen & Bosse, Leck
ISBN 3-7700-1044-2

Inhalt

1
Die Händels und
das Haus am Großen Schlamm

Halle im Spätsommer 1991

Händels Geburtshaus steht in Halle an der Saale. Man erreicht
es mit wenigen Schritten vom Marktplatz aus, wo, geschwärzt
von den Giften der Leunachemie, das Denkmal des Komponisten in diesen Tagen auf Bauarbeiten und Verkaufsstände her-
abschaut. Ecke Große Nicolaistraße/Kleine Ulrichstraße (so
benannt nach zwei Hallenser Pfarreien) steht man davor: Ein
dreigeschossiges Bürgerhaus im strengen, preußisch wirkenden Frühbarock. Die Fensterreihen, der Gurtsims zwischen
den Etagen gegen den cremegelben Anstrich weiß abgesetzt,
das obere Stockwerk durch rotbraune Ziegelplatten (infolge
der Umweltverschmutzung stark gedunkelt) verkleidet, das
Mansardendach auf der Längsseite mit halbmondförmigen
Gauben aufgelockert. Die zum Hauseingang der Vorderfront
führende repräsentative Freitreppe, wie man sie auf alten Auf-
nahmen noch sehen kann, ist verschwunden, ebenso das Kat-
zenkopfpflaster der Straße.

Wer in dem noch immer stattlichen Anwesen dem Menschen Händel, seiner Familie ganz privat begegnen will – immerhin hat er 18 Jahre, also ein Viertel seines Lebens hier
zugebracht –, dem wird es nicht anders ergehen als dem, der
das Bach-Haus in Eisenach, das Kleist-Haus in Frankfurt an
der Oder, den Dichter Lessing in Kamenz, diverse Luther-
Domizile in Thüringen und Sachsen-Anhalt aufsucht: Er wird
enttäuscht. Nichts trifft er hier aus dem privaten Besitz des
berühmten Toten selbst an: Kein Klavichord, keinen Violin-
bogen, keinen Sekretär, kein Petschaft, keine Originalhand-
schrift, nicht eine Locke der gewaltigen Perücke ist zurückge-

1 Geburtshaus Georg Friedrich Händels in Halle an der Saale.

blieben. Das schon in Ortsführern abgebildete Paradezimmer – es ist dem Londoner Händel gewidmet – lenkt den Blick auf das lebensgroße Ölporträt Philipp Merciers, das den Tonkünstler, vor dem Klavier sitzend, bei der Arbeit zeigt: In der rechten Hand die Schreibfeder, in die linke, auffallend schmalfingrige, etwas verzeichnete das kahle, nur mit einem Barett bedeckte Haupt gestützt. Doch dieses unter den perückenlosen Händelbildnissen zweifellos bekannteste ist lediglich der Ersatz eines im Krieg zerstörten Werkes, das seinerseits schon Kopie gewesen war. Der davor aufgeklappte, von innen bemalte, mit Barockornamenten gezierte Flügel – zwar eine Augenfreude, aber nicht Händels Instrument, lediglich in seinem Jahrhundert hergestellt.

So teilt das Händelsche Geburtshaus das Schicksal so vieler historischer Stätten zwischen Elbe, Saale und Oder: Es wirkt leergeraubt, wenn es auch als Gedenkplatz mit Kopien, Ablichtungen, Faksimiledrucken und umliegenden Herrensitzen offensichtlich entwendetem Mobiliar zeitgetreu und nicht nur für Schulklassen lehrreich eingerichtet wurde.

So arm wie das hallesche Haus an Autographen, fast eben so arm muß sich die Nachwelt an Zeugnissen aus Händels Privatleben nennen. Wie gut wir auch über seine Werke unterrichtet sind, deren Herausgabe und Drucklegung, über Aufführung und Echo seiner Opern und Oratorien, seine Kämpfe auf der Londoner Theaterszene, so wenig wissen wir über den früh berühmt Gewordenen selbst: Es gibt keinen Briefwechsel zwischen Vater und Sohn, Mutter und Sohn, Schwester und Bruder wie bei Mozart. Kein Brief an eine geliebte Frau ist überliefert wie von Beethoven oder dem jungen Brahms. Als der Musikforscher Johann Nikolaus Forkel Jahrzehnte nach Bachs Tod Material zu einer ersten Biographie über den nahezu Vergessenen sammelt, kann er Bachsöhne, Bachtöchter befragen. Händel hatte weder Frau noch Kinder. Er beschäftigte in seinem Londoner Haus Diener, einen Türsteher, einen Koch, einen Sekretär... Keiner von ihnen hat sich, wie es scheint, über den weltberühmten Herrn und Meister für spätere Generationen heimlich Notizen gemacht. Musikschriftsteller jener Zeit ersuchen ihn für ihre musikgeschichtlichen Darstellungen um autobiographische Angaben. Er hält die Frager hin, vergißt ganz davon...

Wir wissen nicht, an wen er mehr gehangen hat – an Vater, Mutter oder Schwester, ja ob es überhaupt je seine Art war, sich an jemanden zu hängen. Kein Dummerjungenstreich ist auf uns gekommen, wie z. B. von dem Wiener Sängerknaben Joseph Haydn, der einem Kameraden den Zopf abschnitt. Es gab auch schon zu Händels Zeiten Klatschspalten über Prominente in Londoner Blättern. Über das Privatleben des damals schon unbestritten größten Musikers der Insel wissen sie so gut wie nichts zu berichten. Die Presse meldet, wie heute die Agenturen, Händels Reisen auf den Kontinent, einen Verkehrsunfall, den er in den Niederlanden erlitten hat, seine Schlaganfälle, seine Badekuren, seine Erblindung, seinen Tod. Es kursieren Schmähschriften, Karikaturen, Spottverse, Lobeshymnen auf ihn. Anekdoten blieben bis heute lebendig. Es haben sich ein paar Augenzeugenberichte erhalten, zeitgenössische Tagebuchnotizen, Briefmitteilungen. Aus Händels eigener Feder besitzen wir drei Dutzend Briefe, ein umfangreiches Testament. Er hinterließ kein Tagebuch, keine von ihm schriftlich festgehaltene Lebenserinnerung.

Kehren wir noch einmal zu seinem Geburtshaus zurück. Auch seine Echtheit war zeitweise umstritten, bis anhand von Grundbüchern jeder Zweifel ausgeräumt werden konnte. Dieses Haus hat in der Tat der herzogliche Leibchirurg Georg Händel, Vater des Komponisten, am 30. Juni 1666 für einen Kaufpreis von 1310 Gulden erworben. Es trug zu jener Zeit den Namen „Zum gelben Hirschen" und berechtigte den Besitzer zum Weinausschank, ein Privileg, um dessen Bestätigung sich der neue Eigentümer mit dem Rat der Stadt jahrelang herumzanken muß.

Das stattliche neue Heim der Händels bleibt über ein Jahrhundert im Besitz der Familie. Letzte Erbin wird die Großnichte des Tonkünstlers, Dorothea Luisa Floercke (auch Flörcke), Enkelin seiner Schwester Dorothea Sophia. Die Großnichte heiratet den hallischen Ratsmeister Friedrich August Reichhelm, der den Ehrgeiz hat, das Anwesen als Erinnerungsstätte zu Ehren des großen Familienvorfahren entsprechend herzurichten. Er scheut keine Kosten, stirbt aber darüber.

Das Haus muß 1783 öffentlich versteigert werden. Es wechselt häufig den Besitzer, so daß sich die Erinnerung an seine Vergangenheit allmählich verwischt. Der Kaufmann Friedrich Wilhelm Rüprecht gewinnt das Nachbarhaus noch hinzu. Es wirkt mit seinem mittelalterlich hohen Giebel heute noch ehrwürdiger und dient mit Konzertsaal, Instrumentalsammlung und Renaissancefachwerk auf dem Hinterhof gleichfalls zur Händelpflege.

Daß es als sogenanntes „falsches Händel-Haus" in die Stadtgeschichte einging, liegt an dem nachfolgenden Käufer, Julius Winzer, der nur dieses ersteht, nicht das echte. Winzer, ein

Kind der protzigen wilhelminischen Ära, läßt einen Stukkateur kommen, der die gesamte Fassade erneuert (nach 1945 abgeschlagen). Sie fällt so imponierend aus, daß es den Auftraggeber dazu hinreißt, diesen schmuken Bau als Geburtshaus Georg Friedrich Händels auszugeben, zumal man in einem Speichergelaß ein eingestaubtes Tasteninstrument aufgestöbert hat. Das kann ja nur das Klavichord sein, auf dem der begnadete Knabe heimlich in der Nacht musiziert hat! Bei Lichte besehen, soll es sich allerdings um ein Tafelklavier aus späterer Zeit gehandelt haben.

Erst 1937 gelingt es der Stadt Halle, das in Mietswohnungen aufgeteilte echte Händel-Haus käuflich zu erwerben und als Museum einzurichten.

Der Familienname Händel leitet sich sowohl von dem Beruf des Händlers als auch von einer Verkleinerungsform des Vornamen Johannes ab. Er begegnet uns darum in allen deutschen Landen. Das Telefonbuch von Berlin West weist 22 Träger des Namens „Händel" bzw. „Haendel" auf (die Schreibung „Hendel" nicht mitgerechnet), das Hamburger 20, das Kölner 15, das Stuttgarter 9, das Münchner 21.

Die hallensische Familie, die das musikalische Genie hervorgebracht hat, stammt aus Schlesien und übte das Kupferschmiedehandwerk aus. Valentin Händel, der Großvater des Komponisten, kehrt der Stadt Breslau den Rücken und wandert westwärts nach Halle. Er wird daselbst ein angesehener Bürger und heiratet Anna Beuchling (auch Beichling), wiederum Tochter eines Kupferschmiedes aus der Lutherstadt Eisleben. Aus der Ehe bleiben vier Kinder am Leben, darunter drei Söhne: Valentin, Christoph und Georg, der Vater des Musikers.

Georg Händel muß geistig besonders aufgeweckt gewesen sein; denn während die Brüder dem angestammten Gewerbe treu bleiben, schickt der Vater den Jüngsten auf das Gymnasium. So sehr er sich dort zur Zufriedenheit der Lehrer entwickelt, muß er doch in der dritten Klasse die Schule bereits verlassen: Der Vierzehnjährige hat seinen Vater verloren. Valentin

Händel ist an der Pest gestorben; die Witwe hat nicht die Mittel, Georg studieren zu lassen. Hat ihn die Seuche in der Stadt, das frühe Ende des Vaters schicksalhaft bestimmt? Der Junge beschließt, Wundarzt zu werden, damals ein Handwerk, das wie jedes andere auch eine Reihe von Lehrjahren vorschrieb und zu dem ebenso das Bartscheren gehörte, weshalb der Arztberuf mit dem des „Barbiers" (frz. barbe „Bart") zusammenfiel.

Georg Händel ist ein Kriegskind. Als er 1622 geboren wird, haben die Gemetzel zwischen Katholiken und Protestanten bereits vier Jahre lang von Böhmen aus das Land verheert. Die Stadt Halle, deren Moritzburg mehrmals berannt wird, fällt wechselweise in die Hand protestantischer und katholischer Feldherren. Als der Krieg, der als der Dreißigjährige in die Geschichte eingeht, 1848 endet, ist aus dem Handwerkerskind ein wohlsituierter Familienvater von 26 Jahren geworden.

Wie hat er seine Gesellenzeit zugebracht? – Wir sind über Georg Händels Lebenslauf verhältnismäßig gut unterrichtet; denn da er es als hallescher Bürger zu Wohlstand und hoher Geltung gebracht hatte, würdigte man ihn am Grab in einer ausführlichen Leichenrede. Diese ist uns überliefert. So wissen wir, daß Georg Händel als junger Mann im Krieg längere Zeit als Feldscher diente. Er verdingte sich sozusagen als Sanitäter und Bartscherer im Felde. Und zwar folgt er zunächst einem kursächsischen Regiment, bis dieses bei einer Niederlage zerrieben wird. Der Hilfsarzt schlägt sich nach Hamburg durch, von dort nach Lübeck, wo er unter einem aus der Heimat stammenden Chirurgen arbeitet. Schließlich läßt er sich als Barbier von einem Schiff anheuern und gelangt bis nach Lissabon. Wieder in Lübeck, zieht es ihn noch einmal an den Kriegsschauplatz, diesmal in der Leibkompanie eines hohen schwedischen Generals.

Beschwörende Briefe der Mutter rufen den Sohn nach Halle zurück, wo es ihn aber nicht lange hält. Wieder verarztet er verwundete Landsknechte, jetzt sogar im kaiserlichen Heer – er, der lutherische Protestant, auf katholischer Seite! Aber die

2 Georg Händel (1622–1697), Vater des Komponisten,
*fürstlich sächsischer und kurfürstlich brandenburgischer
Leibchirurg. Stich von J. Sandrart.*

Seinen zu Hause werden nicht müde, das Gewissen des Abenteurers zu bedrängen. Wie die Rufe in diesen Wirren bis in sein Feldlager gelangen, läßt sich heute schwer enträtseln. Sie tun ihre Wirkung: Georg nimmt den Abschied und kehrt zur Mutter zurück. Ohnehin hat er als Barbier, Wundarzt, Chirurgus reichliche praktische Erfahrung gesammelt, so kann er sich in seinem Beruf endlich niederlassen.

Er trifft es glücklich; denn in Neumarkt, nahe Halle, macht er die Bekanntschaft mit der noch jungen Witwe eines Kollegen. Georg Händel heiratet sie, übernimmt die verwaiste Wundarztpraxis und erwirbt ein eigenes Haus. Anna Kate, verwitwete Ettinger, schenkt ihm in einer vierzigjährigen Ehe sechs Kinder, von welchen zwei den Ruhm ihres über dreißig Jahre jüngeren Halbbruders Georg Friedrich noch erleben werden, nämlich der jüngste Sohn Carl, der als herzoglicher Leibchirurg in die Fußstapfen des Vaters tritt (gestorben 1713) und Sophia Rosina, die den fürstlich sächsisch-weißenfelsischen Güterverwalter Philipp Pfersdorff heiratet. Sie lebt bis 1728.

„Meister Görge", wie die Leute den zum Amtschirurgen aufgestiegenen Georg Händel nennen, macht sich als praktischer Arzt einen Namen. Einem Mitglied der sächsischen Herrscherfamilie, dem Herzog von Sachsen-Merseburg, richtet er einen komplizierten Armbruch, den dieser sich bei einem Jagdunfall zugezogen hatte. Das trägt dem Neumarkter Wundarzt das Vertrauen des sächsischen Landesherrn ein, der ihn zu seinem „Geheimen Kammerdiener und Leibmedikus" macht.

Der Westfälische Friede, der die Staatenkarte Europas nach dem Dreißigjährigen Krieg neu ordnete, hat auch für die Stadt Halle neue Verhältnisse geschaffen. Der sächsische Kurfürst darf dort zwar bis an sein Lebensende Wohn- und Nutzungsrechte für sich in Anspruch nehmen, doch wird die Stadt politisch dem Staat Brandenburg – er heißt später Preußen – zugeschlagen. Der Nachfolger verlegt seinen Hof darum in das grenznahe Weißenfels, in das sich der Leibmedikus Händel nun häufig begeben muß. Möglicherweise um in näherer

Reichweite zu sein, siedelt er nun nach Halle über und kauft sich besagtes Eckhaus „Zum Gelben Hirschen", dessen Straße damals „Am Großen Schlamm" heißt. Den Weinschank, den er sich von den Stadtvätern allmählich erstritten hat, verpachtet er. Überhaupt muß Georg Händel (wie später der berühmte Sohn) vom Geschäft etwas verstanden haben; denn er bringt es zu ansehnlicher Wohlhabenheit. Auf dem Porträt, das uns von ihm überliefert ist, blickt er streng und schmallippig unter lang wallendem Lockenhaar wie ein Ratsherr. So stolz und selbstbewußt, nur weniger eisig, blickt auch der Sohn.

Der Leibmedikus hat sich ein Familienwappen zugelegt. Es zeigt, zu dem Gewerbe passend, eine Figur, die in der Rechten ein Salbgefäß hält. Auch dem Sohn wird dieses Wappen zu Gesichte stehen, der aus dem Gefäß für die Menschheit noch ganz andere Heilmittel schöpfen wird. Vater und Sohn waren Hünen von Gestalt und Körperkraft.

Georg Händel begnügt sich nicht mit wenigen Titeln. Sein Ehrgeiz, zur gehobenen Bürgerschicht zu zählen, ist groß. Er hat mit einem medizinischen Kunstgriff Furore gemacht und einem sechzehnjährigen Bauernburschen ein Messer aus dem Leib geholt, das dieser beim Spiel verschluckt hatte. Meister Görge sorgt selbst dafür, daß dergleichen Bravourstücke an das Ohr des brandenburgischen Landesherrn dringen. Der hallesche Wundarzt wird auf kurfürstliche Weisung nicht nur mit einer Zahlung ausgezeichnet, er darf sich auch, so steht es auf dem Grabstein, „Churfürstlich Brandenburgischer Geheimer Kammerdiener, auch Leibchirurg" nennen.

1682, drei Jahre vor der Geburt des Komponisten, wütet die Pest im Land. Georg Händel verliert nicht nur seinen ältesten Sohn Gottfried (Stadtphysikus in Barby), sondern auch die eigene Ehefrau. Der Verwitwete besinnt sich nicht lange und geht sechzigjährig, nach abgelaufener Trauerfrist, mit der 32jährigen Pfarrerstochter Dorothea Taust eine neue Ehe ein. Der bereits betagte Schwiegervater, Georg Taust, traut das Paar am 23. April 1683 in seiner Pfarrkirche zu Giebichenstein (heute ein Stadtteil Halles). Georg Händels gesellschaftlicher

Aufstieg ist auf seinem Gipfel: Er hat in eine studierte, dazu hochangesehene Familie eingeheiratet.

Schon Dorotheas Großvater, Johann Taust, war Pfarrer gewesen und hatte die böhmische Heimat aus Glaubensgründen verlassen. Seine Frau, eine Olearius, entstammte einem damals berühmten Pastorengeschlecht und war selbst die Tochter eines Superintendenten. Wenn von Georg Friedrich Händel, dem Komponisten, bezeugt ist, daß er an Fürstenhöfen sicher wie ein Herr aufzutreten wußte, lag das gewiß auch an seinem natürlichen Stolz, genährt von dem Bewußtsein, daß er sich ungeachtet seines Talents auch seiner Herkunft nirgends zu schämen brauchte.

Dorothea Taust, verehelichte Händel, ist eine bibelfeste und zugleich tatkräftige Christin. Auch dieses Beispiel beherzter, sich selbst nicht schonender Liebe am Nächsten wird nicht ohne Einfluß auf den Sohn bleiben. Jahrelang stellt sie ihr persönliches Glück hintan, Heiratsanträge ausschlagend, nur um den zu Jahren gekommenen Eltern häusliche Stütze zu sein. In den Pestmonaten, die Schwester und Bruder dahinraffen, pflegt sie die kranken Angehörigen, ohne sich von der Ansteckungsgefahr schrecken zu lassen. Bereits ein spätes Mädchen, reicht sie auf Zureden des Vaters dem sechzigjährigen Wundarzt die Hand zum Ehebund und schenkt ihm vier Kinder. Das älteste, ein Sohn, stirbt nach der Geburt. Das zweite, wiederum ein Sohn, heißt Georg Friedrich Händel, geboren aller Wahrscheinlichkeit nach am 23. Februar 1685. Der Geburtstag ist so unsicher wie der Ludwig van Beethovens, da nur das Taufdatum, in Händels Fall der 24.2., im Kirchenbuch verzeichnet ist. Taufpaten sind der fürstlich sächsisch-weißenfelsische Güterverwalter Philipp Pfersdorff (Ehemann der 33 Jahre älteren Halbschwester Sophia Rosina), Anna Taust (jüngste Schwester der Mutter) und der Amtsbarbier aus Neumarkt Zacharias Kleinhempel (er ist der Gatte aus zweiter Ehe der über 40 Jahre älteren Halbschwester Dorothea Elisabeth). Es werden nach Georg Friedrich noch zwei Töchter geboren: Dorothea Sophia (1687) und Johanna Christiana (1690).

1685, das Geburtsjahr unseres Musikers, ist ein denkwürdiges Jahr; denn einen Monat später, am 21. März, wird im thüringischen Eisenach Johann Sebastian Bach geboren. König Ludwig XIV. hebt das Edikt von Nantes auf, das zwischen Katholiken und Protestanten Frieden gestiftet hatte. Nun werden protestantische Untertanen in Frankreich drangsaliert, verfolgt, auf die Galeeren geschickt. Sie verlassen als Hugenotten zu Tausenden das Land, strömen nach Brandenburg und siedeln sich auch in dem von der Pest entvölkerten Halle an.

Johann Sebastian Bach hatte einen Stadtmusikanten, einen sogenannten Hausmann, zum Vater. Mozart war Sohn eines Vizekapellmeisters, Beethoven Sohn eines Hofsängers. Brahms' Vater war Kontrabassist, Haydns Vater spielte auf der Harfe, Schuberts Vater musizierte mit seinen Söhnen. Unter Wagners Vorfahren gibt es Kantoren ... Wie indes aus Kupferschmieden, Predigern, einem Amtschirurgen eine der größten musikalischen Begabungen aller Zeiten erwachsen konnte, bleibt so rätselhaft wie das Kleinhandwerkermilieu, das Deutschlands größten Philosophen Immanuel Kant hervorbrachte.

Bach wurde in eine weitverzweigte Sippe hochbegabter Musiker hineingeboren, die auf alljährlich stattfindenden Familientreffen um die Wette musizierten und nach dem Festschmaus um den Tisch ihre Quodlibets anstimmten. Im Elternhaus des jungen Händel spielte Musik keine Rolle. Wer weckte sein Genie auf? – Im Zeitalter des Autostereos und des Straßenkopfhörers können wir es uns heute schwer vorstellen, wieviel natürlicher Menschen früherer Epochen Musik erlebten und sich meist selbsttätig an ihr erfreuten: Die Wäscherinnen am Saaleufer, die ihre Kähne kalfaternden Flußschiffer, hallorische Salzpfänner sangen zu ihrer Arbeit. Der Schafhirte am Fuße der Festung Giebichenstein spielte auf seiner Flöte. Fahrendes Volk läßt zur Laute, zum Dudelsack, zum Tamburin einen Bär, dressierte Murmeltiere tanzen. Ein harfezupfender Landstreicher lockt spielende Kinder an. Kleine Kurrendesänger mit glockenreinen Sopranstimmen ziehen von Haus zu

Haus. Sie ersingen sich den eigenen Unterhalt, das Schulgeld oder ein Zubrot. Der elfjährige, elternlos gewordene Johann Sebastian Bach war selbst ein solcher Kurrendeknabe. Die Stadtpfeifer begleiten einen Hochzeitszug, eine Trauerprozession oder spielen zu Ehren eines fürstlichen Besuchs. Von den beiden „Hausmannstürmen" an der Westfront der hallischen Marktkirche, durch einen steinernen Steg malerisch miteinander verbunden, blasen die Stadttrompeter den Sonntagschoral...

Den größten Zauber wird auf den jungen Händel der evangelische Gottesdienst ausgeübt haben. In der Leipziger Thomaskirche begann er zu Bachs Zeiten um sieben Uhr in der Frühe und dauerte drei bis vier Stunden. Er wird in Halle kaum kürzer gewesen sein. Schon die Predigt durfte eine Stunde nicht unterschreiten. Noch länger streckte sich die musikalische Gestaltung hin: Dem Orgelspiel folgte die Motette, ein vielstimmiger Chorgesang. Kyrie, Gloria, Credo führte gleichfalls ein Chor aus. Gemeindelieder, viele Strophen zählend, wurden von den versammelten Gläubigen angestimmt, Epistel und Evangelium vom Geistlichen singend vorgetragen. Dem schloß sich eine zum Lesungstext passende Kantate an, die für sich allein schon mindestens 20 Minuten in Anspruch nahm. Diesen Brauch pflegte man nicht eigens in der Leipziger Thomasgemeinde, weil dieser vom Himmel ein unerschöpflicher Musikmeister beschieden worden war, vielmehr erwartete man in der Blütezeit deutscher Kirchenmusik von jedem Kantor, daß er wie ein Handwerker die dem Geist des jeweiligen Sonn- oder Feiertags entsprechenden Bibelvertonungen nebst Orgelpräludien selbst lieferte.

Die musikalische Veranlagung muß sich bei Händel in ganz frühen Jahren mit einer Heftigkeit Durchbruch verschafft haben, daß es die Familie, insbesondere den Vater, geradezu erschreckte. Der englische Pfarrer John Mainwaring, der die erste Biographie kurz nach dem Tod des Komponisten verfaßt hat (erschienen 1761), berichtet darüber. – Hielt sich der Junge zwischen leerem Kirchengestühl versteckt, um dem probenden

Organisten zu lauschen? Hatte dieser den Knirps plötzlich entdeckt? den beharrlich Bettelnden schließlich ans Instrument gelassen, um ihm erste Anleitungen zu geben, worauf keine Macht der Welt das Kind von den Tasten wieder wegzureißen vermochte? –

Dem Vater muß es bei der Vorstellung, der aufgeweckte Nachkömmling könnte dem Geklingel und Geklimper ganz verfallen, Musikant werden, statt dem Namen Händel als tüchtiger Jurist Ehre zu machen, gegraust haben. Er trifft harte Vorkehrungen: Kein Musikinstrument darf ins Haus. Der Junge wird überwacht. Schluß mit dem Besuch bei Orgelspielern und geigenden Schuhflickern. Schluß auch mit dem Gelungere auf den Straßen zwischen Kurrendesängern und musizierenden Vagabunden. Aber Vater Händel, der herzogliche Chirurg, ist meistens außer Haus. Das Frauenregiment daheim, bestehend aus Mutter, mindestens einer Tante (nämlich Anna, jüngste Schwester der Mutter, Georg Friedrichs Patin), zwei jüngeren Schwestern, überwiegend weiblichen Dienstboten, wird schwerlich immer strikt die Weisungen des strengen Hausherrn befolgt haben. Nachbarn und Freunde halten dem Vater sogar vor, daß man dem Kind nicht unnötig Gewalt antun dürfe, ja der Natur ihr Recht lassen müsse....

Zielstrebigkeit und Eigensinn, im Vater so lebendig wie im Sohn, die nur kümmerlich unter Verschluß gehaltene Leidenschaft machen schließlich erfinderisch. Ein Klavichord wird ins Haus geschmuggelt und auf dem Dachspeicher heimlich installiert. Es hat den Vorzug, daß es leise klingt, höchstens auf Zimmerlautstärke gespielt werden kann. (Johann Sebastian Bach stellte sein Klavichord sogar im Schlafzimmer auf und spielte, während die Kinder schliefen, seiner Frau darauf vor). Halbe Nächte muß der kleine Kerl in seinem Schlupfloch vor dem Instrument zugebracht haben. Dann kommt es zu der denkwürdigen Begebenheit, die uns schon der erste Biograph überliefert. Man kann darum annehmen, daß Händel diese Kindheitsepisode selbst von sich erzählt hat.

Wieder einmal begibt sich der Leibmedikus Georg Händel

an den weißenfelsischen Hof. Vertraglich hat er sich alle acht Wochen dazu verpflichtet, Notfälle nicht mitgerechnet. Der kleine etwa neunjährige Georg Friedrich (Mainwaring hat das Alter mit sieben Jahren zu niedrig angesetzt) will unbedingt mitreisen. Er möchte seinen Halbbruder kennenlernen, der es dort zum herzoglichen Kammerdiener gebracht hat. Der Vater schlägt seinem Jüngsten den Wunsch ab. Er kann Kinder auf seiner Dienstfahrt nicht gebrauchen. Möglicherweise wittert er nur einen Vorwand und ahnt, daß der Junge in Wahrheit nur weißenfelsische Hofmusik schnuppern will. Der bettelt, quengelt, winselt – umsonst, die Kutsche rollt ohne ihn von dannen. Aber Georg Friedrich Händel hat nicht nur einen Dickkopf, er ist offensichtlich auch von robuster Konstitution. Er rennt hinter dem Fuhrwerk her. Der beklagenswerte Straßenzustand kann den flinken Jungenbeinen wenig anhaben, den Speichenrädern des Kutschwagens um so mehr. Sie bewegen sich so mühselig vom Fleck, daß der Bub den Vater einholt. Der ist außer sich, kann aber den herzerweichenden Flehgebärden nicht widerstehen. Er liebt den Spätgeborenen und läßt ihn zusteigen.

Bei Hofe hat der Vater mit seinen Visiten so zu tun, daß der Sohn in Obhut der Verwandten seinen Neigungen, Tasteninstrumente auszuprobieren, nach Herzenslust frönen kann. Als der Herzog nach dem Gottesdienst die Kapelle verlassen will, stutzt er über das ungewöhnlich schöne Orgelspiel. Wer ist der Solist? Sein Kammerdiener Händel gibt Auskunft: „Mein Bruder." Der Souverän, fassungslos, besieht sich den kleinen Künstler und bestellt sich prompt den Vater. Als dieser griesgrämig seinen alten Standpunkt wiederholt, daß Musik zwar ein hübscher Zeitvertreib sei, aber nichts gegen einen akademischen Beruf, den der Sohn nun mal ergreifen solle, fällt ihm Herzog Johann Adolf ins Wort. Jeder Beruf könne einem tüchtigen Mann Ehre machen. Die Augen des jungen Orgelspielers mögen geglänzt haben, als sich Seine Durchlaucht immer leidenschaftlicher zu seinem Fürsprecher macht, ja den Vater tatsächlich umstimmt, zumal diesem der Gedanke allmählich einleuchtet, daß man ja eins mit dem anderen verbinden könne – Musik und Juristerei.

Wer waren die Herzöge von Sachsen-Weißenfels? – Sie gehören wie andere sächsische Herrscher dem Hause Wettin an. Es huldigt wie die fränkischen Könige germanischem Brauch, das Land unter die Söhne aufzuteilen, statt es dem Erstgeborenen ganz zu überlassen. Daraus erklärt sich die bis ins 19. Jahrhundert kaum zu übersehende sächsisch-thüringische Kleinstaaterei – Sachsen-Weimar, Sachsen-Meiningen, Sachsen-Altenburg usw. Kurfürst Johann Georg I. (1611–1656) hat vier Söhne: Der älteste wird als Johann Georg II. in Dresden sein Nachfolger. Die drei jüngeren stattet der Vater nach alter Hausgewohnheit territorial so aus, daß sie standesgemäß Hof halten können. Sie herrschen in eigener Residenzstadt über ein, zwei Dutzend Dörfer. So gelangt Prinz August, der Zweitgeborene, an Weißenfels und wird Stammvater der Herzöge von Sachsen-Weißenfels. Die Erbteilung hat ihn darüberhinaus mit der Verwaltung des Erzbistums Magdeburg bedacht, zu dem territorial auch Halle gehört. Die hallische Moritzburg wählt sich der „Administrator" zur herzoglichen Residenz. Erst als das gesamte Bistum (nach dem Dreißigjährigen Krieg) brandenburgisch geworden ist, zieht sich der Herzog aus Halle zurück.

Auf den Ruinen der weißenfelsischen Burg – Zerstörungswerk schwedischer Soldaten – wird ein gewaltiges dreiflügliges Barockschloß mit Rundturm errichtet, das auf einem Berg aus hellem Sandstein (Wizenfels) noch heute das Stadtbild beherrscht. Kunstliebend wie die meisten Wettiner, halten Augusts Nachfolger dort nicht nur einen glänzenden Hof, sie fördern ein Musikleben, um das Städte wie Berlin, München, Stuttgart das politisch völlig bedeutungslose Weißenfels beneiden müssen. Die „drei großen S", wie sie die Musikgeschichte nennt, Heinrich Schütz, Johann Hermann Schein, Samuel Scheidt – durch sie erlangt die deutsche Musik zum erstenmal Weltgeltung – haben in Weißenfels gelebt und gewirkt. Johann Sebastian Bach wird persönlicher Freund des Herzogs Chri-

21

stian. Bach widmet ihm eine Jagdkantate und führt den Titel „Herzoglich-Weißenfelsischer Kapellmeister von Haus aus", was so viel heißt, daß Bach den Hof gelegentlich aufsuchte, die Kapelle selbst leitete oder musikalisch beriet.

Als der etwa neunjährige Händel nach Weißenfels kommt, ist aus den herzoglichen Musikern unter den Händen Johann Philipp Kriegers eines der führenden Konzertensembles nördlich der Alpen geworden. Die Spieler beherrschen mehrere Instrumente, manche von ihnen haben eine ausgebildete Singstimme. Junger Nachwuchs, sogenannte Kapellenknaben, werden im Hause des Musikdirektors beherbergt und systematisch ausgebildet. Auf einer Theaterbühne erlebt der Hof deutsche Opern, Krieger komponiert selbst 50 Stück, außerdem Tafelmusik und Kirchenkantaten. Kaiser Leopold wird den berühmten Mann für ein in Wien veranstaltetes Hofkonzert persönlich adeln. Sein Konzertmeister, ein gewisser Johann Beer, hat nicht nur als Komponist einen Namen, er zählt neben Grimmelshausen zu Deutschlands begabtesten Barockerzählern und ist Verfasser von 20 Romanen.

Johann Philipp Krieger, mit dem Händel wahrscheinlich weitläufig verwandt ist, wird an der Entdeckung des kleinen Genies an der Orgel nicht unbeteiligt gewesen sein, ja hat bei der Bearbeitung des schwer zu überzeugenden Vaters vermutlich eine nicht unbedeutende Rolle gespielt. Romanhafte Lebensdarstellungen flechten an einer Knabenfreundschaft zwischen Georg Friedrich und dem Kapellmeisterssohn Johann Gotthelf Krieger, der einmal des Vaters Nachfolger wird. Die Vorstellung scheint nicht aus der Luft gegriffen: Die Jungen sind altersmäßig nur zwei Jahre auseinander, beide verbindet die Musikleidenschaft.

Noch mehr kann man der Annahme Glauben schenken, daß der junge Händel seine weißenfelsischen Besuche wiederholt hat. Dieser von Halle nur vier Meilen (30 km) ferne Magnet wird ihm keine Ruhe gelassen haben. Gewiß hat die herzogliche Familie die musikalischen Fortschritte mit Anteilnahme verfolgt, während sich der Schützling an Hofkonzerten und

Opernaufführungen laben durfte. Hofleute werden dem kleinen Künstler geschmeichelt, vornehme Frauen ihm übers Haar gestrichen, Kammerlakaien aus der eigenen Sippe ihn in manchen Schlupfwinkel des Riesenpalastes geleitet haben. Die Luft wird ihm früh vertraut. Kein Wunder, daß wir ihn bald auf Europas Fürstenhöfen daherschreiten sehen, als sei er dort zu Hause.

Der weißenfelsische Glanz ist seit einem viertel Jahrtausend erloschen. Der mächtige Bau, heute ein Schuhmuseum, liegt verödet. Birkenschößlinge brechen aus dem Mauerwerk. Nur die dreigeschossige Schloßkapelle im Nordflügel, überwölbt von einer stuckverzierten Kassettendecke, der Raum also, der für den Knaben Händel früher Überlieferung nach so schicksalbestimmend wurde, atmet noch die Pracht seines Jahrhunderts. Vier an das Portal angebrachte Tafeln erinnern an Weißenfels' ruhmvolle Kulturgeschichte. Sie tragen vier berühmte Namen: Johann Sebastian Bach, Georg Friedrich Händel, Johann Philipp Krieger und Caroline Neuber, deren epochemachende Schauspielerlaufbahn noch zu Lebzeiten des großen Komponisten ihren Ausgang nahm.

Vater Händel, einmal durch herzoglichen Rat bekehrt, läßt nun Taten folgen. In Halle wird als Musiklehrer der Organist an der Liebfrauenkirche Friedrich Wilhelm Zachow gewonnen. Für den jungen Händel ein einzigartiger Glücksfall. Zachow ist nicht nur ein weit geachteter Komponist und Meister auf der Orgel, er erweist sich auch als vorzüglicher Pädagoge, der die ungewöhnlichen Anlagen des neuen Schülers schnell erkennt und mit liebevoller Einfühlung zutage fördert. Mit Anfang dreißig in den besten Jahren, überschäumend an Temperament, voll barocker Daseinsfreude, gutem Trunk gelegentlich nicht abgeneigt, tritt Zachow in das Leben des pastörlich streng gehaltenen Kindes, das seinen Lehrer rückhaltlos bewundert und ihm immer dankbar bleiben wird. Ohne Neid und darum mit seiner Entdeckung nicht hinterm Berge haltend, sieht dieser sich von dem Schuljungen eines Tages überflügelt und läßt sich von ihm in den Sonntagsgottesdiensten an der Or-

3 Die Marktkirche zu Halle. Seit 1684 wirkte dort Friedrich Wilhelm Zachow (1663–1712), der Lehrer von Händel.

gel vertreten. Was Zachow Georg Friedrich Händel als dessen
einziger Lehrer in wenigen Jahren an musikalischen Fertigkei-
ten und theoretischem Rüstzeug mitgegeben hat, reicht aus,
um dem kaum Erwachsengewordenen als Klavier- und Orgelspieler sowie als Komponisten gleich auf Anhieb einen durchschlagenden Erfolg zu sichern. Wie war das möglich?

Wer das ganze Jahr für den Feiertagsbedarf die Gottesdienstmusik größtenteils selbst zu verfertigen hat, dem sind die
Regeln des Kontrapunktes, des Chorsatzes, der Harmonie-
lehre eine praktische Erfahrung. Der Schüler kann die Orgel-
fuge, den Motettenkanon, eine Choralbehandlung unter der
Feder des Meisters mit eigenen Augen entstehen sehen, ja ihm
bei der Ausführung der Stimmen selbst zur Hand gehen. Händel erinnert sich später daran und bekennt als berühmter
Mann, daß er in diesen frühen Jahren selbst „wie der Teufel"
schon komponiert habe. Möglicherweise hätte ihm ein Musiker
geringeren Formates hier ebenso den Weg weisen können.
Auch das hohe Maß an Bildung, ja Gelehrsamkeit, dem der
Schüler in Zachow begegnet, ist für einen deutschen Kantor
des ausgehenden 17. Jahrhunderts nichts Ungewöhnliches.
Was den Unterricht bei Friedrich Wilhelm Zachow zu einer
ausgesprochenen Sternstunde macht, ist des Lehrers unvorein-
genommener Charakter. Die Kirchtürme Halles, der dogmatisch strenge Sonntagssegen von der Kanzel verstellen ihm nicht
den Blick nach draußen. Das verraten schon seine Kantaten, in
die sich ein neuartiger, von Italienern entwickelter Stil eingebür-
gert hat. Es kommt zwischen den Stimmen zu einem dramatischen Wettstreit, sie erhalten also einen „konzertierenden"
Charakter. Dies ihr moderner, in die Zukunft weisender Zug.

Zachow ist darüberhinaus ein Sammler: Er hat sich eine Bibliothek zugelegt mit Musikwerken alter Meister aus aller Herren Länder. Zu ihr hat der junge Händel nicht nur Zugang,
Zachow macht ihm die Auseinandersetzung mit Beispielen nie-
derländischer, spanischer, französischer Tonkunst regelrecht
zur Schulaufgabe, läßt ihn Abschriften davon anfertigen. In
diesen Jahren stellt der Junge sich selbst ein Notenbuch mit

eigenen Kopien zusammen. Es enthält Arien, Fugen, Fanta-
sien, Chöre seines geliebten Lehrers, aber auch des weißenfelsischen Hofkapellmeisters Krieger. Der damals berühmte Johann Kaspar Kerll ist vertreten, der sich unter der Sonne des
Südens zehn Jahre lang an italienischen Vorbildern geschult
hatte; Johann Jakob Froberger, Schüler Girolamo Frescobal-
dis und Wegbereiter der deutschen Klaviermusik; Nikolaus
Strungk, der Opern nach italienischem Muster komponierte,
Georg Muffat, der sich an Lully und Corelli orientierte....

Dieser Schatz (er ist bis auf das Namensverzeichnis der Komponisten im 19. Jahrhundert verloren gegangen) hat Händel
sein Leben lang begleitet, ja er hat aus diesem Brunnen als Tondichter gelegentlich selbst geschöpft, ohne daß der Händel-
musikfreund diese Entlehnungen als Fremdkörper empfinden
würde. Sie kommen ihm so urhändelsch vor wie die Hornpipe
der Wassermusik oder das Grave der Messias-Ouvertüre. Der
französische Schriftsteller Romain Rolland findet für dieses
Kuriosum sehr schöne Worte: „Wer könnte sich der Einsicht
verschließen, daß das gerade Händels Art des Schaffens ist, ja
die Quintessenz seines Genies ausmacht, das eigentlich ein
hundertfältiges Genie ist, das alle anderen in sich aufgenommen und in sich verarbeitet hat."

Für einen solchen Geist bedeutete ein Lehrer vom Zuschnitt
Friedrich Wilhelm Zachows, der, keiner Schule verpflichtet,
sich allen künstlerischen Richtungen der Vergangenheit und
Gegenwart geöffnet hatte, ja seinen Schülern gezielt zu vorur-
teilsloser Begegnung mit Altem und Neuem erzog, ein seltener
Glücksfall. Hat Zachow auf Händels Stil eingewirkt? Die Meinungen darüber sind geteilt. Glanzvoller Heldenzug, hüpfende
Volksmassen, Hirtenweise – dergleichen begegnen wir schon
bei Zachow, natürlich ärmer, weniger gehaltvoll, nur berei-
chernder Farbton, noch nicht Baubestandteil groß angelegter
Gemälde, wie sie später der Schüler schafft.

Wie ging es in den Unterrichtsstunden zu? Es wurde sicherlich gelacht und fröhlich um die Wette musiziert; denn Zachow
umgibt sich noch mit anderen hochbegabten Schülern, die ein-

mal Hofmusiker oder Domorganisten werden. Johann Gotthelf Krieger aus Weißenfels ist darunter, vermutlich Händels
Vetter und Jugendfreund. Gemeinsames Musizieren ergibt
sich für den Lehrer aus der Natur der Sache. Sein praktischer
Unterricht erschöpft sich nicht vor Orgel und Klavier. Händel
beginnt seine Hamburger Laufbahn als Orchestergeiger. Auch
das hat Zachow ihm beigebracht, möglicherweise sogar das
Oboeblasen.

Händel wird diese glückliche Zeit niemals vergessen. Als
sein Lehrer 1712, noch keine 50 Jahre alt, stirbt, unterstützt der
berühmte Schüler die Witwe mit Geld. In den 12 Concerti
grossi opus 6 – Gipfelleistung Händelscher Instrumentalmusik
– klingt das letzte Werk mit einer fugierten Gigue aus. Die hüpfende Melodie ist Friedrich Wilhelm Zachow entsprungen.
Hier wird sie zu einem liebenswerten Vermächtnis an den Toten, der zu dem Zeitpunkt, als die Konzerte entstehen, schon
über ein Vierteljahrhundert unter der Erde liegt.

2
Gymnasiast und Jurastudent

War Händel ein Wunderkind?

War Georg Friedrich Händel ein Wunderkind? – Die Frage wird von vielen Biographen verneint. Dabei dient ihnen als Meßstock fast immer das Genie Wolfgang Amadeus Mozarts. Ohne Frage wird Mozart, der mit vier Jahren Klavier spielte, mit fünf Jahren komponierte, die Geige strich, ohne es je gelernt zu haben, und mit sechs Jahren nach München und an den kaiserlichen Hof zu Wien seine erste Konzerttournee unternahm, der Welt für alle Zeiten unvergleichlich und unfaßbar bleiben. Dabei übersieht man gewöhnlich, daß uns das Genie eines Bach, Beethoven, Schubert oder Brahms, hätten wir selbst miterlebt, wie es sich in frühster Kindheit ankündigte, ebenso die Sprache verschlagen und uns zur Wundergläubigkeit bekehrt hätte.

Machen wir uns das im Falle Händel einmal klar: Noch nicht zehnjährig, hat er sich schon ohne geregelten Unterricht, ohne Zuchtmeister, noch dazu in aller Heimlichkeit, auf Klavier und Orgel eine Fertigkeit angeeignet, die einen musikalisch verwöhnten, feinschmeckerischen Fürsten geradezu verblüfft. Mit zwölf, höchstens dreizehn Jahren hat sich der Junge so vervollkommnet, daß er seinen Lehrer, einen Orgelfachmann ersten Ranges, im Sonntagsgottesdienst vertritt und zu dem Bekenntnis hinreißt, von ihm, Zachow, könne der Schüler nun nichts mehr lernen!

Daß ein solcher Wunderknabe stadtbekannt war, ja auch außerhalb von sich reden machte, dazu braucht es keines schriftlich überlieferten Beleges. Kein Geringerer als der vier Jahre ältere Georg Philipp Telemann unterbricht seine Reise nach Leipzig, um den gerade Sechzehnjährigen aufzusuchen. Die Begegnung bringt den Studiosus ins Schwanken. Von der Familie dazu gedrängt, Jurist zu werden, hatte er Noten und Musikinstrumente bewußt in der Heimatstadt Magdeburg zurückgelassen. Aber Händels Spiel behext ihn so, daß der Lauschende in das alte Laster zurückfällt. In Leipzig dauert es nicht lange, und Telemann verschreibt sich mit Haut und Haaren der Musik.

Wunderkinder unternehmen gewöhnlich Konzertreisen. Auch darüber berichtet der erste Biograph. Sie führt den brandenburgischen Untertan knapp zwölfjährig in die Hauptstadt Berlin. Lehrer Zachow, der seinem Schüler zielstrebig den Blick erweitert, wird dazu ermuntert, Vater Händel sein Placet gegeben und für die Finanzierung gesorgt haben. Man hatte in die musikalische Ausbildung schweren Herzens eingewilligt, nun soll sich auch erweisen, was sie konkret erbracht hatte. Wer den Jungen auf seiner Fahrt begleitet hat, ist unbekannt. Halle und Berlin liegen gut 150 km auseinander. Der Vater, inzwischen alt und kränklich, fällt für eine solche Strapaze aus. Es ist lediglich von einem Händelschen Verwandten die Rede, der sich des Angereisten an Ort und Stelle annimmt.

Berlin, damals 25000 Einwohner zählend (dreimal soviel wie Halle), hat zweifellos einiges zu bieten: Glänzende Hofhaltung, französische Lebensart, einen musikliebenden Herrscher mit gründlicher Ausbildung im Gesang, Flötenspiel und am Klavichord. Die Hofkapelle zählt 29 Musiker, diese ließ schon der Große Kurfürst Friedrich Wilhelm, des Souveräns Vater, im Ausland schulen. Der Sohn, Kurfürst Friedrich III., seit acht Jahren auf dem Thron, ist schwächlich und verwachsen. Die Amme hatte ihn als Säugling zu Boden fallen lassen. Er hat davon einen Buckel, den Gebirge einer Lockenperücke zudekken. Der mit Häßlichkeit Geschlagene umgibt sich mit der schwelgerischen Pracht eines Salomon und läßt sich den preußischen Königstitel, den er bald tragen wird, Millionen kosten. Der kleine Händel muß ihm viermal vorspielen. Der Junge erntet damit nicht nur Bewunderung und Staunen, der Herrscher beschenkt ihn auch reich und unterbreitet den Angehörigen ein verlockendes Angebot.

Doch sehen wir uns am Berliner Hof zunächst noch etwas um. Seine Seele ist nicht der Landesherr, sondern Sophie Charlotte, die kurfürstliche Gemahlin. Sie kommt aus dem Hause Hannover, das für Händels Leben einmal schicksalsweisend wird, und hat in das „karge Tannenland", wie der Hugenottenabkömmling Fontane den märkischen Sandboden umschreibt, die Leichtigkeit und Eleganz westlicher Höfe mitgebracht. Ihre Mutter, eine Stuartenkelin, englandstolz und hochgebildet, hat ihr die geistige Schule mitgegeben. Sophie Charlotte hat Latein gelernt, sie spricht Englisch, Französisch, Italienisch wie ihre Muttersprache. Sie ist belesen, führt philosophische Gespräche, beschäftigt sich mit religiösen Fragen und unterhält wie die Mutter eine Seelenfreundschaft mit dem größten Geist der Epoche: Gottfried Wilhelm Leibniz. Sie wird darüberhinaus als schönste Prinzessin gerühmt: Weder groß noch besonders zierlich, eher rundlich, hat sie schöne, regelmäßige Gesichtszüge, weißen Teint, kluge blaue Augen und rabenschwarzes Haar. Sie hat drei Jahre in Frankreich zugebracht, davon eines am Hof von Versailles. Ludwig XIV., entzückt von ihrer Erscheinung, hätte sie gern als Braut des Dauphin gesehen. Politische Zwänge verschlugen sie statt dessen in den Osten an die Seite eines mißgestalteten Kurprinzen, noch dazu in ein geographisch eher reizloses, ärmliches Land. Der Gatte kommt ihr vor wie Äsop, der bucklige Fabeldichter des Altertums. Im Gespräch mit Dritten nennt sie ihn zuweilen so.

Sein aufwendiges, steifes Hofzeremoniell langweilt sie. So hat sie sich am Rande Berlins den Flecken Lietzen ausersehen, eine Idylle aus Kiefern, Sand und Spreeufer. Hier errichtet ihr Baumeister Andreas Schlüter das Schloß Lietzenburg, das durch dessen Nachfolger, Eosander von Göthe, noch einen Portalbau erhält mit Laterne und grünem Hut, dem eine schmale, ebenfalls grün behelmte Zwerglaterne aufgesetzt ist. Wir kennen dieses von Bomben zerstörte, nach dem Zweiten Weltkrieg wieder aufgebaute Anwesen unter dem Namen, den es nach dem frühen Tod der Kurfürstin erhält: Charlottenburg. Hier hält die geistvolle Dame einen Musen- und Gelehrtenhof. Hier gibt es wissenschaftliche Gesprächsrunden, Komödien, Festspiele, Maskenzüge – Abglanz barocker Lebensfreude. Leibniz schildert eines der Feste in einem Brief so: „Es gab ein Huhn auf Eiern, die reif zum Wegwerfen schienen, aber statt ausgebrüteter Küchlein enthielten sie kleine Fettammern. Sodann trugen kleine Kinder Pasteten herein, aus denen sich lebende Vögel erhoben, die von Jägern eingefangen wurden. Ein Esel, der Oliven trug, und noch andere ungewöhnlichen Erscheinungen bereicherten das Fest und überraschten die Zuschauer, alles nach römischem Vorbilde....“ Den Hauptakteur erlebt der weise Gast so: „Wandelte ihn eine Notwendigkeit an, so verließ und betrat er den Saal in voller Zeremonie, wobei ihm ein ungeheures Nachtgeschirr, in dem er bequem hätte ertrinken können, überall nachgetragen wurde. Er behauptete, daß Bacchus in der Gigantenschlacht dieses Geschirr dem Riesen Ecelades an den Kopf geworfen habe, um ihn zu zerschmettern, als er den Himmel stürmen wollte.“ Wir werden solchem Karneval auch auf Händels Lebensspur begegnen.

Sophie Charlotte hat als junge Prinzessin mit den Eltern Venedig bereist und dort während der Fastnachtssaison nicht nur das ausgelassene Maskentreiben, sondern auch die italienische Oper genossen. In dem venezianischen Komponisten Agostino Steffani erhielt sie schon in Hannover einen musikalischen Lehrer und Berater allerhöchsten Ranges. Sie ist, so kann man sagen, mit italienischer Musik großgeworden, komponiert selbst und begleitet ihre Solisten, die sich nun aus Mantua, Modena, Bologna um sie geschart haben, am Cembalo. Schloßkonzerte, Opernaufführungen wechseln sich ab.... Um solcher für ein junges Musikgenie unverzichtbare Erfahrungen willen wird Friedrich Wilhelm Zachow seinen Schüler nach Berlin geschickt haben. Hier kann er den musikalischen Fortschritt aus erster Hand studieren und dazu fachlich hochqualifizierte, leibhaftige Italiener in ihrer beispielgebenden Kunst selbst erleben.

Es kommt, wenn wir dem ältesten Biographen Mainwaring Glauben schenken wollen, dabei zu einer denkwüdigen Begegnung. Händel lernt sozusagen seine großen Rivalen von übermorgen hier schon persönlich kennen: Der eine, Attilio Ariosti, Bologneser Klosterbruder und Opernkomponist, zeigt sich dem kleinen Tastenkünstler gewogen. Er nimmt ihn entzückt auf seinen Schoß und läßt sich eine geschlagene Stunde von ihm vormusizieren. Zachows musikalischer Zögling darf während seines Berliner Aufenthaltes den bedeutenden Mann sogar regelmäßig aufsuchen und von ihm lernen. Ganz anders der zweite Italiener, der Händel auch in London zu einem gefährlichen Gegenspieler wird. Sein Name: Giovanni Battista Bononcini, Cellovirtuose und gefeierter Opernkomponist aus Modena. Er begegnet dem Kind mit Geringschätzung und setzt ihm, um es zu blamieren, ein kniffliges Musikstück vor. Scheinbar mühelos bewältigt der Junge alle Fußangeln und beschämt den Herausforderer. Soweit der englische Biograph John Mainwaring.

Es hat sich herausgestellt, daß beide Italiener zu diesem Zeitpunkt noch gar nicht in Berlin waren. Ariosti trifft erst ein Jahr später (1697) dort ein, Bononcini nicht vor 1702 (ein Jahr vor Händels Aufbruch nach Hamburg). Das hat zu der Vermutung geführt, daß der junge Händel die brandenburgisch-preußische Hauptstadt mindestens zweimal besucht hat, zumal er sich der italienischen Oper, die er nur dort wirklich erleben kann, früh verschreibt.

In diesen Jahren hat der Philosoph Leibniz dem Berliner Herrscherpaar Arbeitspläne für die Gründung einer mathematisch-wissenschaftlichen Societät vorgelegt. Die neue Einrichtung soll sich neben der Förderung von Mathematik, Astronomie, Physik, Chemie, Botanik, Medizin, Architektur auch der Pflege einer deutschen Nationalsprache annehmen. Es wird zu dieser Berliner Akademie tatsächlich kommen, Leibniz ihr erster Präsident sein. Klein von Wuchs, schüchtern und durch einen Sprachfehler gehemmt, erkennt man ihn an einer gewaltigen schwarzen Allongeperücke, die er schon in jungen Jahren trägt, um seinen kahlen Schädel und ein wachteleigroßes Nackengeschwulst vor den Mitmenschen zu verbergen. Kaiser und

Könige beratend, kommt er durch halb Europa. Die zwölf Monate, die er zu philosophischen Gesprächen mit Sophie Charlotte auf Lietzenburg weilt, zählen zu den glücklichsten seines Lebens. Hat er auf seinen langen Berlinaufenthalten, wo er wichtige musikalische Ereignisse nicht gern versäumt, auch den jungen Händel erlebt? Romanhafte Darstellungen malen diese Begebenheit gerne aus. In den 300 Briefen, die der Universalgelehrte alljährlich schrieb, findet sich, soweit sie uns erhalten sind, nichts darüber verzeichnet.

Besehen wir uns nun das Anerbieten, das der von Händels Spiel sichtlich beeindruckte Kurfürst der Familie des herzoglichen Leibarztes macht. Wir sind auch hier ganz auf den Bericht früher Händel-Biographen angewiesen, da von dieser nun schon fast 300 Jahre zurückliegenden Begebenheit kein urkundlicher Beleg auf uns gekommen ist. Fortuna hätte nicht holder winken können. Zeigt man sich am Berliner Hof doch geneigt, den genialen Knaben auf Staatskosten nach Italien zu schicken, um ihm möglichst an der Quelle den modernsten musikalischen Schliff angedeihen zu lassen. Wir wissen nicht, ob der kleine Künstler über solche Aussicht Luftsprünge machte oder Beklemmung fühlte. Er war ohnehin zu jung, um über seinen Weg selbst zu bestimmen. Der Vater, wohl schon ernsthaft krank, läßt in seinem Sinn den Familienrat entscheiden. Die Antwort fällt dem Inhalt nach so aus: „Zuviel Gnade, aber mit Verlaub – nein danke!" Die Begründung wird entsprechend behutsam formuliert. Der zu Jahren gekommene Vater könne sich auf seine alten Tage von seinem geliebten Nachkömmling nicht trennen. Der tiefere Grund liegt aber eher in der Kehrseite des Geschenks: Der Empfänger hätte sich nämlich verpflichten müssen, seine Dienste dem preußischen Staat zu widmen. Weder hätte Händel sich seinen Brotherrn noch seine zukünftige Wirkungsstätte selbst aussuchen dürfen.

Ein Dienst ist des anderen wert, mag mancheiner denken. Wäre eine Anstellung als Kapellmeister und Hoforganist beim König von Preußen nicht eine schöne Sache gewesen? Man bedenke: Händel für die Nachwelt Gipfelpunkt preußischer Musikgeschichte! Sein Name stünde heute auf der Liste Berliner Musiker obenan. Die Gebeine ruhten nicht in Westminster Abbey, sondern vielleicht unter dem Laubschatten des Charlottenburger Schloßparkes! Aber Berlin ist damals noch lange nicht Weltstadt, es nimmt in der Schmuckperlensammlung europäischer Residenzen nicht einmal einen besonderen Vorrang ein. Schwerlich hätte Händels Musik die für sie so charakteristische Spannweite gewinnen können, wäre der Komponist für sein Lebtag an den preußischen Hof gekettet geblieben.

Ohnehin erlischt der Berliner Opernglanz, als 1705 die inzwischen preußische Königin Sophie Charlotte 37jährig an einer verschleppten Halsentzündung stirbt. Der verschwenderische Ehemann hinterläßt nach 25 Regierungsjahren einen von Finanzskandalen ruinierten Staat. Dem Nachfolger ist Hofgepränge samt italienischem Musiktheater ein Greuel. Er trägt die Uniform, verdreifacht den Heeresbestand und kurbelt die Wirtschaft mit eisernen Sparmaßnahmen an. Auf einen Schlag entläßt er die Hofkapelle bis auf einen Mann, den er wegen seiner Körperlänge für das Musikcorps seiner Leibgarde gebrauchen kann. Zwar ist Friedrich Wilhelm I. für Händels Musik nicht unempfänglich. Es wird berichtet, daß er sich von den Bläsern seines Potsdamer Regiments Melodien aus Händelschen Heldenopern vorspielen läßt. Doch hätte der Komponist unter solchen Einschränkungen, die ihn möglicherweise zum reinen Kirchenmusiker verdonnert hätten, sogar Johann Sebastian Bach beneiden können, der beim Fürsten von Anhalt-Köthen immerhin eine exzellente Hofkapelle leitete. Die bestens geschulten Kräfte waren großenteils entlassene Berliner Hofmusiker.

Kurz nach der ersten Konzerttournee des jungen Händel nach Berlin, möglicherweise als man sich noch auf der Heimreise befindet, stirbt am 14. Februar 1697 der Vater – wenige Tage vor des Sohnes zwölftem Geburtstag. Seit Ende September wiederholt an das Krankenbett gefesselt, erliegt er einem Fieberanfall, der vermutlich von einer Lungenentzündung begleitet wurde. Mit 74 ⅓ Jahren hat er nur um gut drei Monate die

Lebensspanne überschritten, die auch der Sohn einmal erreichen wird. Der Pfarrer, ein Verwandter der Mutter, Angehöriger der berühmten Theologenfamilie Olearius, hebt in der Grabrede des Toten Freundlichkeit, Bescheidenheit und Dienstfertigkeit hervor, ebenso sein Herz für Notleidende, die oft genug in den Genuß seiner ärztlichen Pflege kamen, ohne dafür etwas bezahlen zu müssen.

Georg Händels Feindlichkeit gegen die musikalischen Neigungen des Sohnes ist häufig dramatisiert worden. Sie hatte bekanntlich ihre Grenzen und wird die eines normalen biederen Mannes nicht übertroffen haben, der es mit großem Fleiß zu etwas gebracht hat und nicht mit ansehen will, wie sich sein eigenes Blut auf Gedeih und Verderb einer brotlosen Kunst ausliefert. Ohne Frage hat Georg Friedrich seinen Vater hoch geachtet und auch geliebt. Es hat sich unter einem Halbdutzend von anverwandten Geistlichen verfaßter Traueroden auf den Toten ein siebenstrophiges, in Kreuzreimen geschmiedetes Gedicht gefunden, das wie folgt unterschrieben ist: „Georg Friedrich Händel / Der freyen Künste ergeben". Es beginnt so:

„Ach Herzeleid! Mein liebstes Vaterherze
Ist durch den Tod von mir gerissen hin.
Ach Traurigkeit! Ach, welcher großer Schmerze
Trifft mich jetzund, da ich ein Waise bin."

Es wird gern eingeräumt, daß ein poesiekundiger Erwachsener dem Zwölfjährigen die Hand geführt habe – doch warum eigentlich? Genie ist Genie! –

„Wann sich verhüllt der Sonne güldne Kerze,
Das Licht der Welt, erschricket Feld und Land, –
So wird ein Kind, wann ihm das Vaterherze
So früh entweicht, gesetzt in Trauerstand"

Ohne Frage sind bekundeter Schmerz, kindliche Sorge echt und nicht aus Gefälligkeit des Reimes nur so hingesagt:

„Mein alles liegt, mein Hoffen ist verschwunden,
Mein Rat und Schutz steht mir nicht ferner bei!
Ach! O Verlust! Ach! O der Schmerzenswunden!
Sagt, ob ein Schmerz wie der zu finden sei."

Der Dichter dieser Verse wird in jedem Fall dem Wunsch des Verstorbenen entsprechen und trotz ungeahnter musikalischer Fortschritte Juristerei studieren.

Das Jugendgedicht leugnet nicht den Lyrikstil der Zeit: So das Aufgebot rhetorischer Figuren „Ach! O Verlust! Ach! O Schmerzenswunden!", ebenso die Fülle vergleichender Bilder: „Man liebt den Baum, der Schatten uns gegeben, / Der uns erfrischt mit seiner grünen Nacht, / Viel mehr ein Kind den, der es erst am Leben / Und dann mit Sorg kaum auf die Beine bracht". – Das erlaubt Rückschlüsse auf die Schulbildung des Zwölfjährigen. Er geht auf das Stadtgymnasium wie einst der Vater, braucht aber nicht wie dieser seine Laufbahn vorzeitig abzubrechen. Die Händels sind nach dem Tod des Ernährers keine arme Familie.

Die Schulreform Herzog Ernsts des Frommen von Sachsen-Coburg-Gotha (die Leute nannten ihn den Bet-Ernst), ins Werk gesetzt während oder besser trotz der Wirren des Dreißigjährigen Krieges, waren auf das Unterrichtswesen anderer deutscher Staaten abgefärbt. So hatte man das Fach Deutsch aus seinem Nischendasein hervorgeholt, das es neben dem Lateinischen jahrhundertelang fristen mußte. Etwas gründlicher wurde nun auch Mathematisches gelernt, wenn auch nicht viel. Geschichte, Erdkunde betrieb man mit Hilfe aufgehängter Landkarten. Unterweisung in sogenannten „natürlichen Dingen" – sollen wir es Sachkunde oder Physik nennen? – war hinzugekommen. Beispielsweise versuchte man Kindern die Naturerscheinung Blitz und Donner, die Tatsache, daß ein Donnerschlag später als ein Blitz erfolgt, mit dem Schuß einer Büchse plausibel zu machen, dessen Krachen man ja auch erst hört, nachdem der Hase schon getroffen ist. Sogar Leibesübungen waren nicht unerwünscht, aber nicht Baden im kalten

Flußwasser. Das konnte, so war man überzeugt, die Gesundheit schädigen, ja den Tod bringen.

Der berühmteste Schüler des Gothaer Gymnasiums heißt August Hermann Francke. Er kommt nach Halle, als Händel sieben Jahre ist, gründet dort ein Waisenhaus, ein Lehrerseminar (Pädagogium genannt), eine Lateinschule und macht auf dem Feld Erziehung, Unterricht überhaupt Epoche. Wieweit der Schüler Händel selbst in den Genuß dieses von Natur und Anschauung viel mehr als früher durchtränkten Geistes kommt, wissen wir nicht genau. Latein ist freilich die Königin der gymnasialen Unterweisung geblieben. Ohne perfekte Beherrschung des Lateinischen kein Universitätsstudium in einer Zeit, wo die erste Vorlesung in deutscher Sprache einen Skandal hervorruft. Der Frevler, ein Leipziger Professor und von dort nach Halle vertrieben, wird Händels Universitätslehrer.

Der Lateinunterricht läuft ab wie seit alters her: Die Anfänger lernen anhand einer gedruckten Fibel lateinisch lesen und schreiben, dabei erwerben sie einen Grundwortschatz. Später werden die grammatischen Regeln eingepaukt. Erst der dritte Schritt führt zu den lateinischen Schriftstellern Cicero, Vergil, Ovid. Man übt sich in lateinischer Redekunst (Rhetorik) und in der Fertigkeit des Argumentierens (Dialektik). Auch hält man die Schüler zum Drechseln eigener lateinischer Verse an und läßt sie Terenzkomödien aufführen. Im Griechischen, als Schulfach im 17. Jahrhundert stark zurückgedrängt, wird man dem Gymnasiasten Händel, wenn überhaupt, die Schrift und ein paar Elementarkenntnisse vermittelt haben. Auch an einem guten Französischunterricht kann es nicht gefehlt haben. Man spielt gern Theater und treibt Musik. Dazu unterhält man einen Schülerchor. Man weiß von dem Lateinschüler Johann Sebastian Bach, daß er wegen seiner schönen Sopranstimme auf zahlreichen Singproben eines „Chorus Symphonicus" manche Unterrichtsstunde versäumte. Händel wird es ähnlich gegangen sein. Der erwachsene, zum britischen Staatsangehörigen gewordene Komponist spricht Deutsch mit zweifellos hallensisch-sächsischem Akzent, Französisch, Italienisch, Englisch und sogar ein wenig Niederländisch. In Erregungszuständen, die ihn besonders auf Londoner Opernproben befallen, kommt es zu einem gesamteuropäischen Gemisch:„You toc! dont I know as jour seluf, vaat is pest for jou to sing?"

Er braucht, als er sich der Familie zuliebe zu einem Studium entschließt, die Vaterstadt nicht zu verlassen, im Gegenteil, er hätte es daheim gar nicht besser antreffen können. Halle mag damals eine enge Kleinstadt gewesen sein, auf dem Gebiet des Geistes gibt sie in Deutschland alsbald den Ton an. Gerade ist sie dabei, sich von den Heimsuchungen durch Krieg und Pest wirtschaftlich zu erholen. Der brandenburgische Landesherr hat französische und pfälzische Hugenotten angesiedelt, die mit staatlichen Finanzspritzen und Steuervorteilen versehen, als Handschuhmacher, Strumpfwirker, Weißbäcker völlig neue Gewerbezweige einrichten. Die Salzgewinnung war von jeher die große Einnahmequelle eines selbstbewußten Stadtpatriziats gewesen. Nach wie vor dampfen im Tal Hunderte von Siedehäusern und Koten, in denen die „Halloren", so heißen hier die Salzarbeiter, ihr hartes Tagewerk verrichten. Sie tragen blaue Kittel und braune Kappen, üben ihre eigenen Bräuche aus. Wendisches Volk ist darunter. Es spricht eine fremde Sprache, singt seine wehmütigen slawischen Weisen.

Der brandenburgische Kurfürst will Halle zusätzlich mit einer Universität ausstatten. Drei Universitäten hat sein zerlapptes Land bisher: Duisburg, Königsberg und Frankfurt an der Oder. Sie liegen zu sehr am Rande, Frankfurt ist zudem reformiert, d. h. calvinistisch. Nun soll eine zentrale lutherische Landesuniversität ein Gegengewicht schaffen. Halle, das schon Lieblingsresidenz der magdeburgischen Erzbischöfe gewesen war, bietet sich als idealer Standort an. Am 27. Juli 1694, dem Geburtstag des Herrschers, findet die Einweihung statt. Die Feierlichkeiten wird der neunjährige Händel auf Halles Straßen miterlebt haben. Man spart auch hier nicht mit festlichem Gepränge.

Die neue Einrichtung bleibt noch jahrzehntelang ein Provisorium ohne eigenes Gebäude, so daß die Professoren die Studenten (zahlenmäßig ist das damals möglich) in ihre eigenen Wohnungen kommen lassen. Das nimmt der Neugründung aber nichts von ihrem geistigen Rang. Ihr eigentlicher Fortschritt liegt im Unterrichtsprinzip: der „libertas philosophandi", einer in Europa einzigartigen akademischen Meinungstoleranz. Sie lockt in Kürze Deutschlands beste Köpfe herbei. Der für die Geschichte Halles bedeutendste, August Hermann Francke, war von Pfarrern und Theologieprofessoren angefeindet, schließlich aus Leipzig nach Erfurt, von dort nach Halle vertrieben worden. Der Grund: Francke hatte, wie sein gleichfalls aus Kursachsen nordwärts entwichener väterlicher Freund Philipp Jakob Spener, seine Gotteskindschaft als persönliche Wiedergeburt erfahren, die ihn seitdem zu aufrüttelnden Predigten und tätigem Dienst am Nächsten beflügelte. Den dogmatisch verknöcherten, in Unduldsamkeit und Selbstgerechtigkeit erstarrten Brüdern im Luthertalar war dieser neue Ton wesensfremd. Sie beneideten den Kollegen um den Zulauf. Für die herbeiströmenden Studenten mußte ein größerer Saal gesucht werden. Man beschimpfte Francke als Sektierer, nannte ihn und seine Anhänger verächtlich „Pietisten" und erwirkte bei der kurfürstlichen Regierung für ihn Vorleseverbot. Spener, der als Probst der Berliner Nikolaikirche in Brandenburg untergekommen war, verhalf nun seinem Gesinnungsgenossen zu einer Pfarrstelle in Glaucha nahe Halle.

Francke, Pfarrer, Seelsorger, Gelehrter der Theologie in einer Person, war obendrein ein Sprachgenie. So wurde er an der neugegrundeten Universitat zugleich für den Lehrstuhl Griechisch und orientalische Sprachen berufen. Aber seine Wirksamkeit als praktisch handelnder Christ ist nach außen gerichtet: Er wandelt Räume seines Pfarrhauses in eine Armenschule für streunende Kinder um. Er schafft einen Freitisch für hungernde Studenten, bildet sie zu Lehrern und Erziehern aus. In immer größerer Zahl nimmt er elternlose Kinder bei sich auf. Am 16. Juli 1698 (Händel ist dreizehn Jahre) kann er den Grundstein für den Neubau eines Waisenhauses legen. Der Landesfürst selbst stiftet für dieses soziale Großprojekt

100000 Mauersteine und 30000 Dachziegel. Über Franckes Gabe, Geldquellen zu erschließen, spinnen sich Legenden: Im Februar 1699 verfügt er über keinen Heller mehr. Er betet zu Gott:„Herr, sieh auf meine Dürftigkeit!" Darauf geht er hinaus und läuft einem Studenten in die Arme, der ihm von wohlwollenden Bekannten 70 Taler (etwa 2000 Mark) überbringt. Um Michaelis (29. September) fordern die Bauarbeiter ihren Lohn. Der wohltätige Arbeitgeber bedauert:„Ich habe kein Geld. Aber ich habe Glauben an Gott." Kaum hat er das ausgesprochen, taucht wiederum ein Engel in Scholarengestalt auf und händigt Francke von anonymen Spendern genau die Summe Taler aus, die er an die Leute zahlen muß.

Händel ist von dieser schnell zu europäischer Berühmtheit aufsteigenden Lokalgröße – er hat Francke ohne Frage lehren und predigen gehört – nicht unbeeinflußt geblieben. Selbst zu einer Weltberühmtheit geworden, macht er sich in London zum Freund und Wohltäter von Waisenkindern. Als ein englischer Seemann dort ein Findlingsspital gegründet hat, läßt sich Händel als schon alter Mann zum „governer"(Direktor) ernennen, schenkt dem Heim eine Orgel und läßt den Reingewinn seiner alljährlichen „Messias"-Aufführungen seinen kleinen Schützlingen ohne Abstrich zugute kommen.

Der zweite herausragende Geist unter den ersten nach Halle berufenen Professoren heißt Christian Thomasius, Philosoph und Rechtsgelehrter aus Leipzig. Seine Vorlesungen wird der Jurastudent Händel eine Weile regelmäßig besucht haben. Spritzig und temperamentvoll haben wir uns diese vorzustellen, witzig bis zur beißenden Satire. Aber Thomasius ist nicht nur ein feuriger Geist, er besitzt auch Zivilcourage – kein Eisen scheint ihm zu heiß. Dem römischen Recht hat er den Kampf angesagt, in den deutschen Gerichtskanzleien seit dem Mittelalter fest eingewurzelt. Ihm stellt er das der Menschenwürde des Einzelnen weit mehr entsprechende Naturrecht gegenüber, das die Vorfahren ausgeübt haben. Er fordert Abschaffung der Folter, die noch immer als ein legitimes Mittel dient, um aus dem Angeklagten Geständnisse herauszupressen. Er will Gewissensfreiheit in Glaubensdingen und spricht der Theologie das Recht ab, sich richtend und moralisierend in andere Wissenszweige einzumischen. Noch eine Unerhörtheit erlaubt er sich: Er hält seine Vorlesungen in deutscher Sprache. Als man ihn aus Leipzig davonjagte, folgte ihm ein Schwarm Studenten nach Halle. Er blickt verdrossen. Die Lockenfülle umgibt gewitterwolkenhaft das Gesicht eines Posaunenengels mit Doppelkinn. In der Tat schwingt er das Cherubschwert gegen die Höllenbrut des Aberglaubens, der seit Jahrhunderten Menschen der Zauberei, des Pakts mit dem Teufel bezichtigt, bestialisch martert und qualvoll zu Tode kommen läßt.

Nach Halle übergesiedelt, verfaßt Thomasius eine Abhandlung „De Crimine magiae" (Über das Verbrechen der Zauberei). Er argumentiert in der Vorstellungsweise seiner Zeit, die Existenz des Teufels keineswegs bestreitend. Da aber Geister, zu denen dieser ja gehöre, materielle Gegenstände nicht beeinflussen könnten, wäre auch der Teufel weder imstande, in leiblicher Gestalt aufzutreten, noch sei es dem Menschen möglich, mit ihm ein körperliches Bündnis einzugehen. Derlei Geständnisse seien entweder Wahngebilde oder unerträglichen Folterqualen entsprungen. Die Schrift – sie erscheint 1701, kurz bevor sich Händel immatrikuliert – wirkt wie ein Paukenschlag und beschert dem Verfasser einen Hagel von Anklagen und Schmähschriften. Aber niemand verbietet ihm in Halle das Wort, ja er wird sogar erleben, daß der nachfolgende Preußenkönig Friedrich Wilhelm I. 1714 durch ein Edikt die Hexenprozesse in seinem Land unterbindet. Händel lebt in dieser Zeit schon in England.

Wir neigen dazu, Hexenverfolgungen im finsteren Mittelalter anzusiedeln; das ist ein Irrtum. Als dieser Wahn seinen schauerlichen Höhepunkt erreicht, ist Luther schon lange tot, der entdeckte neue Erdteil bereits in Kolonialreiche aufgeteilt. Der Leipziger Kirchenrechtler Benedikt Crapzov – eine wissenschaftliche Autorität, Zeitgenosse von Heinrich Schütz – unterschreibt allein an die 20000 Todesurteile gerichtlich überführter „Hexen und Zauberer". Zwar brennen, als der kleine

Händel aufwächst, in Halle keine Scheiterhaufen mehr, doch fallen noch immer an die Fakultät, in die er sich einschreiben wird, Prozeßakten anhängiger Hexengerichtsverfahren. Auf sie nahm Thomasius in seiner aufsehenerregenden Schrift Bezug.

Als 1694 August der Starke den kursächsischen Thron besteigt – Händel ist gerade 14 und wird 25 Jahre später als reisender Londoner Opernagent den Hof dieses Fürsten persönlich kennenlernen –, muß sich der junge Herrscher vom ersten Regierungstag an mit einem sein ganzes Haus überschattenden Hexenprozeß herumschlagen. Die Frau des Generals von Neitschütz, Schwester des Oberhofmarschalls von Haugwitz und intrigante Geliebte des regierenden Vorvorgängers, war beschuldigt, sowohl den Vater als auch den Bruder Augusts – beide als Johann Georg III. bzw. IV. auf dem kurfürstlichen Thron – durch Hexerei umgebracht zu haben. Daß der Vater des neuen Landesherrn auf einem Feldzug im fernen Tübingen der Choleraepidemie und der Bruder nach drei Regierungsjahren den Blattern erlegen gewesen war, bleibt dabei ohne Belang. Die Zauberei soll sich folgendermaßen abgespielt haben: Die „Generalin" habe sich ein Bildnis ihrer Opfer aus Wachs geformt, dieses daraufhin mit Zaubersprüchen und Räucherwerk beschworen. Dann habe sie mit einer Nadel die Wachsfiguren durchstochen und in der Flamme schmelzen lassen. Zwar bleibt der Angeklagten dank des skeptischen Herrschers eine Hinrichtung erspart. Sie darf sich sogar bei Bautzen auf ihrem Gut zurückziehen. Doch trägt sie bis ans Ende ihrer Tage weit hinaufreichende Handschuhe, um die Narben zu verbergen, die Daumenschrauben und Folterschnüre auf ihrer Haut hinterlassen haben.

Am 10. Februar 1702 immatrikuliert sich Georg Friedrich Händel an der jungen Universität Halle. Es ist wenig wahrscheinlich, daß er dies mit dem Vorsatz tut, nicht Musiker, sondern Jurist zu werden, so sehr er damit dem Wunsch des Vaters entsprochen hätte. Sein Studium wäre dann nicht auf ein einziges Jahr beschränkt geblieben. Auch wird er sich kaum mit

Rechtsfällen und Gesetzesparagraphen geplagt haben, zumal sich die Vorlesungen, wie die anderer Fakultäten auch, mehr auf philosophisch moralische Grundprobleme richten, darum eher allgemeinbildenden Charakter haben. Dank des aufgeklärten Professors ist dieses Rüstzeug frei von theologisch dogmatischer Enge, eine ideale Voraussetzung für den künftigen Weltbürger, der der Luft verwinkelter deutscher Provinzstädte früh entwachsen wird.

Akademische Formung, Gelehrsamkeit sind in dieser Epoche geradezu selbstverständlich, auch bei der Berufung von Kantoren, Domorganisten und Hofkapellmeistern. Hier wird nicht zuletzt das Beispiel des Orgellehrers Zachow Händel den Weg gewiesen haben. Allgemein haben wir uns die beamteten Musiker der Barockzeit als studierte Leute vorzustellen: Michael Praetorius, Johann Hermann Schein, Heinrich Schütz waren letztlich diplomierte Juristen. Auch Telemann reiste nach Leipzig mit der Absicht, einer zu werden. Johann Kuhnau, Bachs Vorgänger an der Leipziger Thomaskirche, hatte sich als Advokat sogar Ansehen verschafft, darüberhinaus Übersetzungen aus dem Griechischen und Hebräischen geliefert. Auch Bach läßt seine beiden ältesten Söhne Wilhelm Friedemann und Philipp Emanuel Jura studieren, obwohl sie wie alle Bachs die Musikerlaufbahn einschlagen werden. Der Vater will ihnen damit die Zurücksetzungen und Demütigungen ersparen, die ihm als Nichtstudierten während seines Leipziger Kantorats oft genug zugefügt wurden.

Junge Studienbewerber mußten sich in der Regel einer Eignungsprüfung unterziehen, ehe sie sich einschreiben durften. Möglicherweise hat Händel vom Dekan, dem diese Aufgabe oblag, hinterher den Rat erhalten, sich an der Philosophischen Fakultät zunächst auf das juristische Studium vorzubereiten. Jedenfalls finden wir bei Händels Matrikelnummer keine Fakultät angegeben, was meistens dann der Fall ist, wenn sich der Student zunächst der Philosophie zuwendet. Einen Akademiker wird Händel sich später nicht nennen dürfen, dazu hätte er mindestens zwei Jahre immatrikuliert bleiben müssen.

Die Universität Halle erfreut sich seit ihrer Gründung eines beachtlichen Zulaufs aus dem In- und Ausland. Das schafft Probleme. Man hat sich teils hochfahrendes, teils unflätiges Volk auf den Hals geladen. Betrunkene ziehen des Nachts grölend und randalierend durch die Straßen. Braven Bürgern, mißliebigen Professoren werden die Haustürschwellen besudelt, die Fenster eingeworfen. Die schwachen Ordnungskräfte kommen gegen so viele Raufbolde und Krawallmacher gar nicht an. In den Gassen, vor den Toren der Stadt immer wieder blutige Schlägereien, Fechtduelle. Es wimmelt in Halle von kecken halberwachsenen Edelleuten; denn die junge Hochschule ist aus einer Ritterakademie hervorgegangen, auf der Söhne adliger Häuser zu französischen Kavalieren erzogen wurden. Besonders die juristische Fakultät ist von ihnen begehrt. Seit das römische Recht an deutschen Gerichtshöfen und Verwaltungsämtern Fuß gefaßt hat, sehen sich Fürsten und Magistrate auf entsprechend geschulte Berater und Mitarbeiter angewiesen. Dem Jurastudenten winkt die Staatskarriere. Von nobler Herkunft, versorgt mit einem stattlichen Monatswechsel, können sich solche „Junkherren" gegen Behörden und Professoren einiges herausnehmen. Man erkennt die Wohlsituierten unter dem studierenden Volk an der spanischen Tracht: Seidene Strümpfe, Pluderhosen, ein auf den Leib geschnittener Staatsrock mit Schnüren, goldenen Knöpfen, breiten Ärmelaufschlägen. An der Seite ein hiebbereiter Degen, über der Lockenpracht ein ausladender Dreispitz. Wir dürfen uns den jungen Händel, Sohn eines angesehenen, wohlhabenden Bürgerhauses, in einem ähnlichen Aufzug vorstellen. Ohne Frage nimmt er Fechtunterricht; denn er weiß den Degen zu gebrauchen, wie wir noch sehen werden. Auch wird er ihn auf seinen weiten Reisen zur Selbstverteidigung gelegentlich nötig haben.

Neben den Raufbolden gibt es die frommen Schwärmer. Der Pietismus nimmt gerade unter jungen Anhängern die ersten Auswüchse an. Man trifft sich in Zirkeln und tauscht einander persönliche Erfahrungen mit dem Heiligen Geist aus. Man hat Offenbarungen, Visionen, gerät in Verzückung. Groß ist dabei der Haß gegen die in dogmatischer Starre verharrende Kirche. Man schimpft sie die „große Hure Babels". Händel wird für solche Exzentriker wenig Sympathie empfunden haben. Sein Verhältnis zu Glaubensdingen ist klar, unsentimental und bodenfest. Seine Musik kennt nichts von rührseliger Verzückung. Findet er Freunde unter den Kommilitonen? Wir wissen, daß um diese Zeit ein gewisser Johann Christoph Schmidt aus dem fränkischen Kitzingen in Halle studiert. Musikleidenschaft wird die beiden jungen Leute zusammengeführt haben. Schmidt ist nur zwei Jahre älter. Er geht später nach Nürnberg, von dort nach Ansbach, wo er sich verheiratet und Vater von vier Kindern wird. Händel, bereits ein gefeierter Londoner Opernkomponist, sucht den offensichtlich in kümmerlichen Verhältnissen Lebenden auf und nimmt ihn kurzerhand mit nach England. Er macht ihn zu seinem Finanzverwalter und privaten Sekretär. Als Herausgeber Händelscher Werke legt er sich später den Namen John Christopher Smith zu und wird ein nicht unvermögender Mann.

Eine zweite wichtige Studienbekanntschaft macht Händel vermutlich mit dem Hamburger Patrizierssohn Barthold Hinrich Brockes. Dieser führt das Leben eines betuchten Aristokraten und versammelt in seinem halleschen Domizil einen geselligen Zirkel bei wöchentlich stattfindenden Hauskonzerten. Händel wird sie als Ausübender wesentlich mitbestritten haben. Der reiche Hanseat unternimmt im Anschluß an das Studium Bildungsreisen nach Italien, Genf, Paris und in die Niederlande. Bald macht er sich einen Namen als Dichter lehrhafter Naturpoesie. Händel wird einiges davon vertonen. Brockes-Verse sind überhaupt die letzten deutschsprachigen Texte, die er in reiferen Jahren noch in Musik setzen wird.

Groß wird Händels Beteiligung am Universitätsleben seiner Vaterstadt nicht gewesen sein. Möglicherweise hat er nur die allerdringlichsten Kollegs regelmäßig besucht. Denn schon einen Monat nach seiner Immatrikulation verpflichtet er sich als Domorganist mit geregeltem Gehalt. So begehrt ist der siebzehnjährige Musiker, daß die reformierte Gemeinde, die im

Dom zu Halle ihre Gottesdienste feiert, weder an dem jugendlichen Alter noch an der lutherischen Konfession des Organisten Anstoß nimmt.

Jeden Sonn- und Feiertag muß er sowohl morgens um neun als auch nachmittags um zwei zur Stelle sein, die Psalmengesänge der Gemeinde musikalisch einleiten und begleiten. Auch erwartet man von ihm, daß er unter der Woche Mitglieder der Glaubensgemeinschaft, insbesondere wohl Jugendliche, im Chorgesang und Instrumentalspiel unterweist. Das spielt sich vermutlich in Händels Elternhaus ab; denn die ihm zustehende Organistenwohnung bezieht er nicht. Er wird sie vermietet und damit seine 50 Taler Jahresgehalt entsprechend aufgebessert haben. Zunächst leistet er als Domorganist ein Probejahr ab.

Für die musikalische Bereicherung des Gottesdienstganges fertigt er nun eigene Motetten, für Solostimmen gesetzte Psalmen, Kantaten, wie das von deutschen Kirchenorganisten erwartet wird. Gerade macht in Halle ein neuartiger Bläserchor Aufsehen, sein Leiter heißt Michael Hintzsch. Er wirkt mit seiner Schar gelegentlich im Dom mit. Das neue Instrument ist aus Holz und mit metallenen Klappen versehen. Der Spieler läßt die Luft durch ein Mundstück, ein doppeltes Rohrblatt, strömen. Das drückt empfindlich auf die Stirnhöhlen, weil nur ein Teil der ausgeblasenen Luft durch die winzige Öffnung entweichen kann. Aber das nimmt dem näselnden Klang nichts von seiner Faszination. Franzosen haben die neue Erfindung aus der Hirtenschalmeie entwickelt und ihr den Namen „Hautbois" (hohes Holz) gegeben, was so viel bedeutet wie hochklingendes Holzblasinstrument; denn es gibt in seiner Art noch ein tiefes, erheblich größeres, das sogenannte „Basson"; es wirkt mit seinen warmen Tieftönen nicht weniger sensationell. Der Hofkomponist des Sonnenkönigs, Jean-Baptiste Lully, hat die Neuheit in das königliche Orchester aufgenommen und dem Streicherchor zugeordnet. Wir kennen beide Holzblasinstrumente heute unter der Bezeichnung Oboe bzw. Fagott. Sie bürgern sich in Europas Hof- und Opernkapellen schnell ein.

Der junge Händel ist von Hintzschs Bläserensemble begei-

*4 Blick auf die Domkirche in Halle, wo der junge Händel
Organist war.*

stert. Er verliebt sich geradezu in die Oboe. Als viele Jahre
später ein reisender englischer Lord, erklärter Verehrer des
Komponisten, eine Sammlung mit Jugendwerken des Meisters
nach London mitbringt, besteht diese aus Triosonaten für zwei
Oboen und Baß. Es sind die frühesten erhalten gebliebenen
Werke Händels überhaupt. Er soll sie, so nimmt der Händel-
forscher Friedrich Chrysander an, mit elf Jahren komponiert
haben. Ihre kompositorische Reife hat aber Zweifel an dieser
frühen Datierung aufkommen lassen.

So viel ist sicher: Händel hat in seinen Jugendjahren bereits
ungeheuer viel komponiert. Man schätzt allein 100 Kantaten.
So gut wie alles ist verlorengegangen. Als er, noch keine dreißig, endgültig nach England übersiedelt, nimmt er zwar seine
Abschriften aus Friedrich Wilhelm Zachows Musiksammlung

47

dorthin mit, die eigenen Arbeiten läßt er zurück und unternimmt nichts zu ihrer Rettung. Für die wissenschaftliche Forschung ein schmerzlicher Verlust. Der Musikfreund darf sich dennoch trösten; denn Händel schöpft aus seinem Gedächtnis aus den frühen Kompositionen, um darin Brauchbares in späteren, uns erhalten gebliebenen Werken abermals zu verwenden. Dies wird zu einem Charakteristikum seines Schaffens überhaupt. Wie die Natur wirtschaftet der Tondichter Händel bei aller verschwenderischer Fülle sparsam. So begegnen uns beispielsweise im „Messias", in der „Cäcilien-Ode", in den Geburtstagsanthem auf Queen Anna Melodien, die wir aus den Orgelkonzerten, den Oboensonaten, den berühmten Concerti grossi oder den Klaviersuiten kennen. Der wiedergefundene Gedanke erscheint kaum verändert, noch in einem Vorstadium oder im Gegenteil, deutlich weiterentwickelt. Wir fühlen uns durch solche Erfahrungen in Händels Riesenwerk überraschend heimisch. Vergleichen ließe sich das mit einem weitläufigen Wohngelände, in dem wir uns trotzdem nicht verloren vorkommen, weil wir auf Schritt und Tritt bekannte Gesichter treffen.

Mager bleiben auch die Zeugnisse über Händels letztes hallenser Jahr. Im Verzeichnis der Abendmahlsteilnehmer taucht sein Name auf. Im Oktober wird in Halle ein kleiner Junge aus dem Dorf Trotha getauft mit dem Familiennamen Umblauffen. Er erhält den Taufnamen seines jungen Paten Georg Friedrich Händel, von dem verzeichnet wird, daß er „Studiosus in Halle" ist. Wir wissen nicht, in welcher Beziehung er zu der Familie Umblauffen gestanden hat, auch nicht, ob der Täufling heranwuchs oder früh starb, schon gar nicht, in welcher Weise sich der Pate, der Kinder liebte und viel für sie tat, um ihn gekümmert hat.

Als im März 1703 das Organisten-Probejahr abgelaufen ist, macht sich der inzwischen Achtzehnjährige reisefertig, um seine Vaterstadt endgültig zu verlassen. Eine musikalische Begabung seines Formates konnte in einer mittleren deutschen Stadt keine Erfüllung finden. Einmal zum Künstler entschlossen, wurde es bei der damals sehr viel kürzeren Lebenserwartung für ihn Zeit, sich den Wind um die Nase wehen zu lassen. Sein Jahrgangsgenosse Bach war schon mit 15 nach Lüneburg gewandert, er hatte sich von dort in Celle, Hamburg, Lübeck umgesehen und kehrt nun wieder in die thüringische Heimat zurück. In dem Provinzstädtchen Arnstadt wird er genau in dem Jahr, wo sein kongenialer Altersgefährte in die Welt zieht, seine erste Anstellung als Organist bekleiden. Händel ist bisher bei Mutter und Tante mit noch zwei jüngeren Schwestern behütet aufgewachsen. Er kennt von Besuchen die preußische Hauptstadt Berlin und die Residenz Weißenfels. Dort hat er immerhin erfahren, daß es noch andere Formen der Musikausübung gibt als die des biederen Kirchenkantors. Ihn hält nichts mehr. Irgendwann im fortgeschrittenen Frühjahr, wahrscheinlich Ende April, bricht er auf. Sein Reiseziel – Hamburg.

3

Hamburger Jahre

Ein Bürgersohn geht auf Reisen

Der junge Bach wandert in jenen Jahren wie ein Handwerksbursche zu Fuß nach Lüneburg, Celle, Hamburg und wieder zurück in die thüringische Heimat, um in Weimar als Achtzehnjähriger seine erste Anstellung zu bekleiden. Man erzählt sich, er habe auf dem Rückweg von Hamburg nach Lüneburg halbverhungert vor einem Wirtshaus gestanden. Da geht ein Fenster auf, heraus fliegen eine Handvoll Heringsköpfe. Er hebt sie auf und findet in jedem der Abfälle ein dänisches Goldstück ...

Ganz anders reist der junge Händel, Sohn eines angesehenen hallensischen Bürgers. Die Mutter kann ihn finanziell entsprechend ausstatten; auch hat er sich ja als bestallter Domorganist einen Teil des Reisegeldes selbst verdient. Es gab seit Ende des 17. Jahrhunderts zu allen wichtigen deutschen Städten Postverbindungen, darüberhinaus fanden sich Möglichkeiten der Reisebegleitung. Eine solche wird sich unverhofft geboten und nicht zuletzt Händels Aufbruch nach Hamburg beschleunigt haben.

Wir dürfen uns den Achtzehnjährigen in der Mode seiner Zeit vorstellen: Enganliegender, knielanger Rock – Justaucorps genannt – mit Borten, breiten Taschen- und Ärmelaufschlägen. Dazu ein Spitzenjabot, ein kurzes Beinkleid, seidene Strümpfe. Das alles farbig wie auf einem Hofgemälde der Ära des Sonnenkönigs, der die Tracht jener Jahre natürlich bestimmt. Auf der unerläßlichen weißen Lockenperücke ein federgeschmückter Dreispitz. Schon ein solcher Aufputz macht die Fahrt in der Reisekutsche erforderlich, zumal das Gepäck zur Erhaltung dieser durchaus kostspieligen Garderobe ziemlich aufwendig gewesen sein muß.

Ein reines Vergnügen bedeutete das Unternehmen nicht. Preußens Landstraßen gehörten damals noch zu den schlechtesten des Reiches. Wasserlachen, Matschspuren, Schlaglöcher, Windbruch sorgten für Barrieren, hilfloses Steckenbleiben, für Achsenbrüche, Stürze, bei denen sich die Reisenden nicht selten verdreckt und zerschunden im Graben wiederfanden. Da mochte man über eine bewältigte Tagesroute von 30 bis 40 Kilometern schon recht zufrieden sein. Gut 300 waren zurückzulegen.

Auf den Tag genau läßt sich Händels Abschied von Halle nicht fixieren, er wird sich Ende April oder auch im Mai des Jahres 1703 zugetragen haben. Was lockt ihn ausgerechnet nach Hamburg, die Stadt der Börse, des Warenumschlages, der Handelskontore? Mit ihren 22 Bastionen, 11 Außenwerken zählt sie zu den gewaltigsten Festungen des Kontinents. Das hat die Bewohner vor den brandschatzenden Heerhaufen des Dreißigjährigen Krieges beschützt. Überseehandel und Bürgerfleiß konnten sich, während im Land der Schrecken regierte, hinter solchen Mauern ungestört entfalten. Hamburger Ratsherren des 17. Jahrhunderts schauen uns aus ihren goldenen Rahmen selbstbewußt wie Könige an. Sie konnten sich ein Leben auf großem Fuß erlauben und hatten Sinn für die schönen Dinge. Barockdichter wie Paul Fleming, Georg Greflinger, Philipp von Zesen fanden in Hamburg Förderer und Brotgeber. Orgelkünstler mit großem Namen konnten sich während der Kriegswirren in Hamburger Pfarreien flüchten. Unter ihnen Johann Adam Reinken, Organist an der Katharinenkirche, den der halbwüchsige Bach von seinem Lüneburger Chorsängerstift aus mehrmals aufsucht, um von dem greisen Meister – er erreicht das biblische Alter von nahezu hundert Jahren – zu lernen.

Reinster Ausdruck barocken Kunstgenusses ist die Oper. Die betuchten Hamburger unterhalten zu ihrer Pflege seit 1678 ein eigenes Theaterhaus. Es wird schnell zur führenden deutschen Opernbühne. Das ist die Lichtflamme, die den jungen Reisenden aus Halle wie einen Falter anzieht. Auch der Lehrer

Zachow wird Händel die Stadt an der Alster dringend empfohlen haben; denn sie ist zugleich eine Hochburg protestantischer Kirchenmusik. Der Hamburger Rat hat Geldmittel genug, um den namhaftesten Orgelbauer Arp Schnitger – er beschickt seine Werkstatt vor den Toren der Stadt – mit modernsten Anlagen zu beauftragen. Johann Sebastian Bach wird sich 1720 an der Sankt Jakobi um einen Orgelposten bewerben. Georg Philipp Telemann heißt ein Jahr später der Kantor am Johanneum. Als oberster Musikdirektor der fünf Hauptkirchen und Leiter der Oper am Gänsemarkt wird Telemann für eine Ära das Musikleben Hamburgs bestimmen. Wenn dies auch noch in naher Zukunft liegt, ein lohnenderes deutsches Reiseziel hätte sich ein lernbegieriges junges Musikgenie aus der Provinz überhaupt nicht wählen können.

Auch der Zeitpunkt scheint glänzend getroffen. Hamburgs Oper befindet sich gerade jetzt auf der Höhe. Noch unlängst hatte sich das Leben Klaus Störtebekers auf der Bühne abgespielt – Lokalgeschichte also. Störtebeker hatte in der Hansezeit von der Insel Helgoland aus Hamburgs Schiffe mit seiner Piratenbande wie ein Rudel sibirischer Wölfe angefallen. Erst nach langwierigen Seeschlachten hatte man ihn gefangennehmen und mit 70 Spießgesellen auf dem Hamburger Grasbrook hinrichten können. Diese Massenköpfung war Gegenstand einer Opernszene(!) gewesen. Dabei war Kälberblut aus Schweinsblasen, die die Sänger unter ihren Wämsern trugen, in Strömen verspritzt und vergossen worden.

Es gab erstaunlich viel zu sehen auf einer Barockbühne: Durch die Luft schwirrende Apparate, Höllenfeuer, Wasserfälle, wogendes Meer, gleitende Schiffe mit vollständigem Takelwerk. Die reiche Bürgerschaft ließ sich den Spaß einiges kosten. Allein die Errichtung eines Salomontempels mit Stiftshütte verschlang 15000 Taler. Was Herr von Leibniz über fastnachtsähnliche Derbheiten am Hof der preußischen Königin berichtet, kann der junge Händel noch um ein paar Farbtöne greller als Hamburger Operngeiger erleben: Blutgerichte, in den menschlichen After eingeführte Klistiere, Possenreißer, die wie Halbirre auf den Brettern herumblödeln; den reinsten Exodus der Arche Noah – lebendige Hunde, Pferde, Esel, Kamele, Affen, Papageien ...

Keine exklusive Gesellschaft aus Adel und Angehörigen des regierenden Fürsten trifft sich hier, wie man das in Theatern deutscher Residenzen kennt. Jeder hat zu Hamburgs Opernhaus Zutritt – Ratsherren, Stadtschreiber, Schiffszimmerleute, Wurstverkäufer. Die Preise für Ränge und Galerie sind erschwinglich. Das Haus ist brechend voll, das Unternehmen trägt sich. Ja die Darsteller singen, hat man sie sich einmal von auswärts herangeholt, für Märchengagen, von denen Hofsänger nur träumen können.

Hohen geistigen Ansprüchen, das muß zugegeben werden, hält die Hamburger Oper nicht unbedingt stand. Zu drastisch, um nicht zu sagen vulgär, geht es auf dieser volksnahen Bühne mitunter zu. Auch die Darsteller waren zunächst keine „Profis", sondern Sänger von der Straße: Obsthändler, Blumenbinderinnen, Studenten, Handwerker – Dilettanten ohne strenge Schulung. Selbst die gerühmte Demoiselle Conradi muß sich ihre Rolle Lied für Lied so lange vorspielen bzw. vorsingen lassen, bis sie sie auswendig beherrscht. Die Nummer eins unter Hamburgs weiblichen Stimmen kann keine Noten(!). Die Dichter der burlesken bis hausbackenen Textbücher sind Pfarrer, Ratsmitglieder, Bürgermeister.

Aber Hamburger Kaufherren haben die Welt gesehen und sich dabei auch Kunstgeschmack erworben. Sie lassen ihre internationalen Beziehungen spielen. So werden allmählich Kräfte von Format aus dem Ausland engagiert. Wie in anderen deutschen Städten hält italienischer Operngesang Einzug am Hamburger Gänsemarkt. Der aus Preßburg stammende Kapellmeister und Opernfachmann Johann Sigmund Kusser übernimmt dort in den neunziger Jahren das Regiment. Er ist in Paris bei Lully in die Schule gegangen und darf sich dessen Freundschaft rühmen. Nun führt er bei den Hamburger Streichern den neuen französischen Stil ein; das Opernensemble wird auf italienischen Belcanto eingeschworen. Zwar hält sich die deutsche Oper noch weiter am Leben, doch muß sie sich italienische Einlagen gefallen lassen. Deutsch-italienische Mischprodukte gelangen zur Aufführung. Auch Händels erstes Opernœuvre ist ein solches Zwittergebilde, doch er muß noch hinzulernen, ehe er dergleichen liefern kann. Er wird sich für gut drei Jahre in der ihm noch völlig fremden Stadt einrichten.

Sie wird schon landschaftlich ihren Reiz auf ihn nicht verfehlt haben. Reisende Zeitgenossen schwärmen von Hamburgs lieblicher Umgebung. Sie hat ihn kilometerweit vor den Stadttoren mit Gärten und Landhäusern empfangen. Hier bringen wohlsituierte Hanseaten zur sommerlichen Jahreszeit Wochenenden und Feiertage zu. Man rührt sich sechs Tage lang, betrachtet aber Arbeit, so vermerken Besucher, nicht als Selbstzweck, sondern weiß zu leben. Kinderreiche Familientreffs auf Gartenfesten gehören, so viel ist zu erfahren, zu des Hambugers Lieblingsvergnügungen. Die Krönung der Idylle bildet natürlich ein ausgedehnter Festschmaus. Händel erhält zu Häusern mit guter Küche früh Zugang. Sein legendärer Appetit hat hier möglicherweise seinen Ursprung genommen.

Hamburgs Gassen sind quetschend eng. An den Häusern aus Fachwerk und leuchtend rotem Backstein ziehen sich Wasserstraßen bis ins Herz der Stadt, so daß viele Wohnungen von einem Kahn aus besucht und mit Vorräten versorgt werden können. Am Elbufer wandert der Blick über Inseln, sogenannte Werder, mit Viehweiden, Windmühlen, Weilern, die sich um einen Kirchturm gruppieren. Hamburgs große Sehenswürdigkeit sind zu Händels Zeit noch immer die Wallanlagen mit ihren über zwanzig Bastionen. Man sagt, daß ein geübter Reiter zwei Stunden benötigt, um sie zu umrunden. Über tausend Soldaten, gut bezahlt und unter dem Kommando eines Obristen, halten sie besetzt. Man erkennt sie von weitem an ihren leuchtend blauen, mit roten Aufschlägen versehenen Uniformröcken. Hamburg beschäftigt obendrein über 100 bewaffnete Nachtwächter. Sie schützen die Bürger vor nächtlichen Ruhestörungen, Einbrüchen und Überfällen.

Das Rathaus, noch nicht im Neurenaissance-Kleid von heute

und von Zeitgenossen zwar als geräumig, aber eher unansehnlich beschrieben, hatte der Fremde schon wegen Paßangelegenheiten aufzusuchen. In seiner Nachbarschaft trifft er auf eine aufsehenerregende Einrichtung: ein Geldinstitut – die Hamburger Bank. Hier wird, so können wir von einem reisenden venezianischen Diplomaten erfahren, „eine große Summe Geldes in lauter Reichsthalern aufbewahrt." Fünf Schreiber führen Buch, zwei Mann an der Kasse zählen das Geld. Nicht weit davon eine noch größere Rarität: die Börse. Hier versammeln sich jeden Morgen, so staunt der Italiener, Kaufleute in so großer Zahl und verhandeln über ihre Geschäfte, daß es kaum zu fassen ist. Händel wird später in London selbst ein stattliches Bankkonto haben, sein Vermögen in Aktien anlegen und seine Kräfte sogar an einem glücklosen Aktienunternehmen aufreiben. Jetzt ist er nur aufmerksamer Passant. Und sicherlich dürfen wir ihn zum erstenmal am Hafen stehen sehen, wo Schiffe aus Grönland, Archangelsk, Guinea und der Neuen Welt anlegen; wo Weine aus Spanien und Portugal, Lacke und Kleiderstoffe aus England und Schottland, Eisen, Kupfer und Geschütze aus Schweden entladen werden. Auf vier verschiedenen Plätzen der Stadt ist Markt. An den Fischständen erhält man 100 Austern für einen halben Thaler.

Prominente wie Minister, Gesandtschaften aus fremden Staaten, residieren wie heutzutage in kleinen Palais, die sich im Alsterwasser spiegeln. Es gibt eine Ausländerkolonie aus Holländern, Briten, Schweden, Portugiesen ... und mehr als 50 jüdische Häuser. Ihre Besitzer genießen Privilegien und feiern ihren Sabbath in einer öffentlichen Synagoge.

Händels erster Stadtgang wird, daran brauchen wir kaum zu zweifeln, dem Gänsemarkt gegolten haben, einem dreieckigen Platz, zu dem damals eine Lindenallee führt – der Jungfernstieg. Heute, nach fast 300 Jahren, thront dort auf seinem Bronzesockel der Dichter Lessing; er blickt auf Backsteinfassaden, die die Finanzdeputation, die Dresdner Bank und den Schnellimbiß Mc Donald's beherbergen. Rechter Hand kann man vor den Verkaufsständen der Stadtbäckerei zu einem

Espresso einen Berliner verzehren oder sich vor ausgepreß-
ten Zitrofrüchten am Strohhalm eine angepriesene „Vitamin-
bombe" genehmigen. Zu Händels Zeiten ragte hier ein scheu-
nengroßer Fachwerkbau mit spitzem Giebel und hohem Dach:
die Hamburger Oper. Sie erlebt Höhen und Tiefen, bis sie nach
ihrem endgültigen Niedergang an gleicher Stelle von dem
Hamburger Nationaltheater abgelöst wird, in dem für einige
Jahre Gotthold Ephraim Lessing die dramaturgische Leitung
übernimmt. Doch vergehen bis dahin noch zwei Menschenalter. Das Jahrhundert der Aufklärung hat gerade erst begonnen.

Händel stellt sich vor, offensichtlich ohne der Direktion das
Ausmaß seiner genialen Gaben gleich aufzutischen. Das entspricht nicht nur seiner Natur, die mit dem Talent möglichst
hinter dem Berge hält, er verbindet mit dieser Zurückhaltung,
so scheint es, auch ein wohlüberlegtes Ziel: Er kann vom zweiten Geigerpult aus, das er sich ohne Murren zuweisen läßt, den
Opernbetrieb viel eingehender studieren, als wenn er sich als
Meister am Cembalo gleich herumreichen ließe. Er will sich das
fremde Handwerk wie der Tischlerlehrling seine Hobelbank
mit allen Plackereien, die der Alltag der Bühnenproben mit
sich bringt, wirklich einverleiben und wird solche Erfahrungen
dereinst sehr brauchen können, wie wir noch sehen werden. Er
absolviert seine Lehre, so hat man den Eindruck, im Schnell-
verfahren; denn in kürzester Zeit hat er die zweite Geige mit
dem Sitz des Operndirigenten am Cembalo vertauscht.

Wir stehen noch immer am Anfang des Hamburger Lebensabschnitts. Wer wie Händel gewohnt war, täglich auf der Orgelbank zu sitzen, dem werden auf seinen ersten Stadtrunden
natürlich Hamburgs Kirchen in den Bann gezogen haben. Als
er auf der Empore der Magdalenenkirche die Lungen zeitge-
nössischer Orgelbautechnik gerade erprobt, macht er dort die
Bekanntschaft eines nur um vier Jahre älteren jungen Mannes,
der die Meisterschaft des Musizierenden sogleich erkennt. Der
sächsische Akzent des Fremden wird den vornehmen Hamburger amüsiert haben. Er ist witzig, weltmännisch in den Um-

gangsformen, hochgebildet und von sich selbst überzeugt. Dazu hat er sogar einigen Grund: Er spricht Englisch, Französisch, Italienisch, hat das Johanneum absolviert – ein Alumnat vom Rufe der Leipziger Thomasschule – und kann auf Grund seiner Rechtsgelehrsamkeit jederzeit die Karriere eines Juristen einschlagen. Der reiche Vater hat der ungewöhnlichen Musikalität des Sohnes die beste Ausbildung zukommen lassen. So ist er geradezu auf allen Musikinstrumenten zu Hause, ging schon mit sechzehn zur Opernbühne, wo er, noch ein halbes Kind, in Frauenrollen schlüpfte. Inzwischen hat er es trotz seiner jungen Jahre auf dem Gänsemarkt zum ersten Tenor, zum Dirigenten und erfolgreichen Opernkomponisten gebracht. Sein Name: Johann Mattheson.

Über Händels Hamburger Jahre wüßten wir ohne Mattheson heute kaum etwas. Er muß später der Musik entsagen, weil er wie Beethoven allmählich ertaubt, wird Schriftsteller und geht als erster großer Musikkritiker Deutschlands in die Geschichte ein. Er hat sich auch über den Freund Händel schriftlich geäußert und ein paar persönliche Erinnerungen an ihn hinterlassen. Obendrein ist er der Übersetzer der ersten englischen Händelbiographie.

Von Johann Mattheson kann der Neuling nun lernen, wie man an Opernstoffe kommt, sich mit Textdichtern arrangiert, wie man Rezitative und zugkräftige Arien gestaltet. In Setzung von Harmonien, das muß der Ältere einräumen, ist dieser unbekannte Hallenser unschlagbar. An melodischen Einfällen fehlt es hingegen noch an Schwung und Originalität. Mattheson wird mit seinem Urteil nicht falschgelegen haben, macht Händel doch in seinen frühen Opern – er wird mit ihnen in Italien bald Triumphe feiern – gerne Anleihen bei seinen Hamburger Kollegen.

Mattheson ist mit seinen 22 Jahren, das darf man ohne Übertreibung sagen, so etwas wie ein Hamburger „Star". Für den neuen Freund ein weiterer Glücksfall. Denn Mattheson hat beste Beziehungen zur Operndirektion, zu Kantoreien, musikausübenden Vereinigungen und Häusern. Händel läßt

IOANNES MATTHESON
Celsitudinis Imperialis Magni Russiæ Principis
Supremi Holsatiæ Ducis
Legationum Consiliarius.
cet.
nat. Hamburg d. 28. Sept. A. 1681.

5 Georg Friedrich Händels wichtigste Hamburger
Bekanntschaft: der Komponist und Musiktheoretiker der
Aufklärung Johann Mattheson (1681–1764).

sich durch ihn von Orgel zu Orgel führen und erhält Zugang zur guten Gesellschaft. Mattheson wiederum verkennt nicht, daß auch er aus seiner neuen Bekanntschaft Nutzen ziehen kann. Er nimmt bei dem genialen Kontrapunktiker Unterricht im Fugenschreiben, dafür erhält dieser in dem reichen Elternhaus des Schülers freien Tisch.

Freilich werden die beiden jungen Männer bei ihren Zusammenkünften nicht nur über Cantus firmus und Secco-Rezitative diskutiert haben. Mattheson ist Weltmann und weiß zu leben. Händel hat mit ihm manche lustige Bootsfahrt auf der Alster genossen, Hamburgs beliebte Weinschenken und Kaffeehäuser aufgesucht. Als begehrter Treffpunkt gilt damals der Ratskeller, gerühmt wegen seiner erlesenen Rhein- und Moselweine. Ein gewölbter, etwas abenteuerlicher Gang, so berichten vor 250 Jahren Reisende, führte den Gast in eine Art Höhle oder auch Gruft, wo man vor Tabakswolken und mangelnder Beleuchtung sein Gegenüber kaum noch gewahrte.

Hamburgs Sittenleben ist streng in jenen Tagen. Leichten Mädchen, von einem der 100 bewaffneten Nachtwächter auf der Straße aufgegriffen, konnte es übel ergehen. Der Prostitution überführt, drohte ihnen der Pranger, die öffentliche Züchtigung mit Brandmarkung und anschließender Verweisung aus der Stadt. Die Galane, wurde man ihrer habhaft, kamen mit einer Geldstrafe davon. Selbst die Oper hatte unter der das öffentliche Leben stark mitbestimmenden Geistlichkeit anfangs einen schweren Stand gehabt, ja durfte zunächst nur biblische Stoffe auf die Bretter bringen, bis sich unter den Dichtern der immer profaner werdenden Textbücher auch Pfarrer profilierten.

Mattheson, der zwischendurch eine diplomatische Laufbahn wählt, nährt auch gesellschaftlichen Ehrgeiz. Er geht bei dem englischen Konsul ein und aus, dessen kleinen Sohn er am Cembalo unterrichtet. Doch hat der Alleskönner so viele Verpflichtungen, daß er die Klavierstunden kaum wahrnehmen kann. Er gibt den Schüler kurzerhand an den hallischen Freund ab. Händel betritt das Haus eines literarisch gebildeten, äußerst musikinteressierten, vornehmen Engländers. Es wird – das dürfen wir annehmen – seine erste persönliche Begegnung mit der Inselnation.

Am 17. August 1703, des ersten Hamburger Jahres also, unternehmen beide jungen Herren eine Reise nach Lübeck. Der auf die siebzig zugehende, über Deutschlands Grenzen hinaus berühmte Organist an der Marienkirche, Dietrich Buxtehude, hält Ausschau nach einem Nachfolger. Mattheson ist von hoher Stelle eingeladen, sich um den gut bezahlten Posten zu bewerben. Auf der Kutschfahrt will der Causeur nicht auf Ansprache verzichten. So läßt er sich von dem neuen Freund begleiten, ja ermuntert ihn, als Kandidat gleichfalls sein Glück zu versuchen. Allzu weit her scheint es mit der Eifersucht, wie sie Mattheson gegen den jungen Händel so gerne nachgesagt wird, zu der Zeit nicht gewesen zu sein, sonst hätte er sich die Konkurrenz nicht bedenkenlos gleich mitgebracht.

Sie fahren mit der Post. Ein Taubenhändler steigt zu, der die Mitreisenden entweder mit seiner lebendigen Ware oder durch unterhaltsames Gespräch in den Bann zieht. Mattheson bemerkt in einer Fußnote seiner späteren, die großen Tonsetzer seiner Zeit würdigenden Schrift „Grundlage einer Ehrenpforte", daß Händel sich dieses Fahrgastes möglicherweise noch erinnern werde.

Das Land ist flach und grün, unterbrochen von backsteinroten Dörfern und Gehöften. Ein englischer Rechtsgelehrter, der in gleicher Epoche die Reisestrecke genau umgekehrt erlebt, also von Lübeck nach Hamburg, staunt über das Volk der Störche, die er aus der Heimat gar nicht kennt. Die Aufzucht der Brut ist, in dieser spätsommerlichen Zeit, längst erfolgt. Schon scharen sich Alt- und Jungstörche zum bevorstehenden Aufbruch nach Zentralafrika.

Die beiden Musiker verkürzen sich die Zeit, indem sie aus dem Kopf Doppelfugen erfinden. Mattheson, gesprächig und auf mannigfaltigen Gebieten beschlagen, wird für Händel äußerst anregend gewesen sein, während wir uns diesen trotz untadeliger Formen eher kurz angebunden, trocken humorig und im Umgang ein bißchen kantig vorzustellen haben. Schon damals sieht man ihn selten lachen, was nicht ausschließt, daß er andere gern in Heiterkeit und sicher noch häufiger in Verblüffung versetzen konnte, zumal er gerne zunächst so tut – das bezeugt uns der Ältere –, als könne er nicht „bis fünfe zählen".

Die Postchaise holpert über Kopfsteinpflaster einer mittelalterlichen Stadt aus rotem Backstein und grünen Spitztürmen. Die Königin der Hanse ist Lübeck schon lange nicht mehr. Die Bevölkerungszahl hat stark abgenommen. Die Bilanzen sehen für Lübecker Reedereien schlecht aus, seit eine englische Navigationsakte die Einfuhr fremder Waren nur noch auf britischen Schiffen zuläßt. Grenzkonflikte mit den Nachbarn, Verfassungsstreitigkeiten mit der Bürgerschaft, die Unterhaltung einer kostspieligen Garnison zum eigenen Schutz hatten dem einst sprichwörtlichen Reichtum der Stadt zeitweise stark zugesetzt.

Lübecks mittelalterlicher Kern, von der Unesco heute wie die Akropolis und die ägyptischen Pyramiden zum schützenswerten Weltkulturgut erklärt, hatte, wie andere deutsche Städte auch, vor einem knappen Menschenalter damit begonnen, ein barockes Übergewand anzulegen. Geschwungene Giebel, Fensterkrönungen, Toreinfahrten sind entstanden bzw. noch im Entstehen begriffen, Metallguß und Holzschnitzerei haben, als beide Hamburger Musiker dort eintreffen, Hochkonjunktur. Sie schreiten durch das 40 Meter hohe Mittelschiff der Marienkirche, bis heute das höchste Backsteingewölbe der Welt, und stehen vor dem vor sechs Jahren erst fertiggestellten Hochaltar eines Antwerpener Barockmeisters. Die Orgel von Sankt Marien hat drei Manuale und umfaßt 54 klingende Stimmen. Über sie regiert der bedeutendste protestantische Kirchenmusiker seiner Zeit, ein Mann, den die Nachwelt von Angesicht gar nicht kennt, weil kein Bildnis von ihm überliefert ist – Dietrich Buxtehude. Vielleicht wäre er heute *der* Barockkomponist Deutschlands, dem die Welt an Geburts- und Todestagen mit Briefmarken, Gedenkmünzen und einer Flut von Veröffentlichungen regelmäßig ihren Dank zollt, wären nach ihm nicht Bach und Händel gekommen. Auch die Orgel, an der ihm beide lauschen (Bach kann sich an Buxtehudes Spiel monatelang nicht satthören), existiert nicht mehr. Sie wird mitsamt den Barockschätzen des Innenraums ein Raub der Flammen, als in der Palmsonntagnacht des Jahres 1942 einer der ersten über Deutschland gehenden Bombenteppiche die Lübecker Altstadt verwüstet.

Der tiefe Eindruck, den die beiden Zuhörer von dem Altmeister des Barock empfangen, wird bis in Händels Spätwerk nachklingen. Sicher hat auch Buxtehude das Orgelspiel des Zachow-Schülers aus Halle nicht ohne Anerkennung vernommen. Überliefert ist uns nichts darüber, zumal keiner der beiden Bewerber die Nachfolge des berühmten Mannes antritt. Hat ihre Befähigung dem Rat nicht genügt? Das ist kaum anzunehmen. – Wie anderswo, so erleben wir auch hier, daß bei der Vergabe eines begehrten, auf Tradition gewachsenen Postens das überzeugende Talent allein oft nicht genügt. Als sich beispielsweise Johann Sebastian Bach 17 Jahre später an der Hamburger Sankt Jakobi um das freigewordene Orgelamt bewirbt, fällt er durch, die Stelle erhält ein unbedeutender Konkurrent, der 4000 Mark Bestechungsgeld an die Kirchenkasse entrichtet hat. So beschämend geht es in Lübeck nicht zu. Statt dessen schrieb der Brauch dort vor, daß der Amtsnachfolger die Tochter des Vorgängers zu ehelichen habe. Buxtehude selbst hatte sich vor 35 Jahren an diese Regel gehalten. Von den fünf Töchtern, die ihm selbst geboren wurden, wartet Anna Margareta, die zweitjüngste noch auf einen Freier, ein spätes Mädchen von 28 Jahren, mit der keiner der beiden Kandidaten den Ring tauschen will.

Sie lassen sich in musikliebende Lübecker Häuser führen, wo sie nicht nur jedes verfügbare Tasteninstrument erproben, sondern auch gut leben. Sie streifen von Kirche zu Kirche, blonden Schulbuben, die sich als Bälgetreter verdingen, ein Geldstück in die Hand drückend, und berauschen sich an der Klangfülle norddeutscher Orgelarchitektur. Um die landauf geschätzten Lübecker Abendmusiken mitzuerleben, hätte man bis in die

Adventszeit an der Trave bleiben müssen. In diesen Konzerten pflegte der große Meister sein umfangreiches Kantatenwerk einem breiten Publikum zugänglich zu machen. Doch so lange hält es die beiden jungen Künstler nicht. Sie lassen sich in der guten Lübecker Gesellschaft eine Weile herumreichen und verwöhnen, dann kehren sie hochbefriedigt und, wie es anmutet, keineswegs unglücklich über ihre unversehrt gebliebene Freiheit, nach Hamburg zurück.

Zwei Jahre später kommt es noch einmal zu einem Höhepunkt in der Lübecker Musikgeschichte. Händels Jahrgangsgenosse Johann Sebastian Bach, Organist in dem thüringischen Städtchen Arnstadt, ist auf einer nahezu 500 Kilometer weiten Fußwanderung nach Lübeck gelangt, einzig mit dem Ziel, Buxtehude zu hören. Die Kirchenbehörde hat ihm dafür sogar einen vierwöchigen Urlaub gewährt. Zwar kann auch er sich nicht entschließen, die inzwischen dreißigjährige Jungfer Anna Margareta zu heiraten, so gern Buxtehude seine Stelle an den thüringischen Orgelvirtuosen abgetreten hätte. Doch ist Bach von der Kunst des alten Mannes so überwältigt, daß er den Urlaub – er erhielt ihn im Oktober – gewaltig ausdehnt, zumal er am Jahresende des Meisters „Abendmusiken" erleben will, und nicht vor Februar die Heimreise antritt, sehr zum Verdruß seiner Vorgesetzten. Man liest ihm in Arnstadt nicht nur wegen seines unerlaubten Ausbleibens kräftig die Leviten, man hat auch an seinem Orgelspiel allerlei auszusetzen. Die Herren im Konsistorium finden es allzu bizarr, zu extravagant. Die Akte, in der sie ihrem Unmut über den eigensinnigen jungen Kantor Luft machen, ist noch erhalten.

Lübeck, so viel läßt sich sagen, wirkt auch auf den jungen Händel ein. Wieder in Hamburg, wird ein erstes größeres Werk komponiert. Noch keine Oper, sondern eine Passion nach dem Evangelisten Johannes. Man nimmt an, daß sie in der Karwoche 1704 zur Aufführung gelangte, scheinbar ohne durchschlagenden Erfolg. Die Originalpartitur ist verlorengegangen, erhalten blieb nur eine fremde Kopie, auf deren Umschlag wir den Namen Händel vermerkt finden: „Sie soll doch von Händels Arbeiten sein, vielleicht von den ersten". Forschern aus neuerer Zeit erscheint dieser Hinweis als Glaubwürdigkeitsbeleg zu schwach. Sie setzen hinter Händels Autorenschaft ein Fragezeichen. Doch welcher andere Komponist jener Jahre soll in Hamburg dieses an genialen Funken reiche Werk sonst hervorgebracht haben? Der Schlußchor, die „Kreuzige!" schreiende Menge, die in sich ruhende Jesusfigur liefern Beispiele größter Wirkung mit einfachsten Mitteln, wie sie für Händel so charakteristisch werden. Kein Wunder, daß die Echtheit von namhaften Biographen wie Chrysander, Friedenthal, Nettl, Rolland, Lang nicht bezweifelt wird.

Der Hamburger Advokat Christian Heinrich Postel, ein allgemein geschätzter Opernlibrettist, hat das Textbuch dazu geliefert. Zu Jahren gekommen, kränklich und im Vorgefühl, bald sterben zu müssen, widmet er sich nun lieber einem biblischen Stoff. Die Verse, von einem bußfertigen Herzen diktiert, fallen tränenvoll und schwülstig aus – Jesus im Purpurmantel wird mit einer Rose verglichen: „Sollen denn heilen die Wunden der Sünden, müssen uns einzig die Blätter verbinden" heißt es dazu. Das lag durchaus im Geschmack einer sich frommer Gefühlsschwärmerei hingebenden pietistischen Zeitströmung. Literarisch wollte der Text auch gar nicht überzeugen, wenn die Worte nur eine bestimmte Gemütsverfassung herstellten, die den Komponisten zu einer sie ausdrückenden Klangwelt inspirierten – Jubel, Trauer, Mitleid, Reuezähren, Gewissenspein –, damit hatten die Verse ihren Zweck erfüllt.

Es ist durchaus „Mode" geworden, Passionen zu schreiben. Auch bewährte Opernkomponisten erproben sich darin. Das Vorbild liefern die Italiener, weshalb wir es keineswegs mit reiner Kirchenmusik zu tun haben. Opernelemente wie Arien, Rezitative, Orchestereinlagen mischen sich mit Chorsätzen aus der Gottesdienstmusik. Ein Tenor trägt das Evangelium vor, Jesus steht Rede im Baß, Hohepriester, Jünger, jüdisches Volk artikulieren sich im vielstimmigen Chor. Wir kennen das aus Bachs Passionen, denen sich die Arbeit des jungen Händel an Reife und Großartigkeit natürlich so wenig an die Seite stellen läßt, wie man darauf verfallen würde, sie mit dem Oratorium „Der Messias" zu vergleichen.

Die Johannes-Passion aus dem Jahre 1704 dauert nicht länger als eine Stunde. Wir finden nur das Kapitel 19 in Musik gesetzt: Pilatus, der Jesus bereits verhört hat, läßt diesen geißeln. Haben wir es nur mit einem Bruchstück zu tun? In der Tat weisen Spuren alter Bindestiche darauf hin, daß man die Kopie aus einem größeren Ganzen herausgetrennt hat. Noch etwas vermissen wir an diesem Jugendwerk: Es erklingt kein Kirchenchoral. Pilatus, der Jesus hier keineswegs als klischierter Bösewicht entgegentritt, sondern ausgeformt zu einer sich entwickelnden, mit sich ringenden gegnerischen Figur, befremdet den Zuhörer mit seiner Kastratenstimme.

Johann Mattheson, der diesen ersten uns bekannten größeren Wurf des jungen Händel dereinst in seinen Schriften sehr kritisch unter die Lupe nehmen wird, hat die Aufführung selbst gar nicht miterlebt. Wir finden ihn auf Reisen nach England. Als er unterwegs erkrankt, drängen ihn die Seinen zur Rückkehr. Unter der heimatlichen Post, die ihn in Amsterdam erreicht, befindet sich auch ein Schreiben Georg Friedrich Händels, datiert vom 18. März 1704. Es ist der älteste der wenigen überlieferten Briefe Händels, dessen Wortlaut wir auszugsweise nur von seinem Empfänger kennen. Mit der barocken Förmlichkeit seiner Zeit, also keineswegs im Kameradschaftston, wie man das nach gemeinsamen Bootspartien und dem Lübecker Postkutschenausflug vielleicht vermuten würde, läßt der Schreiber den Älteren wissen, daß er sein anregendes Gespräch vermißt und ihn auch als Beistand in der neuen Opernsaison gut gebrauchen könnte. Mattheson bricht die Reise tatsächlich ab, ohne englischen Boden betreten zu haben, und weilt bald wieder in der Vaterstadt.

So sehr das Händel erfreut haben mag, es kommt zwischen beiden Musikern allmählich zu Spannungen, Reibereien, wie man sie so genial veranlagten, dazu äußerst ehrgeizigen jungen Menschen gar nicht unbedingt verdenken kann. Natürlich stellte sich musikalisch, wo auch immer, Händel sehr schnell als

der Überlegene heraus. Man versetze sich in einen erfolgsver-
wöhnten Mann von 22 Jahren, der schon seit einiger Zeit auf
Deutschlands angesehenster Opernbühne das Rampenlicht
genoß und selber genug von der Sache verstand, um nicht klar
zu erkennen, daß er nun von einem zugereisten, noch völlig
unbekannten jungen Burschen, der zum Hohn auch noch den
Unbedarften mimte, gnadenlos in den Schatten gesetzt wurde.
Mattheson haben, das zeigen seine galligen Glossen und Zeit-
schriftenartikel, diese niederschmetternden Erfahrungen noch
im Alter zu schaffen gemacht.

Das Verhältnis trübt sich, so scheint es, als sich Händels Stellung in Hamburg allmählich festigt und er die gönnerhafte Füh-
rung des von sich sehr eingenommenen älteren Freundes immer weniger nötig hat. Er braucht keinen Vormund und wird
sich das in seiner schroffen Art gelegentlich verbeten haben.
Mattheson entdeckt in Händel immer mehr den Rivalen, die
Konkurrenz.

Am 5. Dezember desselben Jahres (1704) kommt es zwischen beiden zu einem aufsehenerregenden Eklat. Schauplatz
wird die Oper am Gänsemarkt. Händel ist dort kein Orchestergeiger mehr, er leitet vom Cembalo aus die ganze Aufführung.
Auf dem Programm steht Johann Matthesons neue Oper
„Cleopatra". Der Komponist als erster Tenor des Hauses hat
die Rolle des Liebhabers Antonius übernommen und muß sich
nach empfangener Niederlage bei Aktium auf der Bühne selbst
den Tod geben. Danach ist der Auftritt für den Sänger beendet,
keineswegs aber für Mattheson, der das Publikum nicht nur
durch sein Werk, sondern auch durch seine Person bis zum
Schlußtakt in Atem halten will. Da ein halber Akt noch zu spielen ist, tritt der vom Bühnentod Wiedererstandene auf den
Operndirigenten zu und will ihn ablösen. Händel denkt nicht
daran, seinen Platz zu räumen. Rhythmisch erhobenen Haup-
tes, wie man es an ihm kennt, schlägt er weiter die Tasten und
läßt den anderen neben sich stehen. Mattheson, bis zu diesem
Zwischenfall der unbestrittene Held des Abends, macht nun
eine lächerliche Figur. Zwar weiß er sich mit geschliffenem

Wort weidlich über andere lustig zu machen, mit sich selbst läßt er nicht spaßen. Kaum ist der Vorhang gefallen, erhält Händel von ihm eine Ohrfeige. Das Publikum johlt, hetzt und drängt mit den beiden Hitzköpfen zum Ausgang. Die ziehen auf dem Gänsemarkt unter Anfeuerung der Zusammengeströmten ihre Degen. Daß sich Händels Hünengestalt nicht wie der Komtur in Mozarts „Don Giovanni" sterbend im eigenen Blut wälzen muß, verdankt die Welt einem stählernen Rockknopf, an dem die gegnerische Degenspitze zersplittert, statt dem großen Musiker in die Brust zu dringen. Man trennt die Fechtenden, ein angesehener Ratsherr vermittelt, so daß es noch im gleichen Monat zu einer Aussöhnung kommt und der Operndirigent schon am 30. Dezember wieder im Hause seines handgreiflichen Herausforderers speist. Dieser hat tags zuvor sogar einer Probe von Händels erster Oper „Almira" beigewohnt.

Der sensationelle Zweikampf mit dem bald weltberühmten Rivalen wird Mattheson bis ans Lebensende plagen. Die Auslegung übelwollender Zeitgenossen, Mattheson habe den ihm ungemütlich gewordenen Nebenbuhler durch einen tückischen Stoß mit der Klinge aus dem Wege räumen wollen, die Vorsehung sei ihm dabei nur in den Arm gefallen, ist gar zu reißerisch. John Mainwaring, Händels erster Biograph, widmet sich der Episode. Nach seiner Darstellung hat sich Matthesons Verdruß über Händels Trotz zu einem blanken Racheakt entladen. Statt eines Rockknopfes räumt der Engländer einer „freundlichen Partitur, die Händel im Busen trug", das Verdienst ein, den auf das Herz gerichteten Stich abgehalten zu haben, und merkt dazu an: „Wäre dieser Zufall in alten Zeiten vorgegangen, würde sich kein Sterblicher haben überreden lassen, daß nicht der grosse Apollo, zu Händels Erhaltung, in der Gestalt eines Notenbuchs, den Stoß aufgefangen hätte." Mattheson, der die erste Lebensbeschreibung des englischen Pfarrers als alter Mann ins Deutsche übersetzt, braust an dieser Stelle so auf, daß ihm Fußnoten zur Abladung seiner Empörung nicht genügen, er unterbricht die Übersetzung für eine weitschweifige Selbstrechtfertigung. So weit kommt es noch, daß er als

Händels verhinderter Meuchelmörder in die Geschichte eingeht!

Ihm dergleichen heute noch unterschieben zu wollen, wäre in der Tat ein Unrecht. Fechtduelle prägten das Gesicht der Zeit. Man trug seinen Degen nicht zur Zierde. Die „Ehre" wie das Hofzeremoniell ein spanisches Erbe, mit dem sich die europäische Zivilisation noch eine gute Weile plagen wird, konnte allzu schnell durch eine freche Geste, ein unbedachtes Wort beschädigt werden. Genugtuung leistete hier nur die Waffe. Auch Bach hat fast zur gleichen Zeit in Arnstadt eine Degenauseinandersetzung zu bestehen, dem zunächst eine Schlägerei vorausgegangen war. Er hatte einen noch unreifen Holzbläser wegen seiner Albernheiten „Zippelfagottist" genannt. Der so Verspottete fällt nachts mit Stockschlägen über den jungen Organisten her. Bach zieht seinen Degen und zerfetzt dem Gegner das Hemd.

Weder hat Mattheson Händel meuchlings ermorden, noch hat Händel seinen vormaligen Beschützer mutwillig verärgern wollen. Es ging in dem Opernbetrieb ganz einfach um Rangstreitigkeiten. Wäre Händel gehorsam aufgestanden, um den gefeierten Mann des Abends ans Klavier zu lassen, hätte er sich mit dieser Geste für alle sichtbar freiwillig ins zweite Glied zurückbegeben. Das wollte und mußte er sich nicht gefallen lassen.

Man kann über Händels ersten Opernerfolg nicht berichten, ohne die Persönlichkeit vorzustellen, die ihm den Kompositionsauftrag für die Hamburger Bühne überhaupt verschafft hat: Reinhard Keiser. Der Vorgänger, Sigismund Kusser, hatte als musikalischer Operndirektor das Haus am Gänsemarkt auf ein hohes künstlerisches Niveau gebracht, unter Keiser erlebt es seine Glanzzeit. Noch Nachgeborene nennen ihn die größte deutsche Opernbegabung seiner Zeit. Jahrelang wird der Hamburger Opernspielplan fast ausschließlich von Keisers Werken bestritten. Seine musikalischen Einfälle sind nahezu unerschöpflich, der Zauber seiner Liebesarien bringt ihn in die Nähe Mozarts.

Sicher hat Keiser den jungen Händel freundlich empfangen, dafür wird schon der heimatliche Akzent gesorgt haben – Teuchern, Keisers Geburtsort, liegt bei Weißenfels. Händel kann nicht nur von Keisers Kunst lernen, er wird auch den Weltmann nicht übersehen haben, der den Luxus, die gute Tafel und schöne Frauen liebte. Nach Zeugnissen der Zeit begegnet uns in Reinhard Keiser eine typische Figur des Spätbarock: Lebenslustig, genußsüchtig, verschwenderisch. Zwischendurch muß er sich – wegen Schulden und Liebesaffären, wie es scheint – für eine Weile aus dem Staub machen, kehrt aber im Triumph nach Hamburg zurück. Er bleibt das unentbehrliche Talent weit und breit. Das Volk auf den Straßen trällert seine plattdeutschen Opernliedchen, Gassenjungen verkaufen sie auf Flugblättern. Auch „Klaus Störtebeker", dieser Bühnenreißer mit Massenhinrichtungen, auf dem Rost gebratenen Schneidergesellen, war Keisers Werk.

Bei aller Ausschweifung ein Mann von ungeheurem Fleiß: 126 Opern entfließen seiner Feder. 26 davon sind handschriftlich erhalten. Sein „Croesus", dessen Gesang auf dem Scheiterhaufen zu Herzen geht, wird heute wieder einstudiert. Keiser beherrscht musikalisch alle Gefühlsregister, vom derben Spott bis zur menschlichen Tragik. Auch in der Kunst spiegelt sich barocke Gegensätzlichkeit; denn geistliche Musik gehört ebenso zu Keisers Repertoire. Eine Markuspassion wird von Johann Sebastian Bach handschriftlich verwahrt und mehrmals zur Aufführung gebracht. Daß Bach in seinen Passionen Jesus durch eine Streicherbegleitung von anderen Figuren, die ihre Rezitative wie gebräuchlich zum Cembalo singen, deutlich absetzt, geht auf Keisers Vorbild zurück.

Viel Übles wird der Lebensführung des Operndirektors nachgesagt, die zeitgenössischen Belege dazu bleiben dennoch mager. Möglicherweise lag die zwiespältige Natur in Keisers Herkunft begründet: Die Mutter, ein Fräulein von Etzdorff, Tochter eines verarmten Landedelmanns, der Vater ein vagabundierender Organist, der die Familie früh im Stich läßt. Keiser war Leipziger Thomasschüler gewesen, von dort hat es ihn zur Bühne gezogen. Händels erste Oper „Almira, Königin von Kastilien" wird 1704 vollendet und am Jahresende einstudiert. Mit Johann Mattheson in der männlichen Hauptrolle geht sie am 8. Januar des neuen Jahres zum erstenmal über die Bühne. Es wird ein glänzender Erfolg. Händel ist mit einem Schlag bekannt. Sein erster Biograph berichtet von 30 Aufführungen hintereinander. Es wird etwas weniger gewesen sein, da schon am 25. Februar ein zweites Opernwerk des gleichen Komponisten, „Nero" oder „Die durch Blut und Mord erlangte Liebe", zur Uraufführung gelangt und in dem Zeitraum zwischen dem 8. Januar und 25. Februar gar nicht so viele in Frage kommende Aufführungsabende liegen. Kurz nach „Nero" endet die Saison mit Beginn der Fastenzeit.

Zugkräftige Opernstoffe waren damals so rar wie heute gute Fernsehdrehbücher. So nimmt es nicht Wunder, daß „Almira" kein unbekannter Bühnenstoff war. Keiser selbst hatte ihn bereits vertont, das Werk aber zugunsten seines talentierten jungen Angestellten zurückgehalten (Keiser läßt es in Weißenfels aufführen). Zwei Jahre zuvor hatte Braunschweig eine „Almira" auf der Bühne erlebt. Der Komponist ein Italiener, Ruggiero Fideli, dessen Textbuch wiederum auf das einer venezianischen Almira zurückging. Diese hatte ihr Vorbild in einer Komödie des spanischen Dramatikers Lope de Vega.

Die Handlung ist folgende: Der kastilischen Königin Almira wird von ihrem Reichsverweser Consalvo, dem Fürsten von Segovia, der Brief ihres toten Vaters ausgehändigt. Dieser bittet sich darin von der Tochter aus, ein Mitglied der Familie Consalvos zu ehelichen. Die Königin aber hat sich in Fernando verliebt, ihren Privatsekretär. Dieser ist zu edel, ihre Liebe offen zu erwidern. Der Konflikt endet glücklich; denn es stellt sich heraus, daß Fernando der lange verschollen geglaubte Sohn Consalvos ist. 42 deutschsprachige Nummern werden hier, dem Hamburger Publikumsgeschmack gehorchend, mit 16 italienischen Arien vermischt. Aber das neue Werk ist im Vergleich zu den Opern venezianischen Musters, das fast nur Soloarien und Rezitative enthält, abwechslungsreicher. Eine

70

strahlende Ouvertüre im französischen Stil schreitet voran, es folgen Arien, Chöre, Balletteinlagen mit Hoftänzen, wie sie das Opernpublikum des Sonnenkönigs kennt. Das kastilische Volk singt „Viva Almira" und wird dabei von Schlagzeug und Trompeten begleitet, wie wir es später in den alttestamentarischen Oratorien erleben werden.

Der Komponist scheut sich nicht, die Juwelenstücke in späteren Werken thematisch wiederzuverwenden. Auch schon eine berühmte Sarabande, jedem Gitarristen aus dem Anfangsunterricht vertraut, taucht hier sozusagen im Urzustand das erste Mal auf, wird in den Opern der Italienjahre weiterentwickelt, um dann in der Arie „Lascia qu'io pianga" des bereits für London komponierten „Rinaldo" zu einer der volkstümlichsten Händelweisen überhaupt zu werden.

Natürlich wirken manche Auftritte noch steif, die Rezitative könnten aus einer Kirchenkantate stammen. Dennoch war der geniale Schwung dieses ersten Wurfes dem Publikum nicht entgangen. Frühe Biographen berichten, daß Händel damit sogar die Eifersucht seines Auftraggebers Keiser erregte, der darauf nichts Eiligeres zu tun gehabt hätte, als eine neue „Almira" zu schreiben, deren Erfolg sei aber ausgeblieben. Daß Keisers „Almira" der Eifersucht auf Händel entsprang, läßt sich bis heute nicht beweisen, scheint aber durchaus möglich, zumal der Einwand neuerer Biographen, Keisers Ansehen sei doch so groß, seine Stellung so unumstritten gewesen, um sich von einem zweiten Geiger bedroht zu fühlen, nicht unbedingt ein Gegenbeweis ist. – War Johannes Brahms es sich nach unseren Maßstäben heute tatsächlich schuldig, mit Bruckner spinnefeind zu sein? Hat der Komponist des Radetzkymarsches es wirklich „nötig" gehabt, auf seinen Sohn eifersüchtig zu sein?

Händels erste Oper geht nicht unter. Ein Vierteljahrhundert später, im Geburtsjahr Joseph Haydns (1732), wird Georg Philipp Telemann das Werk, mit wenig Zusätzen versehen, – wir würden heute sagen – neu inszenieren. Johann Sebastian Bach – er wird selbst nie eine Oper komponieren – liebt Händels „Almira" und hält sie in Ehren. Auch einen tintenklecksenden

Streit löst sie aus, nämlich zwischen den beiden rivalisierenden Hamburger Textdichtern: Der eine, Friedrich Christian Feustking, hatte Händel mit dem Libretto versorgt; der andere, Barthold Feind, war Reinhard Keisers Textlieferant gewesen. Der Streitpunkt: Man dürfe auf Almira, Consalvo, Fernando, fürstliche Eigennamen also, nicht reimen. Feustking hatte gegen diese Konvention verstoßen. Feind und seine Anhänger befehden den Frevler. Die Auseinandersetzung artet schnell in persönliche Beleidigungen aus. Für das Hamburger Publikum ein amüsanter Krieg zweier Parteien, deren Anführer auch noch den Predigertalar tragen.

Knapp sieben Wochen nach Händels erstem Bühnenerfolg, erlebt am 25. Februar das zweite Opernwerk „Nero" seine Uraufführung. Der Erfolg bleibt weit hinter der „Almira" zurück. Es kommt zu zwei Wiederholungen, dann verschwindet „Nero" aus dem Programm. Die Musik geht verloren, worüber wir uns nicht über Gebühr grämen müssen, weil Händel gerade aus seinen frühen Kompositionen für die später entstehenden ausgiebig schöpft, so daß nur wenig, möglicherweise gar nichts unwiederbringlich dahin ist. Wir kennen heute nur das Libretto, dessen mangelnde Poesie der junge Komponist selbst beanstandet hat. Möglicherweise haben ihn die Verse zuwenig inspiriert, auch muß die Oper in ziemlicher Eile zusammengeschrieben worden sein. Johann Mattheson, der den Erfolg der „Almira" im wesentlichen seiner Leistung als Tenor zugeschrieben hatte, war auch hier der Hauptdarsteller gewesen, ja hatte sich mit der Nero-Rolle sogar einen glanzvollen Abgang verschaffen wollen. Das schien nun weniger gelungen; Erfolg und Mißerfolg seines halleschen Freundes mußten also andere Ursachen haben.

Es wirft ein bezeichnendes Licht auf den Musikerstand der damaligen Zeit, daß ein so angesehener, erfolgsverwöhnter und auch begehrter Künstler wie Mattheson es dennoch vorzieht, sich nach einer bürgerlichen Tätigkeit umzusehen: Er sagt dem Gänsemarkt ade und wird Hofmeister sowie Sekretär des Britischen Gesandten. Er unternimmt zahlreiche diplomatische Reisen und läßt sich Jahrzehnte später vom holstein-schen Herzog zum Legationsrat ernennen. Zwar nimmt er am Musikleben Deutschlands unvermindert Anteil, wird vorüber-gehend (bis zu seiner frühen Ertaubung) sogar Musikdirektor am Hamburger Dom, doch bedeutet sein neuer Dienst zu-nächst Abschied von seiner 15jährigen Sängerkarriere.

Matthesons Ruhm und musikgeschichtliche Bedeutung wird sich, wie schon erwähnt, auf ganz anderem Gebiet erweisen: Auf dem des Musikschriftstellers und Musikkritikers. Seine Schreibweise ist plastisch und witzig, seine Beiträge bereiten dem Leser Vergnügen. So verspottet er einmal deutsche Kir-chenchorsänger, die ihm mißfallen haben (wobei man in Rech-nung stellen muß, daß Alt und Diskant, die auch Solopartien übernehmen mußten, von Schulknaben bestritten wurden; Frauen durften damals nur im Gemeindechoral mitsingen): Die Fistelstimme des Soprans vergleicht Mattheson mit einem singenden alten Mütterchen, dem die Zähne ausgefallen sind, der Alt bringt Laute eines Kalbs hervor, der Tenor schreit wie ein „rauhstimmiger Distelfresser", der Baß schließlich brummt „das achtfüßige G in der Tiefe wie ein Maikäfer im hohlen Stie-fel", daß „kaum dreißig Schritte davon ein schlafender Hase erwachen möchte…"

Die Wege des vornehmen Hamburgers und des halleschen Arztsohnes trennen sich nun, aber der Ältere wird den Jünge-ren nicht aus den Augen verlieren, dazu ist dessen jetzt schon aufgehender Ruhm viel zu groß. Mattheson wird ihm später nach England schreiben und um autobiographische Daten für seine „Ehrenpforte" bitten, in der alle namhaften Musiker der Zeit mit Lebensläufen vorgestellt werden. Händel bleibt die Lieferung schuldig, auch nach wiederholter Anfrage. Ob aus Zeitmangel, ob aus reiner Gleichgültigkeit oder gar aus persön-licher Verärgerung – Mattheson hat Händels Johannespassion öffentlich verrissen –, läßt sich nicht mehr klären. Übrigens ver-säumt es auch Bach, Matthesons Bitte nachzukommen, wäh-rend Telemanns autobiographische Aufzeichnungen uns heute wertvollen Aufschluß geben. Wie glücklich wäre die Forschung heute, wenn sich auch die beiden ganz Großen Mattheson etwas entgegenkommender gezeigt hätten.

Um eines mag ihn die Nachwelt immer beneiden: Mattheson war es vergönnt, die beiden größten Orgelmeister, die es je gab, mit eigenen Ohren zu hören: Händel, den er an der Orgel überhaupt kennenlernte, Bach, der sich Jahre später an der Hamburger Jakobikirche bewarb (wir erwähnten die Episode im Zusammenhang mit Lübeck), während Mattheson als Musikdirektor am Dom der Kommission angehörte, vor der der Anwärter musizierte.

Unter der ausländischen Prominenz, die sich in den Logen der Hamburger Oper eingemietet hat und Händels Aufführungen Beifall zollt, ist auch ein Mitglied der Herzöge von Toskana, ein Medici-Prinz, wie bereits Mainwaring berichtet. War es der jüngste Sohn Giovanni Gastone, wie allgemein überliefert? Er wird der letzte regierende Fürst der Familie sein, ehe das Großherzogtum an das Haus Österreich fällt. Giovanni Gastone ist gebildet, spricht mehrere Sprachen, hat sich aber mehr archäologischen, botanischen und technischen Studien verschrieben, weniger der Muse. Er hält sich zwar zu Händels Zeit in Hamburg auf, jedoch ein Jahr bevor „Almira" ihren Bühnentriumph erlebt, Händel am Gänsemarkt also buchstäblich noch die zweite Geige spielt. Es wird darum eher der toskanische Erbprinz selbst gewesen sein, der das junge deutsche Talent (möglicherweise am Abend des ersten großen Erfolges) anspricht.

Erbprinz Ferdinand hat zu Hause mit einer Schar gleichgesinnter junger Adliger eine Art Fronde gegen den Vater Cosimo III. geschmiedet, einen bigotten Despoten, dem die eigenen Kinder zuwider sind und der sich mit der religiös versponnenen Mutter das Zepter teilt. Alle Ministerämter sind in die Hand fanatischer Dominikanermönche gelegt, die das Volk bespitzeln und mit Straßenhinrichtungen verschrecken. Literatur, Kunst, Wissenschaft, dereinst richtungweisend für ein ganzes Zeitalter, verkümmern in Florenz.

Schon um sich von der Klosteratmosphäre zu erholen, in das

74

der Vater den florentinischen Hof verwandelt hat, schaffen sich Ferdinand und seine Freunde mit Kunst und Musik eine Fluchtburg. Mit einer bayerischen Prinzessin zwangsverheiratet, erlaubt ihm der tyrannische Vater endlich zu reisen. Beide Söhne suchen das Weite, es zieht sie nach Deutschland. Erbprinz Ferdinand trifft auf die Hamburger Oper und erlebt dort (mit großer Wahrscheinlichkeit) „Almira". Er ist hingerissen, bittet den blutjungen Komponisten zu sich, es entspinnt sich eine Konversation. Ihr folgen eine zweite, eine dritte, möglicherweise weitere Begegnungen; denn der Erbprinz ist im Besitz wertvoller Musikalien, er zeigt seinem Gast Partituren berühmter italienischer Meister. Dabei wundert sich der vornehme Sammler. „Und diese Namen kennen Sie gar nicht? Kommen Sie nach Italien, lernen Sie von ihnen!" fordert er ihn auf. Händel schüttelt den Kopf. Er kann nichts an diesen Stükken finden und meint, Sänger, die dergleichen Arien zum Erfolg bringen wollten, müßten schon Engel sein. Er, Händel, nach Italien gehen – wozu? Der Prinz scheint keineswegs verstimmt. „Kommen Sie nur in meine Heimat! Überzeugen Sie sich selbst! Sie werden sehen, daß in keinem Land der Welt ein junger Musiker so viel lernen kann wie bei uns. Begleiten Sie mich einfach!" Händel winkt ab. Es ist keineswegs mehr üblich für deutsche Musiker, in Italien zu lernen. Keiser ist nicht nach Italien gereist. Telemann zieht es nicht dorthin, Johann Sebastian Bach gleichfalls nicht. Deutsche Musiker leiden damals nicht an mangelndem Selbstbewußtsein. Ihre Kunst ist solide Wertarbeit, nicht so seicht und auf gefälligen Wohlklang ausgerichtet wie vieles, was jetzt als neu und unbedingt nachahmenswert aus dem Süden kommt.

Er schreibt noch einmal eine Oper. Wieder wird ein alter Stoff verwendet, der schon Heinrich Schütz' erster deutscher Oper zur Grundlage diente – „Daphne", eine keusche Nymphe, die dem jungen Florindo anverlobt ist und sich darum dem Werben des Gottes Apoll widersetzt; sie wird in einen Lorbeerbaum verwandelt. Die Musik ist so umfangreich, daß man Sorge hat, das Publikum zu verdrießen. So werden schließlich zwei Opern daraus: „Der beglückte Florindo" und „Die verwandelte Daphne". Beide Werke, deren Musik verloren ging, erleben ihre Uraufführung im Herbst 1706. Händel scheint sich für den Schicksalsweg beider Werke gar nicht zu interessieren. Er hat in dieser Zeit Hamburg schon den Rücken gekehrt. Des Medici-Prinzen Anregung hat offensichtlich in ihm gearbeitet. Zwar will er sich weder in dessen Gefolge noch in finanzielle Abhängigkeit begeben. Doch reisen? Hinzulernen? Möglicherweise Erfolge sammeln und als gemachter Mann nach Deutschland zurückkehren? Ehrgeiz und Neugier reizen ihn. „Was kost die Welt!" so blickt das jugendliche Gesicht aus einem frühen Miniaturbildnis.

Er hat mit seiner Anstellung am Gänsemarkt, seinen für die Bühne beigesteuerten Werken sicherlich keine Reichtümer verdient. Aber er ist sparsam, häuslich und ungeheuer fleißig. Die Zeit, die er nicht komponiert, nicht probt, nicht dirigiert, schart er gut zahlende Schüler um sich. Mattheson spricht von 200 Dukaten, die sich Händel in Hamburg zusammengespart hat. Es macht ihm nichts aus, der Mutter alles Geld, das sie ihm auf die Reise mitgegeben hatte, zurückzuschicken. So kann er sie am besten davon überzeugen, wie gut es ihm in der Ferne geht. Der Rest reicht, um die Reise bis jenseits der Alpen auf eigene Faust zu wagen. Sie erfolgt Knall und Fall, daß er nicht einmal die Zeit findet, sich von Mattheson zu verabschieden. Möglicherweise hat auch hier eine sich urplötzlich bietende günstige Fahrgelegenheit gewunken. Es wird in diesem Zusammenhang ein Herr von Binitz erwähnt, mit dem er die Reise angetreten hat. Wer dieser Herr war und in welcher Beziehung Händel zu ihm stand, ist bis heute nicht ermittelt.

Im Sommer oder Frühherbst des Jahres 1706 hat Händel seine zweite Lebensstation Hamburg für immer verlassen. Die Stadt wird ihn nicht vergessen und „Almira", aber auch seine Londoner Opern aufführen. Ein großer Hamburger wird ihm eineinhalb Jahrhunderte später mit seinem bedeutendsten Klavierwerk das schönste Denkmal setzen: Johannes Brahms mit den Händel-Variationen.

4
„Des Laubes lieblich grüner Schatten" – Italien

Auf nach Italien

Wie ist Händel nach Italien gereist? Wir wissen es nicht. Er schrieb kein Tagebuch. Wir besitzen nicht einen Reisebrief aus seiner Feder. Der Weg führte gewöhnlich über Augsburg nach Innsbruck, von dort nahm man den Brennerpaß. Kaiser, Kaufleute, Künstler taten das. Es war keine Vergnügungstour. Die Überquerung bis Sterzing (it. Vipiteno), eine Strecke von 10 km, währte damals 10 Stunden. Halsbrecherisch vor allem der Abstieg zwischen Felswänden, tiefen Schluchten. Aufgewirbelter Staub konnte einem die Sicht benehmen. Heinrich Schütz, nur wenig älter als Händel, folgte fast 100 Jahre zuvor dieser Route, Albrecht Dürer wählte sie auf seinen zwei Italienreisen, die Mozarts, Vater und Sohn, reisen über den Brenner und natürlich Goethe, der – die Straße war 1772 neu angelegt – an der reißenden Etsch entlang talwärts kutschierend, den Mond aufgehen sieht.

Der Eintritt in die milde Mittelmeerzone, durch lieblichgrüne, gottbegnadete Landstriche, wie sie auf Renaissancegemälden den Hintergrund abgeben, wird vielen großen Italienreisenden zu einem Urerlebnis. Goethe fühlt sich hier zu Hause. Alles – so vermerkt es schon der Rompilgerer Martin Luther „singt und trillert vor sich hin". Händel hat die gleiche Jahreszeit gewählt wie Goethe, es ist September. Der Kutschweg führt vorüber an Terrassengärten mit Zitronenhainen, Feigenbäumen, Rebhügeln. Den Dichter interessiert die hochentwickelte Gartenkultur, die angeordneten Pfeiler, auf denen Stangen ruhen, damit man winters die kälteempfindlichen Bäume abdecken kann. Luther in der Mönchskutte entgehen nicht die mit schnurgeraden Bewässerungsrinnen durchzogenen Felder, als er die Lombardei durchquert. Den jungen Felix Mendelssohn Bartholdy erstaunen die Heerscharen silbern anmutender Weidenbäume, bis er an ihnen schwarze Oliven entdeckt. Gerade um diese Zeit des Frühherbstes fallen sie von den Zweigen und werden von jung und alt aufgesammelt. Händels erste Eindrücke können wir nur aus seiner Musik erschließen – aus seiner berühmtesten Arie „Ombra mai fu" zum Beispiel (wir kennen das Lied unter der Bezeichnung Largo). König Xerxes singt es, in einem Garten wandelnd; das zarte Grün der Blätter, die unerschütterlichen Frieden atmen, reißen ihn zu seinem Gesang hin. Nie ist ihm der Schatten der Bäume, so freundlich, so sanft, so lieblich vorgekommen wie unter der südlichen Platane.

Venedig, das so vielen deutschen Malern und Musikern Lehrstatt bot, läßt er zunächst liegen. Dort haben die Heerhaufen des Prinzen Eugen gerade Winterquartier bezogen; denn es ist Krieg. Fünf Jahre dauert er schon an, Frieden wird es erst in acht Jahren geben. Es ist ein großer, weltumspannender Krieg, in dem es wieder einmal gilt, Ludwig XIV. in die Schranken zu weisen. Seit der letzte spanische König, ein schwachsinniger Krüppel, kinderlos verstorben ist, beansprucht der Sonnenkönig den Thron für den eigenen Enkel Philipp von Anjou. Gegen diese französischen Weltmachtgelüste verbünden sich von Lissabon bis London und Königsberg die Völker Europas. Die Geschichte nennt ihn den Spanischen Erbfolgekrieg. Gerade hat der kaiserliche Feldherr die in Oberitalien eingefallenen Franzosen bei Turin geschlagen und verjagt.

Prinz Eugen von Savoyen, der bereits in Liedern besungene Held der Zeit, ist ein Mann von schmächtiger, fast verwachsener Gestalt mit häßlicher Stumpfnase und bleckenden Hasenzähnen. Mit jungen Jahren hat er sich am französischen Hof als Truppenführer beworben. Der Souverain, physisch abgestoßen, lehnt den rothaarigen Prinzen ab. „Habe ich jetzt etwa die größte Dummheit meines Lebens gemacht?" fragt er eher belustigt, als er erfährt, daß der Abgewiesene außer Landes geflohen ist, um dem Kaiser in Wien seine Dienste anzubieten. Es war Ludwigs größte Dummheit, wenn man von seinen Hugenottenverfolgungen einmal absieht; denn an dem Prinzen Eugen werden des Sonnenkönigs Kriegsunternehmungen jämmerlich scheitern, obwohl er über das gewaltigste und schlagkräftigste Heer der Welt gebietet. Schade, daß Händel dem kaiserlichen Feldmarschall, dem er jetzt geographisch so nahe ist, persönlich nicht begegnet. Der Prinz führt nicht nur Feldzüge an, er bewährt sich im Hofkriegsrat auch als vorausschauender Staatsmann. Obendrein liebt er die Künste, beschäftigt die großen Baumeister der Zeit, korrespondiert mit Leibniz. Möglicherweise hätte Händels Laufbahn ganz andere Wege genommen – Wien war gerade dabei, Hauptstadt einer Großmacht und Mittelpunkt eines viele Völker zählenden Reiches zu werden. Aber Händel ist damals – trotz seiner Hamburger Erfolge – noch ein unbekannter Mann.

Sein Reiseziel knüpft sich zunächst an seine Beziehungen mit dem Herrscherhaus Medici. So sieht er eines Tages zwischen Hügeln die Domkuppel von Florenz aufblauen. Die Hänge voller Olivenbäume und Weinreben, dazwischen weiß leuchtende Landhäuser, umgeben von Pinien, Zypressen, Aloe, rankenden, stark duftenden Blumengewächsen, die über die Gartenmauer reichen. Dem jungen Mendelssohn bietet sich der Eindruck so, für Händel wird er (125 Jahre früher) kaum anders gewesen sein. Er ist Augenmensch. Besonders nachhaltig wird die Architektur auf ihn eingewirkt haben – die harmonische Geschlossenheit groß angelegter italienischer Plätze. Das Muster liefert die Piazza della Signoria, Herz der Medici-Metropole, mit dem Neptunbrunnen, dem Reiterstandbild Cosimos I., dem David Michelangelos, das Ganze beherrscht von dem wehrhaft schroffen Palazzo Vecchio mit seinem 94 Meter hohen Zinnenturm, der Loggia dei Lanzi mit Benvenuto Cellinis berühmter Perseusskulptur und Giambolognas Raub der Sabinerinnen, daneben der Palazzo degli Uffizi, einst als Regierungskanzlei gedacht und schon vom Vorgänger des gegenwärtigen Herrschers als Kunstgalerie eingerichtet, in der die gewaltige Gemäldesammlung der Herzogsfamilie der Öffentlichkeit zugänglich gemacht wurde.

Das alles wird Händel offenen Auges studiert und bewundert haben. Wir wissen von seiner Empfänglichkeit für die schönen Künste, seiner Sammlerleidenschaft, die hier, wo er zum erstenmal vor der Mediceischen Venus, den Madonnen Botticellis und Raffaels steht, möglicherweise schon erwacht. Er wird der Nachwelt dereinst eine stattliche Gemäldesammlung hinterlassen, mit Exemplaren (darunter zwei Rembrandt-Originale), die nicht erst heute ein Vermögen wert sind. Nicht nur die Silhouette der Stadt, auch ihre Farbigkeit wird ihm fraglos zu einem völlig neuen Erlebnis: Die achteckige Domkuppel Brunelleschis, die Gurtbogen, die aufgesetzte Laterne mit Helmspitze von den acht ziegelroten Segmentfeldern weiß abgehoben. Die äußere Verkleidung von Kirchenfassaden, Baptisterien, Campaniles, bunt gemustert aus weißem, grünem, rotem Marmor.... Alles das findet seinen Niederschlag in der klaren, helldurchleuchteten, von einfacher Formschöne bestimmten Baukunst Händelscher Musik.

Wem darf er nun seine Aufwartung machen? Großherzog Cosimo III., schon 36 Jahre am Ruder, war die Musik wie alle Kunst zuwider. Ein verbohrter Frömmler, läßt er seinen Staat von unduldsamen Pfaffen verwalten. Die französische Gemahlin, eine Nichte des Sonnenkönigs, hatte entsetzt die Flucht ergriffen, um niemals wiederzukehren. „Du bist das Unglück meines Lebens", hatte sie dem Gatten geschrieben und läßt ihm ausrichten, sie werde ihm das Meßbuch an den Kopf werfen, falls er sich noch einmal bei ihr blicken ließe. Von diesem ganz untypischen Medici konnte ein angereister fremder Musiker nicht viel erwarten. Aber er hatte ja den Erbprinzen Ferdinand für sich gewonnen. Der spielt selbst Klavier, sieht sich gern als Förderer und Berater großer musikalischer Begabungen und korrespondiert mit Alessandro Scarlatti, ja empfiehlt dem großen Mann, weniger gelehrte Musik zu produzieren, sondern unbeschwerte, leichter verständliche. Auf seinem Landsitz in Pratolino, einer malerischen Villa im Gebirge, hat er sich ein Theater als Oper einbauen lassen. Hier erlebt der Gast mit hoher Wahrscheinlichkeit die Aufführung der Scarlatti-Oper „Il gran Tamerlano", einen Stoff, den er in London selbst einmal aufgreift. Möglicherweise wird Händel an diesem Abend von dem Gastgeber selbst einen Opernauftrag erhalten haben: „Rodrigo". Das Stück spielt, wie „Almira" in Spanien. Liebe und Rache liefern sich einen Zweikampf. Rodrigo, Re delle Spagne, die männliche Hauptfigur, hat dem Werk erst nachträglich den Titel verliehen. Wie es wirklich hieß, geht aus dem bruchstückhaft erhaltenen Original nicht mehr hervor. Es ist Händels erste rein italienische Oper und in Anbetracht der Weiterreise und vieler anderer unterwegs anfallender Kompositionsaufträge wohl nicht ohne Hast fertiggestellt. So kennen wir die Ouvertüre und eine Reihe Arien bereits aus der Hamburger „Almira". Andere Themen werden Stücken entlehnt, die gerade jetzt unter toskanischer Sonne, im Reisewagen oder in seinem römischen Gastdomizil entstehen.

Im Herbst 1707 – Händel ist nun schon ein ganzes Jahr im Süden – wird „Rodrigo" am Teatro Cocomero uraufgeführt. Augenscheinlich ohne nachhaltigen Erfolg, denn eine Aufnahme des Werkes in den Spielplan eines der öffentlichen Opernhäuser ist nicht bezeugt. Immerhin wird der Komponist mit 100 Goldstücken und einem Silberservice reichlich belohnt. Zu seinem Kapellmeister macht ihn der Erbprinz nicht. Das mag an dem Geiz des jungen Medici gelegen haben, der sich auch nie dazu entschließen konnte, seinen berühmten Brieffreund Alessandro Scarlatti nach Florenz zu holen. Als dieser sich in Not befindet, will der Prinz zwar für ihn beten, sein Budget mag er bei aller musikalischen Aufgeschlossenheit nicht belasten. Händel, um jene Zeit von römischen Mäzenen bereits reichlich umbuhlt, war auf eine feste Anstellung bei einem Erbprinzen mit wenig Einfluß auf einen eher musikfeindlichen regierenden Vater gewiß nicht versessen. So gesehen gehört Florenz nicht zu Händels Sternstunden. Höher bewerten muß man den künstlerischen Gesamteindruck, dem er auf dieser ersten italienischen Etappe zweifellos erliegt.

Florenz ist die eigentliche Geburtsstätte der Oper. Das musikalische Leben, die Fülle der Talente, denen er bei Hof auf Schritt und Tritt begegnet, aber auch das singende, tanzende Volk auf den Straßen, dieser verschwenderische Reichtum saitezupfender, flötetrillernder Naturbegabungen und bühnenreifer Kehlen unter Fischverkäufern, Handwerkern, Weinbauern, Bettlern muß einen so großen Musiker überwältigt und seine hamburgischen Vorurteile gegen welsche Kunst und welsche Art gründlich ausgetilgt haben.

Händel wird selbst zu einem Italiener. Er fühlt sich schnell heimisch, läßt es sich in dieser sinnenfrohen Gesellschaft wohl sein und macht sich im Handumdrehen die Art italienischen Musizierens und Komponierens zu eigen. Dabei verfolgt er nur ein einziges Ziel: es mindestens ebenso gut, ja noch besser zu machen. Als erstes, so scheint es, begegnet er der Kunst Alessandro Scarlattis. Sie bringt ihn auf eine ihm bisher fremde Musikform: die italienische Kammerkantate. Die Gattung zählt zwei, drei Arien mit Rezitativen, meist für nur eine Singstimme mit kleiner Instrumentalbesetzung. Die Bezeichnung Miniaturoper ist nicht fehlgegriffen.

Kein biblischer Stoff ist gefragt, man hat ihn Ovid entlehnt oder den italienischen Klassikern Petrarca, Ariost, Tasso. Gute Librettisten, die den Gesangstext dazu liefern, gibt es in Fülle. Was erzählen diese konzertanten Kammeropern für eine Solostimme? – Die Geschichte einer Flußnymphe, die sich in einen schönen Hirten verliebt hat und seinen frühen Untergang verschuldet; das Geschick einer tugendhaften Gattin aus altrömischer Zeit, die sich einem Usurpator verweigert und lieber den Tod wählt. Die Qualen eines Liebenden, der für sich nichts zu erhoffen wagt. Aber auch die Tugenden der Heiligen Cäcilie werden gepriesen... Es sind leidenschaftliche Stücke, die von verschmähter Liebe, gekränkter Ehre, stolz ertragener Schmach handeln und dem Tonkünstler volle Gelegenheit geben, alle Gestaltungskraft in den Ausdruck menschlicher Seelenstimmung zu verlagern. Musikalisches Bauelement liefert die italienische Da-capo-Arie. „Da capo" (noch einmal von

Anfang) fordert am Schluß der zweiteiligen Sangform die Wiederholung des Kopfstückes aus Gründen künstlerischer Symmetrie, so daß sich das Kompositionsschema A-B-A ergibt. Eine mehr lyrische Musikgattung also, da in einer dramatisch fortführenden Handlung der Vortrag einer bereits durchstandenen Phase A nach Durchlebung einer neuen B das auf den Fortgang des Geschehens gespannte Publikum eher verdrießen würde.

Händel liefert im Laufe seines Lebens an die hundert italienische Kammerkantaten. Ein Großteil entsteht jetzt unter südlichem Himmelsstrich. Die berühmteste hat er, der Überlieferung nach, in Florenz geschaffen. Ihr Titel „Lucrezia". Sie entzückt noch heute mit ihrer hinreißenden Dramatik und strotzt geradezu von der genialen Kraft ihres noch immer jugendlichen Schöpfers, der schon jetzt alle Register menschlicher Seelenregung musikalisch beherrscht. Es geht um folgende Begebenheit: Lucrezia, Ehefrau des römischen Heerführers Collatinus, wird von Tarquinius Superbus (dem letzten der sieben aufeinander folgenden Könige Roms, ehe es Republik wird) vergewaltigt. Da die Rache der Götter ausbleibt, der König seiner Willkür also ungestraft weiter frönen darf, gibt Lucrezia sich aus Verzweiflung mit dem Dolch selbst den Tod.

Die Kantate erzählt diese Handlung nicht, sondern gestaltet lediglich Lucrezias Seelenzustand zwischen erlittener Schändung und dem Entschluß zur Selbsttötung. Händel macht sich mit diesem neungliedrigen Kranz aus Sprechgesang und Arie zum Ankläger erniedrigter Weiblichkeit, womit das Werk, dessen Ruhepunkte trauervoller Verzagtheit und nicht mehr zu ertragender Schmach noch mehr ergreifen als aufgepeitschte Wut und Verzweiflung, gerade in unseren Tagen (blicken wir nach Jugoslawien) tragische Aktualität gewonnen hat.

Es wird berichtet, der Elan zu dieser Schöpfung sei Händels eigener Liebesneigung zu der Ersten Sängerin und Hofprimadonna, Lucrezia d'André entsprungen, einer schönen Frau, die die Gefühle des jungen Komponisten aus Deutschland sogar geteilt habe. Dokumentarisch belegen läßt sich das nicht; dennoch ist die bereits von Händels erstem Biographen übermittelte Begebenheit durchaus vorstellbar, wenn man die an Empfindungstiefe und Leidenschaft gleich genialen Teile des Werkes studiert. Händel selbst ist in diesen Jahren eine stattliche, äußerst gut aussehende Erscheinung mit schmalem Kopf, ebenmäßigen Gesichtszügen. Ihr Hauptcharakteristikum die selbstbewußten, mit starken Brauen überwölbten, energiegeladenen, quellklaren (aber nicht kalten!) Augen. Daß sich die Frauen am Hof um den stämmigen Teutonenriesen geradezu rissen, der sich ja auch mit seinem Können wie Gulliver unter Liliputanern ausnahm, wer will das unbedingt in Frage stellen? Hinzu kommt, daß Händel weder wie ein kleinstädtischer Kantor noch wie ein stellungsuchender Musikant auftrat, sondern ohne deutsche Umständlichkeit, souverän wie ein Herr von Familie. Er selbst wird für weibliche Gunst, noch dazu aus besten Kreisen, mit Sicherheit nicht unempfänglich gewesen sein, wenn auch von einer ernsten Leidenschaft nie, zu keiner Zeit seines Lebens, etwas bezeugt ist.

Die Kantate „Lucrezia" erweist sich als musikalischer Volltreffer. Diverse Abschriften sorgen für rasche Verbreitung, flattern nordwärts über die Alpen, so daß auch Johann Mattheson einer Kopie habhaft wird. Der ist hingerissen von der Kühnheit neuartiger Modulationen und macht aus seiner Bewunderung für „Lucrezia" keinen Hehl.

Das Rom des jungen italienreisenden Händel bietet sich, nach zeitgenössischen Berichten, als ein Labyrinth von stinkenden Gassen und Höfen, deren Anlage nicht selten von antiker Zeit herrührt. Klöster, 740 an der Zahl, zwängen sich zwischen Kirchen und Armeleutehäuser. Auf dem Forum Romanum, dort wo um 500 vor Christi die erste Tempelanlage errichtet wurde, weiden Schafe das von der Sonne ausgeblichene Gras. Im Schatten von Grabmälern und Säulenstümpfen kauern die Hirten. Das antike Trümmerfeld ein Paradies für Katzen, Eulen, Fledermäuse. Doch auf alle sieben Hügel hat das vergangene Jahrhundert mit Kuppeln, barocken Fassaden, Treppen, Brunnen, Gärten, noch frisch wie am ersten Tag, sein Siegel aufgedrückt. Der Sankt-Peters-Dom bestimmt das Stadtbild. Gian Lorenzo Bernini, der mit der Kolonnadenanlage den schönsten Platz der Welt schuf, ist erst 26 Jahre tot. Er hat auch den Tritonen- und den Vierflüssebrunnen geschaffen, diverse Fronten fürstlicher Palazzos. Händel wird die Häuser der Großen nicht nur betreten, wir sehen ihn dort auch monatelang residieren. Bedienstete, herrschaftlich bespannte Kutschen werden ihm zur freien Verfügung stehen.

Rom, zählt in dieser Epoche 150000 Einwohner. Hinzu kommen 100000 Besucher – Pilger, Reisende, Diplomaten, Künstler... Eine Königin hatte hier jahrzehntelang bis zu ihrem Tod gelebt: Christine von Schweden, das war erst 18 Jahre her. Einzige Tochter Gustav Adolfs, des siegreichsten Heerführers der Protestanten, hatte sie mit 27 Jahren abgedankt und war zum Katholizismus übergetreten. Belesen und hochgelehrt, beherrschte sie acht Sprachen und hatte in Rom eine Akademie gegründet, auf der sie sich mit Künstlern, Physikern, Meeresforschern, Philosophen austauschte. Besucher beschreiben sie in ihren letzten Jahren als ausgesprochen fett, mit Doppelkinn, dem einzelne Barthaare entsprossen. Anstoß erregte sie mit ihrer Männerkleidung, ihrem die Gesellschaft schockierenden Jägerburschengehabe. Im Theater fläzte sie sich auf einen Stuhl, die Beine links und rechts über die Armlehnen werfend. Gefiel ihr etwas nicht, fluchte sie laut darüber und unterhielt sich ohne Rücksicht auf das Publikum mit ihrer Begleitung. Verspätete sie sich, so daß die Vorstellung nicht pünktlich beginnen konnte, empfing die Königin ein Pfeifkonzert. Sie pfiff zurück. Die Wände ihres Anwesens behängte sie mit gewagten Aktgemälden und ließ männlichen Statuen die Feigenblätter entfernen... So war Christine von Schweden das „enfant terrible" der Ewigen Stadt geworden.

Und doch beehrte sie der Papst in ihrem römischen Palazzo mit einem Besuch, veranstaltete Bankette für sie. Es wurde ihr sogar ermöglicht, ein Theater zu unterhalten. Man hatte es auf dem Gelände eines abgerissenen Gefängnisses „Tor di Nona" erbaut. Hier traten – unerhört in dieser heiligen Stadt! – weibliche Sängerinnen auf. Alessandro Scarlatti, damals noch ein junger Mann, wurde von Christine engagiert, desgleichen Arcangelo Corelli. Händel wird ihn in Kürze persönlich kennenlernen.

Seine Ankunft fällt in den Winter 1706/7. Zeitgenössische Tagebuchaufzeichnungen bezeugen bereits im Januar den Auftritt eines „Sassone", eines Sachsen also, der als Virtuose auf dem Cembalo und an der Orgel, doch ebenso als Komponist, alle Welt in Erstaunen versetzt habe. Der deutsche Name des Wundermannes aus dem verregneten Norden klingt der italienischen Zunge viel zu fremd und unmelodisch. Er wird ganz einfach als „il Sassone" gehandelt, bald darauf als „il famoso Sassone", schließlich sogar – „il caro" (der „liebe"). Händel, so entnehmen wir der Zeitzeugennotiz, zeigt seine Kunst sogar in der Bischofskirche San Giovanni des Lateran. Das allein kann man als Sensation bewerten – ein Protestant aus dem Lande Martin Luthers musiziert in der Kirche des päpstlichen Palastes! Schon das zeugt von der Ungewöhnlichkeit seines Könnens, sonst hätte man diesen „Makel" nicht großzügig übersehen.

Er hat natürlich auch Empfehlungen der großherzoglichen Familie vorzuweisen. Schon gewinnt er einen hohen Würdenträger zum Gönner: den Kardinal Benedetto Panfili. Sein Palazzo am Corso ein glänzender Treffpunkt der römischen Gesellschaft. Philosophisch und dichterisch begabt, dazu hoch gebildet, verfaßt der Prälat eigene Libretti, die Händel nun in Musik setzt. Die Panfili zählen zu den berühmtesten Adelsgeschlechtern Italiens. Man erkennt sie auf Monumenten an ihrem Familienwappen, einer den Ölzweig tragenden Taube. Mitte des vergangenen Jahrhunderts hatte ein Panfili als Innozenz X. die päpstliche Tiara getragen. Ein hochbetagter, mißtrauischer, letztlich unentschlossener Herrscher, den der spanische Maler Velásquez porträtiert hat. Innozenz ließ sich von seiner intriganten Schwägerin Donna Olimpia Maidalchini so tyrannisieren und ausnehmen, daß man ihn wie einen Bettler begraben mußte.

Eine erhalten gebliebene Kopistenrechnung vom 12. Februar 1707 über die Abschrift des Sängerparts und verschiedener Instrumentalstimmen zur Kantate „ Il delirio amoroso ", in Musik gesetzt durch den „Signore Giorgio Hendel", ist das früheste Dokument, das uns Händels Dienste für den Kardinal Benedetto Panfili (Schreibung auch Pamphili) bescheinigt. Das Libretto hatte dieser selbst gedichtet. Man darf vermuten, daß der junge „Sassone" zunächst im Palazzo seines ersten Gönners Logis nahm. Es werden hier auch die neuen Kompositionen auf einer der vom Hausherrn eigens angesetzten Musikveranstaltungen (Akademien) vor erlesenem Publikum uraufgeführt.

Den florentinischen „Rodrigo" kann Händel in Rom nicht anbieten, auch nicht ein neues Werk dieses Genres, so gut es seiner Meisterschaft darin sicherlich getan hätte. Opernaufführungen waren schon in den letzten Lebensjahren der Königin Christine zu deren Leidwesen von Papst Innozenz XI. verboten worden. Dieser lombardische Bankierssohn hatte seine eigene Sittenstrenge den römischen Bürgern weidlich zu kosten gegeben. Er hatte den nackten Statuen die Feigenblätter verordnet, er hatte der Madonna Guido Renis den Busen übermalen lassen, er hatte die öffentlichen Theater geschlossen, das schrankenlose Karnevalstreiben gezügelt, das französische Décolleté untersagt und Frauen von allen Bühnen verbannt. Christines Theater „Tor di Nona" diente seitdem als Kornspeicher. 1703 war Italien von einem Erdbeben heimgesucht worden, das hatte den Vatikan wiederum zur Wahrung strenger Moral gestimmt. So war in Sachen „Oper" bis in Händels Tage keine Lockerung erfolgt, obwohl der „Papa No", wie ihn das Volk grimmig getauft hatte, schon so lange tot war wie die Königin mit den Männerstiefeln, deren Beziehungen zum Papst – er hatte ihr die Jahrespension gestrichen – geradezu in einen Stellungskrieg ausgeartet waren.

Aber der Menschenschlag am Tiber ist viel zu sinnenfreudig, schöpferisch und musikpassioniert, um für seine ungestillte Opernleidenschaft nicht einen Ausweg zu ersinnen. Man erfand ein Ersatzgebilde, das die Richterstirn des obersten Bischofs weniger herausforderte: Man vertonte weiterhin dramatische Stoffe, geistlichen Inhalts, versteht sich, verzichtete aber ganz auf Kulissen, Kostüme und mimische Darbietung. Es entstanden Opern im konzertanten Gewande, wegen ihres religiösen Gegenstandes „oratorio" genannt. Hier konnten Sänger in Koloraturen ungehindert schwelgen, Privatkapellen ihr Bestes zeigen und sich obendrein eines Publikums versichern, das durch nichts Äußerliches von ihrer Kunst abgelenkt wurde.

Trotzdem empörte sich ein polnischer Kardinal über dieses Tarnmanöver und hätte den Komponisten, einen gewissen Giovanni Paolo Colonna, dessen „Fall Jerusalems" er in einer Privataufführung erlebt hatte, am liebsten im Gefängnis gesehen. So grob fühlte er den Geist der Fastenwochen verhöhnt, zumal Frauen aufgetreten waren und der Abend sich mit üppiger Tafelei und Tanz fortgesetzt hatte. Die Weltkirche war sicherlich streng, aber nicht kleinlich. Sie ließ das neue Schoßkind römischer Musikmäzene trotz polnischen Protestes unbeanstandet gewähren. In Rom also – nicht in London nach erlittenem Opernbankrott – schreibt der Komponist des „Messias" sein erstes Oratorium. Er ist gerade zweiundzwanzig Jahre alt.

Das neue Werk trägt den italienischen Titel „Il Trionfo del Tempo e del Disinganno" (Der Triumph der Zeit und der Täuschung), ein Thema, das dem Lebensgefühl eines Barockmenschen deutscher Herkunft – das Jahrhundert des 30jährigen Krieges liegt ja nicht lange zurück – immer noch entspricht. Schönheit, Vergnügen, Zeit und Trug werden zu allegorischen Figuren, die miteinander im Streit liegen. Belleza, die Schönheit, besieht sich im Spiegel. Sie ahnt, daß es um sie schneller geschehen sein könnte, als um den Gegenstand, der ihre Züge wiedergibt. Piacere versucht ihr einzureden, Schönheit habe Bestand, wenn sie sich nur dem Vergnügen rückhaltlos verschreibe. Dagegen protestieren Tempo (Zeit) und Disinganno (Täuschung), die sich hier als gute Ratgeberin versteht. Alle vier brüsten sich nun ihrer irdischen Macht, ja fordern sich zu einer Wette heraus: Wer von ihnen wird den Sieg davontragen? So lange sich Belleza ihrer Jugend rühmen kann, haben

Tempo und Disinganno gut mahnen. Ihre Beherzigungen, die leichtfertige Lebensführung aufzugeben und sich Gott zuzu-kehren, damit sich die Seele einen Platz in der Ewigkeit sichern kann, verfängt zunächst nicht, so sehr blendet Piacere mit viel-fältigen Zerstreuungen. Aber Belleza war sich ja schon anfangs ihrer eigenen Dauerhaftigkeit nicht sicher gewesen. So besinnt sie sich, dank der unermüdlich auf sie einredenden Tempo und Disinganno, doch noch beizeiten eines Besseren. „Addio Pia-cere!" ruft Belleza der Gefährtin zu, „nicht ‚ich werde be-reuen', sondern ‚ich habe bereut' will ich sagen, wenn ich der-einst sterben muß, und Gott nicht geben wollen, was ich dann gar nicht mehr besitze."

Musikalisch ergreifend der Moment, als Belleza am Ende ih-rer Tage wieder in den Spiegel blickt und erschauert. Aber die rechtzeitige Umkehr läßt sie ja der Gnade des Himmels teilhaf-tig werden. Piacere ist die Verliererin: „Wenn die Illusion meine einzige Nahrung ist, wie kann ich in der Wahrheit beste-hen?" fragt sie sich am Schluß. Zeit und Trug, wie konnte es anders sein, haben sich in der Welt als die Sieger erwiesen. Der Text aus der Feder des Kardinals Panfili setzt auf sprachlichen Wohllaut, inhaltlich wird der Zuhörer durch Handlungsarmut und sich wiederholende Gewissensermahnungen ermüdet, wenn nicht genervt. Den Komponisten hat das nicht angefoch-ten, es hat ihn im Gegenteil zu großen Inspirationen hingeris-sen. Bellezas Bekenntnis zur Weisheit des Himmels am Schluß des Oratoriums, das Streicherstakkato, Sopran und Violinsolo dumpf untermalend, sind von so bannender Ausdruckskraft, daß man den ausbleibenden Abschlußchor gar nicht vermißt.

Das neue Werk – man nennt es wegen des allegorischen, also keineswegs geistlichen, Stoffes anfangs „Serenata" und nicht Oratorio – wird im Hause des Dichters und Gönners vor kunst-verwöhntem Publikum uraufgeführt. Die Streicher leitet kein Geringerer als Arcangelo Corelli. Dieser große Violinmeister seiner Zeit steht schon Jahre auf dem Gipfel seines Ruhmes, ohne daß ihm jemand den Rang streitig macht. Die größten Mäzene Roms verwöhnen ihn, machen ihn zu ihrem persönlichen Freund. Er bewohnt den Flügel eines Kardinalspalastes, darin das Leben eines Aristokraten führend, der schöne Gegenstände sammelt und Bedienstete um sich schart. Wer in der vornehmen Welt es seiner künstlerischen Vervollkommnung schuldig ist, scheut die Ferne nicht, um sich nach beschwerlicher Reise zu Corelli in die Schule zu begeben. An römischen Festtagen sieht man den eher unscheinbaren Mann an der Spitze einer Hundertschaft von Streichern stehen. Seine für Händel so wegweisende persönliche Schöpfung, das „Concerto grosso", ergibt sich wie von selbst aus diesem traumhaften Aufgebot, wie es Händel später in London auf ähnliche Weise zu Verfügung stehen wird: Dieser gewaltige, eher schwerfällige Klangkörper forderte den Gegensatz eines Ensembles wendiger Virtuosen geradezu heraus. Sie mußten als sogenanntes „Concertino" dem riesigen Streicherchor zu einem edlen Wettstreit gegenübertreten – lat. concertare: „miteinander wetteifern".

Corelli ist trotz seiner Erfolge ein stiller, bescheidener Mensch. Er hat mehrere Brüder, die zeitweise bei ihm leben. Er selbst ist ehelos geblieben und ähnelt äußerlich eher einem studierten Abbé als einem Mann von Welt. Händel muß sich mit dem Fünfundfünfzigjährigen gut verstanden haben. Ja der Ältere läßt sich von dem Jüngeren (so berichtet es schon Händels erster Biograph) bei einer Probe die Geige aus der Hand reißen. Dem ungeduldigen Deutschen klingt der Streicherpart zu zierlich, zu unterkühlt. Er macht dem illustren Meister die Bogenstriche kraftvoll und getragen, wie er sie versteht, selbst vor: „Bitte so und nicht anders muß meine Musik klingen!" Welche von Menschenbeifall verwöhnte Halbgottheit wäre von einer so schroffen Belehrung nicht für alle Zeiten verstimmt gewesen. Nicht Corelli. „Ma, caro Sassone, questa Musica è nel Stylo Francese, di ch'io non m'intendo" (Aber, mein lieber Sachse, das ist Musik im französischen Stil, darauf verstehe ich mich nicht), entgegnet er ihm fast entschuldigend. Es ist nicht überliefert, ob Corelli über den echauffierten jungen Kollegen nicht etwas geschmunzelt hat, der sich seiner Sache so sicher war und in so kurzer Zeit doch gerade von ihm, dem ersten Geiger Italiens, so viel hinzugelernt hatte.

Nichts bietet dafür einen schlagenderen Beweis als das neue Werk, das sie gerade zusammen einstudieren: „Il Trionfo del Tempo e del Disinganno". Hätte ein Einheimischer es italienischer machen können? Schon die „Sinfonia" am Anfang – das Muster eines Concerto grosso, entsprechend die Satzfolge: Schnell-langsam-schnell. Nichts von dem, was bis heute erhalten blieb, mutet französisch an. Möglicherweise bezog sich Corellis Bemerkung nur auf die Art des musikalischen Vortrags, die ihm der eigenwillige Komponist ja vorgemacht hatte. An Ausführenden wird nicht gespart: Zu den vier Vokalsolisten gesellen sich Orgel, Cembalo, ein Streicherchor, Oboen, Fagotte, Blockflöten, Laute... Die vier allegorischen Figuren unterscheiden sich schon durch die Farbgebung der sie begleitenden Instrumente. Diese untermalen die Stimme nicht, wie beispielsweise noch in der Hamburger Johannes-Passion, sondern konzertieren mit ihr. Als Piacere am Schluß verärgert das Feld räumen muß, steigert sie sich zu wutentbrannten Koloraturen, die sich mit dem ganzen Orchester zu einem temperamentvollen Concerto grosso vereinen. Das Geschehen unterbricht ein einsätziges Orgelkonzert, das erste, das die Welt von Händel kennt. Er wird am Tag der Uraufführung diesen Part selbst gespielt haben. Denn als Orgelkünstler, das hat man in Rom sofort erkannt, ist Händel unvergleichlich.

Und wieder stößt der Liebhaber auf längst Vertrautes: auf die Sarabande aus dem Opernerstling „Almira" zum Beispiel. Sie hat nun nahezu die Gestalt erlangt, in der sie als Arie „Lascia ch'io panga" im Londoner „Rinaldo" unsterblich wird. „Laß die Dornen, pflück die Rose!" singt Piacere dazu. Dieses Lied ist ohne italienisches Vorbild. Die Schlichtheit lyrischen Empfindens trägt so unverwechselbar Händels Handschrift wie das Feuer seiner dramatischen Eingebungen. Hier liegt das Geheimnis seiner erstaunlichen italienischen Erfolge. Mit dem bejubelten Sassone kommt ein frischer Wind auf. Denn er macht das, was er vorfindet, nicht nur besser, sondern auch anders, so wie jemand eine längst eingeübte Malerschule durch einen unverwechselbaren Farbton neu belebt, so daß die dargestellten Gegenstände plötzlich eine schärfere Perspektive erhalten.

Daß alle Schönheit der Erde sich dem Menschen letztlich als Trug erweist und die ewigen Wahrheiten nur in einer anderen Welt zu finden sind, diese schon die Dichter des Mittelalters inspirierende religiöse Urerfahrung, begleitet Händel wie ein Leitstern. So mag es überraschen und doch letztlich nicht verwundern, daß dieses erste Oratorium zugleich auch sein allerletztes werden wird. 1737, als er in seiner tiefsten Lebenskrise steckt, greift er das Werk zum erstenmal wieder auf. Er ändert fast alles um, richtet, mit Chören ergänzt, einzelne Nummern auf größte Wirkung aus. Sein Londoner Theaterunternehmen steht vor dem Bankrott; das hervorgeholte Stück – jetzt mit dem Titel „Il Trionfo del Tempo e de la verità" (Der Triumph der Zeit und der Wahrheit) – soll Besucher wieder anlocken. Die Aufführung wird ein Mißerfolg. 1757, genau 50 Jahre nach der römischen Erstfassung – bereits über siebzig und seit Jahren erblindet –, diktiert Händel seinem Privatsekretär abermals eine grundlegende Umarbeitung in die Feder. Den Text des römischen Kardinals läßt er von seinem Londoner Librettisten Thomas Morell ins Englische umdichten. Der neue, nun endgültige Titel: „The Triumph of Time and Truth". Aus der Allegorien-Vierheit ist eine etwas abgeänderte Gruppe von fünf geworden: Die Wahrheit (im Alt stehend) verbündet sich mit der Zeit (Baß, früher Tenor); ihnen gegenüber tritt Pleasure, die Lust (jetzt Tenor, statt Sopran), der sich Deceit, der Trug (nicht mehr Alt, sondern Sopran), beigesellt hat. Dazwischen, hinreißend in ihrer Lebensfreude wie vor 50 Jahren, das Weltkind Beauty, die Schönheit im strahlenden Sopran. Ein alter Bestand von Arien (darunter natürlich des Meisters alter Liebling – die Sarabande), findet vor dem greisen Tondichter Gnade, wird aber ausgebaut und durch Chöre aus früheren Werken bereichert. Neues wird hinzukomponiert, einschließlich der Ouvertüre, dabei aber gleichfalls auf bewährtes Gedankengut zurückgegriffen, wie das von jeher des Künstlers

6 *Der Gemäldesaal des Palazzo Colonna in Rom.*

Art war. So entsteht ein Mosaik aus unterschiedlichsten Schaffensphasen. Sie alle besiegeln in Händels Sprache die ihm bis in die Dunkelheit seiner letzten Jahre treugebliebene Lebenserkenntnis: Alles ist eitel, Wahrheit und Friede ist nur in Gott.

Der gefeierte „Sassone" wird in Rom schon nach kurzer Zeit ein wohlhabender Mann. Im Juli 1707 streicht er von seinem Gönner – das bezeugt ein Zahlungsvermerk der „Casa Panfili" – ein Honorar von 83 Scudi ein. Das übersteigt das Monatsgehalt des im Hause festangestellten Konzertmeisters Corelli um das Achtfache. Panfili ist aber nicht der einzige Auftraggeber des Deutschen. Nahezu gleichzeitig arbeitet Händel für den Kardinal Carlo Colonna. Auch dieser das Glied einer ruhmvollen Familie. Unter den Colonnas gibt es Fürsten und Herzöge. Ein Kardinal Colonna war in den Tagen babylonischer Gefangenschaft der Päpste in Avignon Mäzen des Dichters Petrarca gewesen. Ein Konnetabel Colonna hatte Maria Moncini geehelicht, Nichte des Kardinals Mazarin, der in Paris für den noch minderjährigen König Ludwig XIV. das Ruder geführt hatte. Der spätere Sonnenkönig war, dem Knabenalter kaum ent-

93

wachsen, in das Mädchen so verliebt gewesen, daß er beim Kardinal um ihre Hand angehalten hatte. Die Liebenden wurden getrennt. „Sie sind König, Sie weinen, und doch muß ich gehen!" hatte Maria beim Abschied geschluchzt, darauf war sie mit einem Colonna standesgemäß verheiratet worden. Die Familie des zweiten Händel-Gönners begeht in Rom alljährlich das Fest der Madonna del Carmine. Das geschieht mit großer Vesper am 16. Juli in der Karmeliter-Kirche Santa Maria di Monte Santo. Für diesen Anlaß hatte der geniale Sachse neben einer Motette a Canto solo (einer Art Kurzkantate) mit großer Wahrscheinlichkeit auch seine in diesen Sommer fallenden drei lateinischen Psalmgesänge vollendet, die sich noch heute großer Beliebtheit erfreuen.

Dem Psalm 113 „Laudate pueri Dominum" (Lobet, ihr Knechte des Herren) geht eine Frühfassung für Sopransolo voraus, die Händel möglicherweise schon in Halle entworfen hat. Sie wird nun Schritt für Schritt für Solo und fünfstimmigen Chor umgearbeitet. Strenge norddeutsche Kontrapunktik verbindet sich mit schmiegsamer, italienischer Sanglichkeit. Der Psalm 110 „Dixit Dominus" prophezeit den kommenden Christus: „Der Herr sprach zu meinem Knecht: ‚Setze dich zu meiner Rechten, bis ich die Feinde zum Schemel deiner Füße lege'".Die Skizzen für diese lateinische Vertonung hatte Händel möglicherweise mit Blick auf Ostern bereits in seinem römischen Reisegepäck. Sie ist als erste fertig. Der dritte Wurf hebt an mit den Worten: „Nisi Dominus". So beginnt der bekannte Psalm 127 des Königs Salomo: „Wo der Herr nicht das Haus baut, so arbeiten umsonst, die daran bauen". Die von gebrochenen Akkorden aufgerührte Violinbegleitung des wiederum fünfstimmigen Eingangschores mag den sich an eine Klavierschule erinnert wähnenden Fachmann verstimmen. Den Laien bezwingt diese Motorik, auf der die einander ablösenden und wieder einsetzenden Stimmen leicht dahinfließen, wie ein Sirenengesang.

Händels Produktivität ist in diesen an Verlockungen überreichen Italienjahren erstaunlich: Er schreibt Opern, Oratorien,

an die hundert Kantaten, diverse mehrteilige kleine Chorge-
sänge, Motetten, nicht zu zählende musikalische Angebinde
in Form von Soloarien, Duetten, Terzetten..., oft auf Geschmack bzw. Stimmentimbre des Adressaten persönlich zugeschnitten. Ganz zu schweigen von den reinen Instrumental-
kompositionen, die ihm unter dem frischen Eindruck ihm
lebend gegenübertretender italienischer Vorbilder wie Corelli,
Pasquini, Scarlatti wie von selbst aus der Feder geflossen sind
und über die er mit Sicherheit niemals Buch geführt hat. Vieles
davon trugen die Winde für immer fort wie die Samenwolle
einer gewaltigen in Blüte stehenden Silberpappel; es bleibt bis
heute verschollen.

Auch wenn man einräumt, daß Händel selbst für seine berühmtesten Schöpfungen, wie beispielsweise die zwölf Concerti grossi opus 6, oft nur wenige Wochen benötigte, läßt sich
doch sein eigentliches Lebenselixier nicht verkennen: die Arbeit, ein in seinen barocken Ausmaßen für uns heute kaum
noch zu fassender Fleiß. Hat er also in Rom nur geschuftet und
nichts genossen? Gerade das bleibt ja das Unbegreifliche solcher Naturen, daß ihnen eben beides möglich ist. Die italienischen Jahre zählen nicht nur zu den sorglosesten, sie gehören
auch zu den glücklichsten Jahren seines Lebens. Die hohe
Geistlichkeit weiß zu leben, sie versteht viel von Kunst und Literatur, die sie großzügig fördert, man hält ein offenes Haus.

An Ausstrahlung übertrifft sie alle der aus Venedig stammende Pietro Ottoboni. Eine Barockfigur fürs Bilderbuch. Er
liebt den Prunk, schwelgt in Genüssen, hinterläßt uneheliche
Kinder von der Stärke einer römischen Zenturie und Schulden
mit astronomischen Ausmaßen, obwohl er einer der reichsten
Männer Europas ist. Seine Freundinnen läßt er von den besten
Malern als Heilige auf die Leinwand bannen, weitgehend enthüllt, versteht sich; er hängt sich die Bilder in seinem Schlafge-
mach auf. Selbst seine Cembaloflügel sind mit nymphenbevöl-
kerten Schäferlandschaften ausgemalt. Sein Onkel hatte als
Papst Alexander VIII. hochbetagt die Nachfolge Petris angetreten und den Neffen schon mit 22 Jahren ohne Priesterweihe

zum Kardinal gemacht. Als Händel nach Rom kommt, regiert der selbst poetisch schöpferische Kirchenfürst als Vizekanzler in der Cancelleria; denn auch Clemens XI. ist sein Onkel. Pietro Ottoboni dichtet Tragödien und Operntexte. Er verfügt über die besten Musiker Italiens und die längst Legende gewordenen Sänger der Sixtinischen Kapelle. Händel hört sie, über sich Michelangelos Deckengemälde, damals schon nahezu 200 Jahre alt. Corelli ist des Kardinals persönlicher Freund, ihm hat er eine ganze Zimmerflucht seines Palazzos eingerichtet. Er läßt sich auch von Georg Friedrich Händel hinreißen. Jede Woche gibt es in der Casa Ottoboni musikalische Veranstaltungen, man rühmt sie unter dem Namen „Accademie Poetico-Musicali". Hier kann sich der junge Deutsche als Cembalovirtuose und Kantatenkomponist profilieren und feiern lassen.

Auch der Rahmen läßt ihn auf seine Kosten kommen. Perlende Getränke werden gereicht, dazu auf der Zunge zergehendes Eisdessert, ganz zu schweigen von den wartenden Büffets und Tafeleien, auf die sich die Herren jener Zeit so verstehen. Die zu Stufenpyramiden sich türmenden Tafelaufsätze aus Langusten, Leberpasteten, Fasanenbrüsten in Gelee, ambraduftenden Schnepfen auf geröstetem Brot; die Gebirge von Süßigkeiten aus in Schokolade schwimmenden Profiteroles, aus schlagrahm-überdeckten Montblancs, aus Beignets Dauphin, von Mandeln und Pistazien weiß und grün besprenkelt... Nicht zu vergessen die auf Silberplatten servierten Türme von Makkaronipasteten, die ein italienischer Fürst unseres Jahrhunderts so beschreibt: „Das gebräunte Gold der Umhüllung, der starke Duft von Zucker und Zimt, der davon ausströmte, waren nichts als das Vorspiel zu dem Wonnegefühl, das einem im Inneren aufstieg, wenn das Messer die Kruste auseinanderriß: zuerst brach ein mit Wohlgerüchen beladener Dampf daraus hervor, und dann bemerkte man die Hühnerleber, die harten Eier, die Streifen von Schinken, jungem Huhn und Trüffel in der weichen, heißen Masse..." (vgl. G. Tomasi di Lampedusa, „Der Leopard"). Der Gast aus biederem deutschen Bürgerhaus stößt nicht zuletzt mit seinem Gaumen auf goldenes Neuland, ja auf ein Stück italienischer Hochkultur, die Händel alles andere als verachtet hat. Königliche Eßlust wird seine große Leidenschaft, vielleicht die einzige neben der Musik. Sie leistet den Ausgleich zu seiner beispiellosen Arbeitsenergie.

Man lustwandelt im Schatten von Pinien und Platanen durch Gärten einer Villa am Rande der Ewigen Stadt. Hier gebietet der Marchese Francesco Maria Ruspoli, nachmaliger Fürst von Cerveti, neben Pietro Ottoboni der einflußreichste Mann Roms. In der Stadt hat er an der Piazza dei Santi Apostoli den Palazzo Bonelli bezogen. Bei dem Marchese Ruspoli wohnt Händel, wie aufgefundene Rechnungsbücher belegen, monatelang, wie es scheint. Es wird für den deutschen Riesen sogar eigens ein Bett in den Palast geschafft nebst anderem für den verwöhnten Fremden unentbehrlichen Zubehör. Er residiert wie ein hoher Herr bei freier Tafel. Diener bemühen sich um sein persönliches Wohl. Pferd und Wagen stehen für ihn bereit. So läßt er sich nach Bedarf von Palast zu Palast kutschieren. Unter welchem erlauchten Dach darf er sich nicht wie zu Hause fühlen!

Die Erinnerung an die hochgebildete Königin von Schweden ist in Rom noch nicht verblaßt. Schon der betagte Ottoboni-Papst Alexander VIII. hatte sich ihrer persönlichen Schriften und Kunstsammlungen angenommen, so daß sie der Nachwelt erhalten bleiben. Ihre Gastmähler mit Gelehrten, Erfindern, Literaten – wir erwähnten diese sogenannten Akademien bereits – wurden nach ihrem Tod fortgeführt. Sie haben sich unter dem päpstlichen Neffen und dem Marchese Ruspoli zu einer antikisierenden Schäfergemeinde erlesener Geister und Hocharistokraten gewandelt. Entsprechend nennt sie sich nach der glückseligen Landschaft des Hirtengottes Pan auf dem Peloponnes: „Arcadia". Allein vier Päpste haben sich unter die Hirten gezählt, Kardinäle, Bischöfe aus aller Herren Länder. Man huldigt dem Landleben, gibt sich poetische Namen, kleidet sich schäferlich mit Hirtentäschchen und Stab. Künstliche Grotten werden angelegt, moosbehangen, mit rinnenden Quellen…
Händel wird, vermutlich wegen seiner jungen Jahre, selbst

nicht Mitglied, weilt aber oft in dieser Gesellschaft. Er begegnet illustren Dichtern, Malern, Baumeistern und – Musikern. So dem Organisten an Santa Maria Maggiore Bernardo Pasquini, körperlich ein Riese wie Händel, als Meister auf allen Tasteninstrumenten neue Wege beschreitend. Sogar der Kaiser in Wien schickt seine besten Nachwuchstalente zur Schulung zu ihm. Er bildet in der Arcadia mit Alessandro Scarlatti und Arcangelo Corelli ein musikalisches Dreigestirn, das den Rahmen der Darbietungen gewöhnlich bestreitet. Eine Sonate Corellis leitet ein. Sie wird die mehrsätzige Gestalt seiner berühmten Concerti grossi gehabt haben, die er am Ende seines Lebens herausgibt und einem deutschen Fürsten widmet. Es folgt eine Kantate aus der Feder Pasquinis, darauf ein Kammerduett Alessandro Scarlattis oder das Stegreifgedicht eines Dichtervirtuosen, das von Scarlatti sozusagen aus dem Stand in Musik gesetzt wird...

Der Hausherr geizt nicht mit Dank, er ist nicht bloß nach Goldmünzen zu zählen, es kann auch ein Ring herausspringen, versehen mit 16 kleinen Diamanten, vielleicht auch ein von Brillanten umfunkelter Rubin oder Smaragd. Es versteht sich, daß die Soireen der Arkadier mit Händels Auftreten einen neuen Zuschnitt bekommen. Dutzende seiner Kantaten werden für die Gärten Ruspolis komponiert und vor erlauchtem Publikum uraufgeführt. An Spitzenkräften mangelt es nicht. Unter diesen glänzt die Sopranistin Margarita Durastante, die Händel dereinst für London engagieren wird. Von einer Liebesregung zwischen beiden ist nichts überliefert. Selbst in diesen schwerelosen Jahren, wo der unverbrauchte junge Mann vor Lebenskraft nur so strotzt, läßt Amor sich nicht aufspüren. Daß Händel unter allen großen Musikern – kein zweiter stand wie er so viel im öffentlichen Rampenfeuer –, noch dazu in diesem klatschfreudigen Jahrhundert, der einzige gewesen sein soll, dessen Liebesaffären auch nicht ein einziges Mal ans Tageslicht gedrungen sind, wer soll das glauben! Viel näher liegt die Vermutung, daß Händel sich aus innerer Veranlagung auf erotische Beziehungen nicht einließ. Bejubelt und allseits begehrt, bleibt er für Mitmenschen beiderlei Geschlechts letztlich unnahbar, nur seiner Kunst, sonst niemandem mit Leib und Seele angehörend. Sie ist seine Sprache, die einzige, mit der er zu den Herzen anderer Menschen wirklich findet.

5

„Il famoso Sassone o il diàvolo"

Hamburg inszeniert Händel-Opern

Im Herbst geht Händel auf Reisen. Sein Ziel der Mediceische Hof. Die bestellte Oper „Vincer se stesso è la maggior vittoria" – ihr Held der Westgotenkönig „Rodrigo", weshalb man sie auch kurz so nennt – bringt er mit, sie wird nun am Teatro Cocomero zu Florenz uraufgeführt. Händel kassiert 100 Goldgulden und ein Porzellanservice. Dieser pekuniär so einträgliche Oktober 1707 ist auch für den ebenbürtigen Jahrgangsgenossen Johann Sebastian Bach ein glücklicher Monat: Er verehelicht sich mit der Kusine Maria Barbara Bach, nachdem ihn der Kirchenvorstand des thüringischen Mülhausen mit Kußhand zu seinem Organisten bestellt hat. Bach kann nun den tadelsüchtigen Arnstädter Vorgesetzten den Rücken kehren, sein Jahresgehalt übertrifft das des Vorgängers. Er bekommt für den Umzug sogar ein Fuhrwerk gestellt und kann sich dank einer kleinen Erbschaft, die ihm durch einen verstorbenen Onkel zugefallen ist, seinen ersten Familienhausstand einrichten. Aber wie bürgerlich bescheiden nehmen sich diese Verhältnisse gegen Händels Lebensstil aus.

So anerkannt ist er schon, daß das ferne Hamburg Opern von ihm inszeniert, um deren Aufführung er sich selbst nie gekümmert hat. Im Februar des neuen Jahres erleben „Der beglückte Florindo" und „Die verwandelte Daphne" beide an der Alster ihr Theaterdebüt. Händel hatte sie kurz vor seinem Aufbruch nach Italien für das Theater am Gänsemarkt geschrieben. Seitdem lagen sie dort offensichtlich herum, bis sein Ruhm von Süden immer lauter bis zur Nordsee drang. Beide Opernpartituren sind verloren gegangen. Ein Hamburger Jurist hatte nach italienischer Vorlage die Textbücher dazu geliefert. Zur Karnevalszeit mußte man ihnen ein wenig Ulk untermischen, damit das Publikum etwas zu lachen bekam. Der Opernpächter weiß Rat. Man unterbricht die Darbietung mit einer plattdeutschen Bauernposse. Hanswurstzoten mit Händelarien umrahmt. Wie tröstlich für den Komponisten, sich das nicht anhören zu müssen. Der Spielplan am Gänsemarkt wird ihn unter blauem Himmel kaum interessiert haben.

Er läßt sich durch Venedigs Lagunen rudern und prüft den Wind für eigene Auftritte, ohne es damit eilig zu haben. Das Babylon der italienischen Barockoper hat mehr Operntheater als Pfarrgemeinden. Viel Geld fließt hier. Man begegnet Fürstlichkeiten regierender Häuser aus ganz Europa. Sie haben sich eine Theaterloge für die ganze Saison gemietet. Wird er vor ihnen einmal glänzen können? Das Opernhandwerk beherrscht er mindestens so gut wie die leicht verwechselbaren -inis und -ostis, deren mehr oder weniger seichte Schöpfungen von einem Meer gepuderter Perücken bejubelt und beklatscht werden. Er wird das Publikum schon noch eines Tages von den Sitzen reißen.

Auf einer Maskerade verbirgt auch er sein Gesicht unter der Larve und brilliert im Saal vor einem aufgeklappten Klavier. Die Maskierten lauschen angewurzelt. Plötzlich ruft einer: „Wenn das nicht der berühmte Sachse ist, kanns nur der Teufel sein!" Der größte Tastenvirtuose Italiens, blutjung wie der Spieler selbst, steht vor ihm: Domenico Scarlatti, Alessandros genialer Sohn. Sie sind Jahrgangsgenossen, neiden einander nicht im geringsten und befreunden sich. Beide werden einmal ihr Glück fern der Heimat an fremden Höfen machen – der Deutsche in London, der Italiener in Madrid. Händel schätzt in dem neuen Freund nicht nur den Musiker, auch den Menschen, dessen schlichtes, ungeschraubtes Auftreten ihn entzückt. Scarlatti wiederum wird sich vor Bewunderung noch im Alter jedesmal bekreuzigen, sobald im Gespräch der Name Händel fällt. Auch die Küche hat es beiden angetan. Domenico Scarlatti ist dereinst so kugelrund, daß er nicht einmal mehr imstande sein wird, beim Klavierspiel die Arme zu kreuzen, eine Spieltechnik, die gerade durch ihn Epoche gemacht hat.

Spätesten zu Beginn der Fasten, Ende Februar, weilt Händel wieder in Rom. Die Oratoriensaison ist eröffnet. Schon am ersten Fastensonntag gibt es im Hause Ruspoli Konzert; die Durastante singt in einem Oratorium Alessandro Scarlattis, aber auch eine neue Kantate des Sachsen steht auf dem Programm, dieser begleitet am Cembalo. Zum Ostersonntag 1708 hat Händel ein neues Oratorium vollendet – „La Resurrezione" (Die Auferstehung). Carolo Capece, der dem Komponisten Jahrzehnte später auch noch zwei Opernlibretti liefern wird, vermischte das Osterevangelium mit Auftritten des aus dem Himmel vertriebenen Widersachers Luzifer zu einer zusammenhängenden Dichtung. Die Höllenpforte hat Gottes Engel mit Gewalt aufgerissen, um der Finsternis des Herren Sieg über den Tod zu verkünden. Der Schattenfürst trotzt dem Lichtboten. War nicht gerade der menschgewordene Gott ans Kreuz geschlagen worden? Eins zu Null also für den Herrn der Hölle.

Und da hören wir schon Magdalena und Maria Kleophas klagen und weinen. Ihre Zähren strömen wie das Blut des Gekreuzigten. Wehe der Schlaf hält diesen Strom auf! – „Willst du dich unterfangen, die Tränen meines Grams zu trocknen?" droht ihm die trauernde Magdalena eifersüchtig. Und vernünftelnd, wie es dem aufdämmernden neuen Zeitalter eigen ist, argumentiert Maria: „und da es billig ist, den toten Herrn zu beweinen, geziemt es nicht, den Gram zu früh zu enden." – „Auf, durchbohrt auch diese Brust, süße Nägel, teure Dornen", fleht Magdalena qualbegierig wie die Märtyrer eines spanischen Heiligengemäldes. Und wie schön ist das komponiert. Warme klagende Blockflöten mit dunklen Streichern akkompagniert. Und doch zeitweise ermüdend, nicht weil der Komponist zu wenig geniale Einfälle gehabt hätte, sondern weil der vorgeschriebenen Form entsprechend fast immer nur Rezitativ und Dacapo-Arie einander abwechseln. Das 110 Minuten lang! Zwischendurch kein Chor, kein Terzett, kein Höllentanz, kein tonmalerisches Orchesterstück. Es gibt nur zwei Duette, für beide Teile je einen Rahmen aus Vorspiel und kurzem Schlußchor. Die beiden Orchesterstücke sind Takt für Takt dem ersten Oratorium „Il Trionfo del Tempo" entnommen.

Und doch ein schönes, an Kostbarkeiten reiches Stück. Immer wieder variiert Händel mit Tonfarben, erfinderischer Instrumentierung. Ein breit gefächerter Streicherchor, Trompeten, Oboen, Fagotte, Querflöten, Blockflöten, Laute, Cembalo stehen ihm dabei zu Gebote. Die Eingangsarie des die Höllenpforten stürmenden Engels, begleitet von Trompeten, der dramatische Dialog, der darauf zwischen ihm und dem rasenden Satan entbrennt, sind erfrischend, dagegen setzt sich der Blockflötenklang der trauernden Frauen ab. Ersterbend, daß es den Lauschenden anrührt, gleitet der Flötenton abwärts, als Magdalena dem Gedanken nachsinnt: „Um meinetwegen zu sterben scheute Jesus nicht."

Die Kunde der Auferstehung wird nur Frauen zuteil: „Verschuldete es ein unselig Weib, daß in der Menschen Brust der Tod sein grimmig Blut vergoß, so sollen Weiber nun die frohe Kunde bringen", verkündet der Gottesbote. Die Frauen begegnen dem Engel am leeren Grabe. Maria sah den Auferstandenen selbst und verwechselte ihn mit dem Gärtner. Selbst Johannes, der die Frauen über ihren Schmerz so liebevoll tröstet, erfährt die Botschaft selbst nur von der Mutter Jesu, der „der Sohn in seiner Glorie erschien". Nun muß Luzifer aufgeben: „Weh, wie macht er mich doch kleinmütig und verzagt!" schäumt er, und wir spüren an seiner Stimme, wie er den Abgrund hinabkollert.

Das Werk wird am Abend des 8. April, einem Ostersonntag, mit großem Aufwand im Palazzo Bonelli, dem römischen Domizil des Marquese dargeboten. Drei öffentliche Probeaufführungen während der Settimana Santa gingen der Uraufführung voran. Das allein kann man als Sensation verbuchen. Für Scarlattis Oratorien druckte man 300 Textbücher, für Händels neues Oeuvre wird der Publikumsandrang so groß, daß man 1500 Exemplare in Auftrag gibt. 46 Orchestermusiker werden verpflichtet. Corelli hat die Leitung. Handwerker und Künstler entwerfen Guckkastendekorationen für die eigens dafür errichtete Bühne. Ein Vorhang öffnet sich, obwohl sich gar keine Theaterszenen abspielen dürfen. Aber Bühnenbilder verbietet keiner. Hier läßt eine Maltechnik, die ihre Gipfelepochen gerade hinter sich hat, ihre Künste spielen, die Zuschauer in eine Art Märchenzauber versetzend, der allein schon keine Langeweile aufkommen läßt. Man muß das bedenken, wenn man sich die nackten, auch im musikalischen Aufwand eher kargen, dazu akademisch leicht unterkühlten Aufführungen von heute vor Augen hält. Margarita Durastanti singt die Magdalena. Aber das hätte sie besser bleiben lassen; denn ihr Auftritt ruft einen Skandal hervor. Hatte Papst Clemens sich nicht verbeten, daß Frauen in geistlichen Stücken singen? Der Marquese Ruspoli bekommt vom Heiligen Vater einen Rüffel. Ab Ostermontag, für den eine weitere Aufführung angesetzt ist, wird der Frauensopran durch einen Kastraten ersetzt.

> „Hendel, non può mia musa
> Cantare in un instante
> Versi che degni sian della tua lira....."

(Händel, nicht vermag meine Muse augenblicks Verse zu singen, die deiner Lyra würdig wären...) Dichter dieser Stegreifreimerei auf den begnadeten Tonmeister aus Deutschland ist niemand anderes als der Kardinal Pamphili. Sie ist als Kantate gedacht. Orpheus habe zwar, so hebt die Arie an, wilde Tiere besänftigt, Bäume und Felsen bewegt, zum Gesang hätte er ihnen freilich nicht verholfen. Ein Größerer mußte kommen, um selbst die – sagen wir ruhig: eingerostete – Muse eines vielbeanspruchten Kardinals Pamphili wieder zum Singen zu bringen. Er drückt es noch etwas schwülstiger aus. Die Schmeichelei könnte für den Sonnenkönig nicht dicker aufgetragen sein. „An old fool" (ein alter Narr), bemerkt Händel noch Jahrzehnte später über den Verseschmied im roten Ornat, den Kopf über ihn schüttelnd.

Natürlich wurmt es vatikanische Würdenträger, daß dieses

Genie ein vielstimmiges Salve Regina auf die Himmelskönigin hinzaubert und sich trotzdem selbst zu dem Katechismus des Wittenberger Reformators bekennt. Man versucht zu missionieren und zieht den jungen Künstler in ein Gespräch. Aber Händel liegen theologische Diskussionen nicht. Überredungsmanöver, Versuche, den halben Pfarrerssohn mit Angeboten für einen Glaubensübertritt zu ködern, verfangen nicht. Er bleibt Protestant, und das, wie wir uns noch überzeugen werden, nicht nur dem Namen nach. Die geistlichen Herren lassen den kurz Angebundenen gewähren. Sie verstehen viel zu viel von guter Musik, um es sich mit dem Hochtalentierten wegen konfessioneller Angelegenheiten zu verscherzen. Die Sitte, Mittelmäßigkeiten den Vortritt zu lassen, nur weil sie sich dem Glaubensbekenntnis der Herrschenden besser anpassen, bleibt späteren Zeitaltern vorbehalten.

Zu den Vernügungen der vornehmen Gesellschaft gehören neben Kunstgenuß, Jagd, Spiel, Tafelei auch ausgetragene Wettkämpfe zwischen namhaften Rivalen, das nicht zuletzt auf dem Gebiet instrumentaler Fingerfertigkeit. Weilten nicht gerade die beiden Großmeister der Klavier- und Orgelkunst in der Siebenhügelstadt? Die Casa Ottoboni wird Schauplatz eines sensationellen Wettstreits: Georg Friedrich Händel und Domenico Scarlatti treten gegeneinander an, zunächst auf dem Klavier, dann an der Orgel. Das Ereignis, über das schon Mainwaring berichtet, fehlt in keiner Händelbiographie. Es verdient seine Würdigung schon deswegen, weil es ein Zeugnis südlicher Fairneß gibt. Man belastet sich nicht mit Ausländervorurteilen. Es zählt einzig das Können. So sind auch nach dem Klaviervortrag die Meinungen geteilt. Man kann sich weder für den Deutschen noch für den Italiener entscheiden; jeder hatte auf seine Weise eine Probe seiner Kunst gegeben, von der noch Generationen sprechen werden. Als aber Händel sich von der Orgelbank erhebt, ist Scarlatti der erste, der die Überlegenheit des Deutschen anerkennt.

Wir schreiben noch immer das Jahr 1708. Es ist Sommer. Der „Weltkrieg" um den verwaisten spanischen Thron dauert an.

Zwar wurde Erzherzog Karl – später einmal Kaiser und Vater Maria Theresias – zum spanischen König ausgerufen. Aber das behagt nicht einmal den Spaniern selbst. Kastilische Bauern bewaffnen sich, der neue Herrscher wird nach Katalonien zurückgedrängt. Die Wolken ballen sich zur Zeit über Flandern. Dort sind die beiden größten Feldherren der Epoche, Prinz Eugen von Savoyen und der Engländer John Churchill Herzog von Marlborough, mit einer vereinigten Heeresmacht gegen Ludwig XIV. aufmarschiert. An den Ufern der Schelde stehen 70000 Mann – Deutsche, Niederländer, Briten – 80000 Franzosen gegenüber. Bei dem Städtchen Oudenarde kommt es am 11. Juli zur Schlacht. Marlborough, an der Ruhr erkrankt, ist ausgefallen. Prinz Eugen führt die vereinigte Armee ohne ihn und siegt. Der Gegner büßt mit 3320 Toten, 2800 Verwundeten, 8000 Gefangenen. An die hundert Fahnen und Standarten wurden erbeutet, dazu jede Menge Geschütze. „Encore sans succès" (Wieder ohne Erfolg), seufzt der alternde Störenfried von Versailles, als man ihm die ganze Wahrheit meldet, „Espagne, que vous coûtez du sang!" (Spanien, was kostest du Blut!)

Der große General gönnt sich keine Pause, er stürmt nun gegen die Festung Lille vor. Als die Seinen vor den zuschlagenden Franzosen weichen wollen, sprengt er selbst durchs Feuer und wird von einer Musketenkugel getroffen. Großes Entsetzen in den eigenen Reihen. Nur der Verletzte behält die Nerven: „Wozu das ganze Palaver! Wie Sie sehen, ist nichts passiert." Er läßt sich verbinden, der Kampf geht weiter. Tage darauf erreicht den Prinzen ein Kurierschreiben. Kommt es aus Den Haag? Er bricht das Siegel auf. Heraus fällt ein in schmierigem Fett schwimmendes Papier, das der Empfänger zu Boden fallen läßt. Ein Adjutant hebt es auf, riecht daran, taumelt und wird auf ein schweres Krankenlager geworfen. Ein Hund, dem man das Papier probeweise um den Hals bindet, verendet binnen 24 Stunden. Der General, an derlei Sendungen, die ihn vor der Zeit ins Jenseits befördern sollen, gewöhnt, bleibt gelassen. Die Barockzeit ist ein Hexentiegel von Giftmischern und Alchimisten. Das Fräulein von Scudéry, Salonschriftstellerin am Hofe, deren mafioses Paris E. T. A. Hoffmann in einer Novelle beschreibt – die Dame wird hochbetagt selbst in einen abenteuerlichen Fall verwickelt – ist erst wenige Jahre tot.

Händel weilt nun schon den dritten Sommer in Italien. Zwar sind Ludwigs Kontingente aus dem Land vertrieben, aber der Papst hatte sich einer spanischen Thronfolge aus bourbonischem Hause geneigter gezeigt, als es dem Wiener Hof recht sein konnte. Nun wurde bei der Besetzung Süditaliens der Kirchenstaat von den österreichischen Truppen rücksichtslos als Durchmarschgebiet benutzt. Der Papst sammelt einen Heerhaufen aus begnadigtem Diebsgesindel, Emigranten, Überläufern, um den Besatzern zu trotzen. Kriegssteuern drücken die Bürger, die Stadttore werden zugemauert. Zeit für Künstler und Dauergenießer aus der Lebewelt, friedlichere Gefilde aufzusuchen.

Händel begibt sich wie die Scarlattis nach Neapel – nicht leichten Herzens, wie eine Gelegenheitskantate mit dem Titel „La Partenza" (Die Abreise) verrät. Aber es erweist sich als glücklicher Tausch. Ohnehin ist Neapel die schönste aller Städte, wie Johann Caspar Goethe, der Vater des Dichters, als Italienreisender 32 Jahre später verzeichnet. Er lobt die breiten, schnurgeraden, aus quadratischen Feldsteinen gepflasterten Straßen, die majestätischen Paläste, die sie zu beiden Seiten säumen. Reicher Landadel war alljährlich zu Hofdienst verpflichtet, kein Wunder also, daß er sich mit stattlichen Anwesen in der Residenzstadt angesiedelt hatte.

Händel ist jetzt ein berühmter Mann. Er wird mit offenen Armen aufgenommen, logiert wie zu Rom in einem der großen Häuser mit Dienstboten, freier Tafel, verfügbarem Kutschgespann. Neapel, von den Kaiserlichen zur Zeit besetzt und darum ruhig, ist spanisches Territorium. Der Statthalter darf sich Vizekönig nennen. Er heißt Vincenzo Grimani und stammt aus Venedig. Grimani, wie Händels kirchliche Gönner zu Rom gleichfalls Kardinal, versteht sich natürlich als erklärter Parteigänger der Habsburger. Den Sieg des Prinzen Eugen in Norditalien hatte er mit einem Te Deum öffentlich gefeiert. Die Massen auf den Straßen waren in Hochrufe ausgebrochen, weil der Kardinal zu dem hohen Anlaß Brot und Wein an sie ausgeteilt hatte. Das hatte ihm die Feindschaft des Heiligen Stuhles eingetragen, aber auch das Vizekönigtum von Neapel beschert. Als geschickter Diplomat laviert er nun zwischen Wien, Paris, Rom, Madrid, findet aber auch Zeit, sich der Könige im Reich der Töne großzügig anzunehmen, insbesondere Händels und der Scarlattis.

Er dichtet, wie es sich für einen hohen Herrn von Geist in jener Zeit fast von selbst versteht. Seiner Feder ist ein witziges Libretto entsprungen, das man in Rom und vielleicht auch anderswo auf barocken Höfen als satirische Verhöhnung auffassen könnte. Er reicht es dem genialen Deutschen, der nun alles daransetzt, sein italienisches Paradestück daraus zu machen: die Oper „Agrippina". Sieht man einmal von dem braven Ottone ab, der seinem Herrscher in Seenot das Leben rettet und die ihm darauf zugesprochene Thronfolge dennoch von sich weist, weil ihm eine glückliche Ehe mit der Frau seines Herzens wichtiger ist, haben wir es auf der Bühne ausschließlich mit Gleisnern und Lügnern zu tun. „Verstell dich! Heuchle, was du kannst!" heißt das Losungswort. Agrippina heuchelt Freude über die unverhoffte Heimkehr ihres kaiserlichen Gemahls, den sie sich vor den Klippen Britanniens auf tiefstem Meeresgrund gewünscht hatte. War sie doch schon im Begriff gewesen, Nero, ihren noch halbwüchsigen Sohn aus erster Ehe, auf den Thron zu setzen. Sie spielt vor Ottone und dessen Angebeteten die Seelenfreundin und will doch beide vernichten. Kaiser Claudius mimt seinerseits den ergebenen Ehemann und betrügt seine Frau gleich nach seiner Ankunft mit Poppea. Der junge Nero – die Kastratenstimme paßt zu seiner Knabenhaftigkeit – ist bei Mutter fleißig in die Schule gegangen. Sein bestes Fach Heucheln. Er hat sich von Agrippina auf die Straße schicken lassen; denn er soll sich beim Volk, das ihn zum Kaiser ausrufen soll, gehörig einschmeicheln. Dazu singt er: „Servan arte ed inganna a'desir miei" (Tricks und Heuchelei nützen meinen Zielen). Hofdame Poppea spielt mit den Gefühlen des schmachtenden Kaisers wie auf einem Klavier und führt ihn an der Nase herum. Den kindsköpfigen Nero täuscht sie so, daß er in eine üble Falle tappt. Warum sollen es die Freigelassenen Pallas und Narcis, zwei zum Verwechseln gleich perfide Hofschranzen, anders als ihre Herrschaft treiben? Die Gleichschaltung ihrer Lügenmäuler, immer dem dienstbar, der gerade das Sagen hat, erzeugt Situationskomik. Auch die damals gängigen Theatertricks zwecks logischer Weiterführung der Handlung tun das. So zum Beispiel das an Mozarts Figaro erinnernde Versteckspiel: Agrippina versteckt sich, um ihre Rivalin zu belauschen. Ottone versteckt sich, um aus Poppeas Buhlstrategie klug zu werden. Nero versteckt sich, um dem Stiefvater hinter die Schliche zu kommen. Und wie soll Ottone aus dem Netz, das eine Welt voll Neider und Verleumder um ihn geworfen hat, überhaupt noch herauskommen? Er droht zur tragischen Figur zu werden. Das hat der Librettist nicht vorgesehen. So muß wenigstens Poppea, die Braut, wieder an ihn glauben können und zu seinem Rettungsanker werden. Dies spielt sich auf der Bühne folgendermaßen ab: Poppea legt sich in einen auch für Ottone zugänglichen Garten und stellt sich schlafend. Dabei träumt sie laut, daß der des Weges kommende Geliebte erfahren kann, was in ihr vorgeht. Der reicht ihr zum Zeichen seiner Unschuld sein Schwert mit der Bitte, seine Brust zu durchstoßen. Nun vertraut Poppea dem Unglücklichen wieder und lädt ihn auf ihr Zimmer, damit er dort aus sicherer Warte ihren fintenreichen Feldzug gegen die Feindin Agrippina verfolgen kann.

Wer siegt in diesem Stück? Natürlich die Person, die ihr Intrigenspiel am weitesten treibt und dabei ihre Kaltblütigkeit nicht verliert. Das ist die Titelheldin. Als ihr Ränkegebäude so gut wie ganz zusammengestürzt ist, vermag sie sich vor dem kaiserlichen Thron so genial durchzulügen, daß sie alle ihre Ziele schließlich erreicht: Kaiser Claudius, ihr Gemahl, wird beschämt. Die persönliche Rivalin kommt unter die Haube. Sohn Nero soll Kaiser werden. Vor so viel geglückter Niedertracht, so gewinnt man den Eindruck, strecken sogar Götter die Waffen und machen gute Miene zu bösem Spiel: So steigt Juno, die Beschirmerin von Ehe und Heim, persönlich herab, um das Happy End mit ihrem Himmelsspruch abzusegnen.

Romanhaft ungeschichtlich sind weder Handlung noch Nebenpersonen. Das gilt für die beiden Freigelassenen Pallas und Narcis, die das Vertrauen des Herrschers genießen und sich dennoch für die Intrigen der Kaiserin einspannen lassen. Das gilt für die eitle, höchstehrgeizige Dame Poppea und den verdienstvollen, ihr treu ergebenen Ottone. Kaiser Claudius, der Eroberer Südbritanniens, das bestätigen die Annalen, hatte bei manchen staatsmännischen Verdiensten Liebesabenteuer im Kopf. Auch ließ er sich von Agrippina, seiner dritten Gemahlin, durch Druck zur Adoption ihres Sohnes Nero nötigen (wodurch dessen Nachfolge auf den Thron gesichert war). Diese tyrannische Frau, eine geborene Kölnerin, Tochter des ruhmreichen Feldherrn Germanicus, erfährt von einem Sterndeuter, daß sie der eigene Sohn als Kaiser dereinst ermorden lassen werde. Das ist ihr egal, wenn er nur auf den Thron gelangt. Um ihm dahin den Weg zu ebnen, soll sie den Gatten selber vergiftet haben. Darauf wird Nero mit 17 Jahren römischer Kaiser. Soweit die historischen Fakten.

„Agrippina" ist nicht nur die Nummer eins unter Händels italienischen Frühwerken, sie stellt auch, was den musikalischen Formenreichtum betrifft, seine späteren Opern in den Schatten. „Agrippina" enthält Chöre, ein Terzett, ein Quartett, Kavatinen, Ariosi, liedähnliche Arietten. Die Ouvertüre, energiegeladen und voller Überraschungseffekte, schäumt vor Übermut. Souverän setzt der Vierundzwanzigjährige alle Höhen und Tiefen menschlicher Gemützzustände in seine Sprache um: Das vor Freude hüpfende Herz des Knaben Nero, als die Mutter ihn sozusagen im Handstreich zum Kaiser machen will. Der vor Liebesbegehren hinschmelzende ehebrecherische Herrscher – Sein „Vieni, o cara" (Komm Liebste) von einer Innigkeit, wie wir es nur aus den schönsten Eingebungen des Komponisten kennen. Die eitle, sich in ihren eigenen Reizen sonnende Poppea, die betrogen und genasführt, sich in eine Rasende verwandelt. Die intrigante Kaiserin, die in ihrer Verführungskunst, Falschheit, Siegeszuversicht und List eine ihresgleichen suchende Charakterfigur abgibt. Hochdramatisch die Szene, als Agrippina sich vor dem Scherbenhaufen ihrer eigenen Politik sieht. Das Geschick, mit dem sie die Situation für sich und den Sohn verblüffend meistert, sichert ihr die Sympathie des Publikums. Als Gipfel musikalischer Ausdruckskraft darf man den Tiefpunkt im Leben des von aller Welt verratenen Ottone ansehen, dem sich der Abgrund auftut.

Das neue Werk scheint ganz darauf berechnet, die Leute, die es dereinst beklatschen sollen, von den Sitzen zu reißen. Bewährte „Hits", so könnte man geradezu sagen, die im Publikum schon bei früherer Gelegenheit eingeschlagen waren, sind darin verarbeitet. Man stelle sich vor, Richard Wagner hätte Motive aus „Rienzi", „Lohengrin" und „Tannhäuser", weil sie so populär wurden, noch einmal in seinem „Ring" verwertet. Damit nicht genug. Zitate aus dem „Freischütz" und der „Neunten", von Vorgängern also, denen sich Wagner verpflichtet sah, wären gleichfalls darin aufgegangen.

Ganz so vollzieht sich Händels Arbeitsweise. 85 % (!) des Arienschatzes der neuen Oper sind früheren Kompositionen entnommen. Davon gehen längst nicht alle Erfindungen auf ihn zurück. Weggefährten der Hamburger Lehrjahre haben hier ihren Tribut geleistet: So entstammt Kaiser Claudius' triumphale Heimkehr nach der Eroberung Britanniens – ein Stück, das wir auf Anhieb als unverwechselbar händelsch empfinden – thematisch aus Reinhard Keisers Oper „Octavia". Aus „Cleopatra" von Johann Mattheson – die Uraufführung hatte ein Degenduell ausgelöst, das Händel beinahe das Leben gekostet hätte – sind Elemente des schnellen Teils der französischen Ouvertüre und des Schlußchors entlehnt. Eine andere Mattheson-Oper „Porsenna" lieferte ihm die Melodie für die trügerisch-laue Nero-Arie „Sotto il lauro", die der beschwörenden Bitte Ottones folgt – „Hilf du mir, Nero!"

Aber verweilen wir kurz bei den Bausteinen, die Händel aus

111

eigener Werkstatt wiederverwendet hat. – Wenn Poppea über den von allen verworfenen Ottone nachsinnt – was uns für sie einnimmt, verrät sie doch, daß ihr Herz wirklich liebt, weshalb sie an des Helden Schuld nicht glauben kann –, so tut sie das mit der gleichen Melodie, der gleichen Instrumentalbegleitung, ja der gleichen Tonlage, wie in „Trionfo del Tempo" Belleza (die Schönheit) im Vollbesitz ihrer jugendlichen Reize der sie mahnenden „Zeit" trotzt und sich den Vergnügungen hingibt. Der Unterschied besteht lediglich darin, daß die grüblerische Poppea ihren Part etwas verhaltener und langsamer singt. Die herben Warnungen „Desingannos" (der Täuschung) an die Adresse der leichtsinnigen Schönheit teilen sich in der gleichen von warmen Blockflötenstimmen vorgetragenen Weise mit, unter der wir Ottone durch den Garten schreiten sehen, bis er vor murmelnden Brunnen die sich schlafend stellende Geliebte vorfindet, mit der er sich versöhnen wird. Wenn Agrippina nach gelungener Verleumdung nur so jubelt, weil sie sich ihrem ehrgeizigen Ziel um einen Schritt näher weiß, schmettert sie dazu das gleiche Lied, mit dem im Oratorium „La Resurrezione" Maria Magdalena voll Zuversicht über die unmittelbar bevorstehende Auferstehung Jesu jauchzt. Wenn Kaiser Claudius triumphiert, daß er die Welt unterworfen und zur Gänze dem römischen Thron dienstbar gemacht habe (worin er sich ein bißchen täuscht, zumal es schon im eigenen Haus jeder hinter dem Rücken des Kaisers treibt), belauschen wir das in den gleichen abwärts gleitenden Takten, mit denen Luzifer seinen eigenen Fall reflektiert, ohne sich indes bei seinem Treiben entmutigen zu lassen. Diese Sparsamkeit der Mittel bei verschwenderischer Fülle des Geschaffenen finden wir nur in der Natur wieder. Es macht uns staunen; denn keines der beschriebenen Beispiele würde uns beim Erklingen den Eindruck vermitteln, der Komponist habe geschludert, die Situation nur unzulänglich erfaßt. Seine Pinselstriche wählen den angemessenen Farbton. Ob sie für den Purpur des römischen Kaisers oder die Höllenfahne Luzifers gedacht sind, sie treffen.

Übrigens wird noch in den späten Oratorien „Joshua",

„Jephta", „Judas Maccabäus" Händel aus „Agrippina" schöpfen. Junos himmlischer Segensspruch wird uns in der Bourrée der Feuerwerksmusik wiederbegegnen. In dieser Manier, bewährte Inspirationen neu zu verwenden, tut sich keine schöpferische Armut kund, zumal die Themen in den Zeiträumen, bis sie der Tondichter wieder aufnimmt, selten ihre Urgestalt ganz bewahrt haben, in der Regel wurden sie weiterentwickelt. In dieser Eigentümlichkeit steckt ein besonderer Reiz des Händelschen Stils, der es uns obendrein erleichtert, in dem Riesenœuvre heimisch zu werden.

„Agrippina" entsteht, davon können wir ausgehen, in Neapel. Viel wissen wir nicht über den dortigen Aufenthalt. Biographen wie Paul Nettl, Romain Rolland, Richard Friedenthal bemessen die Dauer auf ein knappes Jahr, nämlich vom Juni 1708 bis zum späten Frühjahr 1709. Dem widersprechen Rechnungsbelege aus dem Hause Ruspoli in Rom. Da geht es z. B. um die Lieferung zweier Vorhänge für Händels Fenster. Der Zahlungsvermerk ist mit dem 30. Juli 1708 datiert. Demnach wäre er um diese Zeit wieder Gast im Palazzo Bonelli am Corso gewesen. Auch Pamphilis Preislied auf den „Orfeo Hendel", das der Komponist, im Alter danach befragt, als Narretei abtut, beglücken ihn im Juli/August in Rom, möglicherweise aus Freude darüber, daß Händel Neapel so schnell wieder den Rücken gekehrt hatte. Im Oktober 1708 stellt der Eishändler Giovanni Battista Mattei dem „Maestro di Casa" Ruspoli einen Beleg über die Lieferung von 45 Pfund Eis aus. Sie war an „Monsuo Endel" (Monsieur Händel) gegangen. Demnach hätte es ihn keine zwei Monate in Neapel gehalten. Oder hat er sich den Reisestrapazen von über 200 km zwischen Rom und Neapel mehrmals unterzogen? Acht Tage Straßenstaub unter Mittelmeerhitze? Wozu, wenn die Konzertsoireen in den Adelspalästen Roms offensichtlich weitergingen?

Was Händel in Neapel ohne Zweifel zum Erlebnis wird, ist das Gemisch europäischer Kulturen: Französisches Festgepränge, spanischsteifes Hofzeremoniell, süditalienische Folklore. Die österreichische Besatzung, zusammengewürfelt aus

Deutschen, Ungarn, Kroaten, Slowenen, Tschechen ... Sogar eine Negerkolonie gibt es in Neapel. Und wie künstlerisch begabt der neapolitanische Menschenschlag selbst! Die Verschwendung der Natur an musikalischen Talenten auf den Straßen, in den umliegenden Fischerorten und Dörfern! Hirten blasen auf schalmeienähnlichen Flöten, Piffa genannt. Es ist Brauch, daß solche „Pifferari" in der Weihnachtszeit nach Rom ziehen und mit ihren Weisen daran erinnern, daß Hirten die ersten Zeugen des Wunders von Bethlehem waren. Ihre Weisen ein beschaulicher, wiegender Sechsachteltakt mit punktiertem Grundrhythmus, Siciliano genannt. Er muß Händel entzückt haben; denn es gibt kaum ein größeres Werk, in dem nicht ein Satz, eine Arie als Siciliano wiederzuerkennen ist. Im Oratorium „Der Messias" singt der Sopran „Er weidet seine Herde, dem Hirten gleich" im Sicilianotakt. Fünf Nummern zuvor erklingt eine Hirtenmusik, die Händel selbst mit „Pifa" bezeichnet hat. Sie ist der populärste Siciliano aus seiner Feder überhaupt. Man vermutet, daß er das Grundthema zu der Orchestereinlage in diesen jungen Jahren aus der Schalmei neapolitanischer Hirten so oder ähnlich vernommen hat.

Händels täglicher Umgang bleibt indes auch in Neapel der Adel, die hohe Geistlichkeit, eine letztlich internationale, große Gesellschaft. Auch hier trifft sich auf Landsitzen, in Gärten und Palästen die Gesellschaft „Arcadia" zu musikalischen Darbietungen, die der gefeierte Sassone bestreitet. Zum Mittelpunkt wird das Haus des Herzogs von Alvito, Sympathisant der Habsburgmonarchie. Er heiratet am 19. Juli 1708 die Tochter des Prinzen Monte-Miletto. Händel hat für diesen Tag eine „Cantata à tre" komponiert, ein konzertantes Schäferstück für drei Singstimmen, das er in späteren Jahren, mit einem englischen Text versehen, auch musikalisch zu einer „masque", einer Art Kurzoper, völlig umgestaltet: „Acis und Galatea" – italienischer Titel: „Aci, Galatea e Polifemo". Die „Pastorale" erzählt von der Liebe zwischen dem Schäfer Acis und der Nymphe Galatea. Die Liebenden haben einen arglistigen Feind: den Unholden Polyphem, der die Schöne wut-

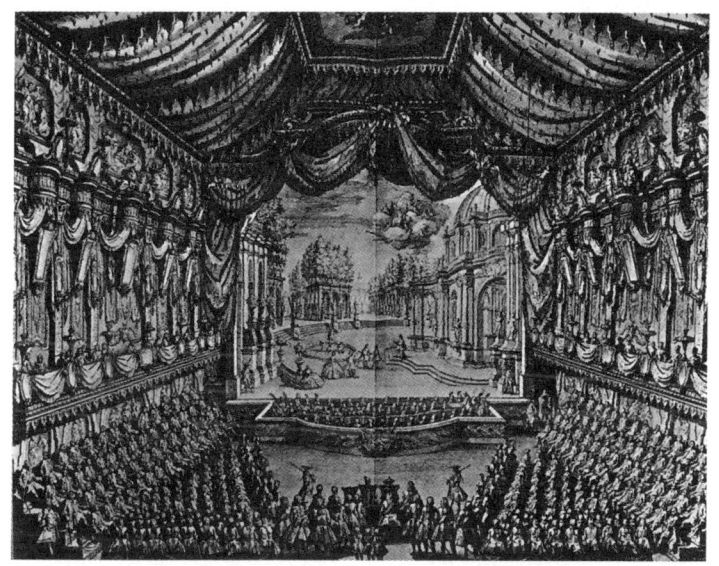

7 *Königlicher Palast zu Neapel: Aufführung einer Serenata.*
   Kupferstich von Giuseppe Vasi.

schnaubend für sich begehrt. Er zerschmettert den Hirten mit
einem Felsbrocken. Aber die Zeustochter findet sich mit dem
Tod des Geliebten nicht ab. Ihre Göttermacht reicht zwar nicht
aus, ihn lebend zurückzugewinnen, aber sie vermag ihn in
einen sprudelnden Quell zu verwandeln.

Die Fabel ist den „Metamorphosen" des Dichters Ovid entnommen, der wiederum eine sizilianische Sage in seiner Vers-
erzählung verwoben hat. Polyphem ist darin niemand anderes
als der die Gestalt eines Riesen annehmende Ätna, der durch
seine Vulkantätigkeit Landschaften verändert. Händel greift
das beliebte Werk – auch nach der englischen Neugestaltung –
mehrfach wieder auf, aus beiden Versionen eine anglo-italie-
nische Mischform schaffend. Vom Publikum bevorzugte Orchesterstücke dienen als Zwischenaktmusik, so die reizende
Musette aus dem g-moll-Concerto grosso Opus 6. Die Grazie die-

115

ses höfischen Tanzes scheint der Flußnymphe auf den Leib geschrieben.

Wolfgang Amadeus Mozart stellt „Acis und Galatea" 1788 dem Wiener Publikum vor. Er tut dies im Auftrag des Baron van Swieten, dem kaiserlichen Hofbibliothekar, einem Mann mit geradezu kultusministerhaftem Einfluß auf das öffentliche Musikleben. Seinem Faible für alte Chormusik ist es zu verdanken, daß Händel dreißig Jahre nach seinem Tod den Wienern ein Begriff wird. Mozart bearbeitet in van Swietens Sold Händels „Messias", die „Caecilien-Ode", das „Alexanderfest", „Acis und Galatea" und führt die Vokalwerke öffentlich auf. Dem jungen Beethoven, der, nach Wien kommend, durch Swieten auf sie stößt, wird Händel zu einem Urerlebnis, ja bleibt für den damals Zweiundzwanzigjährigen ein Leben lang „der unerreichbare Meister aller Meister." Beethoven findet die schönsten Worte, die ein anderer großer Musiker je für Georg Friedrich Händel gefunden hat: „Gehet hin und lernt, mit wenigen Mitteln so große Wirkung hervorzubringen. Ich würde mein Haupt entblößen und auf seinem Grabe knien."

Es ist gerade in der Pastorale – Mozart hält sich bei seiner Bearbeitung an die englische Fassung – zwischen dem Londoner Barockmeister und dem frühverstorbenen Wiener Klassiker zu einer reizvollen Symbiose gekommen, die denjenigen, der beide Komponisten liebt, geradezu faszinieren muß. Da setzt Mozart zu Basso continuo und unisonen Geigen noch eine Bratschenstimme hinzu, oder es werden vollständige Bläserharmonien erfunden. Klarinetten wiegen sich im Sicilianotakt, als der Hirte Acis nach seiner Nymphe schmachtet. Klarinetten, die Mozart besonders liebte, suggerieren, mit Flöten vereint, in der Ouvertüre den sprudelnden Quell. Sie begleiten Galateas Schmerz „So ist mein Acis denn dahin". Das Schlußduett mit dem Chor „O wie süß ist unsere Wonne" klingt in seiner taumelnden Ausgelassenheit wie der Aktschluß einer Mozart-Oper. Händels Musik in Mozarts Holzbläserfarben getaucht, das ist wie edelster Stuck, den jemand mit einer Goldschicht vom Mauerwerk abzuheben sich erkühnt hat. Die Entfremdung bestrickt, weil die Verwandlung eine schöpferische ist. Sie erschließt der strengen Barockkunst neue, sanftere Klanggefilde. Die Wirkung bezaubert.

„Acis und Galatea" bleibt auch im 19. Jahrhundert populär, nicht zuletzt im Zeitalter der Romantik. Denn Felix Mendelssohn Bartholdy nimmt sich des Stückes wiederum an, mit neuer, epochengemäßer Instrumentierung. Die Urfassung, um auf Neapel zurückzukommen, die Serenata für drei Solostimmen – ohne Chor und nur für ein Kammerensemble von Instrumentalisten – haben wir uns an Umfang und Klangkraft wesentlich bescheidener vorzustellen. Immerhin bestreitet die Baßpartie des Polyphem der Starsänger Giuseppe Boschi, eine Bravourleistung, da sie ihm drei Oktaven abverlangt. Boschi wird auch in Venedig für Händel singen und ihm in London wiederbegegnen. „Schönste, was eilst du von hinnen, meine warmen Küsse scheuend?" ruft der Tölpel der schönen Flußgottheit nach und beklagt sich über den Winzling Amor, der auch bei Kolossalrauhbeinen sein Ziel nicht verfehlt. Dumpfe, von Unisono begleitete Zornesausbrüche, blindwütiges Poltern, täppische Verführungsversuche machen den Grobian trotz seines tödlichen Wurfes zu einer komischen Figur, vor dem die Verliebten wie Turteltauben aufflattern. Die Wonnen ihrer Zweisamkeit konnte er ihnen zwar verkürzen, doch nicht gänzlich rauben.

Händels südliches Stammquartier bleibt – das verraten uns die spärlichen Belege – Rom. Daran ändert sich auch 1709, dem letzten Italienjahr, nichts. Das schließt gelegentliche Reisen nicht aus. Nur wissen wir sehr wenig über diese letzte Zeit. Der Kontakt zu dem Mediceischen Erbprinzen Ferdinand reißt nicht ab. Als sich der Komponist im Herbst 1709 endgültig nordwärts begibt – nicht zuletzt, um die Heimreise anzutreten – macht er abermals in Florenz Station, wie es ein Empfehlungsschreiben des Principe an einen in Innsbruck hofhaltenden deutschen Pfalzgrafen bezeugt. Es gibt erneut Konzerte auf dem toskanischen Landsitz Pratolino, wo ohne Zweifel wieder einige der zahllosen Kantaten zur Aufführung kommen, die der begnadete junge Sachse nur so aus dem Ärmel schüttelt.

Wären ihm die Segnungen unseres technischen Jahrhunderts
zuteil geworden, es hätte ein so hochbezahlter Spitzenkünstler
mindestens zwei Linienflüge in die Heimat unternommen, um
zwischendurch dringend nach den Seinen zu sehen. – Schon
im September des Vorjahres hatte in Halle Dorothea Sophia,
Händels zwei Jahre jüngere Schwester, den wohlhabenden,
dazu promovierten Juristen Michael Dietrich Michaelsen geheiratet. Eine Partie, über die sich Vater Händel sicherlich
gefreut hätte: Der Schwiegersohn, Erb- und Gerichtsherr einer
Dorfgemeinde, bringt es zum Kriegsrat und ist so vermögend,
daß er mit Rücksicht auf die labile Gesundheit seiner jungen
Frau zwischen Dessau und Halle eine Landidylle kauft, das Gut
Stichelsdorf. Dorothea Sophia bringt fünf Kinder zur Welt, sie
sterben früh bis auf Johanna Friederika, Händels Patenkind,
die einzige der Altersehe des herzoglich weißenfelsischen Leib-
medicus entsprossenen Nachkommin, die den Komponisten
überleben wird. Nach Geburt der fünf Kinder siecht die junge
Mutter dahin und stirbt 1718 mit 31 Jahren. Ihr Trostspruch auf
dem Sterbebett „Ich weiß, daß mein Erlöser lebt" liefert den
Text zu Händels berühmtester Arie im Oratorium „Der Messias".

An den Schwager sind uns ein paar private Briefe des Vielbe-
schäftigten, zu solcher Muße offensichtlich selten Aufgelegten
erhalten geblieben. Aus dem wohlgesetzten, im Menuettschritt
stolzierenden Französisch seiner Zeit – „Monsieur et très
Honoré Frère" – läßt sich sehr wohl entnehmen, daß Händel
diesen angeheirateten Verwandten aufrichtig geschätzt hat.
Michaelsen muß Händels Schwester nicht nur ein liebevoller
Ehemann gewesen sein, er war, so verraten die Zeilen des berühmten Bruders, zugleich ein verantwortungsvoller Schwiegersohn, der der Mutter des Komponisten auch dann noch bei-
steht, als Michaelsen längst wieder eine neue Ehe geschlossen
hat. Dem im fernen London weilenden Sohn wird er damit
manchen Stein vom Herzen genommen haben.

Während des letzten Italienjahres, das dem Gefeierten von
noch nicht 25 Jahren den größten Triumph bescheren wird, muß

8 *Georg Friedrich Händel nach einer Miniatur von Christoph Platzer (um 1710).*

ihn eine zweite Familiennachricht niedergeworfen haben. Auch sie hätte ihn in heutiger Zeit stehenden Fußes in die Heimat zurückgeflogen: Am 16. Juli 1709 stirbt Johanna Christiana, Händels jüngste Schwester, mit 19 Jahren. Wenn auch kein auf uns gekommener Briefwechsel, keine erhalten gebliebene Tagebuchnotiz über Händels Reaktion berichtet, man

119

sollte sich dergleichen Schläge vor Augen halten. Sie werden dem großen Mann früh die Fragwürdigkeit irdischen Ruhmes und Glanzes fühlbar gemacht haben. Händels Musik strahlt zwar – denken wir nur an die Orgelkonzerte – überwiegend Optimismus aus, aber sie ist nie oberflächlich. Getragene Arien und Instrumentalsätze ergreifen durch Tiefe und Wärme der Empfindung. Sicher war seine aus dem Elternhaus mitgebrachte Frömmigkeit, die von manchen Biographen so gern als „heidnisch" und eher äußerlich abgetan wird, schon aus früher Lebenserfahrung mehr als ein reines Lippenbekenntnis.

Als er – vermutlich im Dezember 1709 – in Venedig eintrifft, begleitet ihn wieder sein glücklicher Stern. Vincenzo Grimani, sein der Lagunenstadt entstammender neapolitanischer Gönner und Verfasser des Operntextbuches „Agrippina", gehört den ersten Familien Venedigs an. Die Grimanis unterhalten drei eigene Operntheater; das bekannteste, nach dem Pfarreipatron des Stadtviertels San Giovanni Crisostomo benannt, gilt obendrein als das vornehmste und reichste am Ort. Ein besseres Sprungbrett zu neuem europäischen Ruhm kann sich Händel gar nicht wünschen. Hinzu kommt, daß Venedig die Stadt der Oper überhaupt ist mit bis zu 16 Opernhäusern und drei Spielsaisons im Jahr. Die Veranstaltungen sind öffentlich. Für zwei Lire kann sich jeder Bürger einen Platz erstehen. Wie in späteren Jahrhunderten nach Salzburg und Bayreuth, so strömt aus der ganzen Welt reiches Publikum nach Venedig. Fürstliche Familien, darunter viele deutsche, mieten sich eine Loge für das ganze Jahr. Das bringt den Häusern den eigentlichen Gewinn; denn die Gagen für die Sänger sind hoch. Auch die Komponisten können sich nicht beklagen. Hat der Urheber des angekündigten Werkes noch keinen Namen, sind ihm hundert Dukaten sicher; Händel als Berühmtheit darf das Drei- bis Vierfache für sich erhoffen.

Festlich und für die Epoche außerordentlich fortschrittlich hat man sich die Aufführung vorzustellen. Nicht nachmittags (damit man das Tageslicht nutzen kann) spielt man Opern wie in deutschen Residenzen, sondern abends bei Fackeln und Kerzenschein. Im Grimanischen Theater San Giovanni Crisostomo senkt sich vor der Aufführung wie von Geisterhand ein gigantischer Kronleuchter herab. Nicht das Ohr allein, auch das Auge kommt auf seine Kosten. Es sitzt ein waches, hochmusikalisches, überaus kritisches Publikum in den Rängen. Das Textbuch liegt aufgeschlagen auf den Knien. Man zündet beim Nachlesen ein eigenes mitgebrachtes Wachskerzchen an. Händels Opernmusik in tausendfachem Kerzenlichterglanz. Der Venezianer besucht mehrfach ein und dieselbe Operninszenierung. Ihn interessiert nicht nur das neue Werk, er heftet seine Sinne fast noch mehr auf die Ausführung, auf den Bogenstrich der Geigen, auf den Part der verschiedenen Sänger. Diese besiegeln mindestens ebenso Erfolg oder Durchfall einer Oper. Dem deutschen Komponisten sind einige Sänger aus Rom gefolgt: Die Durastanti wird die Titelrolle singen, Boschi, der phänomenale Baß, den Pallas, Pasini den Lesbo... Nicht zuletzt aus diesem Grunde hat Händel alte Paradenummern wieder aufgenommen: Die Solisten wollen mit den Stücken glänzen, in denen sie schon in Rom und Neapel gute Figur gemacht haben.

Im Opernorchester zu San Giovanni Crisostomo ist übrigens ein gewisser Gianbattista Vivaldi angestellt, ein zugewanderter Barbier aus Brescia, jetzt angesehener Geiger. Man erkennt ihn an seinen roten Haaren, offensichtlich ein Familienmerkmal; denn den von Jahr zu Jahr berühmter werdenden Sohn Antonio, geistlichen Standes und sieben Jahre älter als der neue Stern aus Halle, nennen die Leute „il prete rosso". Da er an Asthma leidet, liest er schon lange keine Messen mehr, sondern leitet am Ospedale della Pietà als „Maestro de concerti" die von jungen Mädchen bestrittene Instrumentalgruppe. Der Ruf der musikalischen Darbietungen dieses ehemaligen Hospizes für weibliche Waisenkinder – es unterhält natürlich auch einen Chor mit bestalltem Chorleiter sowie einen erstklassigen Organisten – ist längst über Venedigs Mauern hinausgedrungen. Noch vor einem Jahr hatte sich der König von Dänemark daran ergötzt.

Der einunddreißigjährige Vivaldi hat schon zweimal 12 Sonaten als Opus I und II veröffentlicht, letztere mit Widmung an den dänischen Souverän. Der Ruhm des heute populärsten italienischen Barockkomponisten darf sich im Jahre 1709 schon mit dem Händels messen. Auch hindert ihn trotz priesterlicher Soutane niemand daran, als Geigenkünstler die vornehmen Salons Venedigs aufzusuchen und freundschaftliche Kontakte mit hohen Herrschaften zu pflegen. Eine persönliche Begegnung Vivaldis mit Georg Friedrich Händel wird uns nicht bezeugt, vielleicht weil zu der Zeit, als Mainwaring kurz nach Händels Tod die erste Biographie niederschreibt, Vivaldi nahezu vergessen ist. Auch darf es nicht verwundern, wenn eine solche Begegnung möglicherweise nie stattgefunden hat: Den nun schon vier Jahre in der Fremde Weilenden zieht es heimwärts. Schon deswegen fällt der Venedigaufenthalt verhältnismäßig kurz aus. Zudem sollte man sich vergegenwärtigen, daß es wie in Rom, Florenz, Neapel auch in dieser künstlerisch so tonangebenden, dazu noch immer wohlhabenden italienischen Stadt zu jener Epoche von hochgeschätzten musikalischen Talenten geradezu wimmelt.

Der genaue Tag der Uraufführung von „Agrippina" ist uns nicht überliefert. Vermutlich fällt er in die Weihnachtszeit, möglicherweise auf den 26. Dezember, weil an diesem Tag die bis zum 30. März währende Hauptsaison beginnt. Schon Mainwaring berichtet von dem Taumel, den der erste Abend bei den Zuhörern auslöst. Demnach gleicht das Theater wie nach Schillers erstem Stück „Die Räuber" einem Irrenhaus. Die Menschen springen von den Sitzen, schreien irgend etwas. Kaum ist eine Nummer verklungen, randaliert die Menge. „Viva il caro Sassone!" (Es lebe der liebe Sachse!) erschallt das ganze Haus. „Jedermann war", so schreibt Mainwaring, „durch die Größe und Hoheit seines Stils gleichsam vom Donner gerührt". Es ist der größte Erfolg, den der kaum Fünfundzwanzigjährige bisher erlebt hat.

Händel ist in den zurückliegenden Jahren ganz Italiener geworden und doch er selbst geblieben. Darum erscheint „Agrippina" anders als venezianische Opern, die, nur noch zwischen Rezitativ und Koloratur abwechselnd, sich geradezu blutleer gegen das Werk des originellen Sachsen ausnehmen. Eine breit angelegte, festliche Ouvertüre sind die Musikenthusiasten am Lido von ihren Komponisten so wenig gewohnt wie Opernchöre. Dazu die aufwendige Instrumentierung. Trompeten beim Einzug des siegreichen Königs? Wo hatte es das gegeben! Selbst das Libretto unterscheidet sich deutlich von den hundertfältig klischierten Liebesintrigen, auf die jeder noch so interessant klingende Opernstoff letztlich reduziert wird. Agrippina ist gezielte Satire auf den päpstlichen Hof. Man weiß, wer mit dem übertölpelten, vor Liebe blinden Kaiser gemeint ist. Man prustet unter dem aufgeschlagenen Textbuch, wenn Claudius triumphiert: „Ich bin der Jupiter Roms. Es gibt niemanden, der mir befiehlt". Grimani, der in Ungnade gefallene päpstliche Kardinal, hat sich an seinem persönlichen Gegner mit der Feder sein Mütchen gekühlt. „Agrippina" wird während der Wintersaison 27mal gespielt. Auf die Zahl der in diesem Zeitraum zur Verfügung stehenden Abende berechnet jeden dritten Tag. Das ist, selbst für große Bühnentreffer, ungewöhnlich. „Agrippina" trägt Händels Namen durch Europa. Neapel nimmt die Oper in den Spielplan auf. Bald auch Wien. Das Hamburger Opernhaus, stolz auf seinen ehemals zweiten Geiger, der immer so tat, als könne er nicht bis fünf zählen, führt das Erfolgsstück in einem Zeitraum von vier Jahren 26mal auf.

Hohe Herren aus kleinen und großen Residenzen, königliche Gesandte fragen nun nach ihm. Sie überschütten den stolzen, in seinem Auftreten äußerst selbstsicheren jungen Mann mit Komplimenten, ihm dabei die verlockendsten Angebote unterbreitend. Herr Händel hat die Wahl und weiß, so hat es den Anschein, sehr schnell, was er will. Denn als er im März des Jahres 1710 nordwärts kutschierend die Alpen bereits hinter sich gelassen hat, liegt vor ihm ein festes Reiseziel: Hannover.

6
Hannoversches Zwischenspiel

Residenz Hannover – Kurfürstin Sophie

Den ins Land der Väter Zurückgekehrten empfängt bei Eintritt
in die wolkenverhangene norddeutsche Tiefebene eine blühende Residenz, die noch gar nicht alt ist. Der Großvater des
hier regierenden Welfen, Herzog Georg von Calenberg, hatte
sich im 30jährigen Krieg Hannover zu seiner Hauptstadt erkoren. Aus dem ehemaligen Minoritenkloster an der Leine war
ein 108 Räume fassender Barockpalast geworden mit über den
Fluß führender Schloßbrücke. Das vieltürmige Befestigungs-
werk, das Angriffen von außen jahrhundertelang getrotzt
hatte, umschloß längst nicht mehr die ganze Stadt; zu eng
wurde es darin für die repräsentative Anlage von Zeughaus,
Marstall, Pferderennbahn, ihnen mußten Teile des Walles weichen.

Eine vergoldete, mit sechs Hannoveraner Schimmeln bespannte Staatskarosse donnert über das Straßenpflaster. Sie
bringt Mitglieder der Herrscherfamilie zu dem nahen Sommersitz Herrenhausen, wo sich zwischen Mai und Oktober das
eigentliche Hofleben abspielt. Das Zepter führt dort die Kurfürstinwitwe Sophie, eine aus ihrer Zeit herausragende Frau
von Geist, Tochter eines pfälzischen Prinzen, der einen Winter
lang König von Böhmen war, weshalb er als „Winterkönig" in
die Geschichte eingegangen ist. Der ihrer starken Persönlichkeit angeborene Stolz gründet sich in Kurfürstin Sophies britischer Abstammung: Der Stuartkönig Jakob I. ist ihr Großvater.
Wir sehen die Mutter des Herrschers über bunte Kieswege einer
französischen Gartenanlage wandeln, die an Ausmaß und
Schönheit zwischen Wien und Versailles ihresgleichen sucht.
Den Reihern, die über das Gelände hinwegfliegen, bietet es
sich dar in der Form eines aus übereinander gereihten Kasset-

ten, abgezirkelten, von Strahlenkränzen umgebenen Kreisen zusammengesetzter, in unzähligen Sommerblumenfarben spielender geometrischer Teppich. Er ist das Lebenswerk dieser Frau.

Ein weltberühmter Mann mit gewaltiger Lockenperücke begleitet sie auf ihrer täglichen Promenade: Baron von Leibniz, Hof- und Geheimer Justizrath. Er hat Pläne für die Wasserversorgung der Fontänen entwickelt, die von Fachleuten aus Dummheit verworfen wurden. Er hat die erste Rechenmaschine konstruiert, das Arbeitsprinzip moderner Taschenrechner ersonnen, den Mechanismus von Türschlössern verbessert, Projekte für ein Unterseeboot ausgeklügelt, eine Apparatur für die Absaugung von Grubenwasser ausgetüftelt, die Grundlagen der höheren Mathematik gelegt und ein philosophisches Denkgebäude geschaffen, das einem neuen Zeitalter das Siegel aufdrückt. Er bewohnt das schönste Haus der Stadt und verbraucht sich nun schon Jahrzehnte – sein ursprünglicher Auftraggeber Kurfürst Ernst August ist schon lange tot – an der Erforschung und Darstellung der Welfischen Familiengeschichte.

In den Herrenhausener Gärten und dem sie säumenden, von venezianischen Baumeistern errichteten Lustschloß (im 2. Weltkrieg durch Bomben restlos zerstört), fraglos auch in Gesellschaft des aus dem Gefolge der großen Dame nicht wegzudenkenden phänomenalen Weisen, haben wir uns jetzt den jungen kurfürstlichen Kapellmeister Georg Friedrich Händel vorzustellen. Am 16. Juni 1710 wird er für 1000 Taler Jahresgehalt offiziell dazu ernannt. Die greise Kurfürstin Sophie schwärmt von dem brillanten Klavierspieler, der nun den ganzen Hof entzückt. Sie schreibt an ihre Enkelin Sophie Dorothea, die den preußischen Kronprinzen Friedrich Wilhelm (den späteren Soldatenkönig) geheiratet hat, nach Berlin. Dabei verschweigt sie nicht des jungen Musikers stattliche Erscheinung, bezeichnet ihn als einen „bel homme". Auch der Hofklatsch kursiert. Man will von einer Liebesbeziehung des neuen Kapellmeisters mit einer Dame namens Victoria... wissen.

Der gefragte Musiker hatte mit Hannover sicherlich keine schlechte Wahl getroffen. Ernst August, Kurfürstin Sophies verstorbener Mann, hatte nicht ohne Krach im eigenen Haus der unseligen Erbteilerei ein Ende gemacht. So war aus den Länderfetzen um Calenberg, Lüneburg, Celle, Osnabrück endlich ein etwa zu zwei Dritteln den Westen des heutigen Niedersachsen ausmachendes, stabiles Staatsgebilde entstanden. Mit solcher Hausmacht ausgestattet, konnte man sich sogar um die Kurfürstenwürde bewerben und erhielt sie prompt.

Am Hofe orientierte man sich westlich, das sorgte für Glanz und Festgepränge. Obendrein waren die Welfenherrscher gebildet und außerordentlich musikliebend. Kurfürst Ernst August wurde die italienische Opernmusik zu einer Droge, so daß er sich mehr in Venedig als in der Heimat aufhielt. Er hatte Logen in sechs verschiedenen Operntheatern gemietet, versah sich mit großem Gefolge und gab kostspielige Feste. Womit finanzierte er das? Er besaß gut ausgebildete Soldaten, davon verkaufte er 2400 an die Republik Venedig, das brachte ihm pro Mann 15000 Goldstücke ein. Daheim sorgte man sich so sehr, aus dem Souverän könnte schließlich selbst ein Venezianer werden, daß man ihn mit dem Bau eines Opernhauses im italienischen Stil an die Leine zurücklockte. Er kam und brachte auch etwas mit: den Karneval, der jetzt an diesem lutherisch-norddeutschen Hof zu einer festen Einrichtung wird.

Sehen wir uns nun den Mann an, der für Händels nächste Zukunft eine so entscheidende Rolle, ja zeitweise den für ihn einzig sicheren Felsen in der Brandung spielen wird. Es ist der gegenwärtig regierende Landesherr, der Kurfürstinwitwe ältester Sohn Georg Ludwig. Ein Mann von 50 Jahren, weder geistig noch schön von Angesicht, ein eher phlegmatischer, kühler, wortkarger Mann mit blauen, etwas glotzenden Augen. Seine Leidenschaft gilt der Jagd und den gut unterhaltenen hannöverschen Regimentern. Als befähigter Truppenführer hatte er in diversen Schlachten gegen Türken und Franzosen seinen Mann gestanden. Aber er liest kein Buch, macht sich nichts aus Kunst und liebt nur die Musik. Er war mit seiner

Kusine verheiratet, einer aparten, dunkeläugigen Frau mit Hugenottenblut, die ihn verabscheute. „Niemals werde ich die Frau der Schweineschnauze", hatte die Braut ausgerufen und das von Diamanten eingefaßte Bildnis des Zukünftigen vor Wut zertrümmert. Als sie sich schließlich fügen mußte, betrügt sie den gefühlskalten Gatten mit dem schneidigen Grafen Königsmarck (Bruder der berühmten Aurora), ja wäre am liebsten mit ihm durchgebrannt. Die Ehe wird geschieden – nicht wegen des ans Tageslicht gedrungenen Ehebruchs, sondern weil Sophie Dorothea von Hannover es kategorisch ablehnte, jemals wieder das eheliche Bett ihres „Henkersknechtes" zu teilen. Hielt sie ihn doch für den Mörder des inzwischen spurlos verschwundenen Geliebten. Das alles ist nun 16 Jahre her. Seitdem lebt der Kurfürst von Hannover ehelos. Walkürenhafte Geschöpfe wurden seine Mätressen. Das also sind die Lebensumstände des zukünftigen Königs von England.

Lange hält er seinen neuen Kapellmeister nicht am Hof. Schon nach wenigen Monaten macht dieser von dem Recht Gebrauch, das sich der Vielbegehrte in seinem Arbeitsvertrag ausbedingen konnte: dem Recht auf Wahrnehmung eines Urlaubs bis zu einem Jahr. So sehen wir ihn im Herbst wieder auf Reisen. Dafür gibt es mehrere Gründe: Er hat, das versteht sich von selbst, verschiedene Eisen im Feuer. So befand sich unter den Vornehmen, die Händel in Venedig mit Offerten gelockt hatten, auch ein Gesandter des englischen Hofes, der Earl of Manchester. Überdies war Händel auf der Rückreise nach Deutschland in Innsbruck zu Gast bei dem Gouverneur von Tirol, dem Pfalzgrafen Carl Philipp von Neuburg, gewesen. Denn dessen angeheirateter Verwandter (wir würden sagen: Schwippschwager), der Granprincipe von Toscana, hatte ihm den gefeierten Musiker brieflich empfohlen. Es knüpfen sich nun Fäden bis an den Rhein, wo gleichfalls ein Neuburger, der Kurfürst Johann Wilhelm (Jan Wellem) in Düsseldorf residiert; dieser ist mit einer Medici verheiratet.

Händel sieht, so scheint es, für sich in Hannover keine Entfaltungsmöglichkeit. Das Opernhaus, das schönste in ganz

Deutschland, hatte seine große Zeit hinter sich und die Pforten geschlossen. Der Mann, der dem Musikleben einst Glanz verliehen hatte, ein italienischer Musiker allerhöchsten Ranges, Agostino Steffani, war der Kapellmeisterrock zu eng geworden. Er macht nun Karriere als kurfürstlicher Geheimdiplomat und päpstlicher Vikar. Man stelle sich vor, ein Musiker vom Schlage Händels oder Bachs hätte, geblendet von Adelstitel, Bischofswürde, hoher Politik, seine wahre Berufung einfach aufgegeben! Steffani war ein bedeutender Opernkomponist, der große Meister des Kammerduetts. Händel lernt von ihm. Übrigens soll der Italiener seinen jungen Nachfolger am Welfenhof eingeführt und sowohl dem regierenden Kurfürsten als auch dessen Mutter persönlich vorgestellt haben. Wieweit die Verbindlichkeit des Älteren gegen den Neuling aufrichtig war, muß dahingestellt bleiben. Als sich später in London Händels Gegner scharen, nimmt auch Steffani gegen ihn Partei.

Schöpferisch kann sich der Sommer 1710 in Hannover nur auf Händels Instrumentalmusik niederschlagen. Er glänzt am Klavier und als Leiter des Orchesters. Dieses führt einen guten Namen, nicht zuletzt wegen seiner vorzüglichen Oboenbläser, für die der neue Maestro eine Schwäche hat. Die unter der Opuszahl 3 zusammengefaßten „Concerti grossi", mehrsätzige Werke (sechs, eigentlich sieben an der Zahl), in denen eine Sologruppe (Concertino) und ein ganzes Orchester (Ripieno) in einen edlen Wettstreit treten – gelernt hatte er die Art des Konzertierens bei Corelli in Rom –, bezeichnet man darum gewöhnlich als „Oboenkonzerte". Wenn sie auch erst Jahrzehnte später für den Druck aufgezeichnet wurden, reichen sie zum Teil doch in die Zeit des ersten Herrenhausener Sommers zurück. So erscheint das jubilierende Allegro des dritten Konzerts – das ausnahmsweise der Querflöte und nicht den Oboen die Ehre gibt – in einem Chorstück wieder, das Händel demnächst für die Queen von England komponieren wird. Das vierte in F-dur hebt mit einer Ouvertüre im französischen Stil an, deren feierlicher Eingangsmarsch so edle Wendungen nimmt, wie sie nur Händel einfallen. Unverändert wird er die-

ses Juwel in einer seiner nächsten Opern – „Amadigi" – gleich
wiederverwerten. Der Ouvertüre schließt sich ein anmutiges
Andante im Dreiertakt an. Auch von diesem kennen wir sozusagen schon die charakteristischen Keimblätter. Denn gleich
zu Beginn des Oratoriums „La Resurrezione"(Die Auferstehung) verhöhnt Gottes Engel, begleitet von diesem verspielten
Orchestermotiv, die Pforten des Todes am Morgen der Auferstehung. Die beiden ersten Sätze des d-moll-Konzertes Nr. 5
werden einer der frühsten Londoner Psalmvertonungen für
den englischen Lord Chandos als Vorspiele dienen...

Hannover ist dem großen Mann zu klein. Als er im Herbst
auf Reisen geht, besucht er zunächst die Vaterstadt Halle. Er
hat die Seinen seit einem halben Jahrzehnt, vielleicht sogar
noch länger, nicht gesehen. „Betagt", wie an dieser Stelle oft
behauptet, ist die Mutter mit neunundfünfzig keinesfalls und
sicherlich auch noch nicht blind. Aber die Jahre haben sie fraglos gezeichnet – der Sohn so lange fern, die ältere Tochter inzwischen Ehefrau und Mutter, die jüngere erst kürzlich gestorben. Er besucht den Lehrer Zachow. Mit 47 Jahren ist auch er
kein alter Mann. Händel sieht ihn nur noch einmal wieder;
denn Zachow erreicht die Fünfzig nicht. Den Schüler wird das
tief treffen, ja moralisch in die Pflicht nehmen; denn er unterstützt später Zachows Witwe mit Geldzuwendungen.

Der Blitzbesuch von „Meister Görges", des seligen Leibme-
dicus aus der Art geschlagenen jüngsten Sohn ist in der kleinen
Saalestadt sicherlich ein Ereignis gewesen. Nachbarn, Verwandte, Freunde werden das Haus zum Gelben Hirschen be-
stürmt haben, um den Berühmtgewordenen wie einen herbei-
gekarrten Elefanten zu bestaunen. Wie hat er das aufgenommen? Wie war ihm, so plötzlich daheim, überhaupt zumute? Es
gibt noch keine Lokalpresse mit interviewenden Reportern.
Wenn wir ihnen auch mit unseren Medienerfahrungen eher
skeptisch gegenüberstehen, wie dankbar wären wir ihnen vielleicht heute für ein aufgeschnapptes Zitat! Da wir, wie so oft in
Händels Leben, auf keinen Zeitzeugen zurückgreifen können,
wissen wir so gut wie nichts über das, was der Fünfundzwan-

zigjährige in dieser Zeit der Umschau privat empfunden und gedacht hat.

Er nimmt Abschied und reist westwärts an den Niederrhein. Düsseldorf ist eine bedeutend ältere Residenz als Hannover. Die Länder Jülich, Berg, Kleve, Mark und Ravensberg (ein Gebiet, das von der Maas bis an die Lippe, vom Westerwald bis an die holländische Grenze reichte) wurden von hier aus über ein Jahrhundert lang regiert und zusammengehalten. Nach einer Erbteilung gelangt die Grafschaft Berg an die Wittelsbacher Linie Pfalz-Neuburg, die trotz ihrer im ganzen Reich zersprengten Besitzungen den Hof nicht verlegt.

Als Händel eintrifft, erlebt er gerade noch Düsseldorfs große Zeit. Jan Wellem, regierender Kurfürst wie der Welfe, dazu mit Kaisern und Königen verschwägert, liebt Versailler Etikette und Gepränge. Wer ihm die Hand küßt, kommt beim Bücken fast zu Boden, so tief über der Erde schwebt die dargebotene fürstliche Hand. Von solchen Theaterübungen, denen sich auch ein Händel zu unterziehen hatte, einmal abgesehen, haben wir es mit einem recht rheinischen Sonnenkönig zu tun, der den Frohsinn seiner Untertanen teilt und gerne feiert. Die Stadt hat er in einem Schmuckkasten der Künste verwandelt, Dutzende von Künstlern – Italiener, Flamen, Niederländer, Deutsche – seit zwei Jahrzehnten an Rhein und Düssel beschäftigend. Sein ganz besonderer Stolz: eine ihresgleichen suchende Gemäldesammlung mit Meisterwerken von Raffael, Correggio, Tizian, Tintoretto, Caravaggio, Ribera, Velásquez, Breughel, Rembrandt, Teniers, Rubens, van Dyck.... Sie bildet heute einen wichtigen Bestandteil der Münchener Pinakothek. Händel, der dergleichen schätzte und sich, wie ein Brief Jan Wellems an den Schwager in Florenz bezeugt, mehrere Wochen in Düsseldorf aufhielt, wird sich in der kurfürstlichen Galerie mit besonderem Genuß umgetan haben, zumal er sich später selbst im eigenen Londoner Haus mit ähnlichen Kostbarkeiten umgibt.

Jan Wellem braucht für seine geldverschlingende Bau- und Sammelleidenschaft keine Soldaten zu verkaufen; denn die

Mitgift seiner zweiten Gemahlin Anna Maria Ludovica, einer Medici, ist so stattlich, daß sich das Paar alle ehrgeizigen Wünsche von diesem Schatz erfüllen kann. Die Kurfürstin, als Händel sie kennenlernt, eine Frau von Anfang vierzig, fällt durch eine zierlich-schlanke Statur für ihre Zeit eher aus dem Rahmen. Auch lacht sie lauter, als es sich für eine Durchlaucht des Barock schickt, und spricht mit männlich dunkler Stimme. Sie ist mit ihrem hellen Teint, den großen dunklen Augen und rabenschwarzen Haaren noch immer eine hübsche Erscheinung, die mit ihrem italienischen Temperament den Gemahl so eifersüchtig liebt, daß sie ihm (der es auf fremde Liebesabenteuer nicht einmal abgesehen hat) gelegentlich nachts, in einen Mantel gehüllt, nachspioniert.

Warum der berühmte Komponist an dieser freundlichen, Frankreichs Grenzen so nahen, blühenden Rheinresidenz nicht bleibt, läßt sich nur mit seinem Ehrgeiz erklären. Jenseits des Ärmelkanals boten sich fraglos noch glänzendere Aussichten, nicht zuletzt finanzieller Art, die für Händel keineswegs eine untergeordnete Rolle spielen. Welche Sternstunde hätte die rheinische Musiktradition erfahren, wäre aus Düsseldorf für sechs Jahre (so lange bleibt es kurfürstliches Domizil) eine Händelstadt geworden. Vielleicht wäre er nach Jan Wellems Tod der Kurfürstinwitwe für lange Jahre zurück nach Florenz gefolgt und treibender Motor des dortigen Opernlebens geworden. Doch hätte sich ohne den Engländer, der er statt dessen nun bald wird, wirklich „Händel", der Komponist des „Messias" und des „Samson", entwickeln können? Wohl kaum. Großzügig belohnt und mit Tafelsilber beschenkt, sagt Händel dem rheinischen Kurfürstenpaar ade und setzt seine Reise durch Holland fort, das er nicht zuletzt wegen seiner Maler noch öfter im Leben durchqueren wird. Ende November, spätestens Anfang Dezember hat ihn ein Schiff über den Ärmelkanal gesetzt.

Händel betritt zum erstenmal englischen Boden und begibt sich, so darf man annehmen, sogleich nach London. Keine deutsche Residenz, nicht einmal die Hansemetropole an der

9 London zu Händels Zeit. Radierung von T. Bowles.

Elbmündung kann an Zuschnitt und Einwohnerzahl mit dieser europäischen Hauptstadt mithalten, deren Nation sich gerade anschickt, für zwei Jahrhunderte die erste Kolonialmacht der Welt zu werden. Über die einzige Brücke, der von kleinen Werkstätten und Krämerläden gesäumten London Bridge, zwängt sich der lärmende Kutsch- und Pferdewagenverkehr. Die Themse – schon damals ein von Kloakenwasser schmutzig-braun gefärbtes Band, an dessen Ufern sich mit einer halben Million Menschen das erste Ballungszentrum der Neuzeit ausbreitet. Das Stadtbild, vom Fluß aus ein überwiegend backsteinrotes, nebeneinander gepferchtes, ungeordnetes Vielerlei, spricht trotz herausragender Paradebauten einem architektonischen Schönheitssinn, wie ihn der kunstverwöhnte Musiker aus dem Süden mitbringt, eher Hohn. Dabei hatte die Stadt nach einem Großbrand vor über 50 Jahren, der ihr mittel-alterliches Kleid aus strohgedecktem Fachwerk von Holz und Lehm völlig vernichtete, durchaus die Chance gehabt, mit feuerfesten Klinkermauern und Ziegeldächern wie aus einem Guß neu zu erstehen. 50 Kirchen waren mit ihren Glockentürmen wie weiße Birkenstämme in wenigen Jahrzehnten frisch aus dem Boden gesprossen, im Stadtkern Adelspaläste mit neuartig klassizistischen Fassaden, barocken Torgittern. Noch gibt es keine Fabrikschlöte, keine metallenen Riesenskelette, keine dreißigstöckigen Hochhäuser. So nimmt sich in dem Meer kohlerußgeschwärzter Häuserwände die leuchtendweiße Kalksteinkuppel der gerade fertiggestellten St.Pauls Kathedrale wie das Ei des Riesenvogels Ruch aus. Das Weltkind Händel wird ihr Anblick geradezu heimisch angemutet haben, als hätte die Vorsehung ihm zur persönlichen Freude Michelangelos Peterskuppel vom Tiberufer an die Themse verpflanzt. Die Besteigung der neuen Kuppel ist schon damals ein Magnet für Touristen, die wie heute hoch im Turm ihre Namen in die Wände ritzen. Händel sorgt in diesem 111 Meter hohen Gotteshaus bald für eine zweite Attraktion; denn sein Platz ist natürlich unter der Kuppel vorn im Chor – die Orgelbank. Er wird die noch neue Anlage demnächst zum Klingen bringen, wie es auf der ganzen Insel noch nicht vernommen worden ist.

Er ist mit einem festen Ziel angereist. „Agrippina" war in Italien sein großer Erfolg gewesen, aber gerade die Bühne ist in Hannover nicht gefragt. In London hat das Publikum die Oper als abendfüllende Unterhaltung soeben erst entdeckt, weshalb der Italiener Antonio Bononcini – Händel soll dem Bruder Giovanni als Kind in Berlin zum erstenmal begegnet sein – mit seiner Oper „Camilla" vor vier Jahren einen geradezu märchenhaften Triumph feiern konnte. Für diese günstige Großwetterlage wird der Earl of Manchester, der immer noch in Venedig weilt, Händels Sinne geschärft haben.

Er kann noch kein Wort Englisch. Aber das hindert ihn nicht daran, sich an den maßgeblichen Londoner Bühnen – es gibt deren zwei – sogleich Zugang zu verschaffen. Er ist jetzt ein weltberühmter Mann. Das öffnet ihm Tür und Tor. Bekanntmachungen, Pressemeldungen, in denen schon bald von Mister Hendel die Rede ist, verzichten nicht auf den Zusatz „the famous". Mr. Hendel, der „Orpheus unserer Zeit", wird zu einer stehenden Redensart. Auch spricht man an beiden Unternehmen reichlich italienisch und sogar deutsch. Der Ansturm mediterraner Gesangstalente hat längst eingesetzt. Die Küste hinter dem Kanal verspricht Belcanto-Stimmen, Arienschöpfern, Klavier-, Oboen-, Geigenvirtuosen ein neues Eldorado. Kastraten aus Bologna, Neapel, Rom eilen herbei, faszinieren das Inselvolk für ein paar Jahre und kehren, reich geworden, nach Hause zurück. Für Händel gibt es ein Wiedersehn; denn das Sängerehepaar Boschi, mit dem er seine Agrippina so glorreich auf die Bretter gebracht hatte, ist vor ihm eingetroffen. Es wird dem „caro Sassone" mit südlichem Überschwang um den Hals gefallen sein.

Schon hat eine italienische Primadonna mitten in einer Opernaufführung, sozusagen als erfrischendes Eisdessert, dem Publikum eine Händelsche Bravourarie serviert: „Ho un non so che nel cor", ein Reißer aus „Agrippina", mit dem aber schon (wir kennen Händels Manier) Maria Magdalena die römische Kurie hingerissen hatte, wird zu einem schmetternden Auftakt. Die Scarlatti-Oper, in der man sich diese Capriole erlaubt hatte, war von dem Berliner Johann Christoph Pepusch für die Londoner Bühne arrangiert worden. Deutschstämmige Talente in der englischen Musikszene sind keine Seltenheit. Ihr Beispiel zeigt dem Gast, daß man sich in diesem Land als Fremder einleben und sogar sein Glück machen konnte. Einer von ihnen, Andreas Roner, vermittelt ihm den ersten Kontakt mit englischen Textdichtern. Auch ein Oboist aus Celle mit dem französischen Namen Galliard leistet ihm in diesen ersten Wochen Hilfe. Er ist am Queen's Theater angestellt, *der* Opernbühne Londons. Man erreicht sie unweit des Picadilly Circus auf dem sogenannten Haymarket (Heumarkt), der bis auf den heutigen Tag Standort zweier wichtiger Theater ist.

Hier macht gerade ein neuer Direktor von sich reden. Er heißt Aaron Hill, blutjung wie der ihm vorgestellte Komponist. Man traut der geschönt wirkenden Jünglingsphysiognomie auf einer Radierung gar nicht die Vielseitigkeit zu, die man ihm nachsagt: Hill hat Tragödien verfaßt, Voltaire übersetzt, den Orient bereist. Er hat sich als Chemiker und Schiffsbauer versucht. Dem Theatermanager sind Wagemut und Ideenreichtum angeboren, er ist ein unternehmerischer Kopf. Hill spürt instinktiv, daß sich mit dem berühmten Mann aus Deutschland, den ihm das Glück vor die Schwelle geweht hat, möglicherweise die Bühnensensation des kommenden Jahres erzielen läßt. Er begegnet Händel geradezu freundschaftlich und hilft ihm, sich in der fremden Gesellschaft zurechtzufinden. Hill schwebt auch schon ein Opernstoff vor, er skizziert ihn und beauftragt einen italienischen Librettisten namens Giacomo Rossi mit der Ausführung. Dem jungen Unternehmer ist klar, daß nur zwei Faktoren den Erfolg beim Londoner Publikum garantieren können: ausgezeichnete Sänger, am besten italienische Spitzenkräfte, und eine phantastische Bühnendekoration. Einen dritten Faktor, den allerwichtigsten, die zu komponierende Musik, bucht er sozusagen schon auf der Habenseite. Dafür bürgt der Name Händel.

Das neue Werk trägt den Titel „Rinaldo". Das ist der Name eines italienischen Ritters, der unter Gottfried von Bouillon im Jahre 1099 die Stadt Jerusalem für die Christenheit wiedererobert. Entnommen, wenn auch für in Mode gekommene Bühneneffekte erheblich abgewandelt, ist die Episode einem Epos des Dichters Torquato Tasso „La Gierusalemme liberata" (Das befreite Jerusalem), der die Rinaldo-Gestalt, einen feurigen, kaum dem Knabenalter entwachsenen, zu allen Wagestücken aufgelegten Jungsiegfried, seinerseits aus Ariosts „Rasendem Roland" entlehnt hat.

Wir stehen am Vortage des endgültigen Falls. Man hat die Stadt bereits umzingelt, sie muß nur noch eingenommen werden. Der Chef des Kreuzzuges beauftragt Rinaldo mit der Ausführung dieses Handstreichs, dann darf er auch Gottfrieds Tochter, die schöne Almirena ehelichen, die die Liebe des Helden erwidert. Aber der Sarazenenkönig hat auf Zauberei gesetzt. Er steht mit der Hexe Armida im Bunde, die mit einem feuerzüngelnden Drachengespann über die Bühne sprengt. Sie bestimmt das Geschehen, während das zu erobernde Jerusalem nur die malerische Kulisse liefert. Wir erleben das sich vorehelichen Zärtlichkeiten hingebende Brautpaar, das Armida nun zur Zielscheibe ihrer teuflischen Ränke macht. Sie zaubert das Mädchen kurzerhand in ihren Privatgarten, wo es der lüsterne Sarazenenkönig mit seiner Zudringlichkeit belästigt, während der benebelte Anverlobte mit Sirenengesang in ein Hexenboot gelockt wird. Er soll sterben, damit er für die Entscheidungsschlacht um Jerusalem ausfällt. Schon will Armida sich auf ihn stürzen, als sie sich in den Ritter heillos verliebt. Der hat nur Verachtung für ihre Regung. Selbst als sie sich in die Gestalt der Braut mogelt, vermag sie ihn nicht zu täuschen. Unerschrocken bahnt sich Rinaldo mit gezückter Klinge durch das Gewusel von Monstern und Höllengeistern, die Armida nun gegen ihn aufbietet, einen Weg. Er kämpft nicht auf verlorenem Posten; denn Ritter Gottfried, der sich zur Rettung seines gekidnappten Hauptmanns von christlichen Magiern mit einer Zaubergerte ausrüsten ließ, gelingt es, den Hexensabbat zu bannen. Das Paar kommt frei, Rinaldo erobert die Stadt, Armida muß sich geschlagen geben, ja sie bittet am Ende reuig um ein paar Tropfen Weihwasser und zerbricht ihren Zauberstab.

Händel komponiert mit Feuereifer, so daß der Textbuchdichter kaum Schritt halten kann. In vierzehn Tagen ist alles in Musik gesetzt. Natürlich haben frühere Werke wie „Almira", „Trionfo del Tempo", „Resurrezione", „Acis und Galatea", „Agrippina" wiederum ein paar Bausteine beigesteuert. In einer Zeit, die noch mit neuen Kunstprodukten verschwenderisch umgehen konnte, ein wahres Glück. Wieviel mehr wäre uns sonst vielleicht verlorengegangen. Es wird eine Oper, die die um zwei Jahre ältere venezianische Schwester musikalisch an Tiefe, an Innigkeit der Empfindung noch übertrifft. Es gibt in diesem fürs Zuschauerauge berechneten Kulissenfeuerzauber durchaus Tiefpunkte allgemeinmenschlicher Tragik: So der Augenblick höchsten Glücks, als dem Helden die Geliebte von einer Wolke entführt wird: blindes Schicksal, das kein Warum kennt. Noch ergreifender die Szene, als Rinaldo die Braut wiedererscheint, er sie aber als Zauberwerk und Gaukelspiel der Sinne durchschauen muß. Diese Stellen greift sich der

*10 Georg Friedrich Händel. Gemälde von Philippe Mercier
um 1728.*

Tonkünstler: Rinaldo klagt wie Orpheus – „cara sposa, amante cara, dove sei?" (Teure Gattin, Geliebte, wo bist du?); die an Gluck gemahnenden Seufzer des Orchesters werden manchem Theaterbesucher die Tränen entlockt haben. Händel selbst zählt es später zu dem Besten, was ihm je gelungen ist.

Wenn Almirena im zweiten Akt ihr Los beweint – „Lascia ch'io pianga" (Laß mich weinen), daß selbst der sie bedrängende Sarazenenkönig davon beschämt wird, hat die Sarabande, die schon in „Almira" und „Trionfo del Tempo" das Publikum hinriß, ihre endgültige Form erlangt. Sie wandert als Lied in das anglikanische Kirchengesangbuch, während Rinaldos Haßgesang gegen Zerberus, als er in das trügerische Boot der Sirenen springt, zu einem beliebten Trinklied wird: „Let the waiter bring clean glasses". Der kampflustige Trompetenmarsch, bei dem der Wagen des muselmanischen Königs über die Bühne rollt, spielt die Kapelle der königlichen Garde. So wurzelt sich Händel schon in diesem ersten für London komponierten Werk in das Herz eines Volkes ein, dessen Nationalkomponist er schließlich wird. Müßig also zu erwähnen, daß Aaron Hills Rechnung vollkommen aufgeht. Die Uraufführung am 24. Februar 1711, einen Tag nach Händels 26. Geburtstag, wird ein ungeheurer Erfolg. Das Aufgebot hochbezahlter italienischer Kehlen hatte sich gelohnt. Auch auf den Brettern war alles auf seine Kosten gekommen: Es hatte gewaltig gedonnert und geblitzt, es hatte in allen Farben geflimmert, von Vögeln geschwirrt und gezwitschert... Wassergefüllte Löschwagen hatten bereitgestanden, um die Feuergefahr zu bannen. Ein Junge hatte zwei bemalte Riesendrachen bedient, die auf Kommando Rauch und Flammen spucken konnten.

Rinaldo bleibt ein „Dauerbrenner". Er wird zu Lebzeiten des Komponisten über fünfzigmal gebracht. Der Musikverleger Walsh veröffentlicht die gängigsten Lieder und Orchestereinlagen im Klavierauszug; er verdient daran fünfzehnhundert Pfund. Auf dem Titelblatt erscheint ein erstes veröffentlichtes Konterfei. Es zeigt den deutschen Komponisten in der Livree des kurfüstlichen Kapellmeisters. Er selbst brilliert an jedem Aufführungsabend zu Armidas Kampfgesang mit einer gewaltigen Improvisation am Klavier. Mit ihr fällt der Vorhang des zweiten Aktes, so daß sich der dröhnende Beifall über den begnadeten Tastenkünstler ergießen kann. Auch das vollzieht sich ganz im Sinne des jungen Theaterunternehmers. „Rinaldo" wandert über den Kanal. Allein Hamburg veranstaltet innerhalb von zwei Jahrzehnten fünf Neuinszenierungen. 1718 nimmt Neapel ihn in den Spielplan auf.

Es gibt freilich auch das Lager der Spötter. Denn wie überschwenglich die Creme der Londoner Gesellschaft diese uritalienische Bühnendarbietung schon um ihrer Neuheit willen beklatscht, das Inselvolk denkt viel zu nüchtern, um diese pausenlose Singerei nicht als Unsinn zu empfinden. Wo hatte es das auf englischem Theater je gegeben: Gesungen ausgetragener Meinungsstreit, gesungene Drohung, gesungene Mordpläne. Sollte man sich in Zukunft vielleicht noch gesungene Geschäftsabsprachen, gesungene Börsengespräche anhören? Selbst Henry Purcell, der frühverstorbene Komponist von Rang, hatte sich bestenfalls Miniaturopern gestattet, mit denen man das Sprechtheater als Zwischenspiel auflockern konnte. Gerade hatte ein gewisser Joseph Addison seine bissige Zeitung „The Spectator" gegründet. Noch wagt er nicht, das Musikwerk selbst unter Feuer zu nehmen. Dazu ist der Erfolg einfach zu groß gewesen. Der Spötter hält sich an dem Bühnenschnickschnack schadlos. Da hatte man beispielsweise für die Liebesszene des Brautpaares Dutzende von Spatzen eingekauft, die man unter Trillerflöten in die Luft fliegen ließ. Aber statt sich in dem Laubwerk der Dekoration niederzulassen, war der Schwarm zum Publikum geschwirrt, wo er sich in den Winkeln des Theaterraumes offensichtlich heillos verfangen hatte. Durch eine Regiepanne waren die Seitenkulissen nicht ausgetauscht worden. So gewahrt der Kritiker mitten auf dem stürmischen Ozean einen zivilisierten Herrn mit langer Perücke, der auf dem Spaziergang seinen Tabak schnupft. Aus reiner Lust zu Spott und Satire ist diese Glosse aus der Feder seines Verfassers übrigens nicht geflossen. Addison hegt selbst dichterische Ambitionen, war aber mit einem eigenen Opernlibretto jämmerlich gescheitert.

Was Händel auf seinem ersten Englandaufenthalt sonst noch erlebt hat, wissen wir nicht genau. Wurde er bei Hofe eingeführt? Das ist anzunehmen; denn zum Geburtstag der Queen, am 6. Februar 1711, wird ein zum Lob Ihrer Majestät eigens komponiertes italienisches Duett Händels im St. James-Palast aufgeführt. Italienische Solisten der Opernbühne wirken mit, der kurfürstliche Kapellmeister von Hannover (wer sonst?) wird den Klavierpart bestritten haben. Es werden in Londoner Bürgerhäusern diverse Bekanntschaften geknüpft. Da ist von einem betuchten Holzkohlehändler namens Thomas Britton die Rede, der den deutschen Gast auf einen Dachboden geleitet. Es ist ein nahezu fensterloser Raum, die Wände mit Büchern einer den Eingetretenen faszinierenden Privatbibliothek verkleidet. Hier treffen sich Liebhaber zu Musikabenden. Händel am Cembalo ist nun für eine Weile die große Attraktion. Eine Londoner Dame, die in späteren Jahren die Freundschaft des deutschen Komponisten gewinnt, erinnert sich an ihre erste Begegnung mit ihm im Winter 1711. Sie ist ein Kind von zehn Jahren und wächst, so scheint es, im Hause ihres Onkels auf. Dieser, ein Zollkommissar, empfängt den berühmten Mann bei sich. Nun soll er den Gastgebern vorspielen. Aber in dem ganzen Haus gibt es nur ein einziges geeignetes Tasteninstrument: das Spinett des kleinen Mädchens. Als er eine Probe seiner Kunst gegeben hat, reagiert Mary Granville (später verheiratete Mrs. Delany) mit der nur Kindern eigenen Spontaneität: Sie setzt sich an das Instrument und spielt hintereinanderweg alle Stücke, die sie gelernt hat. „Glaubst du denn, daß du auch mal so spielen wirst wie Mister Händel?" fragen die Erwachsenen. Das kleine Mädchen: „Na klar, wenn nicht, verbrenne ich mein Klavier!" Die zu Jahren gekommene Frau dazu im Rückblick: „Diese unschuldige Arroganz entsprang meinem kindlichen Unwissen."

Mit ausklingender Opernsaison kehrt Händel im Juni 1711 nach Deutschland zurück, wie es scheint, die gleiche Reiseroute einschlagend; denn er macht abermals Station in Düsseldorf. Der Pfalzgraf hat sich offensichtlich neue Cembali kommen lassen, die der große Musiker begutachten und erproben soll. In zwei Schreiben, die der Herrscher an den hannoverschen Kurfürsten und dessen Mutter richtet, entschuldigt er sich, den Heimkehrenden noch eine Weile festgehalten zu haben. Die Zeilen scheinen nicht ohne Bedauern niedergeschrieben: Wie gern hätte man den genialen Mann gar nicht wieder hergegeben. Ruhig und beschaulich nimmt sich zwischen Rosengärten und Orangerie der neue Herrenhausener Sommer aus. Dieser Verschnauf zur Sammlung neuer Kräfte wird dem Komponisten gutgetan haben. Natürlich schmiedet er neue Pläne. Die britischen Inseln versprechen ihm eine goldene Zukunft. So lernt er fleißig Englisch, bittet seinen deutschen Freund in London, Andreas Roner, er möge doch den Dichter John Hughes bitten, ihm zur Vertonung ein paar Verse zuzuschicken. Das geschieht. Händel empfängt von dem englischen Librettisten einen Kantatentext „Venus und Adonis", aus dem der Nachwelt zwei Arien erhalten bleiben. Es sind die ersten englischen Worte, die der junge Tondichter in Musik setzt.

Aufreibend sind die Forderungen nicht, die der Welfenhof an seinen Hofkapellmeister stellt. Nicht zuletzt deswegen wird er Hannover geschätzt haben. Händel braucht, wie wir auch in England sehen werden, immer wieder Ruhephasen, es sind genau die Epochen in seinem Leben, über die weder Presse noch Theater Nennenswertes zu verzeichnen wissen. Fern vom Großstadtgetriebe weilt er meist als Gast auf einem entlegenen vornehmen Sommersitz und bleibt für eine Weile verschollen. Um so verhängnisvoller für ihn, wenn solche Pausen (die er sich nicht immer leisten kann) unterbleiben, Arbeit, Termine, menschliche Reibereien, Kampagnen seine Kräfte auszehren. Davon aber kann an den Ufern der Leine keine Rede sein. Es gibt in Hannover eine hochmusikalische Kurprinzessin, Karoline, eine Nichte des preußischen Königs aus dem Hause Ansbach-Bayreuth, für die er nach dem Vorbild Agostino Steffanis 12 Kammerduette schreibt. Jede Menge Klavierstücke entstehen, Kammermusik, Konzerte für das Hoforchester.

Im November reist Händel wegen Familienangelegenheiten wieder in die Heimatstadt. Seine Schwester hat eine Tochter geboren. Das Kind wird am 23. November in der Liebfrauenkirche zu Halle getauft. Drei adlige Damen stehen als Paten um das Taufbecken und ein stattlicher junger Mann – der Bruder der Mutter, dessen Namen das Mädchen tragen soll – Friderica. Sie wird den berühmten Onkel überleben und seine Universalerbin werden. Wieder in Hannover, geht schnell ein neues Jahr ins Land. Nun bittet er den Kurfürsten um einen neuen Urlaub, so daß er im Spätherbst 1712 zum zweitenmal englischen Boden betritt, diesmal um für immer dort zu bleiben.

7

England wird Wahlheimat

Orgelspiel in Sankt Paul

In den Novembertagen 1712 überrascht die Menschen unter
der Kuppel von Saint Paul gewaltiges Orgelspiel. Der Kapellmeister aus Hannover hat sich erneut in London eingefunden;
denn sein welfischer Landesherr gestattet ihm einen zweiten
großzügigen Urlaub. Die Saint Paul's Cathedral sucht er auf
wie andere das Kaffeehaus. Die von einem namhaften Instru-
mentenbauer erstellte Anlage hat es ihm angetan. Der Abend-
gottesdienst ist längst vorüber, doch noch immer horcht die Gemeinde. Als sich die Halle lichtet, werden die beiden vom
Balgtreten sichtlich ermüdeten Küsterbuben von dem 17jähri-
gen Maurice Greene abgelöst, das Spiel kann weitergehen.
Greene ist Schüler des amtierenden Organisten Richard Brind.
Mit beiden hat sich der Deutsche längst angefreundet.

Nach dem Konzert zieht es ihn noch nicht fort; das Viertel
von Saint Paul gilt als ein Treffpunkt von Musikenthusiasten
und -künstlern. Er besieht sich das Warenangebot benachbar-
ter Musikläden, er betritt Cafés und Tavernen. Die begehrteste
trägt den Namen „Queen's Arms", ein geräumiges Lokal mit
aufgestelltem Klavichord, auf dem der Eingetretene wiederum
glänzen kann. Er läßt sich feiern und erprobt in geselliger
Runde seine neuen Sprachkenntnisse. Ein gepflegtes Oxford-
englisch wird er auch nach 40 Jahren nicht sprechen, immer
bleibt es ein gebrochenes, in der Erregung hilfloses, mit deutschen, niederländischen Vokabeln untermischtes Englisch.
Das hindert ihn nicht an seiner raschen Einbürgerung. London
wird in den nächsten zweieinhalb Jahrhunderten noch vielen
Deutschen Heimstatt gewähren.

Gern weilt er außerhalb der großen Stadt. Wir wissen leider
nichts näheres über einen gewissen Mr. Andrews, einen wohl-

habenden Londoner Musikmäzen, der den deutschen Gast auf seinem Landsitz beherbergt, mitten in der von wogenden Weizen- und Haferfeldern durchzogenen Grafschaft Surrey. Er haust in London nicht irgendwo, er residiert herrschaftlich, wie er das aus römischen Tagen gewöhnt ist. Der Palast liegt am Piccadilly-Circus – heute einer der belebtesten Plätze Großbritanniens – und gehört der verwitweten Gräfin Juliana Burlington und ihrem siebzehnjährigen Sohn Richard Boyle, der, italienbegeistert und künstlerisch hochbegabt, schon jetzt Englands geistige Elite um sich schart. Nur ein kleiner Teil des von Händel etwa drei Jahre (1713–16) bewohnten Gemäuers ist in dem uns heute vertrauten Burlingtonhouse aufgegangen, einem Repräsentativbau mit Renaissancefassade aus dem vorigen Jahrhundert; unter Arkaden flaniert man heute an geschmackvoll dekorierten Geschäftsauslagen vorbei und kann sich für eine Pfundsumme, die für ein halbes Flugticket nach Paris reichen würde, eine mit Golfutensilien gemusterte Seidenkrawatte kaufen. Ein wuchtiges Tor führt in einen quadratischen Hof mit dem Denkmal des bedeutendsten englischen Porträtmalers Joshua Reynolds; denn Burlingtonhouse ist heute Sitz der Royal Academy of Arts. Auch ein Park umgab zu Händels Zeit das klassizistisch strenge Stadtschloß mit geometrisch abgezirkelten Grün- und Blühflächen – Herrenhausen im kleinen –, wie das zu jener Epoche in England noch üblich war.

Der Tag scheint geregelt. Der Morgen ist keineswegs immer dem Musikschaffen vorbehalten, sondern Büchern. Händel bildet sich; denn abends beim Dinner umgeben ihn bekannte Männer von Geist. Der originellste ist zweifellos Alexander Pope, ein Winzling von 1,40 Körpergröße. Neider, die seinen Spott nicht vertragen, haben ihn wegen einer Rückgratverkrümmung die „bucklige Kröte" getauft. Noch drei Jahre jünger als der deutsche Tischnachbar, hat er sich mit Schäferdichtungen nach dem Vorbild Vergils, mehr noch als Meister des geschliffenen Epigramms einen Namen gemacht. Er wird Homer ins Englische übersetzen und in diesem Land den literarischen Klassizismus auf seinen Gipfel führen. Der Fabeldichter und Parodist John Gay, Händels Jahrgangsgenosse, begrüßt den Klavierkünstler mit schmeichlerischen Versen; denn wo Händel die schmelzenden Saiten schlage, die Seele von ihrem Zauberklang erschauern lasse, dort gehe er, Gay, gerne hin. Er wird dem überlaut Gepriesenen noch einmal einen üblen Streich spielen. Sympathischer erscheint ein promovierter Schotte – Dr. John Arbuthnot, natürgemäß Anhänger der Stuartkönige und von Beruf Leibarzt der Queen. Er hat richtungweisende medizinische Schriften verfaßt, erwirbt sich aber auch Ansehen als Mathematiker und Dichter von Satiren. Als aufrichtiger Bewunderer wird er dem deutschen Komponisten auch an düsteren Tagen die Treue halten. Arkadier unter Ozeanhimmel könnte man den Kreis geistvoller Köpfe nennen. Philosophen, Maler, Architekten treten hinzu; der junge Graf fördert alle Künste, besonders liegt ihm die Architektur. Er reist nach Italien, studiert in Vicenza die Säulenfassaden des Renaissance-Baumeisters Andrea Palladio und regt, als er zurückkehrt, einen neuen Baustil an, den Palladianismus: Symmetrische Monumentalarchitektur mit Kolonnaden, die über zwei Stockwerke reichen. Händel sieht alsbald auf der ganzen Insel antike Giebel, Säulengänge, Architrave und Rotonden aus dem Boden schießen. Sie fügen sich zu seiner Musik und rufen ihm das Land seiner glücklichsten Jahre zurück.

Warum es ihn so rasch wieder nach England gezogen hatte, ist nicht schwer zu erraten. Bei geschlossenem Opernhaus wie in Hannover konnte man schlecht einen Rinaldo-Erfolg erzielen. Der läßt ihn nicht lange ruhen. Man mußte in London das Eisen schmieden, bevor es erkaltete. Schon waren gefeierte italienische Stars wieder zum Festland abgewandert; sogar der geniale Unternehmer Aaron Hill hatte sich dem Haus am Haymarket empfohlen, um sich auf ein neues, ihm lukrativer erscheinendes Geschäft zu werfen. Übereilt, möglicherweise in wenigen Tagen des Oktober 1712, also noch in Hannover kurz vor der zweiten Reise, hat er ein neues Opernwerk aufs Papier geworfen. Mit vielen alten Nummern, versteht sich, so bewandert ist das angelsächsische Publikum noch nicht in Händels Musik, daß man Neues mit Altbewährtem nicht reichlich untermischen konnte. Giacomo Rossi hat das etwas flache Schäferstückchen mit dem Titel „Il Pastor Fido" (Der getreue Schäfer) zusammengeschrieben. Händel versteht sich auf einschmeichelnde Flötenreigen, hinschmelzende Sicilianos zu arkadischer Landidylle. Es soll ein rein musikalisches Ereignis werden – ohne aufwendige Kostümierungen, ohne Krach und Hokuspokus hinter den Kulissen. Aber gerade damit unterliegt der Erfolgsverwöhnte einer Selbsttäuschung. Er hat es nicht mit Venezianern oder Römern zu tun, denen die Musik im Blut lag, nicht einmal mit Hamburgern. Er muß sich vor einem sehr nüchternen, für musikalische Feinheiten eher mäßig empfänglichen Menschenschlag bewähren, der, wenn er schon eine pausenlose Singerei über sich ergehen lassen mußte, wenigstens mit aufmunternden Späßen, feuerspeiendem Klamauk reichlich entschädigt werden wollte. Nichts davon im „Pastor Fido", nicht einmal Schlagzeilen machende Spitzenkräfte stehen zur Verfügung. Das Stück findet wenig Anklang und wird schon nach der sechsten Aufführung abgesetzt. Händel muß sich vorkommen wie ein Primus Omnium, der sich zum erstenmal in seiner Laufbahn mit einer genügenden Note zufriedengeben muß. Aber er ist, wie wir noch oft sehen werden (auch darin ein Phänomen) hart im Nehmen. Er stellt sich erstaunlich schnell auf die neuen Gegebenheiten ein. Schon mit der nächsten Darbietung, einen Monat nach der ersten Bühnenenttäuschung vom 22. November 1712 hingezaubert, macht er sich den Publikumsapplaus wieder zu seinem besten Bundesgenossen.

„Teseo", am 10. Januar 1713 am Haymarket uraufgeführt, ist eine Helden- und Zauberoper zugleich. Theseus – wir kennen ihn aus der griechischen Sage als Überwinder des Jünglinge und junge Mädchen verschlingenden Ungeheuers Minotaurus – und Medea, die barbarische Zauberin aus dem Kaukasus, die nach der Mär ihren Bruder zerstückelt und die eigenen Söhne schlachtet, stehen im Mittelpunkt des Geschehens. Wieder braust ein Hexenweib auf einem Drachenwagen daher. Flugapparate umschwirren sie, Feuerregen knattert und tost. Bei Namen gerufene Unholde schikanieren die lästige Rivalin. Zaubergifte dampfen wie Teegetränke, ein Palast brennt ab. Primadonnen und Kastraten geben ihr Bestes. Nur ein einziger Baß erklingt. Wer schmettert ihn: Die am Schluß der Handlung als „dea ex machina" herbeischwebende Göttin (!) Athene, in der Oper lateinisch Minerva geheißen. Daß Medea als Charakterfigur noch überzeugender gerät als Armida im „Rinaldo", liegt nicht zuletzt an dem neuen Librettisten, den Händel inzwischen gefunden hat: Nicolas Haym, der es vom Cellisten zum Textdichter und Konzertunternehmer bringt. Er versteht etwas von Musik und stellt sich bei der Gestaltung des Dramas auf sie ein. Er schafft glänzende Aktschlüsse und arrangiert die Nummern der Sänger so, daß sie nach einem großen Auftritt immer sogleich von der Bühne abtreten müssen. Das allein animiert das Publikum zu unentwegtem Applaus.

„Teseo" ist Händels neuer großer Erfolg, er wird insgesamt elfmal gegeben. Vermutlich hat der Komponist durch dieses Werk das Herz des jungen Burlington gewonnen. Das Libretto ist diesem zugeeignet. Eine schmeichlerische Widmung, die ihn als „jugendlichen Trieb" einer mit Umsicht und Geist begabten Familie preist, den bereits verschiedenste Blüten zieren, was auf süßeste Früchte hoffen ließe, wird den an solchen Schwulst gewöhnten, musisch aber äußerst aufgeweckten, jungen Grafen nicht halb so überzeugt haben wie Händels Musik und dessen auf Fremde ungewöhnlich wirkende Persönlichkeit. Sonst hätte Burlington ihm nicht eine Zimmersuite seines Palastes für Jahre zur freien Verfügung gestellt. „Teseo" sorgt aber auch für Aufregung und neue Erfahrung: Die ersten beiden prall besuchten Abende sind kaum verrauscht, da versieht sich der neue Opernunternehmer, ein gewisser Owen Swiney, mit dem Inhalt der vollen Kasse und macht sich aus dem Staub. Für Sänger, Bühnenbildner, Kostümschneider bleibt nicht ein Penny zurück.

Wir wissen heute nicht, wann und wie oft Händel inzwischen bei Hofe war, ob ihn die Queen – selbst eine Cembalistin – bei sich empfing, mit ihm persönlich sprach, seinem Klavierspiel lauschte. Königin Anna ist eine resignierte, kränkelnde Frau von bald fünfzig Jahren, die letzte Stuart auf dem britischen Thron. Sie hat mit einem Prinzen aus dänischem Königshaus eine gute Ehe geführt, ihm fast jedes Jahr ein Kind geschenkt; sie hat sie alle überlebt. Die Königin ist fromm, von einfachem Verstand und politisch unbedeutend, obwohl sich unter ihrer Regierung England und Schottland zu Großbritannien mit Irland vereinigt haben. Annas sittenstrenge Lebensführung hat dem Londoner Hof viel von seinem barocken Glanz genommen. Annas Moral bestimmt den Stil, die öffentliche Meinung, die Bühne.

Wann hört sie zum erstenmal von Händel? Fast täglich wird die Leidende von Dr. Arbuthnot ärztlich betreut. Schwärmt er ihr von seiner neuen Tischbekanntschaft gelegentlich vor? Oder verwendet sich Lady Burlington als Hofdame für ihren berühmten Hausgast? Möglich auch, daß sich Händel bereits auf seinem ersten Englandbesuch so gute Kontakte zu schaffen wußte, daß er im St. James-Palast auch ohne Mittelsperson willkommen war. Nichts läßt sich mit Sicherheit darüber sagen. Am 6. Februar 1713, dem Geburtstag der Königin, muß es jedenfalls in der Royal Chapel für den hannoverschen Kapellmeister zu einer großen Stunde gekommen sein: Der beamtete Hofkomponist, ein gewisser John Eccles, alljährlich damit beauftragt, dem Hof für diesen Anlaß ein Preislied auf die Jubilarin zu liefern und mit dem königlichen Ensemble einzustudieren, wird von dem deutschen Musiker ausgestochen.

Selten in der Geschichte dürfte eine Königin mit einer so schönen Musik geehrt worden sein. Händels neues Chorstück „Ode for the Birthday of Queen Anne" hätte für den höchsten Gott bestimmt sein können. Teile daraus verwendet Händel in der Tat für künftige Psalmvertonungen. Der Text, so hat man den Eindruck – eine dick aufgetragene Schmeichelei auf die „große Anna", wie es in dem Jahrhundert üblich ist: Himmel und Sonne, Ströme und Bäche, Vögel und Vierbeiner – was stimmt nicht ein in den Jubel um den Geburtstag der Monarchin! Sogar Löwen und Wölfe lassen zur Feier des Tages von ihrer Beute. Aber es steckt mehr dahinter: Friede hat sich angekündigt nach einem langen europäischen Krieg. Dieser ersehnte Friede wurde mit englischer Diplomatie eingefädelt, er wird von dem Tondichter gefeiert. Ihm liefern die zum Lobpreis murmelnden Bäche, rauschenden Meander, die furchtlos weidenden Herden, herabsteigenden Engel Impulse zu schönsten, ihm besonders zugeneigten Farbgebungen, lieblichen Landschaftsmalereien. Aber kein Arioso, kein Duett beschwingt den Hörer so wie der am Schluß jeder Nummer (es sind sieben an der Zahl) frisch einfallende Freudenchor, der den stets gleichlautenden Refrain auf die friedensstiftende große Anna, in immer neuer Verwandlung anstimmt. Nicht der Königin, sich selbst setzt der Komponist mit diesem Angebinde ein bleibendes Denkmal.

Es ist nicht überliefert, wie Queen Anna diese Musik aufgenommen hat, ja ob sie – bei ihrem Krankheitszustand – die Ode überhaupt je vernahm. Nicht einmal die Darbietung selbst läßt sich mit Sicherheit bezeugen, so daß in neuerer Zeit auch der letzte Geburtstag der Königin, der 6. Februar 1714, als Datum der Uraufführung angenommen wird. Und doch muß Händel die Wertschätzung der Königin schon ein Jahr zuvor auf besondere Weise gewonnen haben; denn sie zahlt ihm eine Jahrespension von 200 Pfund und betraut ihn mit einem außergewöhnlichen Kompositionsauftrag, wie er einem Nichtengländer, er mochte so berühmt sein wie er wollte, eigentlich nicht zustand.

Dazu müssen wir einen Blick auf die politische Landkarte werfen: Der dreizehnjährige Krieg um das gewaltige spanische Erbe geht zu Ende. Die Briten, längst waffenmüde, sehen die Gefahr, daß sich Frankreich und das spanische Weltreich unter einer Krone vereinigen könnten, gebannt. Sie sind aus der Kriegskoalition ausgeschert und diktieren dem aufs Haupt geschlagenen Sonnenkönig ihre Friedensbedingungen. Sein Enkel Philipp darf nun doch König von Spanien werden, da das den Engländern immer noch lieber ist als ein römisch-deutsches Habsburg-Imperium, das wie zu Karls V. Zeiten über die Pyrenäen und den Ozean reicht. Diese Sorge besteht, seit der junge Kaiser Joseph unerwartet gestorben und sein Nachfolger, der einst für den spanischen Thron bestimmte Erzherzog Karl, als einziger männlicher Erbe des Hauses Habsburg übriggeblieben ist. Ludwig braucht nur seine Eroberungen abzutreten und die Verpflichtung einzugehen, Frankreich und Spanien (samt Überseebesitzungen) nicht unter einer Krone zusammenzuschweißen.

Die Niederländer, denen es erlaubt sein soll, ihre Grenze zu Frankreich zwecks Abwehr künftiger Angriffe zu befestigen, beteiligen sich an den Unterhandlungen, so daß es in der Stadt Utrecht zu einem Kongreß kommt, der 1713 mit einem Friedensschluß für England nicht glanzvoller ausgehen konnte: Es darf die eroberten Felsen von Gibraltar und die Baleareninsel Menorca behalten; das bedeutet Herrschaft über das westliche Mittelmeer. Von Frankreich kassiert man die überseeischen Besitzungen Neuschottland, Neufundland und die Hudsonbai. Obendrein muß es das Recht auf Belieferung Lateinamerikas mit schwarzen Sklaven an England abtreten. Annas Bruder Jakob III., hartnäckiger Katholik wie der aus England vertriebene Vater, muß sein französisches Exil verlassen, womit der Hof von Versailles die protestantische Thronfolge jenseits des Kanals endgültig anerkennt.

Königin Anna als Stifterin eines dauerhaften Friedens in Händels Geburtstagsode mit siebenfachem Refrain besungen, das ist mehr als eine schmeichlerische Floskel. Schon seit Jahren hat sie den Frieden sehnlichst herbeigewünscht, ja ihren Günstling, den Herzog von Marlborough, auf Drängen des Kabinetts schließlich fallen gelassen. Dabei wäre die englische Regierung ohne Marlboroughs Siege an ihre Faustpfänder niemals gelangt. Nun kehrt unter Annas Zepter tatsächlich Frieden ein. Anlaß zu einem nationalen Jubelfest. Dafür ist die Musik des besten verfügbaren Komponisten gerade gut genug. Darum wird kein anderer als Georg Friedrich Händel ein vielstimmiges Chorwerk auf Gott den Herrn schreiben. Es geht als das „Utrechter Tedeum" in die Musikgeschichte ein.

„Te Deum" nennen wir einen psalterähnlichen Gesang zum Lobe Gottes aus dem 4. Jahrhundert. Das Gedicht geht auf den Kirchenvater Ambrosius zurück, der als Bischof von Mailand den jungen Augustinus zum Christentum führte: „Wir preisen dich, o Gott; wir kennen dich als den Herrn an. Die ganze Erde verehrt dich, den ewigen Vater." So heben die lateinischen Verse an – ideale Worte also zur Entfaltung Händelscher Klanggewalt. Sie liegen dem Komponisten auf englisch vor. Man muß erstaunen, wie er der fremden Sprache schon in diesen frühen Jahren (das gilt auch für die Geburtstagsode) bis in die letzte Silbe gerecht wird. Der Ambrosianische Psalm gliedert sich in elf Abschnitte. Fünfmal eröffnen Solosänger den Lobpreis, vereinigen sich aber mit einem fünf- bis siebenstimmigen Chor, der zur Lunge des ganzen Stückes wird und auch den Unterbau des sich dem Tedeum anschließenden Jubilate liefert: „Jauchzet dem Herren alle Welt! Dienet dem Herrn mit Freuden." Trompeten, Pauken, Orgel, Holzbläser, Streicher geben den Sängern das Geleit. Man zählt 100 Mitwirkende. Die atemberaubende Wucht, die kontrastreiche Architektur der Chöre wird alles in den Schatten stellen, was in den regelmäßigen Bitt- und Dankgottesdiensten während der langen Kriegswirren an geistlicher Musik in englischen Gotteshäusern erklungen ist. Welch großer Tag für Georg Friedrich Händel! Dekorierte Generäle, ein Regiment von Würdenträgern, englische Hocharistokratie begibt sich am 7. Juli 1713 auf feierlicher Prozession zum Dankgottesdienst in die Sankt-Pauls-Kathedrale. Ihr Baumeister Christopher Wren persönlich hat die Sitzordnung ausgearbeitet. Das wichtigste Haupt fehlt – die Königin. Schwere Gichtanfälle haben sie erneut aufs Krankenlager geworfen. Sie wird das „Utrechter Tedeum" Wochen später in ihren Privatgemächern genießen.

Zum erstenmal durchwogen Händelsche Chöre die Kuppel von Sankt Paul. Den Komponisten selbst haben wir uns als Seele der Veranstaltung in festlichem Staatsrock und weißer Lockenperücke an der Orgel zu denken. Es ist sein erster durchschlagender Auftritt vor der großen Londoner Gesellschaft.

Die Presse lobt rückhaltlos das neue Werk und seine Aufführung. Die Zuhörer haben das Chorstück nicht als Leistung eines aus der Fremde eingekauften, großen Künstlers begriffen, für sie war es englische Kirchenmusik, wie sie sie großartiger noch nie vernommen hatten.

Wie konnte das in so kurzer Zeit gelingen? Kein Zweifel – Händel hat sich, kaum wieder im Lande, auf das Studium angelsächsischer Musiktradition geworfen. Die geistliche konnte vor der europäischen durchaus bestehen. Der englische Barockkomponist von Rang heißt Henry Purcell. Einundzwanzigjährig versieht er schon das Orgelamt in der Westminsterabtei. Als Hofkomponist unter dem Stuart Jakob II. und unter Wilhelm III. von Oranien hat er Kantaten zu königlichen Geburtstagen, Hochzeiten und Einzügen komponiert, darüberhinaus 50 Bühnenmusiken, Kurzopern, Sonaten, Suiten... Er könnte, als Händel in Sankt Paul seine große Stunde hat, noch leben, sein väterlicher Freund werden, wäre er nicht 1695, vor 18 Jahren also, in Mozarts Alter gestorben. Händel schult sich, als er den ersten großen Auftrag des englischen Hofes erhält, an Purcells Te Deum und Jubilate, das, ein Jahr vor dessen Tod zum Fest der Heiligen Cäcilie komponiert, auch in Händels Tagen noch regelmäßig gesungen wird. Wiederum vollzieht sich das, was wir schon bei früheren Vorbildern in Hamburg und Italien erlebt haben. Der Strom wächst zum Meer. Was Händel an ländlichem Volkston mit Trompetenschall und Paukenwirbel, an hymnischem Kirchengesang bis in die Melodieführung hinein von Purcell in sich aufsaugt, wird durch die elementare Phantasie seines Geistes zu einem Kosmos, der alles Bisherige gewaltig überragt, ja geradezu entbehrlich macht. Verständlich darum (wenn auch sicher nicht berechtigt) die kritische Ansicht mancher Musiktheoretiker, Händel habe durch sein alles beiseite setzendes Genie eine eigenständige englische Tonkunst erdrückt und für ein halbes Jahrhundert geradezu ausgelöscht. Ein solches Urteil verstellt den wahren Sachverhalt: Während der viereinhalb Jahrzehnte, die der deutschstämmige Komponist auf britischem Boden lebt, geht die englische Musik in

Händel auf und erlangt durch ihn Weltgeltung. Sein persönlicher Ausdruck wiederum hat durch den englischen Volkston, wie er ihn nicht zuletzt bei Purcell vorfand, einen Zungenschlag erhalten, den wir bis auf den heutigen Tag als typisch händelsch empfinden.

Man hat in dem Utrechter Tedeum mangelnde Solidarität des Künstlers mit seinem hannoverschen Dienstherrn erkennen wollen. Immerhin war England von der Kriegskoalition gegen Frankreich abgesprungen, während der Kurfürst von Hannover unter Prinz Eugen für die Sache des römisch-deutschen Kaisers weiterkämpfte. Der mußte sich durch die Utrechter Verhandlungen von England geradezu hintergangen fühlen. Aber wie konnte der Welfe seinem Kapellmeister das Loblied auf den Utrechter Frieden ernsthaft anlasten, wird er doch selbst über kurz oder lang sogar die Krone dieser abtrünnigen Macht nicht ausschlagen. Man sollte nicht mit den Augen unserer Zeit urteilen und Händels englische Antritts-Chorwerke voreilig als Beweisstücke seiner politischen Gleichgültigkeit anführen. Da wir über Georg Friedrich Händels politischen Standort ohnehin nichts wissen, kann man das Utrechter Tedeum und die Geburtstagsode auf Queen Anna genausogut zum Beweis des Gegenteils ins Feld führen, nämlich als Beispiele seines politischen Engagements. Denn wenn ein leidiges Weltereignis Händels junge Mannesjahre wie ein Schatten begleitet und seine Wege südlich der Alpen auf unliebsame Weise gekreuzt hat, so der spanische Erbfolgestreit mit seinen Europa umspannenden Feldzügen. Leergebrannte Stätten, verelendete Menschen, verwaiste Kinder, das sind die Spuren, die er auf seinen Reisen gar nicht so selten angetroffen haben wird. Der Friede, den Händel in beiden Chorstücken zum eigentlichen Thema macht, war ihm ohne Zweifel Herzenssache. Händel lieferte hier nicht bloß Musik auf Bestellung, sondern Dankgottesdienst, wie nur er ihn zu spenden wußte. Händels Probleme mit dem Haus Hannover sind viel privaterer Natur: Im Herbst 1712 war er dort erneut um Urlaub eingekommen, man hatte ihm diesen großzügig gewährt. Seitdem ist es zum

zweiten Mal Winter geworden, und der kurfürstliche Kapellmeister denkt nicht an Heimkehr, er steht vielmehr in Diensten
der Königin von England und bezieht von ihr eine Jahresrente.
Wir wissen aus Mozarts Leben, was noch am Vorabend der
Revolution einem Musiker blühen konnte, der eigenmächtig
sein Arbeitsverhältnis mit seinem fürstlichen Dienstherrn
brach. Mozart konnte von Glück sagen, daß es mit dem Fußtritt
des erzbischhöflichen Oberstküchenmeisters schließlich sein
Bewenden hatte. Der Herzog von Sachsen-Weimar steckt seinen Hofmusiker, Händels Jahrgangsgenossen Bach, für einen
Monat ins Gefängnis, als dieser sich lieber in die Dienste des
Fürsten von Anhalt-Köthen begeben will. Heute würde der
Vertragsbruch eines internationalen Starkünstlers mit einem
angesehenen Staatsunternehmen zumindest die Skandalspal-
ten füllen.

Für Händel, so scheint es, gelten auch hier andere Gesetze.
Dennoch bringt ihn die eigene Treulosigkeit in eine peinliche
Situation: Am 1. August 1714 stirbt die Königin, die englische
Krone geht an den von seinem Hofkapellmeister im Stich gelas-
senen Kurfürsten von Hannover. Zwar ist das Haus Stuart trotz
der kinderlos Verstorbenen keineswegs erloschen. Allein 57
Familienmitglieder stellen Ansprüche auf den englischen
Thron. Aber die Nation will einen protestantischen König.
Darum kommt nur der Sohn der Kurfürstinwitwe Sophie in
Frage. Sie selbst hatte bis ans Ende ihrer Tage davon geträumt,
der Titel Königin von Großbritannien und Irland werde der-
einst ihren Grabstein zieren. Aber zwei Monate vor Annas
Hinscheiden bricht sie auf einem Spaziergang durch ihre Her-
renhausener Gartenanlagen tot zusammen, genau an der
Stelle, wo wir heute ihre hoheitsvolle Figur in weißem Marmor
errichtet finden.

Georg Ludwig ist ein vierundfünfzigjähriger, zu Fettleibig-
keit und Trägheit neigender, pompös wirkender Barockfürst.
Er trinkt mit Vorliebe Bier, schlürft Austern und genießt in
Gesellschaft seiner beiden Mätressen die Herrenhausener Abgeschiedenheit. Als ihn in den frühen Augusttagen des Jahres

1714 die entscheidende Kunde aus London erreicht, der britische Gesandte als erster ihn mit dem englischen Königstitel begrüßt, bleibt er stumm, senkt den Kopf, als hätte man ihm das Todesurteil überbracht. Selten in der Geschichte dürfte ein Erbe die Krone eines aufblühenden Weltreiches mit ähnlicher Abneigung empfangen haben, wie dieser deutsche Welfe. Er besteigt nun als Georg I. den englischen Thron und wird Ahnherr des noch heute regierenden House of Windsor. Er spricht kein Wort Englisch und verspürt auch keine Neigung, die Sprache seiner neuen Untertanen zu erlernen. Nach einem verregneten Sommer mit Hochwasser hält er nach stürmischer, vier Tage dauernder Seefahrt zu Beginn des Monats September seinen Londoner Einzug. Der gesamte hannoversche Hofstaat (ohne ihn kann er nicht sein) umgibt ihn – Mätressen, Kammerherren, Kanzlisten, seine Mohren aus dem Türkenfeldzug.

Georg ist klug genug, sich möglichst wenig in die Regierungsangelegenheiten seines neuen Reiches einzumischen. Er läßt die Minister machen und kümmert sich als Militärfachmann lediglich um die englische Armee. Ihr jämmerlicher Zustand entsetzt ihn: Ein undisziplinierter Haufen, ihre Truppenzahl halb so groß wie die seines kleinen Kurfürstentums. Die Soldaten kennen keine Trompetenfanfaren, kein Wecken mit klingendem Spiel. Es gibt keinen Generalstab und nur ein kümmerliches Offizierskorps. Hier kann sich der neue König betätigen. Englische Regimenter sollen lernen, wie man auf dem Kampffeld rasche Schwenkungen und Angriffskeile bildet, sie sollen auch mit dem neuen Steinschloßgewehr umgehen lernen...

Wie aber begegnet Georg I. seinem vertragsbrüchig gewordenen Hofkapellmeister, dessen Landesfürst er unversehens wieder ist? Ohne Frage hatte ihn Händel durch sein Fortbleiben wider alle Absprache verärgert. Der Kurfürst enthob ihn kurzerhand des Amtes, offensichtlich mit dem Bescheid, er solle doch hingehen, wo er wolle. Als alter Haudegen mitunter zur Grobheit neigend, hat Georg Ludwig bei der Gelegenheit vielleicht noch derbere Worte gewählt. Den Komponisten muß das aus der Ferne sichtlich bedrückt haben. Ein am englischen Hof lebender kurfürstlicher Diplomat verwendet sich für ihn, wie wir aus einem überlieferten Schreiben an den hannöverschen Souverän wissen. Man möchte „Monsieur Hendel", so etwa die Bitte an Seine Kurfürstliche Durchlaucht, die Chance gnädig gewähren, sich unter Queen Anna in die englischen Verhältnisse einzuleben, zumal dieser mit dem Leibarzt der Königin, Dr. Arbuthnot, eng befreundet sei. Auf solche Weise könnte man durch ihn (Händel) vielleicht Einzelheiten über den (für das Haus Hannover so entscheidenden) heiklen Gesundheitszustand der Königin erfahren. Denn zu diesem Thema wisse zur Zeit nicht einmal das Parlament Näheres. Auch sollte man die Beziehungen zwischen Themse und Leine nicht gerade jetzt unnötig belasten (der Königin den berühmten Musiker also ruhig lassen). Ohnehin werde der Kurfürst von Hannover bald Annas Nachfolger, dann könnte Händel ja wie eh und je wieder in die Dienste seines früheren Herrn treten. Der neue englische König, im Herzen gutmütig und, wie es scheint, viel zu verliebt in Händels Musik, zeigt sich alles andere als nachtragend.

Es ist September 1714. Die Regenwolken vergangener Schlechtwetterwochen haben unverhofft einem blauen Himmel Platz gemacht. Auf der schmuddeligbraunen Themse wimmelt es von wimpelgeschmückten Booten. Der König hält Einzug zu Wasser. Musikkapellen spielen auf. Trompeten und Hörner tragen den Schall über die Ufer. Flöten-, Oboen-, Streicherchöre antworten; echohaft spielen die Instrumentalgruppen einander zu: Feierliche Ouvertüre im französischen Stil, höfische Tänze, liedhafte Weisen, dazwischen Fanfaren und der beliebte Hornpipe, einem englisch-schottischen Bauerntanz abgelauscht, den das Volk auf Hirtenschalmeie (einer „Hornpipe") und auf dem Dudelsack spielt, ein schneller Hopser mit hinschliddernden Synkopen. Wer ist der Komponist dieser hinreißenden Stücke? Doch nicht dieser Fremde, der geraume Zeit vor seinem Herrn aus Hannover hier eintraf? Wer sonst! Wiederum müssen wir erstaunen, wie schnell Händel den englischen Volkston zu seiner eigenen Sprache gemacht hat.

John Mainwaring, sein erster Biograph, berichtet, daß diese uns heute als „Wassermusik" vertraute, fraglos populärste Orchesterschöpfung Händels, den noch immer verstimmten König restlos ausgesöhnt habe. Man sollte das nicht voreilig als Legende abtun, auch wenn die große Lustfahrt, auf der Händels Mitwirkung aktenkundig bezeugt ist, erst drei Jahre später die Themse für eine Julinacht in ein Meer hingleitender Lampioninseln verwandelt. Händels Vertragsbruch war, das läßt sich auch mit heutigen Maßstäben nicht anders beurteilen, ein starkes Stück gewesen. Einen Fürsten im Zeitalter des Sonnenkönigs darüber hinweggehen heißen vermochte nur ein Wunder: Händels Kunst. Sein Glück war es, auf einen für sie hochempfänglichen Souverän gestoßen zu sein. Die Aussöhnung muß sich ungewöhnlich schnell vollzogen haben; denn schon Ende September wohnt Georg I. in der Royal Chapel zu St. James einem Chorkonzert des Komponisten bei. Ob es sich bei der Hauptnummer um das Utrechter Te Deum oder um ein eigens für den Anlaß geschaffenes neues, das sogenannte Te Deum in D-dur handelte, ist nicht sicher. Die königliche Vergnügungsfahrt vom 17. Juli 1717 auf der Themse wird für Hof und Bevölkerung zu einem Ereignis, über das selbst ausländische Zeitungen berichten. Der preußische Gesandte Friedrich Bonet schildert die Einzelheiten in einem Brief an seinen König zu Berlin, Friedrich Wilhelm I., der mit Georgs I. Tochter Sophie Dorothea verheiratet ist. Wir wissen also recht genau, daß Georg Friedrich Händel an diesem Abend ein ganzes Schiff mit 50 Musikern zu Gebote stand und er speziell für diesen Anlaß eine mehrsätzige Musik komponiert hat. Sie dauert eine ganze Stunde. Der Monarch, der um acht Uhr abends von Whitehall, dem alten Herrscherpalast, die königliche Barke bestiegen hat, ist von den Klängen des ihn begleitenden Orchesterschiffes so hingerissen, daß er sich das gesamte Konzert gleich noch einmal vorspielen läßt. Als man um elf in Chelsea (dem heutigen

„Londoner Schwabing") zum Souper von Bord geht, hat sich der König an Händels Wassermusik noch immer nicht sattgehört, er fordert nach Tisch um zwei Uhr in der Frühe, ehe man zur Rückfahrt aufbricht, ein weiteres Mal dacapo.

Wir wissen heute nicht mehr genau, welche Stücke im Auf und Ab von Hörnern und Flöten, Geigen, Oboen und Trompeten speziell erklangen und in welcher Reihenfolge sie dem gekrönten Bewunderer dargeboten wurden. Es sind uns drei verschiedene Suiten im Druck überliefert, möglicherweise die Ausbeute dreier verschiedener Themsebootsfahrten; denn zwei Jahrzehnte später unternimmt der Prince of Wales Frederick zu Ehren seiner Braut Augusta von Sachsen-Gotha wiederum einen festlichen Ausflug zu Wasser. Amtlich bezeugt ist uns Händels Mitwirkung nur auf jener zweiten, sicherlich aufwendigsten königlichen Flußpartie vom 17. Juli 1717. Der vormals kurfürstliche Oberstallmeister Johann Adolf Baron von Kielmannsegg hatte sie organisiert und aus eigener Schatulle finanziert. Händels Konzert allein hat ihn 150 Pfund gekostet. Kielmannsegg, mit einer Halbschwester des Königs verehelicht, die zugleich als dessen Mätresse gilt (Verdacht in neuester Zeit widerlegt), hatte sich Händels große Rolle bei der sommerlichen Lampionfahrt ausgedacht. Dem Musiker seit langem gewogen – hatte er doch dessen Triumphe in Venedig selbst miterlebt und erste Fäden zwischen ihm und dem welfischen Hof gesponnen –, kommt Kielmannsegg auch ein hohes Verdienst zu, daß Georg I. dem großen Tondichter trotz dessen Eigensinns nie ernsthaft gram werden konnte. Der König bestätigt die von seiner Vorgängerin Anna für den Komponisten ausgesetzte Jahrespension nicht nur, er erhöht sie sogar um weitere 200 Pfund. Da Händel aber zugleich zum Musiklehrer der königlichen Enkelinnen bestimmt wird, kommen zu dieser Summe nochmals 200 Pfund jährlich hinzu.

Das Jahr 1715 erlebt eine neue Opernaufführung. Der „Daily Courant" kündigt sie zum 25. Mai an. Eintrittskarten und Programme erhältlich in der Schokoladenfabrik St. James-Street bei einer gewissen Mrs. White. Beginn der Vorstellung

*11 John James Heidegger (1666–1749), Theaterunternehmer
und Verwaltungsdirektor der Royal Academy.*

18 Uhr. Vorsicht auf der Bühne! Wegen empfindlicher Requisiten, feuergefährlicher Krachmaschinen wird das Betreten der Rampenszene dem Publikum dringend abgeraten. Das erhöht natürlich die Neugier. Zweifellos hatte sich der Inszenator wieder ins Zeug gelegt. Das will man sich nicht entgehen lassen. Als verantwortlicher Theaterleiter schaltet Johann Jakob Heidegger, ein Abenteurer aus Bayern, der in der Öffentlichkeit als „Schweizer Graf" gehandelt wird. Seine Physiognomie, deren Häßlichkeit die Zeitgenossen erschüttert, verrät Durchtriebenheit. Für ihn zählt die volle Kasse, für sie muß man auf die niedrigen Instinkte der Zahlenden setzen: Also auf Sensationsgier, Vergnügungssucht, Libido. Ohnehin hat das englische Publikum nach Annas züchtigen Regierungsjahren darin einen Nachholbedarf. Heidegger bewährt sich bei Hof als Zeremonienmeister karnevalistischer Festorgien, wie ihn die Barockhöfe Europas nun einmal lieben. Für ihn ist Händel, Produzent italienischer Opern, der Mann. Eigenhändig verfaßt er die Widmung zu dessen neuem Werk an den jungen Lord Burlington, der den deutschen Komponisten nach wie vor bei sich beherbergt. In der Tat wird das schaulustige Publikum in seinen Erwartungen alles andere als enttäuscht: Es rumst, es wetterleuchtet, Brunnen sprudeln, Portale erstehen in einem Flammenkranz, eine Schauderhöhle mit tierhaften Klappergestalten und Monstern tut sich auf, Prinzen und Schönheiten edelsten Geblütes werden verzaubert, ein Geist wandelt über die Bühne, wieder saust ein Hexengefährt von der Decke herab....

Zauberopern bleiben für das neue Jahrhundert der Vernunft noch immer der große Renner. Der keltische Sagenstoff „Amadis" hatte in späthöfischer Zeit den Spanier Ordoñez de Montalvo zu einem vierbändigen Abenteuerroman inspiriert, dem später noch 24 Fortsetzungsbände folgen. Vielfach bearbeitet, umgestaltet, übersetzt, gießt ihn der Italiener Bernardo Tasso schließlich in hundert reimlose Versgesänge mit dem Titel „Amadigi di Gaula". Amadis bzw. Amadigi ist Sohn des Königs von Wales, der Oriana, die Tochter des Herrschers von

Britannien liebt und für sie Hunderte von Abenteuern besteht. Sie führen ihn nicht nur durch verschiedenste Länder, sondern auch in die Sphäre von Zauberern und Geistern. „Amadigi di Gaula" heißt Händels neue Oper, deren Libretto allerdings auf eine französische Abwandlung zurückgeht. Die Arien entwendet er zum Großteil einer zwei Jahre früher entstandenen Kurzoper „Silla", die vermutlich nur eine Liebhaberaufführung im privaten Kreis erlebt hat. Ihre Musik geht in dem neuen Bühnenwerk auf.

Es ist Nacht auf der Bühne. Amadis stiehlt sich aus dem Reich der Zauberin Melissa und kämpft sich zu seiner geliebten Oriana durch, die von der Widersacherin in einen Turm gesperrt wurde. Dem Helden stellen sich nicht nur Unholde und Feuerwesen in den Weg, auch sein Gefährte, ein thrakischer Prinz namens Dardano, sein heimlicher Rivale, arbeitet der bösen Melissa zu. Er ist die eigentlich fesselnde Figur, weil er sich in seiner heimtückischen Rolle nicht erträgt, seinem Freund die Karten offen auf den Tisch legt und mit dem Haß des Nebenbuhlers gegen ihn kämpft. Natürlich fällt er dabei, was ihm im Grunde nur recht sein kann; denn auch in der Gestalt des Amadigi, die Melissa ihm verleiht, damit Oriana sich ihm zuneigt, kann er nicht glücklich werden: „Doch reicht dies nicht, um meinen Schmerz zu lindern ". Sie ist ja nur Opfer einer argen Täuschung. Sein Lied „In meinem Herzen herrscht bitterer Schmerz", eine Sarabande mit melancholischem Fagottsolo, rührt vielleicht noch mehr an als „Lascia ch'io panga" aus „Rinaldo", dem die Weise nachempfunden scheint. Der Geist des im Zweikampf Niedergemähten hält zu den gerechten Göttern, er erscheint mit dem Auftrag, die Feindin der Liebenden in die Schranken zu weisen. Melissa, liebeskrank nach Amadis, muß ihren Kampf verloren geben, sie tötet sich selbst. Ihr erlöschendes Lebenslicht, das so voller Leidenschaft war – „Schon fühle ich, wie meine Seele mich verläßt" –, darf man zu den ausdrucksvollsten Stellen der Opernliteratur zählen.

Zauberopern sind genormte Modeartikel, der schwache Text nicht der Diskussion wert. Händel greift sich charakteristische Seelenzustände heraus und bläst ihren Trägern Leben ein. Amadigi überzeugt besonders in den dunklen Nuancen, wenn er in der Nacht nach der verlorenen Geliebten sucht oder nachdem ihm der trügerische Wahrheitsquell ihre vermeintliche Untreue zugeraunt hat und er am liebsten sterben will. Oriana durchkostet ihre Seligkeit über den wiedergefundenen Geliebten im wiegenden Siciliano. „So komm, Glückseligkeit". Melissa schmachtet, giftet, tobt und hüpft geradezu vor Freude, als sie sich ihres Sieges sicher wähnt:„Ich jubele, ich belache, Grausamer, dein Leid".

„Amadigi" wird ein großer Erfolg. Drei Jahre hintereinander beherrscht er den Londoner Opernspielplan. Das liegt natürlich auch an der Besetzung. Nicolino nennt das Publikum seinen Liebling, den neapolitanischen Kastraten Nicolo Grimaldi, der schon Rinaldo zum Triumph verhalf. Er singt den Amadigi, eine Landsmännin Elisabetta Pilotti-Schiavonetti glänzt in der Rolle der buhlerischen Zauberin, Anastasia Robinson übernimmt die Oriana. Es sind die Pavarotti, die Janet Baker von damals, deren Namen die der Komponisten oft überstrahlen und deren Vita die Enthusiasten so in Atem hält wie heute unsere Filmstars die Leser von „Frau im Spiegel". Die Robinson – war sie nicht als Tochter eines blinden Vaters aufgewachsen? Der alte Lord Peterborough – hielt er sie nur aus oder war sie mit ihm heimlich verheiratet? Händel, der mit dreißig noch immer Junggeselle ist, regt die Öffentlichkeit nicht halb so auf.

Eine wirkliche Männerrolle hat es in der neuen Oper nicht gegeben: nicht einen Tenor, nicht einen Baß unter den Figuren. Und das soll englischen Satirikern keinen Zündstoff zum Spott geben? Man wird sehen. Vorläufig wird es aus Händels Feder kein neues Bühnenwerk geben. Der Sommer ist zu heiß, die Zeiten werden unruhig, weil sich die Anhänger des Hauses Stuart mit dem deutschen König aus Hannover nicht abfinden wollen. Eine Nachricht aus Deutschland wird den Komponisten sicherlich mit Genugtuung erfüllt haben: Reinhard Keiser, unter dessen Direktion er achtzehnjährig als zweiter Orchester-

MRS. ANASTASIA ROBINSON,
AFTERWARDS COUNTESS OF PETERBOROUGH.

*12 Sängerin Anastasia Robinson (1698–1775). Sie sang am
6. Februar 1713 die Sopranpartie in „Ode for the Birthday of
Queen Anne". Stich nach einem Ölgemälde von
J. Vanderbank.*

geiger seine Karriere einmal begonnen hatte, nimmt den „Amadigi" unter dem Titel „Oriana" in den Hamburger Spielplan auf, die Inszenierung wird bis 1720 nahezu Jahr für Jahr wiederholt.

König Georg lebt zurückgezogen. Er raucht seine lange holländische Tonpfeife, die ihm einer seiner Mohren stopft, der andere hält ihm den Spucknapf aus Delfter Porzellan bereit. Das Gesicht des auf die Sechzig Zugehenden mit den Hängebacken, der fleischigen Nase wird zusehends häßlicher. Er hat seit seiner Scheidung nicht wieder geheiratet. Die königliche Gesellschaft teilen die beiden Stammfavoritinnen: Melusine Ehrengard von der Schulenburg, lang, hager, mit stechenden Augen, der Volksmund hat sie „the may-pole" getauft (die Hopfenstange). Sie darf sich nach ihrer Einbürgerung ein halbes Dutzend englischer bzw. irischer Namen und Adelstitel zulegen: Baroneß von Dundale, Herzogin von Munster, Gräfin Feversham, Herzogin von Kendal... Sie hat dem Herrscher zwei Töchter geboren. Die andere Dame ist dem Oberstallmeister von Kielmannsegg anvermählt – Sophie Charlotte geborene Gräfin Platen-Hallermund, des Königs Halbschwester; denn sie wurde von dessen Vater, Kurfürst Ernst August, unehelich gezeugt. Auch sie eine Riesin, aber mit entsprechender Leibesfülle; ihr Spitzname: „Elefant". Beide Personen sind den Londonern verhaßt. „Nieder mit den deutschen Ratten!" schreit die Menge, wenn die Karosse mit den aufgetakelten Damen durch die Straßen rollt. Man munkelt, sie hätten Königin Annas Juwelen an sich gerafft. Ein Zeitungskolumnist bringt es auf den Punkt: „Unser Land wird durch ein paar Hurenweiber ruiniert, und was das Schlimmste ist, durch abscheulich häßliche!" Das ist selbst für ein parlamentarisches Königreich zu stark. Der Schreiberling muß Strafe zahlen und wandert ins Gefängnis.

Kein Wunder, daß der König am liebsten das Weite sucht, zumal die neuen Untertanen auch ihm die kalte Schulter zeigen. Er reist am 7. Juli 1716 zurück nach Hannover. Hier ist er nicht nur zu Hause, er weiß auch, daß man ihn in der deutschen

Residenz als Regenten und verdienstvollen Truppengeneral schätzt. Der halbe Hofstaat begleitet ihn. Auch Händel folgt und nutzt die Rückkehr für einen Besuch in der Heimatstadt Halle. Er hat in London noch kein eigenes Anwesen, ein fest etabliertes Glied der englischen Hofgesellschaft ist er allemal, kein Reisender mehr auf der Suche. Er bezieht ein sattes Gehalt, unterpolstert mit stolzen Operneinnahmen, so daß sich inzwischen ein kleines Vermögen angehäuft hat. Er legt es in Aktien bei der berühmten South-Sea-Company an. Die Dividende läßt er sich vor der Reise auszahlen, nicht zuletzt weil er daheim Freunden helfen will, so der Witwe seines inzwischen verstorbenen Lehrers Zachow.

Er reist weiter südwärts ins preußische Ansbach, das tut er möglicherweise mit geheimer Mission. Die Princess of Wales, Caroline, eine Tochter des Markgrafen von Brandenburg-Ansbach, stammt von hier. Kronprinzessin Caroline also, eine selten hübsche junge Frau, gebildet, philosophisch aufgeschlossen, hat ein schnippisches, um nicht zu sagen ungeniertes Mundwerk, das den königlichen Schwiegervater aus der Haut fahren läßt: „Dieser Satan von einer Prinzessin!". Sängerisch ist sie so begabt, daß sie in ihrer Jungmädchenzeit bei einer Kammermusik den Solopart einer Kantate bestreitet. Den deutschen Komponisten hat sie mit großer Wahrscheinlichkeit als Wunderknaben in Berlin zum erstenmal erlebt. Damals wuchs die Verwaiste bei den Verwandten am kurfürstlich-brandenburgischen Hof auf. Es ist durchaus denkbar, daß sie den Musiklehrer ihrer Töchter auf seiner neuerlichen Deutschlandreise mit einem Auftrag bedacht hat. In Ansbach trifft er einen alten Freund, den aus Bad Kitzingen stammenden halleschen Studienkameraden Johann Christoph Schmidt. Nur zwei Jahre älter als der Angereiste, ist er schon zum zweitenmal verheiratet, Vater von vier Kindern und Betreiber eines Wollhandels, der ihn offensichtlich auf keinen grünen Zweig kommen läßt. Händel redet ihm zu, mit nach London zu gehen, dort als Hausvorstand, Finanzverwalter, Kopist und Verleger Händelscher Werke sein Glück zu machen. Schmidt gibt das

Wollgeschäft auf und folgt dem berühmten Freund 1719 nach England. Den Ältesten, einen Knirps von sieben Jahren und gleichfalls Johann Christoph geheißen, nimmt er gleich mit.

In London wird der übergesiedelte Franke Georg Friedrich Händels treues Faktotum. Die Familie kommt Jahre später nach und wohnt mit ihrem Brotgeber lange Zeit unter einem Dach, das Haus mit Lärm und Leben erfüllend. Romanhafte Darstellungen malen diese Situation aus. Sie zeichnen einen kleinen Jungen, der zu dem großen Mann aufschaut und ihm wie ein Hündchen auf den Fersen ist. Das bringt ein wenig Wärme in das Dasein des Ehelosen, aus dem sich ohnehin nichts Privates ermitteln läßt. Tatsache ist, daß Johann Christoph der Jüngere als Dreizehnjähriger von Händel selbst Klavierunterricht erhält, schließlich in die Fußstapfen des Meisters tritt, dessen Werke aufführt, selbst Musik komponiert, die eindeutig Händels Handschrift trägt. Hier wurde also in der Tat ein großer Mann zum Idol und Leitbild eines Kindes.

In diesen Monaten des Reisejahres 1716 ist ein anderer großer Mann ein letztes Mal unterwegs – nach Braunschweig, Wolfenbüttel, Bad Pyrmont, Zeitz, daselbst die Arbeiten einer von ihm selbst erfundenen Rechenmaschine überprüfend. Schwere Gichtanfälle, von Steinleiden verursachte Koliken zwingen ihn zur Rückkehr nach Hannover. Ärzte können ihm nicht mehr helfen. Am 14. November stirbt Gottfried Wilhelm Leibniz siebzigjährig in seinem schönen Renaissancehaus Schmiedegasse 10. Es ist möglich, daß auch Händel um diese Zeit wieder in Hannover weilt, er trifft zum Jahresende, noch vor seinem König, wieder in London ein. Vermutlich wurde auf der Rückreise Hamburg aufgesucht. Dort hatte sein ehemaliger Kommilitone, der Patrizierssohn Barthold Hinrich Brockes, eine freie Evangelien-Nachdichtung verfaßt. Ihr Titel „Der für die Sünde der Welt gemarterte und sterbende Jesus". Das in des Heilands Wunden bohrende Passionsgemälde – „Schau, wie die Mörder ihn auf seinem Rücken pflügen, wie tief, wie grausam tief sie ihre Furchen ziehn" – entspricht der Mentalität eines pietistisch überspannten spätbarocken Publikums. Brockes trifft mit seiner Reimdichtung auf einen erstaunlichen Widerhall. Kein Bürgerhaus, das die schauervollen Marterverse nicht in frommen Zirkeln liest: „Die zarten Schläfen sind bis aufs Gehirne durchlöchert und durchbohrt"... „Komm, erwäge, wie durch Heftigkeit der Schläge der beulenvolle Schädel kracht"... Das ist nicht einer übersteigerten Phantasie entsprungen. Öffentliche Hinrichtungen, grausame Folter an Delinquenten, der Hexerei Verdächtigen gehören zum Tagesgeschehen. Die Passionsdichtung erlebt zahllose Auflagen, sie wird in fremde Sprachen übersetzt. Komponisten von Rang setzen sie in Musik, darunter Reinhard Keiser, Johann Mattheson und Georg Philipp Telemann. Auch Händel entwirft, vermutlich schon auf der Reise, eine „Brockes-Passion". Sie wird in London fertig ausgeführt und Johann Mattheson, der sie sich von ihm sehr wahrscheinlich erbeten hat, per Schiffspost zugeschickt. Der stellt sie 1719 zusammen mit den drei vorgenannten Vertonungen während der Karwoche in der Hamburger Domkirche den Gläubigen vor.

Das opernhafte Vokalwerk ist nicht ohne Hast niedergeschrieben. Teile des Utrechter Te Deums finden sich darin wieder. Der Rhythmus der gesungenen Melodie verträgt sich stellenweise nicht mit dem des untergelegten Textes. Und doch ist die Arbeit reich an neuen Erfindungen, die später in der Oper „Julius Cäsar", den Oratorien „Esther" und „Deborah" wiederkehren. Zu einer Londoner Darbietung kommt es nicht, die neue Schöpfung ist also im Beisein des Komponisten nie öffentlich erklungen. Wie es scheint, hat er sich nur einer Pflicht entledigt, sei es in Gedenken an den verstorbenen großen Mann, den er in Herrenhausen erlebt hat, sei es auf den Wunsch frommer Hamburger Kreise, zu deren Sprecher sich der alte Mitstreiter Mattheson gemacht hatte. Johann Sebastian Bach, der an Händels Partitur gelangt, schreibt sie sich ab und entnimmt daraus Ideen für seine eigenen Passionen. Später wird aus den vier vorhandenen Brockes-Vertonungen ein sogenanntes „Pasticcio" geschneidert, ein Mischgebilde also, das sich aus den Chören und Arien zusammensetzt, die den Veranstaltern aus den vier bestehenden Werken am meisten zusagten. Diese fünfte Brockes-Passion wird gleichfalls öffentlich aufgeführt. Telemann, damals Kirchenkapellmeister in Frankfurt, kommt darin mit 53 Nummern zu Ehren, Keiser mit 34, Händel lediglich mit 13. Das zeigt, daß seiner Passionsmusik kein herausragender Erfolg beschieden war.

Er weilt nun wieder in England, das ihm gar nicht mehr Fremde bedeutet. Die Mauern der gewaltigen Hauptstadt verläßt er zwischendurch für ausgedehnte Sommeraufenthalte auf dem Lande. Wo finden wir ihn? – Da gibt es einen steinreich gewordenen Herrn, der im Krieg um den spanischen Thron als Generalzahlmeister unter Marlborough sein großes Geld gemacht hat. Er heißt James Brydges, brachte es zum Earl of Carnarvon, schließlich zum Herzog von Chandos. Er läßt sich wie ein Fürst im Hermelin porträtieren und errichtet sich 14 km von London entfernt ein gewaltiges Anwesen – im Stile des norditalienischen Baumeisters Palladio, das versteht sich um diese Zeit von selbst. Cannon, so der Name des aus dem Boden gestampft wirkenden Landsitzes, wird zu einer Schloßanlage mit Säulenfassade, Bossenwerk, das Obergeschoß krönenden Statuen – monumental, streng, düster und – trotz des landfremden Vorbildes – englisch.

Viele Briten sind in den letzten Friedensjahren zu märchenhaftem Wohlstand gelangt. Sie reisen in den Süden nach Venedig, Vicenza, Florenz, Rom. Sie kehren erfüllt zurück und bauen sich in ihrer wolkenverhangenen Heimat venezianische Landhäuser, Renaissancepaläste, Gartenpavillons in Gestalt römischer Tempel, antike Torgiebel. Vier namhafte Architekten leiten nacheinander das Bauprojekt des Herzogs von Chandos. Italienische Künstler malen die Decke der Kapelle aus, verputzen die Nischen, meißeln und vergolden die Stukkaturen. Der fertige Bau entfaltet eine Pracht, daß dem Verfasser Robinson Crusoes, Daniel Defoe, bei der Betrachtung die Worte ausgehen. Chandos residiert wie ein deutscher Kleinfürst, nur daß er im Unterschied zu diesem Geld hat und seinen Hofstaat reichlich besolden kann. Er umgibt sich mit einer

Schweizer Garde und einem Heer vielseitig verwendbarer Diener. Sie müssen den Herrn nicht nur rasieren können, sondern möglichst ein Musikinstrument beherrschen. Denn auf eine gut funktionierende Musikkapelle, die in einem zum Speisesaal offenen Beizimmer zur Tafel aufspielt, legt der weniger von der Muse als von Großmannssucht inspirierte Herzog größten Wert.

Sein Kapellmeister Johann Christoph Pepusch stammt aus Preußen. Der Überlieferung nach soll er sich über einen unmenschlichen Willkürakt des brandenburgischen Souveräns so entsetzt haben, daß es ihn außer Landes trieb, und zwar über Holland schließlich auf die britischen Inseln. Hier lebt er nun schon fast zwei Jahrzehnte. Pepusch ist ein vielseitig begabter Musiker. Er komponiert sogenannte „Masques", Opernszenen mit Serenadencharakter, für fürstliche Familienfeiern, Hochzeiten. Er betätigt sich als Musikforscher, hat eine Academy of Ancient Music mitbegründet und geht als erster Musikhistoriker Englands in die Geschichte ein.

Händel, den der neureiche Lord nun engagiert, soll Pepusch nicht aus seinem Posten verdrängen. Chandos ist es sich einfach schuldig, die namhaftesten Persönlichkeiten seiner Zeit um sich zu scharen. Englands geistige Elite sitzt an seiner Tafel. Zu ihr gehören Alexander Pope und Jonathan Swift. Sie spotten zwar über den Geldprotz, lassen es sich aber schmecken wie der berühmte Komponist aus Deutschland, der in Cannons aus- und eingeht. Er hat seinen Wohnsitz im Burlington-Palace mit dem Landsitz bzw. Londoner Haus des Herzogs von Chandos vertauscht; denn der Earl of Burlington, Händels jugendlicher Gönner, weilt wieder in Italien. Dem Musikdirektor Pepusch scheint die Nähe der landsmännischen Konkurrenz auch ohne deren feste Anstellung nicht zu behagen; er wird sich dereinst übel rächen, wie wir noch sehen werden. Händel ist hier vor allem als Komponist gefragt. Die Kapelle für den Hausgottesdienst ist noch nicht fertiggestellt; für sie soll er aus dem anglikanischen Gebetbuch (Book of Common Prayer) Psalme vertonen, sogenannte „Anthems", wie sie die englische Musiktradition seit langem kennt. In der Tat nimmt Händel die Gelegenheit wahr, sich mit der Kompositionstechnik seines großen Vorgängers Purcell nochmals auseinanderzusetzen. Hier, in der Landidylle von Middlesex (heute fast ganz London eingegliedert) findet er die Ruhe, die er zwischendurch immer wieder braucht, um Atem zu schöpfen. Aber auch die deutsche Kontrapunktik hat er nicht vergessen, seinen Lehrer Zachow, ebensowenig die Meisterschaft, zu der er es in seinen römischen Psalmgesängen „Dixit Dominus", „Nisi Dominus", „Laudate Pueri" gebracht hatte. An sie besonders knüpft er wieder an. Er experimentiert, skizziert, verbessert, schreibt um. Eine Flut von neuen Einfällen entquillt seiner Phantasie wie nie wieder in seinem Leben. Er hält alles fest in seinen Skizzenbüchern und wird bis in die späten Jahre auf sie zurückgreifen.

Noch etwas muß ihm in dieser Zeit die Feder geführt und das Bibelstudium zum Herzensbedürfnis gemacht haben: der Tod seiner geliebten Schwester Dorothea Sophia am 8. August 1718. Sie ist nur dreißig Jahre alt geworden. In der Trauerpredigt wird ausdrücklich erwähnt, daß sie nicht nur einen „liebreichen Ehegatten, Ehe-Seegen" und ein „gutes Vermögen" zurückgelassen habe, sondern auch ihren „eintzigen Herrn Bruder", geliebt und bewundert von „gekrönten Häuptern" und den „Grössesten der Welt".

Die elf Anthems für den Lord Chandos enthalten den ganzen Händel. Zusammen mit den artgleichen Psalmkompositionen aus römischer Zeit könnten sie allein ein kleines Festival bestreiten. Wir begegnen in ihnen dem Tonmaler und Darsteller theaterhafter Naturgeschehen, dem souveränen Fachmann italienischer und französischer Konzertmusik, dem deutschen Kontrapunktiker, dessen drei- bis fünfstimmige Chöre in ihrer mitreißenden Kraft, den Oratorienschöpfer vorwegnehmen, dem an Phantasie von keinem Opernkomponisten des Barock zu überbietenden Meister der Soloarie. Verschiedene Psalter, meist zum Lob und Preise Gottes, finden wir in den einzelnen Anthems vermischt. Auch der Psalm 5, ein Bußgebet, wird Gegenstand eines in der Regel zwanzigminütigen Prayergesanges. Eine Sonata, meist italienischen Zuschnitts, seltener in Form einer französischen Ouvertüre, wird dem Werk vorangestellt. Dieses setzt sich aus Chören, Solopartien, Duetten, Wechselgesang aus Chor und Solo zusammen. Die Anordnung der verschiedenen Nummern läßt Symmetrie erkennen wie die Hecken- und Blumenbeetaufteilung einer barocken Gartenanlage. Diverse Stücke treffen wir aus früheren Kompositionen wie alte Bekannte wieder – aus Klaviersuiten, Triosonaten, aus den Oboenkonzerten Opus 3, aus dem Jubilate des Utrechter Tedeums, aus „Laudate Pueri"... Wir verlaufen uns also nicht in dem Labyrinth Händelscher Schaffensüberfülle.

Den Vorzug darf man den Nummern 11 „Let God arise" („Gott steht auf", Ps. 68) und 10 „The Lord is my Light" („Gott ist mein Licht" aus Ps. 27, 18, 29, 30, 45) geben. Die Chöre, von monumentaler Prachtentfaltung, bergen bereits so unüberhörbar den Keim des „Hoch tut euch auf" und des Halleluja aus dem „Messias", daß es den Zuhörer verblüfft. Alle elf Anthems liefern Beispiele aus Händels Schaffenshöhe. Häufig hat er sie wieder vorgenommen und dabei ergänzt, umgearbeitet. Wie so oft entfaltet er auch hier seinen einzigartigen Erfindungsreichtum, sobald ihm der dichterische Text ein Bild vermittelt: Aufgepeitschte Wellen, bebendes Erdreich, rinnende Wasserfluten, friedliche Flur, weidende Schafe. Dergleichen inspiriert ihn zu bezaubernden Klangfarben, hochdramatischen Kontrasten und Rhythmen.

Der musisch gar nicht besonders empfängliche Lord wird in den Jahren 1717 bis 19, die Händel bei ihm eine Art Hofkomponistenstellung bekleidet, sehr verwöhnt. Ein Tedeum wird geliefert, „Acis und Galatea" aus italienischen Tagen zu einer Art Maskenspiel mit Oratoriumcharakter umgeschrieben. Das englische Libretto schreibt John Gay, bereichert mit Zusätzen von Alexander Pope und John Hughes. Alle drei gehören nun schon seit Jahren zu Händels engerem Kreis, mit dem er sich, meist zu Tisch, zeitweise täglich getroffen haben wird. Vermutlich hat die Aufführung des anmutigen Schäferstücks dem

Neidgefühl des cannonsschen Hauskapellmeisters Pepusch besonders zugesetzt. Hat er sich doch selbst zuvor mit einem ähnlichen Werk „Venus und Adonis" hervorgetan. Pepusch war Fachmann genug, um zu erkennen, daß er damit dem großen Kollegen nicht das Wasser reichen konnte. Noch ein weiteres Maskenstück oratorischen Charakters erblickt in den Gemächern des Generalzahlmeisters das Licht der Welt. Die Verse dichtet Alexander Pope, der sich aus Musik eigentlich nichts macht. Händels persönlicher Freund, John Arbuthnot, königlicher Leibarzt und Schriftsteller, arbeitet daran mit. Es handelt sich für den deutschen Musiker um die erste englisch erzählte biblische Geschichte. Ausgewählt sind Kapitel aus dem Buch Esther, die bereits der französische Tragiker Jean Racine dramatisch gestaltet hat. Esther, die zweite Gemahlin des Perserkönigs Xerxes (Ahasveros), verrät ihrem Gemahl ihre jüdische Herkunft und deckt ihm einen Vernichtungsanschlag gegen ihr Volk auf, den des Herrschers oberster Feldherr und Rat Haman aus Niedertracht ausgeheckt hat. Sie rettet mit ihrem die Konventionen durchbrechenden Schritt ihre in Knechtschaft lebenden Glaubensgenossen. Dieses erste englische Oratorium aus Händels Feder trägt zunächst den Titel „Haman and Mordecai", erhält aber Anfang der dreißiger Jahre eine zweite Fassung „Esther". Der Mischcharakter halb Maskenszene, halb Kirchenchorwerk verschwindet. „Esther" wird zu einem reinen Oratorium, reich an großartigen Gesangsnummern und von klassisch zu nennender Geschlossenheit.

Gern wäre Händel um diese Zeit noch einmal nach Deutschland gereist. Der Tod der Schwester machte ihm das geradezu dringlich. Umstände, die seinem Wirken in England eine entscheidende Richtung geben, nötigen ihn jedoch zu einem Aufschub.

8

Der Londoner Opernunternehmer

London unter König Georg I.

Wir schreiben das Jahr 1719 und kehren mit Händel nach London zurück. Nebel und Regenwolken mögen den Fremden auf die Dauer lähmen und bedrücken. Die Halbmillionenstadt, in deren Gassen die Passanten schon damals aneinander vorbeirennen, als ob, so bemerkt ein Reisender, „der Büttel hinter ihnen her sei", bietet mit ihren abertausend Kutschen, Droschken, Equipagen, im Laufschritt hastenden Sänften- und Lastenträgern längst Verkehrsprobleme. Überseeschiffe können in die Themse einfahren, dort wird die Ware in eine Hundertschaft von Lastkähnen umgeladen, die den Fluß hinauffahren. Fischerboote, private Vergnügungsbarken reicher Aristokraten, wie Weberschiffe zwischen den Ufern hin und her eilende Fähren machen den Fluß zu einer malerischen Verkehrsader. Londons Straßen sind mit kleinem Kopfstein gepflastert. Es gibt schon eine Straßenbeleuchtung – vor jedem zehnten Haus ist eine Laterne aufgestellt, das Kerzenlicht darin flackert bis Mitternacht.

Das London des ersten Hannoveraner Königs ist lebensfroh. Die Gesellschaft weiß sich zu vergnügen: Man spielt Golf, Kricket, Bowling. Man betreibt Boxsport, läßt Hunde um die Wette laufen, weidet sich an Hahnenkämpfen. Mitten in der Stadt betätigen sich Jagdclubs, die in einem übersichtlichen Gehege, durchsetzt mit einem Weiher, auf Enten oder Auerhühner schießen. Nichts berauscht den zu Wetten und Hasardspielen aufgelegten Menschenschlag so sehr wie das Treiben an der Börse. 1711 war die sogenannte Südsee-Kompanie gegründet worden, eine Aktiengesellschaft, der man das Monopol für englischen Warenaustausch mit Lateinamerika eingeräumt hatte. Nun hat der vom Krieg hoch verschuldete britische Staat

173

die Bevölkerung dazu ermuntert, an ihn geleistete Schuldverschreibungen gegen Südseeaktien einzutauschen. Ein regelrechtes Kauffieber bricht aus; denn schon nach einem Monat war der eingehandelte Anteil von 77 auf 123,5 Pfund gestiegen. Neue Aktienkompanien schießen wie Pilze aus dem Boden: Kompanien zum Bau von Kinderheimen, zur Entwicklung eines Verfahrens zur Silberherstellung, zum Import von Maultieren aus dem Mittelmeerraum, zur Erfindung eines Perpetuum mobile ... Sie alle geben Aktien aus, die binnen weniger Stunden verkauft sind. Warum also sollte die Branche Kunst und Musik nicht gleichfalls an die Börse gehen? Hatte die italienische Oper im Lande nicht festen Fuß gefaßt? Versprachen welsche Kastraten, Akrobatinnen der Koloratur nicht immer vollere Kassen? Und hatte man sich nicht den besten Fachmann vor Jahren schon an Land gezogen? Händelopern als Objekt für Aktienspekulation! Auf die Idee wäre kein deutscher Landesfürst gekommen.

Am Haymarket wird von Geschäftsleuten eine Operngesellschaft gegründet. Sie steht unter königlicher Schirmherrschaft und erhält darum den Namen „Royal Academy of Music". Das Grundkapital soll sich auf 10000 Pfund belaufen, dazu werden Aktien im Wert von 200 Pfund feilgeboten. Der König zeichnet mit 1000 Pfund die ersten fünf. Händels Gönner, der Herzog von Chandos und der Earl of Burlington, folgen dem Beispiel. Etwa 70 Vertreter der angesehensten britischen Familien, auch Bürgerliche wie der schottische Arzt und Freund Händels John Arbuthnot, schließen sich an, so daß das Fünffache der ins Auge gefaßten Summe den Sockel des neuen Unternehmens bilden kann. Die Aktienkäufer haben zwei silberne Abonnementskarten erworben, die 21 Jahre Gültigkeit behalten sollen. Ein Vorstand aus Repräsentanten der Hocharistokratie und Londoner Geschäftswelt tritt zusammen. Zum Verwaltungsdirektor wird der gerissene Franke Johann Jakob Heidegger ernannt, die musikalische Leitung übernimmt Georg Friedrich Händel. Sein Opernwerk ist das große Kapital, das die Spieler in dem spannenden Roulett zu ihrem Einsatz ermuntert hat.

Zunächst braucht man Sänger, italienische Spitzenkräfte, versteht sich. Sie müssen an- bzw. irgendwo auf dem Kontinent abgeworben werden. Dazu bedarf es eines Mannes mit besten musikalischen Erfahrungen, geschultem Ohr und entsprechenden Vollmachten. Er soll durch Europa reisen und die begehrtesten Starsänger mit fetten Angeboten ködern. Der Vorstandspräsident, ein Herzog von Newcastle, bestimmt für diese Mission das beste Pferd im Stall, nämlich den Komponisten Händel selbst; diesen schickt er, mit schmeichelhaften Befugnissen ausgestattet, noch im Gründungsjahr (1719) über den Kanal.

Für jeden zugereisten Ehrgeizling wäre ein solcher Auftrag die Chance eines Sonntagskindes gewesen. Doch für Händel? Hatte er das noch nötig? Für ein königliches Geschäftsunternehmen von Hof zu Hof kutschieren, ein Zwitterwesen aus spesenreisendem Commis und diplomatisch lavierendem Opernagenten? Ganz zu schweigen von den Scherereien mit kapriziösen Sängern, Orchestergeigern, Kostümschneidern, Bühnenbildnern, die ihn als musikalischen Leiter der neuen Einrichtung noch erwarten werden? Aber so sollte man diesen neuen Schritt nicht sehen. Händel hätte nicht zugegriffen, wenn ihn die angebotene Rolle nicht von der Sache her außerordentlich gereizt hätte. Es steckt eben auch ein Geschäftemacher und Organisator in ihm. Zudem soll es ja in erster Linie um *seine* Opern gehen. Warum nicht ihren Erfolg durch eine, noch dazu vom König selbst protegierte, britische Markenfirma, wenn man so will, kommerziell betreiben? Man kann auch nicht behaupten, daß das aufreibende Manageramt, mit dem er sich bald belasten muß, Händels künstlerisches Schaffen beeinträchtigen wird. Ganz im Gegenteil, von jetzt an entspringen seinem Haupt Schlag auf Schlag Dutzende neuer Opern, daß es den Rahmen des Buches sprengen würde, wollte man sie alle einzeln besprechen. Etwas anderes wird auf dieser einschneidenden Wegwende auf jeden Fall zu kurz kommen: Händels Privatleben. Es bleibt dem Fünfunddreißigjährigen keine Zeit zur Gründung eines eigenen häuslichen Glücks. Man sollte diesen Umstand als Ursache seiner lebenslangen Ehelosigkeit nicht zu gering anschlagen.

Er reist also wieder. Mit Dienern, einem Stab von Mitarbeitern, das darf man von dem Opernagenten Seiner Majestät wohl annehmen. Auch der König, der sich am Londoner Hof nie zu Hause fühlen wird, reist, um sein geliebtes Herrenhausen wiederzusehen. Erste Station für den Komponisten ist wieder einmal Düsseldorf. Der Kurfürst von der Pfalz Jan Wellem, glühender Kunstmäzen und Händel persönlich sehr gewogen, ist inzwischen kinderlos verstorben. Der ihm auf den Thron gefolgte Bruder, Karl Philipp, hat den Hof nach Mannheim verlegt. Künstler, die sich am Niederrhein etabliert haben, sehen für sich keine Zukunft mehr. Händel nutzt die Chance und verpflichtet den italienischen Solisten Baldassari für London.

Weiter geht es nach Halle, wo er die Mutter besucht. Als sie ihm das Leben schenkte, war sie genau so alt wie er jetzt. Ob die nun fast Siebzigjährige den durch äußere Würde und gutes Essen zur Leibesfülle neigenden, längst nicht mehr jünglingshaft wirkenden Sohn mit ihren Augen noch wahrgenommen hat, muß man bezweifeln: Dorothea Händel erblindet im Alter, ein Familienleiden, wie es scheint; denn auch Georg Friedrich wird mit siebenundsechzig Jahren blind. Die alte Frau, einem Pfarrhaus mit langer lutherischer Tradition entstammend, trägt ihr Los als eine empfangene Gnade, die es ihr leicht macht, alles Sinnen nur noch den letzten Dingen zuzuwenden. Auch in dieser menschlichen Gefaßtheit wird einmal der Sohn der Mutter folgen.

Die Kunde über den im königlichen Auftrag sechsspännig durchs Land reisenden weltberühmten Händel dringt auch in das 30 Kilometer von Halle entfernte Köthen. Hier residiert der anhaltische Fürst Leopold, der an seinem Hof ein siebzehnköpfiges Spitzenorchester unterhält. Sein Kapellmeister heißt seit zwei Jahren Johann Sebastian Bach. Er komponiert für seine Musiker – jeder ein Virtuose auf mehreren Instrumenten – die später unter dem Namen „Brandenburgisch" bekannten Konzerte. Der charakterlich ausgeglichene, liberalgesonnene Fürst hängt an seinem Musikdirektor und bezahlt ihn ebenso hoch wie seinen Hofmarschall. Es ist Bachs glücklichste Zeit, Maria Barbara hat ihm eine Schar Kinder geboren. Sein Ältester, Wilhelm Friedemann, des Vaters große Liebe, schon weil er als echter Bach eine glänzende musikalische Begabung verrät, zählt neun Jahre. Als Bach von Händels Aufenthalt in Halle erfährt, macht er sich, so wird erzählt, auf den Weg, um dem einzigen ihm wirklich ebenbürtigen Musikgenie seine Aufwartung zu machen. Aber als Bach eintrifft, ist Händel schon nach Dresden weitergereist. Der erlebt den Hof Augusts des Starken im Taumel der Hochzeitsfeierlichkeiten für den Kurprinzen, der mit einer Habsburgerin vermählt worden ist. Ein Festplatz aus Orangerien, Arkaden, Pavillons und einer von der Krone Polens gezierten Kuppel über dem Tor, eine Barocksinfonia aus weißem Sandstein, zartgrüner Bedachung, vergoldetem Schmiedegitter, ist in den letzten zehn Jahren entstanden und keineswegs schon vollendet – der Zwinger, das Lebenswerk des kurfürstlichen Oberbaulandmeisters Matthes Daniel Pöppelmann, eines gebürtigen Westfalen.

Die Festlichkeiten verschlingen Millionen Taler, so daß der Herrscher sich genötigt sieht, hinterher sein mit besten Stimmen ausgestattetes Opernhaus zu schließen. Der Opernagent Seiner Majestät von Großbritannien ist am richtigen Ort. Die Sopranistin Margherita Durastanti, Primadonna aus römischen Tagen – sie hatte aber auch in Venedig die Titelrolle der „Agrippina" bestritten – gehört in diesen Jahren zum Dresdener Bühnenensemble. Ihr werden für 18 Monate Engagement am Londoner Haymarket 1600 Pfund geboten. Sie greift sofort zu. Vier weitere Stars, ausnahmslos Italiener und von europäischem Ruf, werden für den Herbst des Folgejahres geworben. Unter ihnen der Baß Giuseppe Maria Boschi und der göttliche „Senesino", Kastrat aus Siena. Dieser allein bezieht ein Jahresgehalt von 2000 Pfund, das Fünffache dessen, was Händel für sich selbst als königliche Jahresrente verbucht.

Inwieweit der angereiste legendäre Magier auf den Tasten vor vornehmem Dresdener Publikum in eigener Person ge-

13 Haymarket Theatre in London. Sitz der Royal Academy, Händels Operntheater.

glänzt hat, ist nicht überliefert. Möglicherweise hielt er es in seiner achtbaren Funktion gar nicht für so zweckmäßig, die Leute als Virtuose zu zerstreuen. Generalfeldmarschall Graf Flemming, des Kurfürsten engster Vertrauter und erster Mann im Staat, beklagt sich in einem Brief an König Georgs I. Mätresse Melusine von der Schulenburg über Händels Unnahbarkeit. Er reist in Geschäften seines Königs, der Musiker hat für Enthusiasten seiner Kunst keine Zeit. Lediglich vor August dem Starken selbst und dessen Thronfolger gibt er eine Probe seines Könnens und kassiert dafür 100 Dukaten.

Die Königliche Akademie am Haymarket wird am 2. April 1720 mit „Numitore", dem Werk eines Italieners, Giovanni Porta, eröffnet. Mit Händels neuer Oper „Radamisto" wartet man noch, bis der König aus Hannover zurück ist. Umrahmt von seinen Damen und der Familie des Prinzen von Wales, wohnt Georg I. von Großbritannien am 27. April 1720 der Uraufführung des „Radamisto" bei. Der Erfolg wird von Händels erstem Biographen sogar noch über den der „Agrippina" gestellt. Tumultuarisches Geschubse und Gedrängel im Zuschauerraum. Die Luft wird von Menschen und Wachslichtern so stickig, daß Damen in Ohnmacht fallen. Man bietet zehn Reichstaler (das Achtfache des amtlichen Preises) für einen Stehplatz und wird trotzdem nicht mehr hereingelassen. Die Durastanti prunkt in der weiblichen Hauptrolle. Sie singt der Gattenliebe; denn Zenobia, Ehegefährtin des thrakischen Königssohnes Radamisto, sucht lieber den Tod in den Fluten des Stromes Araxes, als dem Tyrannen von Armenien nachzugeben. Der scheut keine Schlacht, keine Belagerung, keine menschliche Gemeinheit, um Zenobia zu besitzen. Aber auch Polissena, des armenischen Königs eigene Gemahlin, liefert das Muster ehelicher Großmut und Treue; sie verzeiht dem von seinem eigenen Heer Umzingelten und allen Anhängern schließlich Verlassenen. Beschämt von ihrer Seelengröße und der Hochherzigkeit ihres Bruders Radamisto, läßt der Tyrann die von ihm so begehrte Zenobia künftig in Frieden, darf aber auch über sein Reich weiterregieren.

Überliefert ist uns die Episode in den Annalen des römischen Geschichtsschreibers Tacitus. Händels Textdichter Haym lieferte aus verschiedenen italienischen Vorlagen das Gerüst. Der Komponist setzte alles daran, aus „Radamisto" das Paradestück seiner Opernkunst zu machen. Nur Geringfügiges wurde früheren Kompositionen entnommen, wie z. B. der Brockespassion – die in England keiner kennt. Händels zwölfte Oper ist, davon können wir ausgehen, kompositorisch eine neue Erfindung. Für die Ausführung standen ihm allein 34 Orchestermusiker zur Verfügung. Sogar Hörner erschallen – für das Theater eine Neuheit. Das allgemeine Hochgefühl, das den Abend zu einem Volltreffer machte, setzte natürlich nicht erst mit der Musik ein, es vibrierte längst in den Gemütern hoffnungsvoller Aktionäre, die sich von ihrem neuen Kind, der Royal Academy, einen Bombengewinn erträumten. Die strahlende Ouvertüre, ein Prunkstück barocker Eröffnungsmusik, wird das Publikum – man war noch nicht so leidenschaftslos gesittet wie heute – von den Sitzen gerissen haben. Zu Tränen gebracht wurde es, wo immer sich Händel in Seelenschmerz hineinfühlt. „Ombra cara di mia sposa deh riposa" (Geliebter Schatten meiner Ehefrau, ruhe ach!), diese unter die Haut gehende Alt-Arie erinnert durch Tiefe des Ausdrucks an Rinaldos Klage „Cara sposa". Händel selbst sieht „Ombra cara" für sein Bestes seit langer Zeit an.

Im Herbst sind die anderen von Dresden erfolgreich abgeworbenen Spitzensänger angereist. Mit dieser „Weltstarbesetzung" wird „Radamisto" Ende Dezember 1720 noch einmal für zwei aufeinander folgende Saisons auf den Spielplan gesetzt. Dazu ist eine Umgestaltung der Partitur erforderlich. Völlig neue Gesangsnummern werden hinzukomponiert; denn natürlich muß jeder Solist, er kommt dem jungen Unternehmen teuer genug, seinen Glanzauftritt erhalten. Alles das zementiert den Ruhm des neuen Werkes. Triumphaler konnte der Auftakt der Haymarket-AG nicht geraten. Der fünfunddreißigjährige Händel steht auf einem Gipfel. Noch im Dezember des gleichen Jahres erhält er vom König eine Copyright-Lizenz, ein Urheberprivileg also, von dem andere Komponisten noch lange Zeit nur träumen können. Radamisto erscheint auf 124 Folioseiten in einem Jahrhundert-Prachtdruck, wie ihn Europa von einem Musikwerk noch nicht gesehen hat. Mit dem Verkauf wird Händels Hausfaktotum und Freund aus Ansbach Schmidt betraut, der sich inzwischen John Christopher Smith schreibt.

Im gleichen Zug erscheinen acht Suiten für Klavier im Druck, Gelegenheitswerke, meist für den Unterricht bestimmt; denn sein überragendes Können entfaltet Händel beim Spiel, in der Improvisation, die ihn zum Tagesgespräch macht, zur Sensation, die man sich in Briefen mitteilt, im Tagebuch festhält. Die Suite setzt sich in der Regel aus einer viersätzigen Folge von Hoftänzen zusammen: der deutschen Allemande (schreitender Vierviertel), der französisch-italienischen Courante (einem „Läufer", fließender Dreiertakt), der spanischen Sarabande (schleppend langsamer Dreiviertel), der englisch-schottischen Gigue (ausgelassen-heiterer Sechsachtel). Händel hat seine Suiten in einem Vorwort bescheiden „Klavierlektionen" bezeichnet und sie der Veröffentlichung nicht zuletzt deswegen für wert erachtet, weil er sie vor Verfälschung schützen will; denn es sind, wie er selbst bemerkt, „ungenaue Kopien ins Ausland gelangt". Die Originale bilden das Muster allerhöchster Formkunst und zählen bis zur Wiederentdeckung Bachscher Klaviermusik im 19. Jahrhundert zum eisernen Grundbestand europäischer Hausmusik. Händel behandelt die vorgegebene Form frei, fügt dem Viererschema weitere Sätze hinzu oder läßt es durch ein Thema mit Variationen ausklingen. Das gilt für die 5. Suite in D-dur, deren Weise Händel der Legende nach dem Amboßschlag eines Schmiedes abgelauscht hat – Grobschmiedvariationen. Das Vorwort, das er der Veröffentlichung vorangehen läßt, zeigt übrigens, wie tief sich der deutsche Komponist inzwischen seiner Wahlheimat verbunden fühlt. Es schließt mit dem bemerkenswerten Satz: „Denn ich halte es für meine Pflicht, der Nation, die mir so großzügig ihre Protektion gewährt hat, mit meinem bescheidenen Talent zu dienen."

Er ist auch, wie wir wissen, längst britischer Aktionär. Noch im April, als „Radamisto" Premiere feierte, hatte die Südsee-Kompanie neue Anteile ausgegeben, 300 Pfund das Stück. Eine Sommerdividende von 10 Prozent ward angekündigt. Die Käufer balgen sich um die Aktien. Sie sind im Mai von 400 auf 700, im Juni auf 890, den Monat drauf auf 1000 Pfund geklettert. Alles kauft die Wunderpapiere und berechnet, wie reich man von einem Tag zum anderen geworden ist: Prinzen, Herzöge, Geistliche, Poeten, Musiker. Auch der Mann, der einmal den „Messias" komponieren wird, zeichnet Südsee-Papiere, Anteile einer Handelskompanie also, deren Haupterträge im Verkauf schwarzer Sklaven nach Amerika bestehen. Man erwirbt seine Aktien nicht am Bankschalter, man sucht Cafés, Stammkneipen, Hutgeschäfte auf. Ein einzigartiges Lotteriespiel hat ganz London in ein Fieber versetzt. Die Katastrophe folgt auf dem Fuß. Erste kleine Schwindelunternehmen fliegen auf, üble Hiobsmeldungen aus Paris versetzen Aktionäre in Panik. Dort war die gesamte Finanzwirtschaft durch einen schottischen Hofberater namens Law wie ein Kartenhaus zusammengestürzt, reiche Familien sahen sich über Nacht an den Bettelstab gebracht. In der Londoner Exchange-Alley drücken sich die Massen, die nun ihre Papiere wieder loswerden wollen, fast tot. Die Südseeaktie purzelt nur so, sie ist bereits im September nur noch 135 Pfund wert. Tausende Engländer sind um ihre Ersparnisse gebracht. Natürlich waren Filz und Korruption im Spiel gewesen. Der Chef der Südsee-Kompanie hat allen Grund, Hals über Kopf nach Frankreich zu flüchten, er nimmt belastendes Aktenmateriel gleich mit. Die Londoner toben. Man will die zurückgebliebenen Direktoren am liebsten in Säcke einnähen und in die Themse werfen...

Händel wird in diesen Tagen gepoltert und geflucht haben. Auch er hat für den Schwindel teures Lehrgeld zahlen müssen. Und wie stand es um das eigene junge Aktienunternehmen, die Royal Academy? Ruhte sie wirklich auf solidem Grund? Insbesondere jetzt, wo mit dem Börsenkrach fast gleichzeitig die kostspieligen Sänger aus Dresden eingetroffen waren? Handelte man in solcher Lage wirklich klug, wenn man auf die Bühnenproduktion eines einzigen Komponisten setzte, der nicht einmal Italiener war? Der Earl of Burlington reist wieder durch Italien und kann für das, auch von ihm getragene, Theater am Haymarket einen sensationellen Erfolg verbuchen: Es ist ihm gelungen, den neben Scarlatti berühmtesten italienischen Komponisten seiner Zeit nach London zu verpflichten: Giovanni Battista Bononcini. Der jüngere Bruder, Antonio Maria, hatte dem Namen Bononcini mit der Oper „Camilla" Weltruhm eingetragen, der über Jahrzehnte noch immer nicht verblaßt ist. Giovanni, ein Zauberer auf dem Cello, der darüberhinaus mit Leichtigkeit liedhafte Kantaten und Opernarien hinzaubert, war schon als Wunderkind von Hof zu Hof gereicht

14 Händels Opernrivale in London: Giovanni Bononcini (1670–1747).

worden. Bologna, Wien, Rom, vorübergehend auch Berlin, durften sich abwechselnd mit ihm schmücken. Nun tritt er am neugegründeten Londoner Operntheater an und wird dem gefeierten Kollegen aus Deutschland zu einer gefährlichen Konkurrenz.

So sehr „Radamisto", jetzt mit rein italienischen Kräften

wiederholt auf die Bühne gebracht, das Publikum auch überzeugen mag, es kommt nur zu sieben Aufführungen, während Bononcinis neue Oper „Astarto" mit Senesino, der Nummer 1 unter den Sängern, in der Titelrolle 24 mal gegeben wird. Die erste und zweite Spielzeit zusammengenommen, steht Händel nicht halb so oft auf dem Programm wie Bononcini, nämlich 28mal, der Italiener, dessen ins Ohr gehende Lieder die Leute auf den Straßen trällern, darf an der Royal Academy 63 Abende für sich verbuchen. Bononcinis Ruhm ist sicherlich nicht größer als der Händels, aber älter. Der Rivale wurde 15 Jahre früher geboren und soll den Jüngeren als musizierenden Knaben am Berliner Hof zum erstenmal erlebt haben.

Groß ist der Hang des Inselvolkes, aus öffentlichen Vergnügungen ein spannendes Derby zu machen, bei dem man Partei nimmt, Wetten abschließt, sich diebisch die Hände reibt, wenn die Gegenseite den kürzeren zieht. Im Theater am Haymarket sind nun zwei Paradepferde angetreten. Auf welches soll man setzen: auf Bononcini oder Händel? Ein Zeitgenosse spottet: „Für die einen gilt Händel neben Bononcini als armer Tropf, andere halten Bononcini kaum für würdig, Händel die Kerze zu halten: So viel Streit um Dideldum und Dideldei!" Die Operndirektion kommt der Laune des Publikums gern entgegen, ja verspricht sich davon eine volle Kasse. Dazu muß eine neue Oper her. Der besondere Clou: Es sollen gleich drei verschiedene Komponisten die Teile dazu liefern. Der Stoff ein Kapitel römischer Frühgeschichte: Mucius Scaevola. Dieser stiehlt sich in das Lager der feindlichen Etrusker, verwundet aber versehentlich den falschen Mann. Die Strafe – er muß seinen Arm in die offene Altarflamme halten – erleidet er mit einer dem Römer eigenen Selbstzucht, die den etruskischen Herrscher verblüfft und schließlich gnädig stimmt. Akt 1 komponiert ein italienischer Cellist am Theater, Filippo Amadei, Akt 2 übernimmt Giovanni Bononcini, Akt 3 Georg Friedrich Händel. Entsprechend staffelt sich der Glanz dieses im Barock ohnehin beliebten „Pasticcios", einer musikalischen Pastete also, an der gleich mehrere Köche eine Probe ihrer Kunst beisteuern:

Amadeis Beitrag gerät mittelmäßig, der des Landsmannes Bononcini hebt sich dagegen deutlich ab, den Lorbeer aber verdient Georg Friedrich Händel, dessen dritter Akt beide Konkurrenten in den Schatten stellt. Das kündet schon die eigens für den Schlußakt komponierte Ouvertüre an, ein prunkvolles Orchesterstück im französischen Stil. Manchen Juwel hat Händel bewußt eingebaut; denn eine Niederlage bei diesem kindischen Wettstreit hätte seine Stellung schwächen können. Bewährte Erfolgsnummern aus „Agrippina", „Rinaldo" oder „Acis" scheinen nicht ohne Absicht hineingearbeitet, weil er weiß, wie sich unverhofftes Wiederhören verklungener Leckerbissen beim Publikum psychisch auswirkt. Aber auch völlig neue Kostbarkeiten tauchen auf. Viel zu schade für einen so kurzlebigen Publikumsspaß, wie manche Biographen bedauern. Aber in Händels Schaffen geht nichts wirklich verloren. So wird auch dieser Einzelakt, in dem zwei liebende Paare glücklich vereint werden und der letzte Tarquinierkönig auf römischem Thron für immer die Flucht ergreift, als Steinbruch für spätere große Werke dienen.

Händel hat gesiegt und Bononcini für diesmal auf den zweiten Rang verwiesen. Aber der Rivale gibt sich nicht geschlagen. Er wartet im dritten Spielwinter 1722 gleich mit zwei Bühnenknüllern auf: „Crispo" und „Griselda", und siehe da: London liegt ihm zu Füßen. Dagegen kommt Händel mit „Floridante", seinem neuesten Operntitel, einfach nicht an. Das trifft ihn um so empfindlicher, als er sich den schmiegsamen, um vieles flacheren Stil des Nebenbuhlers ohne langes Besinnen angeeignet hat, um diesen auf dessen eigenem Terrain zu schlagen. Das mißlingt. Ja, er muß sich eingestehen, daß er das Publikum nur in den wenigen Lichtpunkten wirklich erreicht, wo er sich (wie in dem Nachtstück „notte cara") selber treu geblieben ist.

Ein reizloses Textbuch mit ungeschickt gewählter Zueignung trägt zur Niederlage bei: Ein um sein Erbe gebrachter Thronfolger, der im Gefängnis schmachtet! Wie konnte man ausgerechnet dieses Bühnenstück dem mit dem königlichen Vater auf gespanntem Fuß lebenden Prince of Wales widmen! Das

Publikum hat sein Vergnügen: Taktlos applaudiert es bei den unpassendsten Stellen. „Floridante" wird nach 15 Abenden abgesetzt, die Saison gehört dem Italiener Bononcini. Konnte man diesem mit neuen Opern überhaupt noch Paroli bieten? Sogar mit Veröffentlichungen scheint der andere Händel den Rang abzulaufen: Eine Sammlung Kammerduette – Bononcini widmet sie Seiner Majestät – erweist sich trotz gepfefferter Stückpreise als Verkaufsschlager. Der Löwe tritt zum erstenmal den Rückzug an, er leckt sich die Wunden.

Wenn jetzt noch ein Mittel aus der Schlappe heraushelfen konnte, dann ein durch alle Zeitungen gehender, sensationeller Auftritt. Dazu schickt Händel seinen Konzertmeister Sandoni auf Reisen. Er soll Francesca Cuzzoni, die Maria Callas des frühen achtzehnten Jahrhunderts, aus dem Süden holen. Händel besinnt sich auf seinen Besuch am Dresdener Hof: Dort hatte zu Ehren der kurprinzlichen Hochzeitsfeierlichkeiten der Italiener Antonio Lotti in Spitzenbesetzung eine Oper mit dem Titel „Theophane" gegeben. Theophanu, eine byzantinische Prinzessin, heiratet den Sohn Ottos des Großen, der diesem als König Otto II.(973–83) nachfolgt und in Italien um sein Erbe kämpft. Der Tyrannensohn Adalbert macht ihm nämlich dort, angestachelt von seiner intriganten Mutter, den Thron und auch die Braut streitig, bis Ottos guter Stern den Sieg des deutschen Herrschers herbeiführt und dem Stück ein versöhnliches Ende beschert.

Händel läßt das Textbuch von seinem Librettisten Haym nur geringfügig umarbeiten, setzt es im Sommer 1722 in Musik und gibt dem neuen Stück den Namen „Ottone". Die Cuzzoni trifft in der Tat ein, so daß er es im Winter des neuen Jahres mit ihr einstudieren kann. Die etwa 23jährige Sängerin haben frühe Erfolge in ein eigensinniges, launisches Geschöpf verwandelt. Sie bockt bei den Proben; denn sie hat von dem, was sie auf der Bühne leisten will, nicht nur ihre eigenen Vorstellungen, die Arien des deutschen Opernmachers sind ihr einfach zu ernst, zu trist, zu effektarm. Der Komponist scheint völlig gegenteiliger Ansicht: Auf den Koloraturleitern turnen, rasen, giften,

15 Sie debütierte am 12. Januar 1723 in Händels „Ottone" und war in den Folgejahren seine Primadonna: Francesca Cuzzoni (1700–1770). Stich von J. Caldwall.

triumphieren, das kann die Durastanti, die Robinson auch. In die elegische, von Liebesleid geknickte Theophane alle Seele hineinlegen, darin liegt die Stärke der Cuzzoni; Theophane ist der Sopranistin aus Parma auf den Leib geschrieben. Aber wie soll man sie davon überzeugen?

Die Cuzzoni, ein kleines, zur Pummeligkeit neigendes, zänkisches Persönchen, explodiert mit der Wortgewalt ihres südlichen Temperaments. Will sie die Premiere auf Teufel komm heraus platzen lassen? Händel legt ihr das allerschönste Lied vor: „Falsa imagine" – Theophane singt es, als sie erkannt hat, daß die Gesichtszüge Adalberts, der sich als ihr Anverlobter ausgibt, mit Ottos Bildnis, das sie bei sich trägt, nicht übereinstimmen. Die parmesanische Nachtigall sträubt sich. Und das bei 1500 Pfund Anfangsgage! Dem Komponisten reißt die Geduld. Der auf die Vierzig zugehende Hüne ist mit den Jahren massig und schwer geworden, ein Samson an Körperkraft. Er springt auf, packt die störrische Diva um den Leib, hebt sie in die Luft und will sie zum offenen Fenster hinauswerfen. Die Zornesworte hat uns Mainwaring überliefert:„Oh, Madame, ich weiß, daß Sie eine wahre Teufelin sind, aber ich werd Ihnen zeigen, daß ich Beelzebub, der Oberste der Teufel bin!" Die widerspenstige Frau scheint von solchem Kraftakt beeindruckt. Möglicherweise ist sie in dieser gepuderten Korsettgesellschaft noch nie einem so handgreiflichen Mannsbild begegnet. Sie fügt sich, singt ihren Part und verhilft „Ottone" genau zu dem Erfolg, den Händel berechnet hatte und für sich brauchte. „Falsa imagine" wird Francesca Cuzzonis persönliches Charakterstück, mit dem sie bis ans Ende ihrer Karriere Kaisern und Königen Tränen entlocken wird.

„Ottone" läßt sich wiederum nur aus dem Geschmacksempfinden der Zeit begreifen, einer Gesellschaft, die wie keine andere Maskenfeste liebt, wo man sich verstellen, tarnen, in fremde Rollen schlüpfen kann. Adalbert täuscht Theophane, indem er sich als Otto, ihren Zukünftigen ausgibt. Gismonda täuscht die Prinzessin, sich in der Rolle Kaiserin Adelheids, der Mutter Ottos, gefallend. Emireno, in Wahrheit Basilius geheißen, byzantinischer Thronerbe und Ottos künftiger Schwager, täuscht den jungen König im Aufzug eines besiegten Piratenchefs: „Wenn du wüßtest, wer dein Gefangener ist!" Mathilde, Ottos kriegerische Base, täuscht ihren Vetter: Sie will den Thronrivalen Adalbert, ihren treulosen Geliebten, mit eigener Hand bekämpfen und strafen; statt dessen befreit sie ihn aus dem Gefängnis. Im Schloßgarten führt sie Otto an der Nase herum, damit der Entkommene am Tiberufer auf sein Schiff springen kann. Der wiederum täuscht seine Befreierin; denn statt ihr mit Treue zu danken, vergreift er sich an der gleichfalls im Garten wandelnden Theophane und nimmt sie als lebendiges Raubgut an Bord.

Täuschung geht Hand in Hand mit Selbsttäuschung: Theophane täuscht sich, als sie Mathildes Bittgang bei Otto als heimliches Liebesstelldichein auslegt. Otto täuscht sich in Theophane, wenn er glaubt, sie sei Adalbert freiwillig aufs Schiff gefolgt. Mathilde täuscht sich, wenn sie sich zutraut, den Verlobten für seine Charakterlosigkeit vernichten zu können. Ihre Liebe ist stärker. Gismonda täuscht sich, wenn sie in ihrem betrogenen Ehrgeiz dem gescheiterten Sohn nicht verzeihen zu können meint. Ihr Herz obsiegt, sie will mit ihm gemeinsam sterben. Das Erwachen reiner Muttergefühle in dieser stolzen, kaltsinnigen Intrigantin „Komm, mein Sohn, und tröste mich" darf man wohl als Krönung dieses an seelenvollen Elegien reichen Werks ansehen. Ein Geigentriller, ein langsam hinabsteigender Baß – so wird mit sparsamsten Mitteln ergreifende Wirkung erzielt, wie sie uns bei Händel immer wieder in Erstaunen setzt.

Alle sprechen von „Ottone". Man klimpert die Gavotte, die hinter der Ouvertüre einhertänzelt, daheim auf dem Spinett, so wie sich heute jeder Klavierschüler an Beethovens „Albumblatt für Elise" versucht. Man zahlt Wucherpreise, um an ein Opernbillett zu kommen. Man tobt und schreit auf den Billigplätzen, daß sich Besucher bei der Theaterdirektion beschweren. Man droht mit Schließung der Galerie. Aber wer hat sich schon in der Gewalt, wenn die Cuzzoni auf den Brettern steht! „Verfluchtes Weib!" schreit jemand von oben hinunter, „ sie hat ein ganzes Nachtigallennest im Leib!"

Händel hat mit „Ottone" eindeutig gesiegt, er wird auch in kommenden Jahren fleißig aufgeführt. Bononcini, der mit seinem neuesten Bühnenerzeugnis „Erminia" einen eher blassen Erfolg erzielt hat, ist weit abgeschlagen, zumal sein deutscher Konkurrent – die Spielzeit ist noch nicht zu Ende – mit einer weiteren Oper aufwartet: „Flavio", die „Watschenoper", wie man sie auch titulieren könnte. Denn Auslöser des tragischen

Geschicks – Bräutigam ersticht zukünftigen Schwiegervater im Duell – ist eine Ohrfeige, die dieser dem Vater des Rächers verabreicht hat, aus Wut darüber, daß jener ihm trotz fortgeschrittenen Alters einen begehrten Statthalterposten weggeschnappt hat. Verantwortlich für dergleichen fatale Verkettungen muß man allerdings den Herrscher machen, den Langobardenkönig Flavio, der seine Lüsternheit nicht bezähmen kann und unbedingt mit der bildschönen Tochter des Greises anbändeln will. Deswegen, damit er freie Hand hat, schickt er diesen als Prokurator weit weg in das Nebelland Britannien. Aber auch Theodata ist nicht so linnenrein, wie der König glaubt, sie hat, als die Oper beginnt, eine Liebesnacht mit Vitige, Flavios Adjutanten, hinter sich. Das verkompliziert die Dinge erheblich; denn während Vitige der eigenen Geliebten in Anwesenheit des Königs zureden soll, dessen Werben nachzugeben, flüstert er ihr im gleichen Rezitativ zu: „Ich verstelle mich nur, nicht böse sein; verstell du dich auch!" Das alles wirkt recht lachhaft und hat Biographen zu der Deutung geführt, das sicherlich mit ironischen Zeitanspielungen bedachte Stück sei überhaupt als Parodie aufzufassen. Händel habe das Publikum sozusagen mit einem neuen „Gag" überraschen wollen. Eine Lachnummer hätte aber die Oper seria, die ja mit ihren lyrischen Gesängen beseelen, zu Gemüt gehen, Tränen entlocken will, ihres eigentlichen Zweckes beraubt. Händel war kein Revolutionär, der wie Gluck die Oper reformieren will. Sicherlich wird man auch über unseren Kunstgeschmack nach über 250 Jahren den Kopf schütteln und uns vielleicht aus Verständnisgründen unterschieben, wir hätten beispielsweise Kunstgegenstände, deren künstlerische Qualität sich für Nachgeborene gar nicht mehr ermitteln läßt, nur zum Spaß Kunst genannt.

Immer wenn Händel versucht, Bononcini in dessen gefälliger Kompositionsmanier zu übertrumpfen, gelingen ihm musikalisch schwächere Werke. Das gilt auch für „Flavio"; dennoch enthält er unbestreitbar schöne Stellen. Das gilt vor allem für den Gesang der seelisch stark strapazierten Emilia, die aus dem ihr plötzlich fremd werdenden Zukünftigen – er soll ja ihren

Vater töten – nicht mehr klug wird: „Einen Liebsten, sonderbarer als den meinen, gibt es nicht". Der wehmütige Siciliano „Doch wen will ich strafen? Den Abgott meines Herzens, meinen Schatz?", den sie nach erfolgter Bluttat seufzt, ist tiefempfundener, unverwechselbarer Händel.

Auch bei dieser Opernprobe gibt es Scherereien: Der Tenor Alexander Gordon, ein junger Schotte, hat die Rolle des geohrfeigten Ugone übernommen. Er fühlt sich von Händels funkensprühender Klavierbegleitung so irritiert, daß er lospoltert, er werde ihm, wenn das so fortgehe, noch ins Cembalo springen. Händel bleibt „cool", wie Jugendliche es heute formulieren würden. Solche Situationen hat er im Griff: „Nur zu!" ermuntert er den Aufgebrachten, „geben Sie mir bloß Bescheid, wann das geschehen soll, damit ich es ankündigen kann. Ich bin sicher, es werden mehr Leute kommen, die Sie lieber springen sehen, als singen hören wollen."

Was er nicht verhindern kann, ist, daß der öffentliche Parteienstreit „hie Händel, hie Bononcini" geradezu zu einem Politikum wird. Der Thronfolger ist Händels Kunst von Natur gewogen. Da aber auch der Vater, für den Sohn der bestgehaßte Mann, auf seinen begnadeten Landsmann schwört, schlägt sich der Prinz aus reinem Trotz auf die Seite der Bononcini-Anhänger, mit ihm im Parlament die konservativen „Tories", weil sie gegen den ersten Hannoveraner ohnehin ihre Vorbehalte haben. Man meint also gar nicht Händel, wenn Parteigänger des Italieners zu den Opern des Deutschen buhen, miauen, pfeifen oder einfach keine Hand rühren. Man will den König treffen samt seinem Premierminister und den liberalen „Whigs", die den Welfen auf den englischen Thron gesetzt hatten. Daß Händel trotz der politisch vergifteten Szene allein mit seiner Kunst am Ende doch zu überzeugen weiß, wird in diesen Jahren seine eigentliche große Leistung.

Eine einzige erfolgreiche Spielsaison genügt dazu nicht. Deshalb arbeitet er diesmal über Monate an nur einer neuen Oper. Sie muß ohne Beispiel werden und den Gegner für alle Zeiten aus dem Feld schlagen. Wird der Coup gelingen? Das Werk liegt zu Beginn des Jahres 1724 fertig vor, am 20. Februar, wenige Tage vor Händels 39. Geburtstag, tut sich für „Giulio Cesare in Egitto" (Julius Caesar in Ägypten) zum erstenmal der Vorhang auf. Textbuch von Nicolas Haym, der wiederum eine 50 Jahre alte italienische Vorlage für die Zwecke des deutschen Maestro überarbeitet hat.

Caesar hat seinen großen Gegenspieler, den Feldherrn Pompeius bis nach Ägypten verfolgt und besiegt. Das Volk umjubelt ihn. Der ägyptische Herrscher Ptolemäus XIII. läßt dem gefangengenommenen Pompeius das Haupt abschlagen und durch seinen Obergeneral Achillas dem Sieger als Begrüßungsgabe überbringen. Er hofft damit, Caesars besondere Gunst zu erlangen. Der wendet sich mit Grausen ab, denn er wollte sich mit dem Überwundenen aussöhnen. Da tritt eine lydische Dienerin aus dem Gefolge Prinzessin Kleopatras an ihn heran und bittet den römischen Imperator um Schutz vor dem tyrannischen König. In einer bezaubernden Liebesszene im Palast der Kleopatra begegnet Caesar der Lydierin wieder, die in Wahrheit die Prinzessin selber ist, und verfällt ganz ihren Reizen. Das war der Zweck der schönen Frau, die den römischen Kriegsherrn braucht, weil ihr Ptolemäus, Kleopatras Halbbruder, die Herrschaft über das Königreich streitig macht. Aber ihre Getreuen werden vom Heer des Widersachers geschlagen, sie selbst gefangengenommen. Caesar, dessen eigene Truppen zerstreut sind, irrt verlassen am Meeresufer. Aber es gelingt ihm, neue Soldaten unter seinen Befehl zu bringen. Er siegt, befreit Kleopatra und macht sie zur Königin von Ägypten. Ptolemäus, der die Gemahlin des Pompeius Cornelia in seinen Harem gesteckt hat, wird von Sextus, des Pompeius Sohn, getötet, auch Achillas, der Cornelia gleichfalls für sich begehrt hatte, erliegt seinen Wunden.

„Julius Caesar" ist Händels schönste Oper. Wie groß die Vorbehalte gegen die italienische Barockoper heute sind, „Julius Caesar" sorgt auch auf modernen Spielplänen für einen Publikumserfolg. Welch ein Leben auf den Brettern: Aufmarschierende Soldaten, wuselnde Dienerschar, jubelnde Volksmassen. Ständig geschieht etwas: Überfall, Schlachtgewühl, Triumphzug. Ein abgeschlagenes Feldherrnhaupt wird über die Bühne getragen, eine Mutter will sich entleiben, ein tollkühner Junge streckt den Bösewicht nieder. Wieviel Zauber fürs Auge: Orientalischer Königspalast, wir folgen dem Helden in das glimmernde Gemach einer ägyptischen Schönheit, zu ihrem Sirenengesang perlen Harfentöne. Einsamkeit am Meer, Todesgedanken am Sarge des Pompeius umdüstern den Sieger mit einer tonmalerischen Schaurigkeit, die an Verdis Macbeth gemahnt. Caesar meditiert über die Nichtigkeit menschlichen Seins und menschlichen Ruhms. Das beschwört den Dänenprinzen Hamlet. Der Sinnenberauschte gibt der bezaubernden Lydierin – sie hat sich noch immer nicht zu erkennen gegeben – ein Heiratsversprechen –, als Mörder in den Palast stürzen. „Mora, mora, Cesare mora" (Stirb, Cäsar, stirb!) unterbricht ein Chor den erregten Sprechgesang. Das klingt wie „kreuzige!" in Bachs Passionen.

Noch nie war das Aufgebot von Instrumenten so groß: Zu Kleopatras Liebesweise spielt ein Doppelorchester. Hörner, Trompeten, Baßlaute, Harfe, durch Sordino sphärisch verfremdete Streicher erweitern die Farbpalette. Der Figurenmaler Händel versteht sich von jeher auf den Frauencharakter. Doch keiner ist so zart durchgeformt wie Kleopatra. Die Machtbesessene spielt die Schutzbedürftige, triumphiert, rast, schäkert. Sie lullt den römischen Heerführer mit ihren Liebeskünsten ein, nur um ihn sich dienstbar zu machen. Doch als sie ihn nach einem feindlichen Anschlag verloren hat, spürt sie wahre Liebe, empfiehlt sich den Göttern und will sterben. Die Macht der Töne, mit der Händel Kleopatras Seelenwandlung zeichnet, ist von atemberaubender Schönheit. Selten ist ein Künstler von Akt zu Akt mit solcher Verschwendung am Werk gewesen. Perle reiht sich an Perle. Cornelia, zur Witwe gemacht, eingesperrt, gedemütigt, hat nur noch ihren Sohn, der sie in den Arm nimmt. Gemeinsam bilden sie mit dem Duett „Son nata a lagrimar" (Geboren bin ich zu weinen) eine klagende Marmorgruppe, die musikalisch ohne Beispiel ist.

Die Kleopatra singt die Cuzzoni, den Imperator (heute eine glänzende Baßpartie) übernimmt der Kastrat Senesino. „Julius Caesar", das Muster einer Heldenoper, bringt Händel einen überwältigenden Erfolg. Es wird berichtet, daß noch bei der siebten Aufführung das Haus so voll ist wie zur Premiere. Bononcini hat solchem Triumph nichts mehr entgegenzusetzen. Er macht sich aus dem Staub, reist in die englische Provinz und kommt auf Schloß Blenheim, nicht weit von Oxford, bei der inzwischen verwitweten Herzogin von Marlborough als Musikmeister unter. Groß ist das Echo des „Giulio Cesare" auch auf dem Kontinent. Allein in Hamburg gibt es 40 Aufführungen. Händel ist nun Alleinherrscher am Haymarket. Zwar wirken noch andere Italiener, auch Opernkomponisten, an der Royal Academy. So beispielsweise der alte Ariosti, der dem jungen Händel schon in Berlin wie ein väterlicher Lehrer zur Seite gestanden haben soll. Auch von ihm stehen Opern auf dem Programm. Eine ernsthafte Konkurrenz bedeutet das für den Jüngeren nicht.

Dieser durchlebt, das darf man wohl sagen, auch wirtschaftlich goldene Jahre; denn er hat von den gutbesuchten Opernabenden, von den Drucken seiner Partituren stolze Einnahmen eingestrichen. Die Summen zahlt er bei der „Bank of England" ein, deren Kontoauszüge sich erhalten haben. Er legt Rentenpapiere an, kauft sich neue Aktien. Darüberhinaus wird er nun Hauseigentümer. Die Zeiten, die ihn als Dauerlogiergast in den Palästen einflußreicher Mäzene sahen, sind endgültig vorbei. Westlich des Hyde Park, nicht weit von dem Platz, wo runde hundert Jahre später John Nash den populären Marmorbogen (Marble Arch) errichten wird, führt die Brookstreet durch ein vornehmes, noch heute von ausländischen Gesandtschaften bevorzugtes Viertel. Hier entstehen in jenen Jahren drei- bis viergeschossige Bürgerhäuser aus weißverfugtem schwarzem Klinker, weißen Fensterbrüstungen und Blendrahmen. Eines davon, nicht weit vom Hanoversquare, wird Händels Wohn- und Sterbehaus. Er hält sich eine kleine Dienerschaft. Sein Sekretär Christopher Smith zieht mit seiner

Familie ein, so daß auch eine Frau in diesem Haus schaltet und vier Kinder darin leben. Des Ältesten, der Musiker wird, hat sich Händel besonders angenommen. Er selbst richtet sich behaglich ein, umgibt sich mit bescheidenen Möbeln, dafür kostbaren Gemälden; denn er ist, wie wir bereits wissen, ein Sammler schöner Gegenstände.

Er ruht nicht, sondern hat in wenigen Wochen des Sommers 1724 eine neue Oper vollendet. Er schreibt daran zwar noch vieles um; denn ein Sänger aus Wien, der die interessanteste Rolle übernehmen soll, hat aus dem Süden eine abweichende Version des Textbuches mitgebracht, die nicht zuletzt ihn selbst besser zur Geltung kommen lassen soll. Was tut man nicht für eine Sängermajestät! Man streicht geniale Partien wieder, um ihn mit ein paar dem Zweioktaven-Organ besonders entgegenkommenden Zusatznummern bei Laune zu halten, selbst wenn sie das Bühnengeschehen etwas lähmen sollten. Und doch wird die europäische Musik mit dem Sänger Francesco Borosini eine historische Stunde erleben. Denn durch ihn wird zum erstenmal in der Operngeschichte ein wichtiger Part durch einen Tenor (!) gesungen. Bajazet, der auf dem Schlachtfeld besiegte, nun in Ketten gelegte Türkenherrscher, will lieber sterben als mit ansehen, wie sein eigenes Blut Asteria dem Sieger die Hand reicht und mit ihm den Kaiserthron der Tartaren besteigt. Die Oper trägt den Titel des Steppenherrschers – „Tamerlano". Er will die Ottomanenprinzessin, als sie sich nicht gefügig zeigt, zu seiner Sklavin machen. Asteria, in der eine Judith steckt, geht auf die Wünsche des Barbaren nur zum Schein ein, um ihn bei passender Gelegenheit entweder zu erdolchen oder zu vergiften. Beides mißglückt, nicht zuletzt weil sie weiblicher ist als das Vorbild im Alten Testament. So vermag einzig der Selbstmord des Vaters den doch nicht so ganz verrohten Mongolenführer in die Schranken zu weisen. Damit kann auch diese Oper mit der glücklichen Vereinigung zweier Liebespaare enden. Die Szene des hinsterbenden Bajazet, ein akkompagniertes, also vom Orchester untermaltes, Rezitativ, ist von aufwühlender Dramatik, die die Erstauffüh-

*16 Händels Londoner Wohnhaus in der Lower Brook Street,
bis zu seinem Tode sein Domizil.*

rung im Herbst des Jahres 1724 zu einer Sensation macht. Wieder müssen wir erstaunen, wie dem Genie in so kurzer Zeit ein abendfüllendes Stück entspringen konnte, dessen einzelne Auftritte Beweise allerhöchster Kunst liefern. Um so mehr mag man bedauern, daß moderne Inszenierungen trotz dramaturgisch fragwürdiger Liebesintrigen und des nur selten von einem Duett oder Trio unterbrochenen Einerleis von Rezitativ und Dacapo-Arie nur Liebhaberkreisen und speziellen Händel-Festivals vorbehalten bleiben.

So wie der Titelverteidiger einer sportlichen Disziplin keinen ruhigen Tag verbringt, weil er das Publikum ständig von seiner verdienten Favoritenrolle überzeugen muß, ist auch dem ersten Opernproduzenten am Haymarket keine Erholung vergönnt, will er verhindern, daß sich die Londoner nach dem aus dem Feld geschlagenen Rivalen nicht wieder zurücksehnen. Händelopern müssen das Programm überschwemmen! Das geschieht zum Teil durch Neueinstudierung alter Bühnenerfolge wie „Giulio Cesare", „Ottone", „Radamisto", die er nicht selten umarbeitet. Doch wirklich in Atem hält er die Leute durch neue Operntitel. Zwei in einer Saison sind das mindeste, was er sich abverlangen muß. Im Januar 1725 ist ein neues Werk fertig – „Rodelinda, Königin der Langobarden". Sie erlebt am 13. Februar mit rauschendem Erfolg ihre Erstaufführung. Thema des neuen Stadtgesprächs? Die Cuzzoni in der Titelrolle trug ein gewagtes, ältere Damen schockierendes Kleid – silberbestickte braune Seide, der Schnitt so anstößig, daß er bei den jüngeren sofort die große Mode wird. Man bedenke, daß die lombardische Königin, alles andere als eine Frau von leichten Sitten, das Muster einer treuen Gattin abgibt, eine erste Leonore, stolz, innig, leidenschaftlich, tugendhaft, wie sie überzeugender vor Beethoven kein anderer schaffen konnte. Die Musik edelster Händel. Selbst wenn man in Rechnung stellt, daß in seinem Jahrhundert rasch komponiert und in kurzer Zeit Bestes hervorgebracht wurde, bleibt es unfaßbar, wie er innerhalb zweier Jahre (von dem weniger bedeutenden „Flavio" einmal abgesehen) vier seiner großartigsten Opern vollendete:

„Ottone", „Giulio Cesare", „Tamerlano" und „Rodelinda".
Nie wieder ist ihm das gelungen.

Der Zauber der neuen Schöpfung „Rodelinda" – sie ist nach
„Julius Caesar" Händels beliebteste Oper überhaupt – liegt in
den Naturszenen, wo wir mit den Farbabstufungen des Orche-
sterklangs auf völlig neue Gefilde zu stoßen meinen. Alle Figuren, gute und böse, finden Trost in der Natur. Das gilt sogar für
den machtgierigen Grimoaldo, der der Königin, nachdem er sie
um Thron und Ehegatten gebracht hat, auch noch den Sohn
entreißen will. Die Natur löst ihn von Angst und innerer Zerris-
senheit. Wir hören Gräserflüstern, Vogelruf, Windhauch,
Schalmeienklang, wir spüren Sonne, ländliches Behagen beim
warmen Klang des Fagotts. Wir sind ergriffen von dem Gesang
des totgeglaubten, als Hunne verkleidet umherirrenden Gatten, der in einem Zypressenhain sein eigenes Grabmal auffin-
det. Keine Krone, keine Reichtümer der Welt begehrt der
verschollene König mehr, wenn ihm nur Frau und Kind wieder-
gegeben werden. Daß der unbeweibte, kinderlose Komponist
gerade diesen Schmerz in Tönen so durchdringend nachzuemp-
finden vermochte, gehört zu den großen Geheimnissen dieses
einzigartigen Künstlerlebens.

Haben die Zeitgenossen solche Musik überhaupt zu würdigen gewußt? Schwerlich. Die Londoner begriffen Händels Genie so wenig wie die Leipziger das des Herrn Bach, der seit Mai
des Jahres 1723 Kantor ihrer Thomaskirche war. Werfen wir
einen kurzen Blick auf Händels Publikum. Die vornehmen
Herrschaften, die sich das teure Opernunternehmen am Haymarket nicht zuletzt aus Prestigegründen leisten, sind morgens
spät aufgestanden. Man spaziert noch halb im Négligé und de-
genlos durch den Park. Dann erst kleidet man sich an, sucht ein
Café auf und findet sich gegen eins bei Hofe ein, wo man Seiner
Majestät bei der Morgentoilette zuschaut. Um drei speist man
zu Mittag, promeniert oder läßt anspannen, um seine Besuche
zu machen, bis es Zeit für die Oper ist. Dieser gesellschaftliche
„Treff" von Aristokratie und wohlhabenden Bürgern dient
dem Flirt, dem politischen Plausch, dem Tagesgeklatsch, der

Garderobenschau. Um Mitternacht Diner bis in den frühen Morgen. Daß es den wenigsten unter den Opernbesuchern um geistige Erbauung und musikalischen Genuß zu tun ist, darüber macht sich Händel keine Illusionen. Auf der Galerie krakeelt das Volk; denn für fünf Shilling ist man dabei. Darüber gibt es noch die sogenannte „Footmen's Gallery" für die Dienerschaft, die natürlich nichts zahlt. Sie muß nach der Vorstellung im Vestibül, Fackeln bei Fuß, ihrer Herrschaft zu den Equipagen, Kutschen, Sänften leuchten. Da auch die teuersten Plätze keine Nummern tragen, sitzen Zofen und Hausknechte oft verstreut zwischen den vornehmsten Leuten, um ihrer verspäteten Herrschaft die Logensessel freizuhalten. Händel war klar, daß auch anspruchsvollste Kost, überwältigender Stimmenzauber, regelmäßig zweimal in der Woche geboten, abstumpfen konnten. Man mußte sich für die leicht zum Überdruß neigenden, nach Sensation durstenden Zuhörer etwas Neues, Umwerfendes einfallen lassen.

Sozusagen über Nacht war am venezianischen Himmel ein neuer Stern aufgegangen, der der Cuzzoni an Strahlkraft gefährlich werden konnte: Faustina Bordoni. Es wird berichtet, daß sie nicht nur in der Geschwindigkeit, Koloraturen zu sprudeln, alle Rekorde brach, sondern auch eine für den Beobachter nicht zu bemerkende Atemtechnik entwickelt hatte, die es ihr erlaubte, länger als irgendein anderer Sänger ein und denselben Ton auszuhalten. Darüberhinaus war sie eine reizvolle Erscheinung, was sich von der Cuzzoni nicht behaupten ließ. Wie würde das Theater vor Massen bersten, wenn man sozusagen Maria Callas und Renata Tebaldi gegeneinander antreten ließe!

Für einen schwindelerregenden Preis (sie selbst fordert 2500 Pfund) wird das neue Stimmenwunder nach London gelockt. Wir werden noch erfahren, wie das dem ohnehin über seine Verhältnisse wirtschaftenden Opernunternehmen bekommen wird. Freuen wir uns zunächst auf Faustinas Eintreffen. Es ist Anfang des Jahres 1726. Längst hat der große Meister für dieses Turnier ein neues Bühnenwerk erstellt. Als Titelheld muß diesmal der große Alexander herhalten. Freilich nicht als Sieger von Issos oder Organisator seines Riesenreiches. Er spielt den königlichen Liebhaber, der sich zwischen zwei Prinzessinnen, Roxane und Lisaura (beides erfundene Figuren), nicht recht entscheiden kann. Das ist nur gut so. Denn da er mal der einen, mal der anderen seine Gunst zeigt, beide also abwechselnd ihre große Stunde haben, kann man auch beiden Sängerinnen gleich viele, gleich lange, gleich glanzvolle Auftritte zuschneidern, so daß sich die beiden Rivalinnen nicht schon bei der Probe in die Haare geraten. Aber die aus Wien herbeireisende Primadonna läßt noch auf sich warten. Wie überbrückt man die Zwischenzeit, zumal die Saison im vollen Gange ist? Händel legt den „Alessandro" beiseite und fertigt ohne langes Besinnen eine weitere Oper: „Scipione" – Hochgesang auf die Siegergroßmut. Denn der römische Feldherr Scipio Africanus, der Eroberer Neukarthagos (des heutigen Spanien), schenkt der gefangenen Prinzessin Berenice, die er eigentlich für sich begehrt, die Freiheit, nachdem sie ihm gestanden hat, daß sie dem Sieger ihren Landsmann Lucejo vorzieht. Die festlichen Orchestereinlagen schlagen bei der Aufführung am 12. März 1726 so ein, daß der Eingangsmarsch Paradestück der englischen Militärmusik wird.

Nun trifft auch die mit Spannung erwartete „nuova Sirena" ein. Der „hochmütige Alexander", wie wir ihn eigentlich nennen müssen (offizieller Titel „La Superbia d'Alessandro"); denn seine Eroberungen sind ihm zu Kopf gestiegen – er läßt sich als Sohn des Göttervaters verehren –, diese an herzerfrischenden Gesangsstücken, Siegessinfonien, faszinierenden Naturimpressionen reiche Oper liegt am 20. April fertig vor und kann schon am 5. Mai mit einer alles bisher Gebotene in den Schatten stellenden Traumbesetzung Premiere feiern: Zählen wir nur die vier Hauptgottheiten des italienischen Sängerparnaß auf: Francesco Bernardi, Kastrat aus Siena (daher „Senesino" genannt), Mezzosopran, als König Alexander. Faustina Bordoni, Mezzosopran, als gefangengenommene Perserprinzessin, für die sich der Welteroberer am Ende entscheidet; Francesca Cuzzoni, Sopran, als Lisaura, Prinzessin aus dem Skythenland, die sich mit dem indischen König Taxiles, Alexanders Vasallen, schließlich zufriedengeben muß; Giuseppe Maria Boschi, der legendäre Dreioktavenbaß – wir kennen ihn aus Rom – in der Rolle des aufrichtigen Klyteus, der sich lieber ächten und einkerkern läßt, als seinen Feldherrn, dem er von Herzen ergeben ist, zu einer Gottheit zu machen.

„La Suberbia d'Alessandro" wird, wer hätte das bezweifelt, ein ungeheurer Erfolg. Zehn Wiederholungen in nur einem Monat – das gab es noch nie. Die Folgen des neuen Triumphes – ein in zwei Kriegslager geteiltes Londoner Publikum. Wen wundert das! Die Zeitungen hatten ja angekündigt, daß eine neue Italienerin herüberkommen werde, um der Cuzzoni Konkurrenz zu machen. Nun drängt alles nur noch ins Opernhaus, um der einen Buh, Miau, Hihi oder irgendeine Unflätigkeit zuzuschreien und der anderen möglichst zügellos zuzujohlen. Händel muß sich zeitweise wie in einer Zirkusmanege vorgekommen sein. Über das Spektakel, dessen Ursache zwei durch Temperament und Stimme in der Tat recht unterschiedliche Frauen sind, gerät der männliche Publikumsliebling Senesino so ins Abseits, daß er, sichtlich verstimmt, über eine angeschlagene Gesundheit klagt und zur Wiedergenesung kurzerhand nach Italien abreist. Für die Theaterdirektoren eine Katastrophe. Denn für den Rest der Spielzeit fällt der Kassenschlager „Alessandro" aus. Ja Senesino läßt es sich in der Heimat so lange wohlergehen, daß die nächste Opernsaison im Herbst nicht eröffnet werden kann. Als sich der schmerzlich Vermißte im Januar des nächsten Jahres endlich wieder einfindet, hat man sich für das erlebnishungrige Publikum wieder etwas Neues ausgedacht. Die drei namhaftesten Opernkomponisten der Zeit (sie haben sich alle drei in dem Vereinigten Königreich angesiedelt) – Attilio Ariosto, Giovanni Bononcini und Georg Friedrich Händel – sollen je eine neue Oper beisteuern. Nun können auch wieder Wetten über die Produzenten abgeschlossen werden. Aber die Sensation des Jahres darf diesmal Bononcini für sich verbuchen, allerdings hätte er es sich sicher etwas anders gewünscht, und Händel braucht ihn um diese Schlagzeile nicht zu beneiden.

Es ist der 6. Juni 1727. Auf dem Programm steht Bononcinis neue Oper „Astianatte" unter Georg Friedrich Händels musikalischer Leitung. Ist es die Frühsommerhitze? Ist es das überspannte Nervenkostüm zweier aufs äußerste geforderter Publikumsidole? Sie sind seit dem ersten gemeinsamen Auftritt einander so spinnefeind wie zwei sich gegenseitig den Kaufpreis verderbende venezianische Fischweiber. Sie geben wie immer ihr Bestes, doch das brandende, mal der einen, mal der anderen geltende Gemaunze, Gezische, Gepfeife aus den Theaterrängen hat der Teufel erfunden. Aufs Blut gereizt, stürzen die als Königinnen kostümierten Italienerinnen aufeinander los. Sie reißen sich die Perücken vom Kopf, prügeln aufeinander ein. „Sgualdrina!" „Puttana!" (Hure! Nutte!) hört man sie schreien. Händel steht gelassen daneben... – London hat für Tage seine Erfolgsstory. Hochkonjunktur für Satiriker und Glossenschreiber. Was lesen wir auf ihren Flugblättern: „Faustina legt mit einem Zepter Cuzzonis Nase flach. Cuzzoni schlägt ihr mit einer vergoldeten Lederkrone den Schädel ein: Händel, der dem Kampf ein schnelles Ende machen will, feuert sie mit einer Kesselpauke an: ein ziellos geworfener Reichsapfel trifft den Hohepriester an der Schläfe, er taumelt von der Bühne."

Dem geistigen Niedergang folgt der wirtschaftliche auf dem Fuße. Von Anfang an hatte das Unternehmen rote Zahlen geschrieben; denn der Wettkampf ihrer Gründer um das beste Opernensemble der Welt hatte Summen verschlungen, die auch durch märchenhafte Kassenerfolge nicht wieder hereinzuholen waren. An die zwanzig Mal wird bei den Aktionären eine fünfprozentige Umlage eingetrieben, eine Generalversammlung einberufen, ohne den drohenden Bankrott wirksam zu bekämpfen. Die Royal Academy gleicht einem sinkenden Schiff. Händels neue Oper „Admeto", die der italienischen Konkurrenten wieder einmal in den Schatten stellend, spielt im Totenreich, in das Herakles hinabsteigt, um Alkeste zu erlösen, ist sie doch, um das Leben Admetos, ihres königlichen Gemahls zu erhalten, freiwillig in den Tod gegangen. Dieser Abstieg in die Finsternis entbehrt nicht der Symbolik. Zwar erlebt die Oper 19 Aufführungen in einer einzigen Saison, aber das bewahrt die Academy nicht vor dem Zusammenbruch. Subskribenten springen ab, Aktionäre steigen aus, Sänger machen sich geräuschlos davon, Direktoren überwerfen sich. Das Betriebsklima hat nicht ohne Grund seinen Tiefpunkt erreicht: Am Lincoln's Inn Field (heute ein beliebter Ruheplatz mit Platanen, Tennisplätzen, Spazierwegen nahe Holborn) hat ein Konkurrenztheater aufgemacht, das auch für weniger betuchte Bürger erschwinglich ist. Geschickt eröffnet man die erste Saison mit dem unwiderstehlichen Dauerbrenner Antonio Bononcinis (Bruder des Händelschen Nebenbuhlers) „Camilla" und appelliert in einer kecken Ankündigung an das englische Selbstgefühl. Man konnte die Verse so verstehen: „Wenn in jenem erlauchten Opernhaus sich rivalisierende Sänger nur noch prügeln, dann liebes Britannien, nimm mit uns (einheimischen Kräften) Vorlieb, wir verstehen auch was von Musik – ohne uns zu prügeln". Die Oper wird in englischer Sprache gesungen und sorgt 23 Abende für ein volles Haus.

Der einzige, der an das Aus der Royal Academy nicht glauben will, scheint Georg Friedrich Händel selbst zu sein. In einem übermenschlichen Kraftakt wirft er sich gleich mit drei neuen Opern in die Arena: „Riccardo Primo, Ré d'Inghilterra", „Siroe" und „Tolomeo". „Riccardo Primo", von dem englischen Normannenkönig Richard Löwenherz handelnd, trägt vaterländische Züge, König und Adel in gleicher Weise schmeichelnd. Das verwundert nicht: Händel ist am 20. Februar 1727 britischer Staatsbürger geworden. Er hatte zwei Jahre zuvor ein entsprechendes Bittschreiben an das englische Parlament gerichtet. König Georg I. hat dem Antrag inzwischen zugestimmt, es ist eine seiner letzten Amtshandlungen.

Der siebenundsechzigjährige König kränkelt. Im Juni des Jahres 1727 reist er ein letztes Mal in die deutsche Heimat, instinktiv spürend, daß er englischen Boden nie wieder betreten

RICCARDO I.

Re d' Inghilterra.

MELO-DRAMA.

PER

La Reale Accademia di Musica.

L O N D R A

Sold at the *King's Theatre* in the *Hay Market.* M.DCC.XXVII.

17 Händel-Erstausgabe des „Riccardo" 1727.

wird. Der Abschied von seinem Sohn, dem Prince of Wales, mit dem er sich nie verstanden hat, ist ihm sichtlich nahegegangen. Er äußert offen, daß er ihn nicht wiedersehen wird. Er geht in Greenwich an Bord und kutschiert einen Tag später vorbei an holländischen Windmühlen der deutschen Grenze zu. Er erreicht sie am 19. Juni. Während die Pferde gewechselt werden, hält er noch einmal ein barockes Mahl, als Dessert eine ganze Melone verspeisend. Weiter geht die Reise nach Osnabrück, wo einer der fünf Brüder als Fürstbischof residiert. Bei Dunkelheit sprengt ein Reiter heran und wirft dem König einen Brief in den Wagen. Sobald es dämmert, entsiegelt Georg I. das Schreiben und erstarrt: Es ist von der Hand Sophie Dorotheas, seiner geschiedenen Frau, die in Ahlden an der Aller seit 32 Jahren in Haft lebte. Sie hatte ihm vor noch nicht langer Zeit einen Fluch zugesandt, sie werde ihm ein Jahr nach ihrem eigenen Tod vor Gottes Thron zur Rechenschaft fordern. Ein Wahrsager hatte dem König prophezeit, er werde in der Tat im Todesjahr Sophie Dorotheas sterben. Sie war am 13. November des vergangenen Jahres an einer Gehirnhautentzündung verschieden, der Zettel kam von ihrem Totenbett und enthielt eine letzte Verwünschung. Mit einem stechenden Schmerz im Arm sinkt der König zurück, die Zunge tritt ihm aus dem offenstehenden Mund. Georg I. hat einen Schlaganfall erlitten. „Es ist zu Ende mit mir", ist einer seiner letzten französisch gelallten Aussprüche, als man ihn in dem ostfriesischen Ort Lingen zur Ader läßt. Soll man die Reise ganz abbrechen? Der König drängt auf Weiterfahrt. Als die Kutsche abends gegen 10 in Osnabrück eintrifft, scheint der König in seinem Sitz zu schlafen. Er ist tot.

Was immer man gegen den deutschen Fürsten auf englischem Thron vorbringen mag – er war kein gekrönter Nichtstuer, die Hannoveraner liebten ihn als guten Landesherrn, den Briten wurde er ein verträglicher, friedfertiger König, den Europäern bedeutete er im Krieg ein braver Soldat und tüchtiger Truppenführer. Seinem Hofkapellmeister Georg Friedrich Händel hat er die Treue gehalten, auf ihn konnte der große

Komponist bauen wie auf einen Fels. Wie aber würde der Nachfolger sein, der sich doch so offen auf die Seite der Händel-Gegner geschlagen hatte? Und was wurde aus der von dem verstorbenen König protegierten Royal Academy? Der Zweiundvierzigjährige geht schwierigen Zeiten entgegen.

9
Kampf auf verlorenem Posten

Der neue König Georg II.

Des verstorbenen Königs Sohn Georg August, der ihm als
Georg II. auf den Thron folgt, gehört Händels Generation an.
Er ist nur zwei Jahre älter als der Komponist und wird diesen
um nur 18 Monate überleben. Er hat das Hugenottenblut seiner geächteten Mutter in den Adern: Das äußert sich in Witz,
Schlagfertigkeit, einem lebhaften Temperament. Als er im Alter von 22 Jahren die brandenburgische Prinzessin Caroline
heiratet, ist er eine gewinnende Erscheinung: nicht groß, dafür
schlank gewachsen, mit strahlenden Augen, roten Wangen, ka-
stanienbraunem Haar. Er reizt die wegen ihrer Schönheit gerühmte Braut weit mehr als der Erzherzog und spätere Kaiser
Karl, dessen Bewerbung sie nicht nur aus Glaubensgründen
ausgeschlagen hat.

Das Zerwürfnis in dem neuen britischen Königshaus be-
wegte alle europäischen Höfe. Georg I. hatte seinen Sohn
samt Schwiegertochter aus dem Palast gejagt und ihnen beide
Kinder weggenommen, die die Eltern nicht einmal sehen durften. Der tiefere Grund des Hasses: Der Sohn hing an seiner
Mutter, der er sich bei einer Begegnung am liebsten in die
Arme geworfen hätte, wäre er durch den energischen Griff eines
Höflings nicht noch rechtzeitig daran gehindert worden. Georg
August war fest von der Unschuld seiner Mutter überzeugt und
vergaß dem Vater ihre lebenslängliche Gefangenschaft nie. Da-
bei sind Vater und Sohn sich in ihren Neigungen recht ähnlich.
Auch Georg II. ist ein vorzüglicher Soldat, er hat sich im Krieg
unter Prinz Eugen und dem Herzog von Marlborough auf dem
Schlachtfeld bei Oudenaarde, wo die Franzosen eine schwere
Niederlage erlitten, glänzend bewährt. Er ist rauflustig und
hätte seinen preußischen Vetter, den künftigen Soldatenkönig,

am liebsten zum Duell gefordert und ihm den Degen in den Leib gerannt. Wie der Vater liebt er über alles Hannover, das er häufig besucht, und hat seine Mätressen, zumal die Ehefrau durch Geburten zur Leibesfülle neigt und die Pocken ihre Spuren zurückgelassen haben.

Erstaunlicherweise erhält Händel nach Georgs I. Tod von dem neuen König sogleich den Auftrag, eine Musik für die Krönungsfeierlichkeiten zu schreiben. Er ist ja jetzt britischer Untertan – was lag näher? Im Grunde hatte der zweite Welfe auf englischem Thron nie aufgehört, Händel seit seinen hannöverschen Kapellmeistertagen zu verehren und auch menschlich zu schätzen. Mit der eher willkürlichen Parteinahme für Bononcini hatte der Prince of Wales lediglich den Vater verdrießen wollen. Was aber galt das, seit Georg I. in seiner Gruft lag! Händel gestaltet ein glanzvolles, aus vier Teilen, sogenannten Anthems (wir kennen die Bezeichnung aus Händels Arbeiten für Lord Chandos), zusammengesetztes Chorwerk. Schon die Proben für die Aufführung haben aus der Bevölkerung einen solchen Zulauf, daß man das Datum der Generalprobe geheimhält. Die Massen hätten die Arbeit der Ausführenden womöglich behindert. Allein das Aufgebot zieht die Leute an: Das Orchester für sich genommen zählt 160 Musiker. Die Anordnung ihrer Plätze von der Orgel abwärts in Terrassen wie in einem Amphitheater bietet dem Auge ein eindrucksvolles Bild.

Die Krönung in Westminster Abbey wird wegen einer angekündigten Springflut vom 4. auf den 11. Oktober verlegt. Hochadel, regierende Häuser aus allen Teilen Europas sind vertreten. Kein anderer Komponist der Welt erlebt für seine Musik einen solchen Hochmoment. Zur Salbung des Monarchen erklingt das erste Anthem aus dem 1. Buch der Könige: Der Priester Zadok und der Prophet Nathan führen den auf einem Maultier reitenden Sohn Davids, Salomon, auf eine Höhe und salben ihn zum König Israels. Posaunen blasen, das Volk jubelt. Händel gestaltet den Auftakt mit einem großangelegten Crescendo, in das am Ende der siebenstimmige Chor mit einer Gewalt einsetzt, die die Zuhörer unter dem gotischen Netzgewölbe bis auf den heutigen Tag der Sinne beraubt. Das Stück gehört seit jenem Tag wie Krone und Zepter zu jeder englischen Thronzeremonie. Im zweiten Anthem erfleht der Psalmdichter für den Gesalbten von Gott dem Herrn eine starke, aber gerechte Hand, Weisheit und Wahrhaftigkeit. Der Gesang wirkt getragen, geradezu melancholisch; denn auf keine andere Bitte setzen Volk und Land ein solches Gewicht. In Anthem 3 schmettern die Trompeten zum Chor die Freude und Dankbarkeit des Gekrönten zum Lobe des Allerhöchsten. Die eigentliche Seele legt Händel in den letzten Psalmengesang, denn nun wird die Königin gekrönt. Daß er ihr und den beiden Töchtern ein eigenes Anthem widmet, bricht mit der Tradition bisheriger Krönungsmusiken. „Fürstentöchter stehen im Kreise deiner Edelfrauen, zu deiner Rechten erscheint die Königin im Goldgewand, und der König erfreut sich ihrer Schönheit." Wie lieblich, gefühlvoll und liedhaft sich das anhört. Denn hier huldigt Händel seiner Seelenfreundin, Königin Caroline, der geborenen Prinzessin von Brandenburg-Ansbach, die den Komponisten auch in den Tagen schlimmster Parteiungen nicht im Stich gelassen hat. Sie besuchte seine Opern, lauschte mit den Töchtern in der St. Paul's Cathedral seinem Orgelspiel. Sie gehört in seine Kinderzeit, als er die erste Konzertreise seines Lebens nach Berlin unternahm, sie ist aus den Jahren seiner Anstellung in Hannover nicht wegzudenken. Und wie hübsch, wie derb-natürlich er sie damals erlebte. Nun kann er alle stille Verehrung, Dankbarkeit und Liebe für diese Frau in dieses eigens für sie komponierte Stück Musik hineinlegen.

Königin Caroline, die einst mit Leibniz philosophische Gespräche führte, empfängt bei sich Berühmtheiten wie Newton, Berkeley, Pope und Chesterfield. Sie ist das erste Mitglied des neuen Königshauses, für das die Engländer echte Sympathie empfinden. Sie lieben ihren handfesten Humor, ihre etwas lockere Redeweise. Sie wissen um ihre Verdienste; denn *sie* regiert, wenn der König in Herrenhausen weilt, und lenkt ihn,

18 Händels „Seelenfreundin" Königin Caroline,
geb. Prinzessin von Brandenburg-Ansbach (1683–1737),
Gemahlin Georgs II.

sobald er wieder zurück ist. Zwar betrügt Georg II. seine Frau, aber er achtet ihre geistige Überlegenheit und hängt an ihr.

Inzwischen regt es sich erneut an dem konkurrierenden Theater mit den billigeren Preisen am Lincoln's Inn Field, für das sich nun auch das vornehmere Publikum zu interessieren beginnt. Eine neue englischsprachige Oper ist angekündigt. Ihr Komponist ein Berliner: Johann Christoph Pepusch, dem Händel vor Jahren im Hause des Lord Chandos ins Gehege gekommen war, als dessen Privatkapellmeister Pepusch nach wie vor fungiert. Der Librettist heißt John Gay. Wir kennen ihn aus Händels Tischgesellschaft bei dem Earl of Burlington. Gay ist mit Pope und Swift befreundet und hat den englischen Text zu Händels „Acis und Galatea" verfaßt. Wie so viele Schriftsteller dieser Insel ist er ein geborener Satiriker.

Zur Premiere am 29. Januar 1728 hat sich viel Prominenz eingefunden, in ihrer Mitte Premierminister Robert Walpole. Die Ouvertüre – feierliche Einleitung, fugiertes Allegro – hat durchaus händelsche Struktur, doch nein: Hatte sich da nicht der Straßensong „The happy clown" verirrt, mit dem man niemand anderes meinte als den ersten Staatsdiener Seiner Majestät? Zwei abgerissene Kerle treten vor das Publikum. Scheinheilig danken sie dafür, daß sie ein Stück vor die Öffentlichkeit bringen dürfen, das den Normen der Unnatürlichkeit gerade in Mode stehender Opern nicht ganz entsprechen werde, man habe nämlich gar keine Rezitative! Der Vorhang geht auf. Aber keine malerische Säulenfassade, kein Zypressenhain wird sichtbar, in dem ein thrakischer Prinz einer orientalischen Königin nachseufzt. An einem Tisch sitzt ein Gaunerchef und führt Buch über seine Komplizenbande. Soll er den Taschendieb Gagg verpfeifen oder noch eine Weile für sich arbeiten lassen? Mehr als 40 Pfund Belohnung zahlt die Staatsgewalt nicht für einen Galgenvogel. Wegelagerer, Diebsgesindel, Bettler, Dirnen bevölkern die Bühne. Sie heißen nicht Leonato, Grimoaldo, Rodelinda, je unmelodischer desto aussagekräftiger: Peachum (Petzer), Twitcher (Taschendieb), Trapes (Schlampe), Doxy (Straßenhure), Crook-fingered Jack (Jakob

*19 Georg II., König von England. Kupferstich von
C. H. Müller nach Diehl.*

Krummfinger) ...Die Bande hat einen neuen Raubüberfall ausgeheckt, tatendurstig zieht das Pack unter dem Siegesmarsch aus Händels „Rinaldo" von dannen. Wie Cleopatra und Radamisto singen Gays Gangster und Huren von Seelenschmerz und Eifersucht, aber ihr Pathos steht in schrillem Kontrast zu dem gängigen Gassenhauer, den sie dabei anstimmen. Zwei Schurken beschimpfen sich, gleich wird man handgreiflich – da wird unvermittelt ein Liedchen angestimmt... – Ein armer Teufel muß dran glauben, er erwartet den Strang. Da singt auch er schnell noch eine Arie... Clownhaft nachgeäffte Cuzzoni-Koloraturen, auf den Nerv tretende Faustina-Triller knäulen sich um ein einzelnes unanständiges Wort...

Worum geht es in dem Stück überhaupt? Hehlerkönig Peachum hält auf sich: Er will seine Tochter Polly in der hohen Gesellschaft verheiraten. Die aber liebt den Straßenräuber Macheath, „Sohn der (berüchtigten Londoner) Heide", und heiratet ihn heimlich. Peachum verpetzt darauf den „Schwiegersohn", der auch Zuhälter ist, und kann den immer wieder Flüchtigen mit Hilfe eifersüchtiger Dirnen hinter Schloß und Riegel bringen. Lucy, die Tochter des Gefängniswärters, ist dem Häftling gleichfalls verfallen und befreit ihn. Doch Macheaths Huren locken die Strafjustiz zum zweitenmal auf seine Fährte. Abermals festgenommen, steht der Schwerenöter der Londoner Unterwelt ohne Aussicht auf Rettung vor dem Henker. Da aber gebietet jemand laut Einhalt. Es ist der Bettler, der mit seiner Vorrede das Stück eröffnet hatte. Auf keinen Fall, so seine Worte, dürfe eine Oper böse ausgehen! Also läßt man sich schnell ein Happy End einfallen, zumal Peachum, der eiskalte Rechner, sich schon vorher darüber klar war, daß ein lebender Macheath ihm mit seinen Gaunereien weit mehr Profit einbringt als ein toter. Macheath entgeht der Hinrichtung; denn Geld macht in einer korrupten Gesellschaft alles möglich, die Liebenden werden glücklich vereint, die Oper klingt für alle Beteiligten versöhnlich aus.

Mit dem Echo der „Beggar's Opera", so der offizielle Titel, konnten sich auch Händels größte Bühnenerfolge nicht im ent-

213

ferntesten messen: 62 Aufführungen in einer einzigen Spielsaison, 59 im Laufe der kommenden, während der Buchdruck bereits der dritten Auflage entgegensah. Gays Betteloper wird auch in Dublin und auf englischen Provinzbühnen ein – wir würden heute sagen – „Kassenschlager". Schon finden sich Dutzende von Nachahmern, Raubdrucke erscheinen, Übersetzungen ins Französische, ins Deutsche...

Die Absicht war klar gewesen: Man wollte das blutleere Kunstgebilde Italienische Oper zerschmettern, weil sie dem englischen Realitätssinn vollkommen widersprach. Was war denn auch dran? wenn man von der herrlichen Musik eines Händel einmal absah, die sowieso kaum jemand zu würdigen verstand: Die Helden konnten Cäsar, Scipio, Alexander, Kaiser Otto oder König Richard heißen, sie waren austauschbar, weil man ihnen immer wieder die gleichen Eifersucht, Liebesweh und Rache auslösenden Intrigen mehr oder weniger andichtete. Die Sänger brauchten ihre Rollen gar nicht lange einzustudieren, sie benötigten keinen Regisseur, weil ihnen in der Heimat ein festes Ritual von Haltungen, Gesten, Mienen eingetrimmt worden war, die sie nach Bedarf entsprechend einsetzen konnten. Man empörte sich aber auch, daß London zum wichtigsten Außenposten italienischer Musikkultur geworden war. Es wimmelte von hochbezahlten Südländern, wollte man sich von ihnen den Geschmack diktieren lassen, während sich einheimische Musiker ums Brot gebracht sahen? Wo blieb die englische Sprache? Sollte sie von der Bühne verschwinden? Es war kein simpler Jux, daß man die 69 Musikeinlagen aus populären Tänzen, Liedern, Märschen geschöpft hatte. Fristete die englische Nationalmusik nicht ein beklagenswertes Hinterhofdasein?

Wer aber hielt sich die importierten Paradiesvögel mit den Goldkehlen, um sich von ihnen am Abend eine Scheinwelt vorgaukeln zu lassen? Eine moralisch verkommene, verlogene, sich auf Kosten des Volkes schamlos bereichernde Hofgesellschaft, die sich von den Ganoven und Prostituierten des Bühnenstückes lediglich durch die Kleidung und durch das viel größere Ausmaß ihrer Verbrechen unterschieden. „Wo sind die inhaftierten, nach Übersee deportierten oder exekutierten ‚fine gentlemen'?" fragt Macheath. Die Armen aber läßt man um kleiner Vergehen willen hart büßen. Der Regierungschef Schatzkanzler Robert Walpole sollte sich gleich in allen drei Hauptfiguren wiedererkennen: dem Hehlerkönig, dem Gefängnisdirektor und dem von Huren umbuhlten Straßenräuber. Jeder wußte von Walpoles Liebschaften, seinen Schiebereien, seiner Neigung, das eigene Amt zur persönlichen Bereicherung zu mißbrauchen. Als Gays satirisches Meisterstück Schule macht, die Anspielungen auf lebende Politiker in neuen Singspielen, Schmierenstücken kein Ende nehmen, zieht Walpole die Notbremse und läßt dergleichen Produkte per Gesetz verbieten. Das aber gelingt erst Jahre später. Der italienischen Oper ist das Rückgrat durch Gays Keulenschlag vorerst gebrochen. Zwar führt Händel unverdrossen seine Opern weiter auf, doch das Publikum bleibt aus. Am 1. Juni 1728 steigt Herakles ein letztes Mal ins Schattenreich, um Admetos Gemahlin von den Furien zu erlösen. Die Royal Academy selbst vermag er dem Gott des Todes nicht zu entreißen. Sie schließt endgültig ihre Pforten – wegen Zahlungsunfähigkeit. Faustina Bordoni, Francesca Cuzzoni und Senesino treten die Heimreise nach Italien an.

Aus dieser Zeit des Rückschlags stammt ein Händelportrait, das dem Maler Balthasar Denner zugeschrieben wird. Es verhehlt uns nicht das Doppelkinn des guten Essers, den zum Fettansatz neigenden Hals, der über den Steg eines weißen Seidenschals quillt, dessen gefranste Bahnen aus dem aufgeknöpften Rock wehen. Die schneeige Perücke senkt sich über Haupt und Schulter wie ein zu Dampf verdichteter Londoner Nebel. Unter ihm ist nicht leicht atmen: die Züge verraten Ernst, einen Anflug von Trauer, die leicht vorgeschobene Unterlippe verhaltene Bitterkeit. Die ebenmäßige Nase könnte einem Lord gehören. Die mächtige, sich nach oben romanisch rundende Stirn, der ruhende Blick unter dem kräftigen Strich der Augenbrauen vermitteln den Eindruck königlicher Würde.

Muß er sich den Spott der Beggar's Opera zu Herzen nehmen? Er hat die italienische Oper nicht erfunden. Er nahm die Form, wie er sie vorfand, Dutzende ihrer dürftigen, mehr oder weniger abgedroschenen Libretti mit seiner Musik veredelnd. Er hat bis zuletzt nicht schlecht daran verdient und legt Tausende Pfund in Aktien oder Staatspapieren an. Auch glaubt er keineswegs an das endgültige „Aus" des Theaters am Haymarket. Das Publikum konnte nicht Saison für Saison von Parodie und Satire leben. Dieser Mode einmal überdrüssig, würde es, so seine Rechnung, zur Opera seria zurückkehren. Finanziell fühlt er sich stark genug, um das Unternehmen notfalls auf eigene Schultern zu nehmen. Der windige Direktor Heidegger will sich beteiligen, der König, auf den Händel nun immer zählen kann, 1000 Pfund zuschießen. Andere Subskribenten zahlen gleichfalls ein. So kann man schließlich folgende Übereinkunft treffen: 2200 Pfund sollen an Heidegger für Kulissen und Kostüme entfallen. Händel stehen pro Werk, das er entweder selbst beisteuert oder inszeniert, 1000 Pfund zu. 4000 Pfund müssen sich die engagierten Sänger teilen. Heidegger reist auf den Kontinent, lockt aber mit den deutlich abgemagerten Finanzangeboten keinen der entfleuchten Stars nach London zurück. So muß Händel die Sache selbst in die Hand nehmen.

Er tritt in Begleitung dreier Aktionäre im Februar des Jahres 1729 eine Reise nach Italien an, diesmal als Geschäftsmann; denn die Zahl der Geldgeber ist klein, Händel hat sein eigenes Kapital in das Unternehmen gesteckt. Er besucht Rom, Venedig, Neapel, Siena. Daselbst möchte er am liebsten den Kastraten Senesino zurückgewinnen; das gelingt nicht. Der Unvergleichliche war oft genug mit dem deutschen Maestro aneinandergeraten, soll der doch ohne ihn nun sehen, wo er bleibt! Mit einem Sack voll Goldstücke wieder in der Heimat, hat er sich einen eigenen Palast errichtet. Über dem Tor läßt er eine Inschrift anbringen: „Erbaut auf dem Fundament englischer Narrheit". .

Händel sieht die Stätten seiner glücklichsten Jahre wieder. Wie ungebunden er damals war, nur sich selbst, sonst niemandem verpflichtet – keiner Operngesellschaft, keinem König, keiner Politik. Nun muß er verwöhnte, eigensinnige Sänger engagieren, Vertragsangebote ausreizen, überzogene Geldforderungen herunterhandeln. Eine Einladung des römischen Kardinals Colonna, eines seiner frühen Bewunderer und Gönner also, muß er aus Gründen des politischen Takts ausschlagen, weil dieser den katholischen Stuart James III. bei sich beherbergt, der nach wie vor Anspruch auf den britischen Thron erhebt. Noch eine Erfahrung muß der Reisende nun machen: Die Zeit war nicht stehengeblieben, sie hatte eine neue Musikergeneration hervorgebracht. Neue Namen sind in aller Munde. So der eines Textdichters, der sich so stark an den Vorbildern der Antike orientiert, daß er seinen Familiennamen Trapassi (trapasso: Übergang) graezisiert hat: er nennt sich Metastasio und wird der maßgebliche Librettist seiner Zeit. Er begreift seine Operntexte als „dramma per musica", das sich weder der Musik noch der Sängerlaune sklavisch unterzuordnen hat. Die Bühne wird zur moralischen Schule, auf der ein vornehmes Publikum Figuren (in der Regel sechs an der Zahl) mit glänzenden Tugenden bzw. verabscheuungswürdigen Lastern erlebt. Immer aber werden Edelmut, Treue, Hochherzigkeit, Liebe über die Intrige siegen und alle Beteiligten zum Guten führen. Händel nimmt sich Metastasios Texte mit, er kann sie in London gut gebrauchen. Jahrzehnte später begegnet der illustre Poet dem jungen Joseph Haydn; denn der Italiener wird beim Kaiser in Wien zum „Poeta cesareo" avancieren und sich dort bis ans Lebensende ansiedeln.

Die gefeierten Opernkomponisten heißen jetzt Leonardo Vinci und Nicola Porpora. Auch ein Deutscher aus Hamburg erlebt Triumphe. Einzig sein Name verrät, daß er kein wirklicher Italiener ist, so sehr hat er sich italienische Kunst und Lebensart zueigen gemacht: Er heißt Johann Adolf Hasse. Von Haus aus Sänger wie sein italienischer Kollege Porpora, hat er in Neapel und Venedig mit eigenen Opern solche Triumphe gefeiert, daß Händel sich geradezu ausgelöscht fühlen muß. Denn unter dem „Sassone" verstehen die Italiener jetzt Hasse.

Obendrein wird er zu Händels Verdruß in Kürze Faustina Bordoni ehelichen, womit auch sie für ein zweites Engagement am Haymarket ausfällt.

Wie heute ein Fabrikant ein industriell fortgeschrittenes Land besucht, um neue Fertigungs- und Verfahrenstechniken für sein eigenes Produkt zu erkunden, studiert auch Händel den „Markenartikel" Oper und stellt an den Stätten ihres Ursprungs bedeutende Neuerungen fest. Ein Pamphlet hatte lange vor Gays Bettleroper hierzulande die Runde gemacht. Es hatte bereits die Unnatur der bestehenden Opernpraxis gegeißelt und die Musiker getadelt, die sich den Capricen der Sänger unterwarfen. Welch ein Unding auf der Bühne, daß jemand dort gerade in dem Moment einschlummerte, wenn eine andere Figur eintraf, und zwar zu dem Zwecke, daß der Schläfer dem Horchposten Beziehenden im Traum seine intimsten Gedanken preisgab! Welch lächerliche Methode, um einer Intrige zu ihrem Fortgang zu verhelfen! Genug auch mit den abgegriffenen Tiermetaphern, deren zoologischer Bestand aus Täubchen, Nachtigallen, Löwen, Tiger deutlich an Artenschwund litt!... - Auf den Bühnen Neapels hatten sich inzwischen Volkston, Volksgenre, ja Volkshumor heimisch gemacht. Das traf die Wirklichkeit. Kleine Dienstbotenszenen wurden eingeschoben, wo es ein bißchen lustig zuging. Eine völlig neue Musikgattung kroch allmählich aus dem Ei: die komische Oper, die „Opera buffa". Ein geplagter Barbier, ein geiziger Vormund, ein pfiffiges Dienerpaar verdrängen den klischierten Griechenhalbgott, den würdelos buhlenden Perserkönig allmählich von der Bühne. Händel sammelt seine neuen Eindrücke, wir werden noch sehen, wie er sie verwertet.

Aus Venedig ist ein Brief aus seiner Feder an den inzwischen wiederverheirateten Schwager Michaelsen erhalten. Wir können den Zeilen entnehmen, daß Händel auf seiner im Frühsommer erfolgenden Rückreise den Weg über Halle einschlagen will. Die Mutter kränkelt, sie geht auf die Achtzig. Der Sohn sieht sie zum letzten Mal; sie stirbt in den Weihnachtstagen des nächsten Jahres.

Während Händel sich in der Vaterstadt aufhält, sucht ihn ein Jurastudent aus Leipzig auf. Er heißt Wilhelm Friedemann Bach. Er übergibt dem Londoner Operndirektor eine Einladung seines Vaters nach Leipzig; Johann Sebastian selbst ist wegen Krankheit vorübergehend nicht reisefähig. Händel muß den jungen Mann enttäuschen, sicherlich nicht aus mangelndem Interesse, sondern weil er unter Zeitdruck steht: Er hat ein halbes Dutzend Sänger engagiert, sie kosten Geld. Es wurde Zeit, daß er nach London zurückfuhr. Das Opernhaus am Haymarket durfte nicht länger leer stehen. Wieviel aber gab es zuvor zu regeln! Daß Händel von Bachs großer Bedeutung keine Kenntnis hatte und möglicherweise darum dessen Wunsch nicht nachkam, ist unwahrscheinlich. In dem Fall hätte Bach seinen Ältesten nicht auf die Reise geschickt. Die Namen Bach und Händel (allerdings eher in umgekehrter Reihenfolge) werden unter Kennern schon damals in einem Atemzug genannt. Mattheson tut das in seinen Schriften. Sein Gegner, ein gewisser Ernst Gottlieb Baron, nimmt mit folgenden Worten gegen diesen Stellung: „Herr Hendel in Engelland und der berühmte Herr Capell-Meister Bach in Leipzig spielen das Clavir, Clavicin und Orgel weit besser als Herr Matheson, componiren auch gelehrtere Sachen, die bey Musik-Verständigen weit mehr Approbation finden als seine". Auch der Augenarzt, der später einmal den erblindeten Komponisten behandeln wird, prahlt, daß Jahre zuvor der berühmte Leipziger Musiker sein Patient gewesen war. Wir können nur bedauern, daß es auch diesmal zu einer Begegnung der beiden überragenden Persönlichkeiten nicht gekommen ist. Man stelle sich vor, Händel hätte einen Blick in die frische Partitur der Matthäuspassion tun dürfen, die in der zurückliegenden Karwoche gerade aufgeführt worden war!

Am 29. Juni treffen wir Händel wieder in London. Eine neue Oper wird fertiggestellt. Der wie üblich nach einer italienischen Vorlage arbeitende unbekannte Textdichter tut sich schwer. Die Handlung gerät wirr, die obligatorische Gefängnisszene darf nicht fehlen – dieses überstrapazierte Opernklischee hatte

John Gays Diebsgesindel ja gerade mit Hochgenuß parodiert!
Die Helden überbieten einander in Selbstmordversuchen...
Das Geschehen rankt sich abermals um König Otto, und zwar
den Ersten, den man später den Großen nennt. Siegreich rückt
er in Italien ein, befreit die gefangene Königin Adelheid, deren
Gemahl getötet wurde, und heiratet sie. Das Historische wird
ein bißchen zurechtgemodelt, damit zwei theaterfähige Liebesintrigen herausspringen können. Jeder soll indes wissen, daß es
sich um ein völlig neues Oeuvre handelt und nicht etwa um eine
bloß abgeänderte Auflage des „Ottone". Darum tauft man den
Titelhelden Otto kurzerhand um: er heißt Lothar. Alle eingekauften Sänger sind mit einer Rolle bedacht: Der neue Kastrat
Antonio Bernacchi hat die höchste Gage von 1200 Pfund erhalten, an ihn können sich die Leute nur langsam gewöhnen; er ist
kein Senesino. Auch Anna Strada, der neue Sopran, der für
800 Pfund Gage singt, reicht nicht an die Cuzzoni heran, ja
übertrifft sie eher noch an Unansehnlichkeit. Man stört sich an
ihren Grimassen, vom Publikum erhält sie einen „Kosena-
men": das Schwein. Mehr Anklang findet ein Tenor, der sich
mit 600 Pfund Gage begnügen muß: Annibale Pio Fabri. Am
schlechtesten schneidet ein deutscher Baß namens Riem-
schneider ab. Händel soll ihn in Hamburg aufgetan haben. Er
singt durch die Nase, spricht die italienischen Wörter deutsch
aus und bewegt sich auf der Szene, so ein Zeugenbericht, wie
ein „Spanferkel".

Wir wissen von solchen Einzelheiten aus dem Geplauder des
Librettisten Rolli, der seinem Landsmann Senesino in die Heimat schreibt. Er durchhechelt den neuen Opernbetrieb, lobt
oder lästert, wenn es um die Leistungen der debütierenden
Neulinge geht, vermittelt uns aber auch eine Vorstellung, wie
der musikalische Leiter, Maestro Händel selbst, in Temperament und äußerer Erscheinung auf andere gewirkt hat. Rolli
nennt ihn kurz „Alto" (wohl im Sinne von hochgewachsen),
den „Wilden", den „Bären", den „Faun aus den Bergen" oder
einfach „il uomo" (den Mann), was wir in dieser dekadenten
Gesellschaft wohl als eine Auszeichnung deuten dürfen.

Die neue Oper „Lotario", zur Wiedereröffnung am 2. Dezember 1729 uraufgeführt, mißfällt. Das Theater will sich nicht füllen. Noch immer strömt alles zu „Beggar's Opera". „Lotario" enthält schönste Musik, vertrautes Melodiegut aus „Rinaldo", „Rodelinda", „Scipione" ist geschickt hineingearbeitet, denn der Komponist weiß, welchen Überraschungseffekt dergleichen Wiederbegegnungen beim Zuhörer erzeugen können. Vergebens. Nach zehn mageren Abenden verschwindet „Lotario" für immer in der Versenkung. Händel versucht es mit der Neueinstudierung seines nachhaltigsten Bühnenerfolges „Giulio Cesare". Diese Zuflucht erweist sich geradezu als Fehlgriff; denn nun werden bei den Besuchern Erinnerungen geweckt, die zu Vergleichen mit der früheren Traumbesetzung – Senesino – Cuzzoni – Boschi geradezu herausfordern.

Am 24. Februar 1730 wartet Händel mit einer neuen, in vieler Hinsicht sogar andersartigen Oper auf: „Partenope". Er verwertet nicht nur eines der vielen Textbücher, die er sich aus Italien mitgebracht hat, wir erkennen auch das Blau des südlichen Himmels wieder. Arien, Duette, Quartette bezaubern durch ihre heitere Sanglichkeit. Oboen, Flöten umtaumeln die Lieder wie mediterrane Schmetterlinge. Selbst waffenklirrende Aufmärsche, resolute Kampfgesänge – wir sind zu Gast bei einer Tochter des Kriegsgottes Mars – bewegen sich eher mit Grazie. Partenope, eine an die Küste Kampaniens verschlagene Amazone, ist Gründerin und erste Herrscherin Neapels. Sie hat sich gleich zwischen drei Liebhabern zu entscheiden. Den einen besiegt sie in der Schlacht. Gefangengenommen hat er sich damit zu begnügen, daß sie ihm die Freiheit schenkt. Der zweite Aspirant, Arsace, darf sich rühmen, Partenopes Herz erobert zu haben, aber er hat seine eigene Braut dafür im Stich gelassen, eine Prinzessin von Zypern. Darum fällt er schon aus moralischen Gründen als Sieger aus. Armindo ist der einzig Würdige unter den dreien. Er verdient sich das Herz der Königin durch Beständigkeit und Tugend. Um das zu demonstrieren, verbietet der Dichter Silvio Stampiglia dem Publikum keineswegs das Lachen. Denn Rosmira, die verratene

Prinzessin, ist ihrem abenteuerlustigen Geliebten nachgereist und bringt ihn in recht ungemütliche Situationen, zumal ihr der Treulose – er hat Rosmira natürlich wiedererkannt – sein Wort dafür verpfänden muß, ihre wahre Identität am Orte niemandem preiszugeben. Sie selbst spielt sich vor der Königin als abgesandten Verteidiger der Ehre Rosmiras aus und bringt Arsace in Gegenwart Partenopes geradezu ins Schwitzen. Ja sie treibt das Spiel zu weit, als sie zum öffentlichen Zweikampf gegen ihn antreten will. Hat sie doch nicht mit der Geistesgegenwart des Überführten gerechnet: Der reißt sich in der Verzweiflung das Panzerhemd vom Leibe. Mit gleichfalls entblößter Brust (gepanzert wäre sie ja im Vorteil) kann Rosmira schwerlich, ohne sich zu verraten, das Duell ausfechten. So löst sich alles komödienhaft in Wohlgefallen auf: Rosmira hat ihren Geliebten wieder, Partenope entscheidet sich für den edlen Armindo.

Aber auch dieser anmutigen Oper ist kein Erfolg beschieden. Das Publikum dankt dem großen Musiker nicht dafür, daß er sich im Süden fortgebildet, sich neue Entwicklungen und Techniken mit der ihm eigenen Genialität zueigen gemacht hat. Bernacchi enttäuscht, weil er sich den hohen Koloraturanforderungen kaum gewachsen zeigt. Die Aufführung wird ganze sechsmal wiederholt. Ein Pasticcio, zusammengesetzt aus Beiträgen modernster Komponisten, darunter Hasse und Porpora, eine Wiederaufnahme des „Tolomeo" füllen weder Ränge noch Kassen. Der König weilt in Hannover, die Königin bleibt der Academy gleichfalls fern. „Die Oper stirbt", das ist der Eindruck der spärlichen Besucher. Heidegger sieht seine Felle davonschwimmen. Er legt sich mit seinem Geschäftspartner an und will seinen Geldanteil wiederhaben. Für Händel ein niederschmetternder Sommer. Nochmals nach Italien fahren ging nicht. Er schreibt Briefe. Koste es, was es wolle, er mußte Senesino zurückgewinnen. Er heftet sich hinter den florentinischen Botschafter, namens Francis Colman. Der unternimmt tatsächlich einen Versuch, und siehe da – Senesino kehrt zurück! Der männliche Mezzosopran mit der Stülpnase, den

Gourmandlippen, der niedrigen Stirn weiß immer noch wie kein anderer Europas Opernpublikum in seinen Bann zu ziehen. 1400 Pfund muß man ihm zahlen, das übersteigt die Mittel, ja macht das Geschäft für Händel zu einem persönlichen Risiko. Sei's drum. Wenn das die Oper rettete, setzte er gern alles auf eine Karte. Am 3. November (1730) tritt Senesino als Scipione, einer alten Spitzenrolle, wieder auf, auch Partenope erhält durch ihn erst ihren Glanz. Jetzt ist das Jammertal durchschritten. Die Leute strömen wieder, Geld kommt ein. Man applaudiert, man lobt in den Zeitungen, Direktor Heidegger macht eine zufriedene Miene: Händel darf aufatmen.

Er schreibt seine 28. Oper „Poro, Re nell'Indie" und feilt gerade am 2. Akt, als am 27. Dezember in Halle achtzigjährig die Mutter des Musikers Dorothea Händel geborene Taust stirbt. Sie hatte, bedenkt man die durchschnittliche Lebenserwartung jener Zeit, ein gesegnetes Alter erreicht und war nun von langer Nacht und Krankheit erlöst. Mitten in der Spielzeit, wo jeder Abend über die Zukunft des ganzen Unternehmens entscheiden konnte, war der verantwortliche Leiter völlig unabkömmlich. So muß er die Bestattungskosten über seinen Schwager Michaelsen abwickeln, der ihm in der Ferne unschätzbare Dienste leistet. Von einem Vetter namens Christian August Roth erreicht den Trauernden, während er den festlichen „Poro" abschließt, ein Beileidsgedicht. Darin finden sich Verse, die nur ihm gelten: „Was wunder, dass ein Schwert in seine Seele dringt?/Er, als der eintzige von denen nächsten Erben,/Erfährt durch rauhe Luft des Himmels strengen Schluß,/Dass die Getreueste nach zwey Geschwistern sterben,/Und ihn als Ueberrest zurücke lassen muß."

Der neue beachtliche Opernerfolg mit Senesino in der Titelrolle mag ihn über die Düsternis etwas hinweggetröstet haben. „Poro" wird 16mal gespielt, alle Welt ist begeistert. Die ins Ohr gehende, sich im Siciliano wiegende Musik findet solchen Anklang, daß Händels neuer Verleger John Walsh mit Sonderdrucken gar nicht nachkommen kann. Poros, das ist jener antike König jenseits des Indus, der einem europäischen Heer zum erstenmal mit Elefanten entgegenzieht. Als Alexander auch ihn besiegt hat, fragt der Eroberer den aus zahlreichen Wunden Blutenden, wie er von ihm behandelt werden wolle. Poros' Antwort: „Königlich!" Daraufhin läßt der Sieger ihm die Krone und schenkt ihm noch Land dazu. Eigentlich müßte das Werk wiederum „Alessandro" heißen; denn der große Mazedonier bestimmt natürlich das Geschehen. Aber Händel konnte wie im Fall Ottones schlecht zwei seiner Opern den gleichen Titel geben. Die eigentliche Sensation bildet das Textbuch, er hat es von dem großen Librettisten des Tages: Metastasio. Der mazedonische Herrscher erscheint darum auch nicht als ein wankelmütiger, letztlich austauschbarer Liebhaber wie vordem, sondern als würdiger, um nicht zu sagen musterhafter König. Der ihn auszeichnende Zug: Großmut. Aus Großmut verzeiht er einem verräterischen General, aus Großmut darf der überwundene Feind, wie es uns die Geschichte überliefert, Reich und Krone behalten, aus Großmut, das dichtet Metastasio nun hinzu, verzichtet er dem Besiegten zuliebe auf Cleophis, eine indische Fürstin, mit der er sich am liebsten selbst vermählt hätte. Diese sittenlehrende Beispielhaftigkeit zeigt uns, daß wir inzwischen tief in das moralisierende Jahrhundert eingetreten sind. Mit ihrem pädagogischen Ernst sticht die Fabel von der Flachheit herkömmlicher Textbücher deutlich ab.

Händel hat in seiner Beständigkeit vollkommen recht behalten: Der italienischen Oper, im Land der Musik wie eh und je gefeiert und weiterentwickelt, hatte man auch in London nichts wirklich Gleichwertiges an die Seite zu stellen. „Rinaldo", „Rodelinda" füllen als neuinszenierte Bühnenlieblinge wiederum die Kassen, bis die Sommerhitze zur Schließung des Hauses zwingt. Mit Nummer 29 – „Ezio" – erlebt die Academy im Januar des Jahres 1732 überraschend ein Fiasko. Zwar wohnt die königliche Familie vier Abenden bei, um so peinlicher die Blamage über den ausbleibenden Zulauf. Das Stück muß nach der fünften Aufführung abgesetzt werden, um zu Lebzeiten des Komponisten nie wieder ans Tageslicht zu kommen. Rätselhaft bleibt es, daß Aëtius, der römische Feldherr, der den Hunnenkönig schlug, auf der Bühne nicht ankommt; denn seine Liebesgeschichte hat wiederum Metastasio gedichtet, Senesino verklärt ihn mit seiner Märchenstimme, Händel erfindet für ihn hinreißende Musik und umgibt ihn mit charakterlich durchgeformten Frauengestalten. Obendrein debütiert Antonio Montagnana, ein frisch engagierter Baß, dessen tiefe Lage und Stimmenumfang auf Londoner Bühnen noch nicht ihresgleichen hatten... Aber nichts zog. Wer mochte aus den Londonern klug werden! Die finanzielle Schlappe konnte man sich einfach nicht leisten. Schnell wird „Giulio Cesare" eingeschoben. Nicht lange; denn schon einen Monat später kann Händel das Publikum mit einem neuen Titel versöhnen: „Sosarme". Schon die Handlung überzeugt wenig. Man hat, um das in gutem Einvernehmen mit dem Londoner Hof stehende portugiesische Königshaus nicht zu verstimmen, den von einem unbekannten Verfasser dramatisierten Dynastiezwist (ehelicher und unehelicher Nachkomme streiten sich um die Thronfolge) von der Stadt Coimbra in das ferne antike Lydien verlegt. Castilisch-portugiesische Dionyse und Ferdinande erhalten unverfängliche Phantasienamen wie Sosarme, Argone, Haliate... „Grob gewebt, rasch zusammengeschrieben", sorgt das Blitzprodukt dennoch für Beifall und Andrang vor der Kasse. Ein englischer Edelmann, mit Namen Viscount Percival, notiert in seinem Tagebuch: „Heute besuchte ich die Oper ,Sosarmis', die Händel komponierte und die in der Stadt zu einem Erfolg kam. Und das zu Recht; denn es ist eine der besten Opern, die ich je gehört habe."

Wir sollten es uns noch einmal bewußt machen, daß die Gründer der Royal Academy ihre Rechte an die Direktoren Händel und Heidegger abgetreten hatten, und zwar befristet für ein halbes Jahrzehnt. Das bedeutete einerseits, daß Händel, der sein eigenes Kapital hineingesteckt hatte, für den Ertrag mit haftete, andererseits erlaubte es ihm aber, daß er Opern nach seinen persönlichen Vorstellungen für den Spielplan aussuchen und selbst schaffen konnte. Auf welche Weise der Künstler diesen Spielraum nutzte, hatte sich schon bei „Partenope" gezeigt, deren Libretto von den früheren Geldgebern als unseriös und zu schlüpfrig verworfen worden war. Wie sehr Händel danach strebte, neue Wege zu gehen und sich dem Fortschritt der letzten Jahre anzupassen, können wir nun an der eigentlichen Gipfelleistung sehen, die zugleich den Höhepunkt des Lebensabschnitts beschreibt, in dem sich der Komponist geradezu als sein eigener Unternehmer betrachten konnte. Die Oper, die ihm in diesen Jahren den größten Erfolg einbringt, trägt die Nummer 31 und heißt „Orlando", Uraufführung am 27. Januar 1733. Ein schottischer Sir Clark of Penicuick bemerkt: „In meinem ganzen Leben habe ich keine bessere Musik gehört und keine bessere Aufführung".

„Orlando furioso", das ist der rasende Roland, dem der italienische Klassiker Ludovico Ariosto (1474–1533) in seinem berühmten Epos Gestalt verliehen hat – ein Ritter, dessen Minne trotz ruhmvoller Taten, trotz höchster ritterlicher Bewährung von Angelica, einer fernöstlichen Prinzessin, nicht erwidert wird; ja sie zieht ihm einen maurischen Fußsoldaten, den sie gesundgepflegt hat, vor. Die Verzweiflung darüber treibt den Helden in den Wahnsinn. Dieser Stoff hatte diversen Librettisten schon als Vorlage gedient, nicht zuletzt für eine Oper Domenico Scarlattis. Auch jetzt wird allerlei umgeändert, damit das teure Londoner Ensemble entsprechend eingesetzt werden kann. Vor allem muß man Antonio Montagnana, den unglaubliche Tiefenwunder vollbringenden Baß, unterbringen. Ein junger Liebhaber in Kellerstimmlage? Das war unüblich. Also erfindet man eine völlig neue Figur: Einen weisen Sterndeuter und Magier, Zoroastro geheißen, der mit seinem Stab Nebelwolken, liebliche Landschaften, Göttertempel, schaurige Höhlen herbeizaubert und natürlich nie vergißt, den Zeigefinger zu erheben; denn es geht um den Sieg über sich selbst. Befreie dich von den krankmachenden Pfeilen des blinden Liebesgottes! heißt die Weisung. Doch wie macht man das? Orlando in seinem Wahnsinn vermag das nicht. Er jagt der Geliebten, als ein Nebelschleier sie entführt, bis in das Schattenreich nach, jedenfalls bildet er sich das in seinem Wahnsinn ein. Er macht dort Radau, verfällt in Weinkrämpfe, rast weiter, als er sich an der Erdoberfläche wiederfindet, verstört die Schäferin Dorinda mit Halluzinationen, legt Hütten in Trümmer ohne Rücksicht auf Menschenleben.....und kann doch erst durch mysteriöse Säfte geheilt werden, die – auf einen Wink Zoroastros – der Adler Jupiters in einem goldenen Kelch herbeiträgt, so daß man sie dem Kranken über das Gesicht träufeln kann. Aus einem heilenden Tiefschlaf erwacht, findet Orlando endlich die Kraft, über sich selbst zu siegen. Die fatalen Folgen seiner Tobsucht zutiefst bereuend, gibt er der Geliebten seinen Segen und läßt sie mit dem anderen ziehen, er selbst wendet sich von Amor weg dem Kriegsgott Mars zu, dem er gleich Herakles im Dienst der Menschheit durch große Taten weiterhin dienen will.

Natürlich mußte man aus Standesgründen den maurischen Fußsoldaten in einen afrikanischen Prinzen umwandeln. Zauberei, Märchenkulisse, alles das kannte man schon aus „Rinaldo", „Teseo", „Amadigi". Nur hatte die Hexerei nie einem Mann zu Gebote gestanden. Zoroastro ist darüberhinaus trotz magischer Taschenkünste frei von Eigensucht und Niedertracht. Wie sein namentlicher späterer „Großneffe" Zarastro in Mozarts „Zauberflöte" will er die Menschen auf den rechten Weg bringen. Für seine erzieherischen Sentenzen steigt er gleich diesem mit seinem Stimmorgan in ungeahnte Tiefen hinab. Händel dringt vor allem musikalisch auf Neuland vor. Schluß mit der reinen Bündelung von Arien und Seccorezitativen, die nur noch der Selbstdarstellung einer Handvoll Seiltänzer der Koloratur dienten! Auch mit der Kostümierung und Bühnenausstattung hatte man sich kaum noch Mühe gegeben, da es ja doch nur um den Wettkampf hochtrainierter Stimmbänder ging. Die Oper seria, so wie sie inzwischen entartet war, hatte sich verbraucht. Schon die neuen Kulissen und Kleider, die man für „Orlando" eigens entworfen hatte, ziehen die Menschen an. Was aber den dramatischen Höhepunkt des Stückes selbst betrifft – Ausbruch des Wahnsinns, als Orlando die in die Rinde eines Lorbeerbaumes geritzten Namen der entflohenen Liebenden entziffert – verzichtet Händel nun ganz auf Dacaponummern und verwandelt das Seelenchaos des Helden in ein einziges Tongemälde, in dem die Stimme des Sängers nicht mehr Selbstzweck, sondern wichtiger Bestandteil eines Ganzen wird. Nicht die Verzierung zählt, sondern der Ausdruck, hier muß der Sänger seine Register ziehen, und zwar wetterleuchtend, stromstoßartig wie der Irrsinn das menschliche Hirn tatsächlich zerpflügt: In Sekundenschnelle wechselt Lethargie mit Wut, Weinseligkeit mit Panik, Horrorvision mit Selbstentfremdung – Orlando: „Ich bin mein eigener abgeschiedener Geist". Wie in böser Vorahnung setzt Händel reale Geistesgestörtheit in Töne um, richtunggebend für zwei Jahrhunderte Musikentwicklung und in der Opernliteratur ihresgleichen suchend.

Der Gauneroper zum Trotz hat Händel sich seine alte Vorrangstellung wiedererkämpft, die italienische Oper war nicht tot, im Gegenteil, sie war wie Phönix aus der Asche wiedererstanden und hatte sich obendrein erneuert. Trotzdem folgt mit „Orlando" der Sturz in die Katastrophe. Wieder beginnen sich am Haymarket-Theater die Reihen zu lichten. Gäste wie der Schotte Sir John Clark fragen sich, wie man bei so spärlicher Zuhörerzahl die vielen hochqualifizierten Orchestermusiker bezahlen will. Am 5. Mai erklingt „Orlando" zum letztenmal; denn Händel hat das Zugpferd seines Ensembles verloren – den unentbehrlichen Senesino. Die Zusammenarbeit mit dem Egozentriker muß Händels Nerven von Anfang an stark belastet haben. Beide sind einander so ungleich wie Löwe und Pfau. Senesino, der die Fünfzig überschritten hat, ist fraglos auch in seiner künstlerischen Entwicklung stehengeblieben. Eine Oper, in der noch ganze drei Dacapo-Arien für ihn abfielen, ein Terzett zum Abschluß eines Aktes ohne ihn ans Rampenlicht trat, er selbst sich statt dessen in einer Wahnsinnsszene der Gefahr allgemeiner Lächerlichkeit aussetzen mußte, empfand er möglicherweise als Affront gegen seine Person. So kommt es, vermutlich bei der Probe, zu einem heftigen Zusammenstoß. Händel setzt seinen besten Sänger vor die Tür und verzichtet laut Pressemeldung auf dessen weitere Verwendung.

Laut jubelt nun die Konkurrenz am Lincoln's Inn Field, die den Entlassenen mit offenen Armen empfängt. Gerade hat eine Gruppe vermögender Aristokraten beschlossen, das Haus zwecks Gründung einer eigenen Oper zu mieten. „Opera of the Nobility" soll sie heißen und dem Unternehmer Händel das Wasser abgraben. Haupt der Verschwörung ist der älteste Sohn des Königs, Frederick Prince of Wales. Getreu der Familientradition steht er mit dem Vater auf Kriegsfuß und hat auch reichlich Grund dazu. Noch unlängst war am Hof das Entsetzen groß gewesen, als der rauhe Vetter zu Berlin, den ältesten Sohn (man nennt ihn dereinst Friedrich den Großen) sogar zu einem Fluchtversuch getrieben, hinterher vor ein Kriegsgericht gestellt und grausam bestraft hatte. Das Welfenhaus durfte getrost vor seiner eigenen Tür kehren: Vom achten bis zum zweiundzwanzigsten Lebensjahr hatte der Erstgeborene Eltern und Schwestern nicht ein einziges Mal zu Gesicht bekommen. Auch als Prince of Wales zeigen ihm Vater und Mutter keinerlei Zuneigung, statt dessen hätscheln und verziehen sie den kleinen Bruder Wilhelm, der sich seit dem fünften Lebensjahr Herzog von Cumberland nennen darf. Der geizige Vater hält den Ältesten kurz und gesteht ihm nicht einmal eine eigene Residenz zu. So entwischt er nachts aus dem königlichen Palast, durchfeiert die Nächte, verführt Frauen und macht Schulden. Er findet es richtig, wenn das Haus Hannover an Einfluß im Land verliert. Mit solcher politischen Zielsetzung macht er sich viele Freunde. Earls und Dukes, Parlamentarier und Intellektuelle schlagen sich auf seine Seite, bilden unter ihm eine Art Fronde, der die Nobility-Oper als Trutzburg dient. Georg Friedrich Händel, des Königs hochgeschätzter Hofkomponist aus Deutschland, soll von hier aus entthront, seine Herrschaft gebrochen, das Leben ihm mit allen Mitteln sauer gemacht werden. Schmerzlich muß es ihn treffen, als ein Teil jener Lords zu den Anderen überläuft, die vor 14 Jahren die Royal Academy mitbegründet und finanziert hatten. Dabei mag es uns einigermaßen erstaunen, unter den Abtrünnigen sogar Händels langjährigen Gastgeber und Wohltäter, den Earl of Burlington, zu finden. Ohne Frage hat sich der Komponist auch durch eigene Fehler Feinde gemacht. Dazu müssen wir einen kurzen Rückblick in das Vorjahr 1732 tun. Um dem großen Mann eine Geburtstagsfreude zu machen, hatte Bernard Gates, Leiter des Knabenchors an der Royal Chapel, ein altes theaterartiges Vokalstück des von ihm verehrten Freundes, eine sogenannte „Masque" mit dem Titel „Haman und Mordecai" aus der Cannons-Zeit, ausgegraben und es unter dem Titel „The History of Hester" (Esthers Geschichte) am 23. Februar, zu Händels 47. Geburtstag also, in dem Gasthaus Crown and Anchor aufgeführt. Im Zuhörerraum scheint aber nicht nur der Geehrte, sondern auch dessen Feind gelauscht zu haben, der sich heimlich in den Besitz der Partitur samt Text zu bringen wußte. Zwei Monate später, um den 20. April, erfährt Händel aus der Zeitung, daß sein Werk unter dem Titel „Die fromme Mär von Esther" in englischer Sprache im York Building für volle Kasse gesorgt hatte. Er war also zu seinem eigenen Konkurrenten gemacht worden, ohne sich dagegen wehren zu können. Ein gesetzliches Urheberrecht, auf das man sich berufen und die unredlichen Geschäftemacher entsprechend verklagen konnte, gab es nicht. Händel mußte, um seinen Widersachern das Handwerk zu legen, einen anderen Weg gehen. Er nimmt sich das alte Oeuvre selbst vor, überarbeitet, bereichert es mit Musik frühester Jahre wie Brockes-Passion, römische Kantaten, fügt aber noch Neues, Glanzvolles hinzu, so daß sich die Fassung der Nebenbuhler dagegen als überholt und uninteressant ausnehmen muß. Keine Oper ist beabsichtigt; denn biblische Texte wurden vom Londoner Bischof für die Bühne verboten, vielmehr ein geistliches Sangeswerk für Chor und Solostimmen in englischer Sprache, von den Londonern „oratory" oder auch „oratoria" genannt. Sogar Senesino, Maria Strada und Antonio Montagnana sträuben sich nicht, ihren Part diesmal in der Sprache des Gastlandes zu singen. Die Aufführung am 2. Mai im King's Theater mit einer Hundertschaft von Ausführenden bei vollem Haus und unter Anwesenheit der königlichen Familie ist ein solcher Erfolg, daß es innerhalb von drei Wochen zu vier Wiederholungen kommt. Zum Verdruß der aufs Haupt geschlagenen Feinde steckt Händel einen Gewinn von 4000 Pfund ein.

Sie bilden einen Dreierbund, bestehend aus zwei Engländern und einem Deutschen namens Lampe. Sie haben der italienischen Oper den Kampf angesagt, ja wollen sie durch eine englische am liebsten ersetzen. Das Talent, das dazu nötig wäre, fehlt ihnen nicht nur, sie sehen sich sogar auf das des ungeliebten Gegners angewiesen, wenn das Publikum zu ihnen strömen soll. So haben sie auch jetzt ihr Spiel keineswegs aufgegeben und sich inzwischen einer weiteren Partitur des „Bären" bemächtigt, die seit 15 Jahren im Dornröschenschlaf liegt: Die Pastorale „Acis und Galatea". Auch die zweite Piraterie beschert den Veranstaltern am 17. Mai im sogenannten Kleinen Theater am Haymarket, vor der Nase des Geschädigten also, fette Einnahmen. Händel pariert geradezu im Eilverfahren. Er stöbert in seinen frühen Entwürfen und greift sich die italienische Urfassung ‚Serenata' „Aci, Galatea e Polifemo". Er vermengt die italienischen Arien mit den englischen der Fassung von 1718, zu der Alexander Pope die Verse geliefert hatte, und studiert diesen italienisch-englischen Verschnitt mit seiner Elitebesetzung ein. Die Premiere am 10. Juni entzückt die Londoner so, daß „Acis und Galatea" auf Händels Bühne bis zum Jahresende siebenmal zu hören ist. Nun muß sich das Räubertrio geschlagen geben, ihr Produkt von vorgestern stürzt das junge Theaterunternehmen schon am zweiten Abend in den Ruin.

Er ist nun wieder oben auf und in aller Munde. Wer konnte sich schon mit ihm vergleichen! Bononcini? Gott bewahre! Gerade war bekannt geworden, daß er auf einer Veranstaltung zur Pflege alter Musik ein Madrigal des Venezianers Antonio Lotti als sein eigenes ausgegeben hatte. Sein Talent scheint verbraucht. Schmachvoll muß er nun die britische Insel verlassen,

um im heimatfernen Wien dereinst arm und vergessen zu sterben... Händel stockt sein Bankkonto auf und kauft neue Papiere. Das ist wichtig; denn es kündigen sich magere Zeiten an.
Dafür muß er sich ein dickes Finanzpolster zulegen. Der Oper
hat er sich nun einmal verschrieben, er will sie unbedingt retten, ja zu neuen Höhen führen. Einzig für diesen Zweck
schreibt Händel für das Jahr 33 ein neues Oratorium – „Deborah". Denn die Engländer, so hat es für ihn den Anschein, stehen auf diese neue Art bühnenloser Musikdarstellung. Zudem
hat sie den Vorzug, daß man sie wegen ihres biblischen Inhalts
sogar während der Fastenzeit geben kann. Er hat nicht viel Zeit
für die Komposition, auch gibt das schwache Libretto Samuel
Humphreys, eines sehr mittelmäßigen Textdichters, wenig her.
So muß man wieder alte Tempelfriese räubern, um ein neues
damit zusammenzustellen. Birthday-Ode auf Queen Anne,
Coronation-Hymnen müssen beisteuern, der römische Psalmengesang „Dixit Dominus", Brockes-Passion, Lord-Chan-
dos-Anthems... Dazu werden Kopisten angestellt, die den
entlehnten Noten lediglich einen neuen Text unterlegen. Die
Aufführung ist für den 17. März angesetzt. In Erwartung eines
Ansturms auf die Kassen glaubt Händel, zweifellos in Sorge um
sein kränkelndes Operntheater, die Gelegenheit beim Schopf
fassen zu dürfen und begeht dabei einen schweren Fehler: Er
verdoppelt kurzerhand die Eintrittspreise und will sogar die
Abonnenten zur Kasse bitten, da es sich ja nicht um eine Oper
handele. Die Inhaber der silbernen Dauerkarte sind vor den
Kopf gestoßen. Trotzig schaffen sie sich gewaltsam Eintritt und
stürmen ihre Stammlogen, ohne daß sie jemand ernsthaft daran
hindern kann. Viele Enthusiasten finden sich wegen der gepfef-
ferten Preise gar nicht erst ein. So bleiben nicht mehr als 120
zahlende Gäste übrig, das bei über hundert Mitwirkenden!
Wiederholungsveranstaltungen werden so spärlich besucht,
daß man die Preise schleunigst wieder halbiert. Zu spät. Das
Publikum bleibt nicht nur aus, Händel hat es sich nun auch mit
denen verdorben, die ihm bisher ergeben waren und auf seine
Musik nichts kommen lassen wollten.

Die Geschichte der Prophetin Deborah berichtet das Buch der Richter im 4. Kapitel. Die Kinder Israel schreien zu Gott, weil sie Jabin, der Kanaaniterkönig, mit 900 eisernen Wagen überwältigt und für 20 Jahre unterworfen hat. So verzagt ist man im ganzen Land, daß eine Frau, die Prophetin Deborah, die Initiative ergreifen muß. Kraft ihrer seherischen Worte, stellt sich der junge Barak an die Spitze von 10000 Freiwilligen. Sie vernichten das kanaanitische Heer bis auf den letzten Mann. Einzig Sisera, der Feldhauptmann, entkommt. Jael, Angehörige des benachbarten, am Kriege unbeteiligten Keniterstammes, lockt ihn in ihr Zelt, wo sie den Erschöpften mit Milch erquickt. Doch als er entschlummert ist, rammt sie ihm einen Nagel durch die Schläfen, der bis in den Erdboden dringt. Damit hat sich Deborahs zweite Prophezeiung, der feindliche Anführer werde durch Frauenhand umkommen, auf grausame Weise erfüllt. Hoch preisen Deborah und Barak den Gott Israels, er war stärker als Baal. Gegen den Chor der Götzenpriester, deren plärrende Gebetsformeln Händel tonmalerisch beschwört, hebt sich der strahlende Gesang des Gott anrufenden Volkes Israel mit einer Hoheit ab, die den Zuhörer überwältigt: „Herr der Ewigkeit, der du bereithälst Plagen für die Stolzen und Gnade für die Armen"... – So peinvoll der Start des zweiten englischsprachigen Oratoriums für Händel zunächst wurde, es gewinnt schnell an Beliebtheit. Dafür sorgen schon die – von Händel keineswegs ohne Berechnung – eingearbeiteten Siegeschöre, in denen sich die Nation gern wiedererkennt.

Die Dreißigerjahre des aufgeklärten Saeculums bleiben für unseren Komponisten indes ein harter, um nicht zu sagen mörderischer Lebensabschnitt, der ihn am Ende in ein tiefes Loch stürzt. Selbst sein Jahrgangsgenosse Bach, der sich in diesen Jahren mit dem Rektor der Thomasschule und dem Magistrat der Stadt Leipzig in den Haaren liegt, hätte mit dem Hofkomponisten des Königs von Großbritannien nicht tauschen mögen. Von den einstigen Gründern des königlichen Opernunternehmens führen jetzt fünf das Konkurrenztheater, das unter dem übergelaufenen Renommier-Kastraten nun als „Senesino-

Oper" zu einem Begriff wird, und zwar mit Signalwirkung. Denn Händels Ensemble löst sich auf, die Sänger laufen in Scharen zu dem neuen Theater über. Mitarbeiter, Enthusiasten, Freunde lassen den großen Mann wie auf ein verabredetes Zeichen im Stich. Panik auf einem leckgeschlagenen Dampfer erklärt die Katastrophe nur halb. Man war auch die ruppige Herrschaft des Kapitäns leid. Die jahrelangen Scherereien mit bockigen Solisten, rüpeligen Maschinisten, säumigen Kopisten, stümperhaften Textschreibern, intriganten Kondirektoren hatten den reizbaren Choleriker zu einem rauhen, furchterregenden Dompteur gemacht. Sein schroffer Umgangston, der anderen gegenüber nur allzu deutlich die eigene Überlegenheit herauskehrte, verletzte tief, ja konnte bei stolzen Naturen unheilbare Wunden schlagen. Als der Kastrat Giovanni Carestini dem Komponisten eine Arie zurückschickt mit dem Bedauern, er wisse sie nicht zu singen, rückt Händel ihm auf den Leib. Seine Worte: „Du Hund, muß ich nicht besser wissen als du, was du singen kannst? Willst du die Arien nicht singen, die ich dir gebe, so bezahle ich dir keinen Penny".

Er hat eine schlechte Presse. Mit dem Preisaufschlag zur Deborah-Aufführung hat er noch Öl ins Feuer gegossen. Man zieht sogleich Querverbindungen mit der Finanzpolitik des allgemein verhaßten Ministers Walpole, der eine Tabaksteuer verhängen will. Die Nation schäumt, so daß die Massen vor der Westminster Hall zusammenlaufen und den Premier am liebsten lynchen wollen. Zeitungssatiriker setzen ein Epigramm in Umlauf, in der des Königs Erster Minister und des Königs Erster Hofkomponist wie Komplizen miteinander Zwiesprache halten: W(alpo)le zu H(ände)l: „Sollen wir uns darauf einigen, die gesamte Nation zu besteuern?" H(ändel): „Sì, caro, sì. Wozu sind Schafe da, wenn der Schäfer sie nicht scheren kann. Ich am Haymarket, Sie in Westminster...." Da man den Minister, ohne Gefängnis zu riskieren, nicht öffentlich beleidigen darf, benutzt man Händel, dessen Orchester und führenden Baß Montagnana als Metaphern für Walpole, Parlament und König. Die Zeitungskolumne beginnt so: „Wie Händel (sprich

Walpole) zu Macht und Vermögen kam und diese immer weiter steigerte, ist hinlänglich bekannt..." Wie schlimm mag es um Georg Friedrich Händels öffentliches Ansehen bestellt gewesen sein, daß man ihn getrost als Decknamen verwenden konnte, um Anmaßung, Bestechlichkeit, Herrschsucht, persönliche Niedertracht eines Mächtigeren anzuprangern, dem man die Schmähungen nicht ohne weiteres ins Gesicht schleudern konnte! Hier noch eine Kostprobe, die die Günstlingswirtschaft des Politikers aufs Korn nehmen will und zu diesem Zweck Händel rücksichtslos verleumdet: „ Nur jene Stimmen und Instrumente nahm er auf, die seinem Ohr schmeichelten. Sie beleidigten das Ohr des Publikums. Armselige Fiedler wurden über die besten Orchermusiker gestellt. Nur seine Musik wollte er zulassen, obgleich jedermann ihrer überdrüssig war...". Die Unantastbarkeit menschlicher Würde war noch nicht durch Gesetz garantiert, so wenig wie eine weltweite Unicef damals dagegen eintrat, daß südlich der Alpen Tausende kleiner Jungen in heiße Bäder getaucht und mit Opiaten betäubt wurden, damit man ihnen unter halbwegs erträglichen Schmerzen die Kanäle zu den Samendrüsen durchschneiden und so die Knabenstimme erhalten konnte. Mit solchen übermäßig in die Länge geschossenen oder – wie im Falle Senesinos – in die Breite gegangenen Halbmännern, hat Händel täglich zu tun. Sie haben nicht nur durch traumhafte Erfolge den Kopf verloren, sie sind durch die Kastration für ihr ganzes Leben auch seelisch zu Krüppeln geworden, mit denen auszukommen selbst für einen einfühlsamen Opernleiter ein Kunststück war.

Händels große Sorge betrifft die Konkurrenz am Lincoln's Inn Field. Sie hat nicht nur genügend gute Sänger, sie ist dem Komponisten auch finanziell haushoch überlegen. So kann man es sich erlauben, die internationale Werbetrommel zu rühren. Die in blaue Fernen entwichene Cuzzoni soll an der Adels-Oper ihr „Comeback" geben. Sie kommt. Moderne Opernschöpfer allerhöchsten Ranges müssen her. Man schreit nach Porpora, nach Hasse und vergißt nicht, mit schwindelerregenden Gagen zu winken. Auch sie kommen. Porpora, der große Gesangslehrer seiner Zeit, hat seinen Paradeschüler im Gefolge. Der wird nicht nur den zu Jahren gekommenen Senesino in den Schatten stellen, er wird überhaupt als *der* große Sänger des Jahrhunderts in die Geschichte eingehen: Carlo Broschi, genannt Farinelli.

Händel sammelt um sich die Getreuen, die ihm geblieben sind, Maria Strada zum Beispiel, sonst nur englische Kräfte, darunter sein deutschstämmiger Koch Gustavus Waltz, der als Baß einspringen muß, und ein Junge mit makelloser Altstimme. Auch auf seine Orchestermusiker (viele von ihnen sind Deutsche) kann er zählen. Die Spielzeit ist zu Ende, der Hochsommer angebrochen. Will Händel es mit der aus dem vollen schöpfenden Konkurrenz wirklich aufnehmen, kann er gar nicht genug Geld heranschaffen. Warum nicht auch während der toten Saison? So reist er mit seiner gesamten Truppe für eine Woche nach Oxford und folgt damit einer Einladung des Vizekanzlers der ältesten Universität Englands, William Holms. Händel soll an den Jubiläumsfeierlichkeiten ihrer Gründung nicht nur öffentlich auftreten, man will dem berühmten Musiker sogar den Ehrendoktor verleihen.

Die Kuppel des Tom Tower, in dem die sieben Tonnen schwere Glocke mit 101 Schlägen um 9 Uhr abends den Zapfenstreich einläutet, ist von Christopher Wren schon errichtet, auch das von ihm geschaffene Sheldonian Theatre, in dem der große Festakt stattfinden soll. Der Geist, der dem deutschen Komponisten in den Kreuzgängen und College-Höfen einer strengen, klösterlich anmutenden Tudorarchitektur entgegenweht, ist alles andere als fremdenfreundlich. „Ein gewisser ‚Hendel‘ aus Hannover mit seiner lausigen Bande von ausländischen Fiedlern, will hier Musik machen! Wäre ein gelehrter Vortrag über die Musik dem Niveau des Gedenktages nicht angemessener?" So etwa vermerkt ein traditionsbewußter Oxforder Professor. Daß dem Gast dergleichen Voreingenommenheiten zum Anlaß gedient hätten, den Doktortitel nicht anzunehmen, klingt wenig wahrscheinlich. Händel ist bei aller Bewußtheit seines künstlerischen Ranges für seine Person bescheiden. Auch widerstrebt es ihm wohl, sich die Eitelkeit auch noch 100 Pfund kosten zu lassen. Denn völlig gratis soll er die akademische Würde nicht erhalten. Er will hier großes Geld verdienen und nicht noch draufzahlen. Die Unkosten für die Unterhaltung seiner Schar sind hoch genug.

Es kommt in der Woche, die man für die Feierlichkeiten vorgesehen hat, zu einem Dutzend Auftritten, man steht also manche Tage gleich mehrmals im Rampenlicht, für die Truppe und seinen Chef allein physisch eine erstaunliche Leistung. Von den Proben mit den Chorvereinigungen der fremden Stadt ganz zu schweigen. Schon von daher wird sich Händel kaum Zeit für Ehrungen der eigenen Person erübrigt haben. Ort der verschiedenen Veranstaltungen sind die Mary Church, die Christ Church Hall, das Sheldonian Theater. Auf dem Programm stehen: Das „Coronation-Anthem", das „Utrechter Tedeum", „Acis und Galatea", die Oratorien „Esther" und „Deborah" sowie ein eigens für diesen Anlaß komponiertes neues Chorwerk „Athalia". Der Erfolg ist groß. Die Zeitungen berichten von nahezu 4000 Zuhörern, der Reingewinn für den Komponisten selbst soll sich auf 2000 Pfund belaufen haben, über das Dreifache dessen, was Händel einmal für die Errichtung seines eigenen Grabmals in der Westminsterabtei berechnen wird.

Athalia, Königin des biblischen Südreiches Juda, huldigt zum Unsegen des Landes dem heidnischen Baal. Träume, die ihr auf grausige Weise den Untergang ankündigen, machen sie rasend. Sie hat es auf den letzten Sproß des Königsstammes, den Knaben Joas, abgesehen, der von seinen Pflegeeltern Joad und Josabeth, einem frommen Priesterehepaar, im Tempel versteckt gehalten wird. Aber der Herr hält seine Hand über das Kind, so daß sich der Feldhauptmann Abner kampfesmutig gegen die mordlustige Königin stellt. Das Ende vor Augen, verharrt sie dennoch im Trotz gegen den Gott Israels. Wie „Esther" geht auch dieses Textbuch auf ein Drama des französischen Klassikers Jean Racine zurück, erfährt jedoch durch Humphreys Bearbeitung eine inhaltliche Ausdünnung. Händels Phantasie wird davon nicht eingedämmt. Er formt mit der furienhaften Athalia, der mütterlichen Josabeth, die nur noch sterben möchte, als man ihr den kleinen Joas rauben will, dem in sich ruhenden Priester Joas, dem tatendurstigen Abner... großartige Gegensätze. Die Chöre übernehmen als Baalspriester, Tempeljungfrauen, Leviten, Volksmasse selbständige Rollen. Hochdramatisch und bewegend wirkt das, wenn Joad im 3. Akt mit einer prophetischen Vision die Rettung Israels und den Tod der Königin verkündet, unterbrochen von der erregt zwischenfragenden, ihrem Gott jauchzenden Volksmenge. Händels musikalische Farbgebung findet immer neue Wege, ihre Ausdrucksgewalt verschlägt dem Lauschenden die Sprache. Immer deutlicher entwickelt sich das neuartige englischsprachige „Oratorio", deren drei Händel inzwischen hervorgebracht hat, zu einem eigenständigen, der Oper ebenbürtigen Musikgenre.

Begeisterte Zuhörer versuchen schon seit einigen Jahren, Händel dazu zu bewegen, der italienischen Oper für immer zu entsagen. Wiesen „Esther", „Deborah", „Athalia" nach solchen Erfolgen nicht in eine neue Richtung? In der Tat sollte sich der Meister endlich dazu entschließen, grundsätzlich nur noch Englisches zu vertonen, und vielleicht so etwas wie ein englisches Singspiel schaffen – ein harmonisches Gebilde aus Musik und gutem Theater also, ohne den unnatürlichen Sprechgesang und ohne die wie das Amen dem Gebet folgende Dacapo-Arie. Es gab ja Musiker, die sich an einem solchen Projekt bereits versuchten, darunter ein gewisser Thomas Arne, der die berühmte Melodie Rule Britannia erfindet. Es fehlt solchen Pionieren nur noch ein genialer Kopf. Der aber regiert am King's Theater und kämpft auf verlorenem Posten! Aaron Hill, Librettist des „Rinaldo" und Opernmanager der ersten Stunde – er hatte dem noch ortsfremden Deutschen zu erstem Ruhm auf englischem Boden verholfen – macht sich zum Wortführer der kleinen Gruppe und schreibt an den alten Weggefährten ein paar Zeilen:

„Sir,

da ich Sie heute mit einem Brief belästige, kann ich es nicht unterlassen, Ihnen mitzuteilen, wie ernstlich ich wünschte, daß Sie, nachdem Sie schon einige Schritte in diese Richtung getan haben, Ihr beispielloses Genie auf die Verfassung von Musik auf der Grundlage guter englischer Dichtung verwenden würden". Hill fügt hinzu:„ Es ist meine Meinung, daß sie beherzt genug sind, uns aus den ‚italienischen Fesseln' zu lösen; und zu zeigen, daß die englische Sprache durchaus weich und für Opern geeignet ist."

Aber Händel glaubt an die italienische Oper, was ihm niemand verdenken kann. Nirgends in Europa wurde ihr der Rang streitig gemacht, nicht einmal von der neuen Londoner Konkurrenz, die ja nicht anders, sondern nur erfolgreicher sein will, um ihn, den Unschlagbaren, endlich zu verdrängen. In welchem Winkel des Kontinents würde man sich für ein rein englisches Produkt überhaupt interessieren? Und warum sollte ausgerechnet er sich für die Nationaloper eines Landes einsetzen, das ihn anfeindete und für das er selbst dort, wo man ihn ehren wollte, ein Ausländer blieb?

Er ergänzt sein gezaustes Ensemble mit zwei international vorzeigbaren Mezzo-Sopranen, Carlo Scalzi und Giovanni Carestini, gewinnt auch die Durastanti zurück, die sich der Cuzzoni nicht gewachsen gefühlt und England daraufhin verlassen hatte, so nimmt er den Kampf in London wieder auf. Er wählt für die Eröffnung der neuen Saison den Geburtstag des Königs am 30. Oktober, so daß an diesem Abend der gesamte Hofstaat herbeiströmt. Sogar der Prince of Wales sitzt in der Loge. Händel ist dem Konkurrenzunternehmen nicht nur um zwei Monate zuvorgekommen, er hat ihm auch zunächst die Schau gestohlen. „Ottone" wird neu inszeniert, ein Pasticcio gegeben mit viel Musik des neuen Kometen Johann Adolf Hasse. Aber nachdem man die interessante Neuerwerbung, den begehrten Carestini, einmal kennengelernt hat, ist die Neugierde der Londoner schon wieder gestillt. Die Ränge lichten sich bereits am zweiten Abend bedenklich. Die Nobility-Oper wartet am 29. Dezember mit Nicola Porpora auf. Seine neue Oper heißt „Arianna in Nasso" (Ariadne auf Naxos). Händel bietet ihm gleich zu Anfang des neuen Jahres (1734) mit einer fast gleichnamigen Oper „Arianna in Creta" Paroli. Im Grunde hat er in Porpora, einem epochemachenden Gesangslehrer, doch eher mittelmäßigen Komponisten, keinen ernstzunehmenden Rivalen zu befürchten. Porpora versucht sich sogar in der neuen Musikform, einem Oratorium mit dem Titel „Davide e Bersabea", es bleibt aber nach den Eindrücken des Publikums weit hinter „Esther" und „Deborah" zurück. Im Frühsommer trifft den deutschen Komponisten ein neuer Schlag. Heidegger will den ausgelaufenen Fünfjahresvertrag mit seinem Partner nicht mehr erneuern, er läuft zum Feind über und vermietet an ihn das 1500 Zuschauer fassende Haus. Händel wird mit seiner Truppe vor die Tür gesetzt.

10
Der große Zusammenbruch

Theater am Covent Garden

Viel Zeit zur Besinnung bleibt nicht, das Ensemble mußte in der neuen Saison wieder auftreten können. Man verhandelt mit dem Theatereigentümer John Rich, der die Konkurrenzbühne am Lincoln's Inn Field aufgemacht und mit der „Beggar's Opera" einen Haufen Geld gescheffelt hatte. Er hat sich mittlerweile in Covent Garden, dort wo heute das berühmte Opernhaus steht, eine pompöse klassizistische Theaterhalle mit ionischen Säulen errichtet, ausgestattet mit einem modernen fächerförmigen Zuschauerraum und idealen Bühnenverhältnissen. Es kommt ein Vertrag zustande, der es der obdachlos gewordenen Operntruppe erlaubt, in Covent Garden regelmäßig aufzutreten.

Es gibt in dieser Zeit auch versöhnliche Momente für den Komponisten. Ohne diese hätte er es in London schwerlich noch länger ausgehalten. Da sorgt beispielsweise ein anonymer Zeitungsbeitrag mit dem Titel „Harmonie in Aufruhr" für Aufsehen. Darin wird der Komponist vor allen Schreiern und Verächtern ehrenvoll in Schutz genommen. Die kleine Satire stammt vermutlich aus der Feder des Händel-Anhängers John Arbuthnot, sie liefert uns ein schönes Muster britischer Fairneß: In Handschellen muß der Musiker vor Gericht allen Klägern Rede und Antwort stehen. Die Anklagen heißen:

„Erstens: Sie werden beschuldigt uns über einen Zeitraum von zwanzig Jahren hinweg verhext zu haben, und wir wissen nicht, wo dieser Zauber enden wird, wenn wir ihm nicht rechtzeitig Einhalt gebieten; durch ihn droht uns eine völlige Vernichtung unserer Freiheit und Ihre absolute Tyrannei über die gesamten Territorien des Hay-Market.

Zweitens: Sie haben in ihrer Dreistigkeit gewagt, uns gute Musik und gesunde Harmonie zu bieten, als wir schlechte wollten und verlangten; damit haben Sie Ihre eigenen Opern unterstützt und unsere engen Alliierten und Bundesgenossen, die Lehrer schlechter Musik, geschädigt.

Drittens: Sie haben sich in überaus verbrecherischer und hochmütiger Weise angemaßt, uns zu erfreuen, ob wir wollten oder nicht; und waren des öfteren so kühn, uns zu bezaubern, wenn wir fest entschlossen waren, übler Laune zu sein."

150 leichtere Anklagepunkte ließen sich jederzeit noch anführen, so fährt der Verfasser fort und fragt: „Mein Herr, was sagen Sie, sind Sie im Sinne der Anklage schuldig oder nicht schuldig?

Gefangener: Schuldig im Sinne der ganzen Anklage."

Es wird auch von Geselligkeiten in großen Häusern berichtet, wo der öffentlich Angefeindete, bestens gelaunt, den Mittelpunkt bildet. Es klingelt nur so von vornehmen Namen, alles lauscht ergeben dem Cembalospiel des großen Meisters. Dann wird die treue Strada in einigen ihrer glanzvollsten Arien begleitet. Es gibt immer genügend begabte Dilettanten unter den Anwesenden, die zu ihrem Cello, zu Laute oder Flöte greifen. So musiziert man vier, fünf Stunden lang mit dem berühmten Gast um die Wette. Glühwein wird gereicht, Schokolade, Gebäck. Nach dem Konzert läßt die Hausfrau kaltes Geflügel servieren, man plaudert bis nach Mitternacht. Leider erfährt man bei solchen Gelegenheiten nicht, was Händel im Privatgespräch zum besten gab. Daß ihn nicht immer nur die Kunst bewegte, wissen wir. Doch welche alltäglichen Dinge waren es, die ihn zu einem Anekdötchen hinrissen? – Launen seines Hausfaktotums Smith? Zwistigkeiten zwischen Koch und Türsteher? Teilte er reichlich Giftpfeile an seine Gegner aus? An solchen kleinen Geschichtchen, die wenig mit dem Werk zu tun haben, uns einen großen Mann jedoch menschlich näherrükken, wird Händels Biographie immer arm bleiben.

Wir wissen, daß er um diese Zeit Abschied von seiner liebsten Schülerin nehmen muß, die einzige, die er, so heißt es, ohne Sträuben unterrichtete. Er nennt sie die „Blume unter den Prinzessinnen". Es ist Anne, Tochter Georgs II., die ihren Lehrer gegen den Bruder Frederick leidenschaftlich in Schutz nimmt. Händel sorgt also im Haus Hannover nicht nur für Streit zwischen den Generationen, er bringt auch die Geschwister gegeneinander auf. Sehr konsequent scheint der Kronprinz in seiner Feindschaft gegen Händel übrigens nicht zu sein. Immer wieder mal verirrt er sich unter dessen Publikum, ja unterstützt zeitweise beide Operntheater zugleich mit Zuschüssen. Wirklich zählen kann Händel allerdings nur auf Anne, doch sie heiratet im März des Jahres 1734 den Prinzen von Oranien und verläßt die Insel. Für die Feierlichkeiten wird eine Serenata mit dem Titel „Parnasso in Festa" komponiert. Der Hof ist von den munteren Chören und eingearbeiteten Sinfonietten so begeistert, daß die Darbietung fünfmal wiederholt werden muß. Auch ein eigens für den Anlaß verfertigtes Hochzeitsanthem erklingt. In beiden Werken finden wir Teile aus dem Oratorium „Athalia" wieder, das die Londoner noch nicht kennen. Der jungen Frau des Oraniers geht, so ist überliefert, während der Überfahrt nach Holland, der zurückgelassene Musiklehrer nicht aus dem Kopf. Sie macht sich Sorgen um seine Zukunft. Auch ein französischer Schriftsteller, ein Geistlicher, der dem Jesuitenorden entlaufen ist und einige Jahre im englischen Exil lebt, blickt schwarz in Händels Zukunft, nachdem er dessen Opern besucht hat. Der Abbé heißt Antoine-François Prévost, er hat einen der großen Liebesromane der Weltliteratur verfaßt: „Manon Lescaut". Händel, so notiert er in seiner Zeitschrift „Pour et contre" habe zwar herrliche Opern geschaffen, doch hätten sie ihm beim Londoner Publikum nur Mißerfolge und herbe Verluste beschert. Er werde wohl demnächst England verlassen und in sein Heimatland zurückkehren müssen.

Der gesundheitlich angeschlagene Künstler zieht sich in der Tat für eine Weile aus London zurück und begibt sich in die Grafschaft Kent. Dort kuriert er in den eisenhaltigen Quellen von Turnbridge seine rheumatischen Beschwerden aus. Die

Erholung hat er dringend nötig. Harte Monate stehen ihm bevor. Die Adelsoper ist inzwischen in Händels ehemaliges Theaterhaus eingezogen. Welche Chance für die Gegner! Äußerlich unansehnlich, macht das Gebäude innen mehr her als das bescheidene Quartier am Lincoln's Inn Field. Man hat es für ein 1500 Zuschauer fassendes, reinliches, mit vergoldetem Schnitzwerk ausgeziertes Barocktheater eingetauscht. Wir haben es uns an Stelle der heutigen Musicalbühne Her Majesty's Theatre zu denken.

Eigentlich hatte man auf die neue deutsche Berühmtheit gehofft, den aus Bergedorf bei Hamburg stammenden 35jährigen Johann Adolf Hasse. „Dann ist Händel gestorben!" soll er auf die Londoner Einladung ausgerufen haben. Als man das verneint, weigert sich Hasse, dort gegen den eigenen Landsmann anzutreten. Trotzdem wird am 29. Oktober 1734 am Haymarket eine Oper von ihm gegeben: „Artaserse". Der Abend ist eine Sensation. Das liegt an der glänzenden Besetzung; denn nun ist der Sänger aller Sänger eingetroffen: Riccardo Broschi, genannt Farinelli. Er ist noch keine dreißig, hoch aufgeschossen und spindeldürr – eine Folge der Keimdrüsenausschaltung, durch die das Längenwachstum nach dem 20. Lebensjahr nicht gestoppt wird –, ein im Verhältnis kleiner Kopf mit regelmäßigen, schönen, geradezu mädchenhaften Gesichtszügen. Er debütiert gegen den aufgedunsenen, eine Generation älteren Senesino. Aber Farinellis heller, über drei Oktaven gehender Sopran ist so hinreißend, daß selbst Senesino auf der Bühne den wütenden Tyrannen, den er gerade spielen muß, für einen Moment vergißt, auf den in Ketten liegenden Gegenspieler Farinelli zustürzt und ihn umarmt.

Wir können uns von der magischen Wirkung einer Kastratenstimme, selbst wenn wir die verkratzte Schallplattenaufnahme des „Engels von Rom", des letzten berühmten Kastraten, aus dem Jahre 1902 anhören, nur einen sehr vagen Begriff machen. Sie muß die Menschen hypnotisiert, in Trance versetzt haben. Farinelli heilt wenige Jahre später zwei spanische Könige von ihrer Schwermut, wofür man ihm mit höchsten Staatswürden dankt. Er scheint ganz anders als seine Schicksalsgenossen: Als Gesangspartner einfühlungsbereit, geduldig, verträglich, ohne die üblichen Staraffüren. Er begreift gut, daß kein Instrumentalorchester mit der Schnelligkeit seines Organs mitkommt. So fährt er nicht aus der Haut, wenn die Spieler ihre Geigen plötzlich absetzen und ihm nur noch stumm, ja geradezu entgeistert zuhören. Er hat es nicht nötig zu gestikulieren, er steht da in seinem Kostüm, steif wie ein Birkenstock, und betätigt lediglich seine Stimme. Das genügt, um ganz London in Hysterie zu versetzen. Sein „messa di voce", das Auf- und Abschwellen der Töne, bewerkstelligt von einer übermenschlich funktionierenden Lunge, fährt den Zuhörern durch alle Glieder. 28mal wird „Artaserse" im Laufe der Saison gespielt, 40mal in den knappen drei Jahren, die es Farinelli auf der britischen Insel überhaupt hält. Ein Rekord, den keine Händel-Oper aufzuweisen hatte. Man überschüttet den Sänger mit Goldstücken, diamanten- und rubinenbesetzten Ringen, Kniespangen, Schnupftabaksdosen, Orpheusbildnissen. Frauen werden ohnmächtig, wenn sie nur den Namen Farinelli aussprechen hören. „Es gibt einen Gott und einen Farinelli", dieses Bekenntnis einer Dame höchsten Standes wird zum geflügelten Wort eines behexten Zeitalters.

Angesichts solchen Taumels im feindlichen Lager konnte es für Händel nur eine Parole geben: Durchhalten! Er hat im Grunde keine schlechten Karten. Denn einen ihm wirklich ebenbürtigen Komponisten haben die Anderen letztlich nicht aufzubieten. Zudem kann er sich mit einem Kastraten vom Schlage Giovanni Carestinis durchaus ins Feld wagen. Dieser hatte in Prag zur Krönung Karls VI. gesungen. Johann Mattheson, der Carestini in Venedig gehört hatte, preist ihn in seiner Zeitschrift „Critica Musica". Er vergleicht dessen Koloraturen mit einem Rad, das man „mit der größten Gewalt herumjaget, und doch konnte man alle Töne unterscheiden, wobey es schien, als koste es ihn nicht die geringste Mühe". Mit seiner etwas dunkleren Stimmlage konnte Händel ihn für die Rollen des Ersten Helden ohnehin besser verwenden als den Sopran

Farinelli. Natürlich blieb der Öffentlichkeit auch nicht verborgen, welche Unsummen die Gagen für Poropora, Senesino, Farinelli und die noch erwartete Cuzzoni verschlangen. Sie wären, wie die Geschichte der Royal Academy ja schon gelehrt hatte, auch bei vollem Haus nicht zu erwirtschaften. Die Adelsoper, das ließ sich voraussehen, würde sich über kurz oder lang von selbst in den Ruin treiben. Es gehört überdies zu Händels Genialität, neue Gegebenheiten, die sich beispielsweise durch seinen Umzug nach Covent Garden boten, sofort schöpferisch für sich zu nutzen. John Rich unterhielt nämlich für seine pantomimischen Darstellungen eine kleine Ballettgruppe. Die Erste Tänzerin Marie Sallé aus Frankreich war schon als Zehnjährige in der Oper „Rinaldo" aufgetreten. Inzwischen hatte sie in Paris Karriere gemacht. Wieder in London, berichtet der Englandkorrespondent einer französischen Zeitung über sie: „Sie hat es gewagt, ohne Krinoline, Rock oder Mieder und mit offenem Haar aufzutreten. Außer Korsett und Petticoat trug sie ein einfaches Musselinkleid, das sie um sich geschlungen hatte wie eine griechische Statue." In der Tat weist die Sallé mit ihrer Kunst in die Zukunft. Für sie ist Tanz nicht mehr reine Dekoration, sondern menschlicher Ausdruck.

Händel holt ein sich für Tanzeinlagen besonders eignendes Opernwerk der frühesten Zeit hervor, den „Pastor Fido" aus dem Jahre 1712, der ihm damals wenig Beifall eingetragen hatte. Er überarbeitet das Stück, bereichert jeden Akt mit Szenen für die Truppe der Sallé und schaltet ihm als Prolog sozusagen ein Opernballett à la française vor, eine Suite aus Chaconne, Sarabande, Gigue usw., der die Muse des Tanzes „Terpsichore" ihren Namen gibt. Mit dieser Überraschung eröffnet Händel am 9. November 1734 die Saison und erntet Erfolg. Er kann den „Pastor Fido" bis zum Jahresende immerhin fünfmal auf das Programm setzen.

Es ist nun wieder Zeit, mit etwas Neuem anzutreten. Mag das Farinelli-Fieber die Londoner noch so schütteln. Händels erste Oper für Covent Garden, Premiere am 8. Januar 1735, heißt „Ariodante". Die Episode ist wiederum Ariostos „Rasendem Roland" entlehnt und spielt in Schottland, was für die Intrige, die genausogut in Thessalien oder Lydien spielen könnte, völlig unerheblich ist. Man kann nur bedauern, daß Händel seinen fähigen Librettisten, den 1729 verstorbenen Nicolas Haym so früh verloren hat. Dieser hätte die Lektion der Beggar's Opera möglicherweise besser begriffen als seine weniger begabten Nachfolger. Nun gibt es wieder Versteckspiel im Mondenschein, Verkleidung, die sich für die Gartenpromenade eines zufällig Schlaflosen verhängnisvoll auswirken. Der Ritter Ariodante beklagt sein Herzeleid zu gedämpften Geigen, dumpfem Pizzicato und warm grommelndem Fagott: „Scherza infida" („Vergnüge dich, Treulose"). Aber jeder im Zuschauerraum weiß, daß des Helden Kummer auf reiner Augentäuschung beruht. Hätte er etwas näher hingeschaut (oder nach Regieanweisung ein bißchen länger hinschauen dürfen), er wäre, statt sich gleich entleiben zu wollen, möglicherweise darüber stutzig geworden, eine fremde Frauensperson in den Kleidern seiner Braut heraustreten zu sehen, nachdem der Verführer an die Tür geklopft hat. Aber schon der von den Streichern hingegossene Mondschein entschädigt. Man nimmt Ariodante den Schmerz vollkommen ab. Denn was er singt, ist ergreifend. Wir begegnen in dem Ritter Ariodante einen von Händels kraftvollsten männlichen Titelgestalten überhaupt. Carestini kann alle Register ziehen. Seine Dacapo-Arien gehören noch heute zum Repertoire großer Sängerinnen. Wenn Ariodante am Anfang der Oper voll Tatendrang und im Hochgefühl seines Liebesglücks sein berühmtes „Con l'ali di constanza" (Auf Flügeln der Beständigkeit fliegt Liebe himmelhoch) jubelt, eifert mit einer reizenden Anmut das von der Oboe angeführte Orchester der menschlichen Stimme nach, die auf ihrer galoppierenden Berg-und-Tal-Fahrt wahre Kehlkopfwunder vollbringt. Als der Ritter am Ende der Oper die Ehre seiner Braut glücklich wieder hergestellt hat und alle Verwirrung gelöst ist, sprüht Ariodantes Koloraturgesang wie Champagner: „Dopo notte, atra e funesta splende in ciel più vago il sole" (Nach schwarzer, unheilvoller Nacht strahlt um so heller am Himmel die Sonne). Jeder Akt schließt selbstverständlich mit einem Auftritt des Balletts. Schäferinnen und Nymphen tanzen zur Musette, Ritter und Edelfrauen zu Gavotte und Bourrée. Angstvolle und heilsame Träume werden pantomimisch beschworen, nachdem die von den Launen des Schicksals arg mitgenommene Prinzessin Ginevra dem Wahnsinn verfallen ist. Bedenkt man, daß zwei Opernbühnen sich das Londoner Musikpublikum nun teilen müssen, darf sich der Andrang selbst bei günstiger Aufnahme nur in Grenzen gehalten haben. Immerhin kann dieses erste neue Stück für das Säulenhaus am Covent Garden bis zu Beginn der Fastenwochen im März zehnmal gespielt werden.

Die unerbittliche Konkurrenz treibt den Komponisten zu allerhöchster Produktivität. Er holt, ohne Rücksicht auf die eigenen Kraftreserven, das Letzte aus sich heraus. So kann er schon im April mit einer zweiten neuen Oper gleichen Kalibers auftrumpfen: „Alcina". Wir können es nur fassungslos bewundern, daß Händel für eine einzige Saison gleich zwei abendfüllende Bühnenwerke allerhöchsten Ranges hervorzaubert. Man stelle sich vor, Mozart hätte „Figaro" und „Don Giovanni" in nur wenigen Monaten für nur eine Wiener oder Prager Herbstwinter-Spielzeit geschrieben!

Das Märchen von der Zauberin Alcina, deren Spezialität es ist, alle Fremden, die durch Seenot auf ihre Insel verschlagen werden, in Steine, Bäume oder Raubtiere zu verwandeln, ist wiederum frei gestalteter Stoff aus dem an flimmernden Abenteuern schier unerschöpflichen „Orlando furioso". Aber magische Kräfte haben ihre Grenzen. So glückt es der ungastlichen Hexe nur für kurze Zeit, dem in ihre Gewalt gelangten jungen Ruggiero, in den sie sich unsterblich verliebt hat, die Sinne zu ihren Gunsten zu verwirren. Der Braut, die mittels eines Zauberrings unerkannt Alcinens Reich betritt und hinter deren Schliche kommt, gelingt es, den Geliebten zurückzugewinnen. Mit lautem Bühnenkrach wird die Urne, aus der die Hexe ihre überirdischen Kräfte saugt, zertrümmert. Die Besitzerin entflieht samt ihrer artverwandten Schwester Morgana, ihr zusammengestürzter Palast wird von den Wellen verschlungen. Wir bangen aber nicht so sehr um die Liebenden und lachen höchstens über den Jüngling Oberto, der seinen verschollenen Vater sucht, bis dieser ihm in Gestalt eines zahmen Löwen entgegenzottelt. Wir leiden mit der Verliererin, deren Seelenschmerz um den sie verschmähenden, maßlos von ihr geliebten Ruggiero ohne Grenzen ist. Vermag sie ihn doch nicht mit den erlesensten Zaubermitteln zu sich zurückzuholen. Warum fühlen wir mit dem von allen höllischen Mächten verlassenen, aufs Haupt geschlagenen Hexenweib? Weil der „große Zauberer" an Covent Garden ihre Qualen so überzeugend in Töne umgesetzt hat. „Ah! Mio cor! schernito sei! Stelle, Dèi!" (Ach, mein Herz! Ich verachte euch Sterne, euch Götter!) bricht es aus ihr hervor, als sie erfahren hat, daß Ruggiero mit den Seinen die Flucht aus ihrem Reich vorbereitet. „Ruggiero crudel, sei traditore!"! (Grausamer, verräterischer Ruggiero!) „Ombre pallide, lo so, me udite!" (Schattenbilder, ich weiß, daß ihr mich hört!), so jammert sie verzweifelt; denn kein Geist der Unterwelt steht ihr mehr bei. So bleiben ihr am Ende nur die Tränen: „Mi restano le lagrime". Das alles ist überwältigend schön und ohne Beispiel in der Operngeschichte. Ruggieros Arie „Verdi prati, selva amene" (Ihr grünen Wiesen, lieblichen Wälder), Carestinis lyrische Glanznummer, muß bei jedem Auftritt wiederholt werden. Man begreift heute nicht, weshalb der Erste Sänger und einzige ernstzunehmende Konkurrent Farinellis ausgerechnet über dieses seelenvolle Lied mit dem Meister aneinandergeraten mußte (wir berichteten bereits davon). Carestini scheint Händels Grobheit nicht verwunden zu haben. Ruggiero ist für Jahre sein letzter Londoner Auftritt. Er verläßt im Sommer das Ensemble und kehrt nach Italien zurück.

„Alcina" ist Händels letzter großer Opernerfolg. Eine Theaterbesucherin schreibt an ihre Tochter: „Es ist das Beste, was er je geschrieben hat, ... sie ist auf jeden Fall so schön, daß ich keine Worte zu ihrer Beschreibung finde." Das Werk erlebt bis zum Sommer 17 Wiederholungen. Dafür sorgt schon das

20 *London, Blick auf das Covent Garden Theatre.*
Radierung von J. Maurer.

Königspaar, das sich unermüdlich für „Alcina" einsetzt und doch durch persönliche Präsenz nicht verhindern kann, daß das Haus selbst mit diesem so bühnenwirksamen Stück immer leerer wird. Natürlich bewährt sich wiederum die Sallé mit ihrer Tanzgruppe. Die für sie komponierten Weisen voll Grazie bestreiten bis auf den heutigen Tag das Repertoire von Klavierschülern und Jugendorchestern. Doch auf einem der letzten Auftritte wird die Primaballerina ausgepfiffen: Ihr Wagstück war es gewesen, im Rampenlicht als Cupido zu tanzen. Der Liebesgott aber ist ein männliches Wesen, in das sich die französische Balletteuse schamloserweise verkleidet hatte. Das erregte Anstoß. Daraufhin verläßt auch Marie Sallé London, um nie wieder nach England zurückzukehren. Händel schließt das Opernjahr trotz stolzer Einzelerfolge mit Verlust ab. Er muß, um alle Unkosten zu decken, gewaltig draufzahlen und kann sich lediglich damit trösten, daß die Gegner am Haymarket ein noch größeres Minus zu verbuchen haben.

Seit den Tagen der Stuart-Könige huldigt das protestantische England alljährlich der Heiligen Cäcilie, einer römischen Märtyrerin aus dem 5. Jahrhundert, von der die Legende berichtet, sie habe aus Himmelshöhen der Christenheit die Orgel gebracht. Es gibt auf der Insel seit 1683 eine Cäciliengesellschaft und Cäcilienfeste. Der große englische Dichter John Dryden, ein Zeitgenosse Cromwells und Karls II., schrieb Oden auf die Schutzheilige in ausgefeilten klassischen Versen. Sie wurden mehr oder weniger glücklich in Musik gesetzt und regelmäßig aufgeführt. Aber eine wirklich überzeugende Vertonung stand noch aus. Der Schotte Newburgh Hamilton hält Georg Friedrich Händel für den geeigneten Mann und überarbeitet Drydens Dichtung für diesen Zweck. Welche Sternstunde für das Werk! denkt Hamilton, „denn", so erklärt er dem verehrten Tonkünstler, „wenn jemand das Zeug hat, Drydens Versen musikalisch gerecht zu werden, dann sind Sie es!" Händel macht sich im Januar 1736 an die Arbeit – weniger der edlen Dichtung zuliebe, sondern weil er die Chance wittert, mit Musikveranstaltungen zu Ehren der populären Schutzheiligen großes Geld zu machen. Er muß ja aus der Misere, die ihm das kranke Opernunternehmen beschert hat, wieder herauskommen. Oratorien konnte man wegen ihres halb gottesdienstlichen Inhalts das ganze Jahr spielen. „Deborah", „Esther", „Athalia"... werden bei der Gelegenheit neu einstudiert und machen Kasse. Das ist um so erstaunlicher, als der Londoner Adel Händel selbst hier einen üblen Streich spielt. Er gibt nämlich seine Empfänge und Teegesellschaften genau an den Tagen, für die Händels Darbietungen angekündigt sind.

Es nimmt uns einigermaßen wunder, daß die Ode auf die Schutzpatronin der Musik den Titel „Alexanders Fest" trägt. Nicht sie, sondern der Sieger von Issos und Gaugamela ist wieder einmal Mittelpunkt eines Händelschen Werkes. Alexander hat Persien gerade erobert und gibt in seinem Zeltlager ein Festbankett. Die liebliche Thais teilt mit ihm den Thronsitz, als der Meister Timotheus, an der Spitze eines Sängerchors, in die Saiten schlägt. Seine Kunst bewegt das Gemüt des Königs wie weiches Wachs: Erhabene Klänge hätscheln des Herrschers Eitelkeit und Stolz, Jubel zum Lobe des Weingottes Bacchus steigern Rausch und Sinnenlust, zärtliche, Amor gewidmete

Heute Dienstags den 24. November 1807.

Concert spirituel

im Saale des Königlichen Opernhauses.

Alexanders Fest

oder

die Gewalt der Musik.

Oratorium

für den Cäcilien-Tag

in Musik gesetzt

von

Georg Friedrich Händel.

Einlaßbillets zum Parquet à 1 Thaler 8 Groschen, zum Parterre und zur Gallerie à 16 Groschen, sind zu haben beim Herrn Castellan Dölz im Opernhause und am Eingange.

Die Casse ist von halb fünf Uhr an offen.

Anfang der Musik halb 7 Uhr, Ende 9 Uhr.

21 Programmankündigung von „Alexanders Fest" 1807.

Weisen machen den Herrscher verliebt, er schmiegt sich an die Braut, sein Haupt sinkt betäubt an ihre Brust. Auch weint er einmal vor Mitleid, weil der Sänger zur Leier plötzlich das jammervolle Ende des geschlagenen Perserkönigs Darius beschwört. Als des Timotheus' Sirenenzauber den träumenden Helden schließlich in den Schlaf gelullt hat, trommelt ihn Rachegedonner wach und versetzt ihn in Wut über seine abertausend gefallenen Krieger, daß er am liebsten die Brandfackel gegen die Hauptstadt Persepolis schleudern will. Auf diesem Gipfel zerstörerischer Raserei schwebt die Heilige Cäcilie herab, begleitet von Sphärenklängen, wie sie die Welt noch nie vernommen hat. Solche Töne wecken keine niedrigen Instinkte, sie heben den Menschen über sich selbst hinaus. So löst die Musik des christlichen Abendlandes die heidnische Musik ab, ja zieht diese, so haben wir es wohl zu verstehen, zu sich hinauf. Denn der Schlußchor verkündet: „Timotheus gib den Preis zurück, teil mit Cäcilie ihn! Er hob einen Sterblichen zum Himmel hoch, sie schickt einen Engel nieder."

Der Sang zur antiken Leier, der von einer Stimmung zur anderen springt, so daß sich das Gemüt des königlichen Zuhörers wie an den umgeschlagenen Seiten eines Bilderbuchs immer neu entzündet, ist so recht etwas für einen Musiker, der in Tönen malt und dabei mit Vorliebe Kontraste schafft. Oft genug konnten wir das schon bei Händel beobachten. Da haben wir das festliche Bankett und den mit Hörnerklang, Solobaß und achtstimmigem Zecherchor gefeierten Weingott. Gegen dieses lebensfrohe Gelage hebt sich schaurig der Leichnam des einsam auf nackter Erde in seinem Blute liegenden Perserkönigs ab – Orgelbaß, verdiahaftes Fagott-Ostinato, der zage Atemzug des Trauerchors schaffen eine würdevolle Kulisse. Mitreißend der Anfang des zweiten Teiles, als auf Timotheus' wiederholte Aufforderung „louder!" das Orchester buchstäblich mit Pauken und Trompeten losbricht, ein geradezu jubelnder Orchesterdonner, dessen Schwung schon an Carl Maria von Weber denken läßt. Denn nun sollen die Racheinstinkte des Herrschers hochgepeitscht werden. Gegen sie läßt der Tondichter eine silhouettenhafte Geisterkolonne gefallener griechischer Krieger aufziehen. Auch dafür wird dem Fagott – es ist dreifach besetzt – ein tragender Part zugewiesen. Wie zu einem Reigen aus Blockflöten und Violine kündet sich die Heilige Cäcilie an. Ihren Sieg feiert Händel mit einem wahren Königsbeispiel polyphoner Kunst für achtstimmigen Chor; denn solcher Klang hat in der Musikkultur früherer Epochen in der Tat nicht seinesgleichen.

Die Alexander-Ode erklingt zum erstenmal am 19. Februar im Theater am Covent Garden vor 1300 Zuhörern. Der Widerhall ist groß, die leere Kasse füllt sich endlich. Es kommt im gleichen Jahr zu vier Wiederholungen und zu je fünf in den zwei Folgejahren. Der Verleger Walsh publiziert einen Druck mit illustriertem Titelblatt: Über arrangierten Musikinstrumenten und einer um den antiken Sänger gruppierten Menschenszenerie schaut uns aus einem Stich des Holländers Jacob Houbraken der große Meister selbst an. Die Gesichtszüge schlaff, die Nase stärker als auf anderen Porträts hervortretend, der Blick unter schweren Liddeckeln müde, die Stirn hoheitsvoll wie der Kopf eines indischen Elefanten. Die Edition wirft so viel ab, daß Walsh an den Urheber 105 Pfund auszahlt; das ist mehr als das Fünffache dessen, was er sonst für ein Chorstück größeren Umfangs verlangen kann. „Alexander's Feast" wird eines von Händels volkstümlichsten Vokalwerken, das auch nach seinem Tod nicht in Vergessenheit gerät. Mozart führt es in Wien auf. Herder und Goethe gehören zu den Bewunderern.

Immer deutlicher zeichnet sich ein Umschwung in der Londoner Musikkultur ab: Oratorien finden Anklang, das Operngeschäft wirft immer weniger ab. Händel selbst sorgt dafür, daß dieses neue Genre zu einer Attraktion wird. Man mochte zu ihm stehen, wie man wollte, auf einem Gebiet zweifelte niemand seine einsame Überlegenheit an: auf der Orgel. Er ist sozusagen Rekordhalter einer sportlichen Disziplin, nicht viel anders hat man sich Händels Ansehen als Tastenvirtuose und Genie der Improvisation im Ursprungsland des Sports vorzustellen. In dieser Rolle darf er sich seiner anziehenden Wirkung auf die Londoner sicher sein. Den Vorteil mußte er nun nutzen, solange er auf hohe Einnahmen dringend angewiesen war. Das geschieht in den Pausen zwischen den Akten. Er setzt sich an die Theaterorgel und musiziert mit seinem Orchester um die Wette. Das ist die Geburtsstunde der berühmten Orgelkonzerte. Die ersten sechs gibt der Verleger Walsh zwei Jahre später (1738) bereits heraus. Sie tragen die Opuszahl 4. Sechs weitere – ohne Opuszahl – erscheinen drei Jahre darauf (1741). Eine letzte Sechsergruppe opus 7 wird erst nach Händels Tod veröffentlicht (1760).

Schon ein Jahr zuvor hatte er zwischen den Akten seiner Oratorien mit einem Konzert die Zuhörer erobert, das in der ersten Opusserie die Nummer 4 trägt und in F-dur steht. Es schließt mit einem Halleluja-Chor und zählt noch heute zu seinen beliebtesten Stücken. In der Alexander-Ode werden Konzerteinlagen schon aus Gründen der Streckung nötig: Das Werk ist nicht abendfüllend. Unter drei Stunden läßt sich das Publikum mit Darbietungen nicht zufriedenstellen. So wird zwischen den Akten ein eigens für die Zwecke eingewebtes Concerto grosso C-dur gespielt, das heute noch den Beinamen „Alexander's Feast" führt und für Walsh zu einem regelrechten „Verkaufsschlager" wird. Es beginnt mit einem fröhlichen, unverkennbar händelschen Allegro, dem ein an Corelli erinnerndes, pastorales Largo und ein fugiertes zweites Allegro folgen. Für den angehängten graziösen Tanz in lombardischem Rhythmus, einer höfischen Gavotte ähnlich, hat der Komponist thematisch eine Anleihe bei seinem deutschen Freund Telemann gemacht, dessen „Musique de table" er kürzlich als einziger englischer Subskribent bezogen hat.

Der konzertante Höhepunkt des Abends ist in das Chorwerk selbst eingeflochten, natürlich genau an der Stelle, wo die Schutzheilige der Musik mit ihrem himmlischen Instrument die christliche Ära einleitet. Bevor der Schlußchor ihren heiligen Namen preist, leistet sie also selbst eine Probe ihrer Engelskunst ab. Das aber läßt sich nur bewerkstelligen, indem sich der illustre Meister persönlich an die Orgel begibt. Es erklingt das erste der sechs Orgelkonzerte in g-moll, dessen getragenes, schönste Oktavtiefen auslotendes „Larghetto e staccato" ohnehin zu den herrlichsten aller Sätze zählt. Würdiger konnte sich die Heilige Cäcilie gar nicht vorstellen. Aber auch Timotheus hatte vorher seine Chance wahrnehmen dürfen. Seine Harfe bestreitet im ersten Akt den Orgelpart des B-dur-Konzertes, das die Nummer 6 erhält und noch heute meist als Harfen- und nicht als Orgelkonzert dargeboten wird.

Bei der Ausführung aller 18 uns überlieferten Konzerte haben wir uns Händel nicht auf der Bank einer malerischen Kirchenorgel vorzustellen mit Gebirgen von Pfeifen, getreppt übereinander angebrachten Manualen und zweioktavigem Pedal, wie wir das aus norddeutschen Kirchen kennen. Pedalorgeln begegnet er auf der britischen Insel nur selten, in ganz London nur einer einzigen – in der Sankt-Pauls-Kathedrale. Händels Instrument ist eine im Theatergraben aufgestellte Kammerorgel, ein sogenanntes Orgelpositiv, ausgestattet mit nur einem Manual, ohne Klaviatur zur Fußbetätigung. Darum klingt Händelsche Orgelmusik auch nie so gewaltig wie die Bachsche. Wir kennen von ihm keine Toccata, kein Choralvorspiel, kein Präludium und Fuge nur für Orgel. Er scheint dieser Kirchenmusiktradition ganz entwachsen und macht aus der Orgel einen dem Orchester gleichwertigen Partner, mit dem sie fröhlich wetteifert. Orgelkonzerte sind Händels ureigenste Erfindung und ganz aus der Situation heraus geboren, wie er sie zufällig vorfand: Konzertpausen mußte man zur Werbung nutzen, es galt, das Publikum mit einer Sensation in Atem zu halten, ja buchstäblich zu verblüffen. Also trägt man sein Können zur Schau, mit dem ohnehin niemand im ganzen Land konkurrieren kann. Man bezaubert die Menschen obendrein durch eingängige, volkstümliche Melodik, durch funkelnde Festlichkeit, durch humorige Einfälle, Kuckuckrufe und musikalische Purzelbäume. Der Solopart ist in der Partitur nur skizzenhaft angedeutet. Es wird einfach erwartet, daß der Spieler Phantasie genug hat, die Lücken mit Figurationen, Sequenzen, Trillern, Kadenzen nach Gutdünken (ad libitum) selbst auszufüllen. So können wir Händels Fingerfertigkeit, die Fülle seiner virtuosen Einfälle kaum erahnen. Der 1719 geborene Londoner Musikforscher John Hawkins hat ihn dabei erlebt und bemerkt zu Händels Spiel: „Die Harmonien waren dicht gewirkt, und so voll, wie es nur irgend möglich ist, die Passagen mit staunenswerter Kunst miteinander verkettet, das Ganze gleichzeitig vollkommen übersichtlich und den Anschein großer Einfachheit erweckend."

Während der Opernsaison besucht Händel gelegentlich die Konkurrenz am Haymarket. Er drückt sich nicht bescheiden in eine Ecke, damit ihn niemand bemerke. Vornehm und stolz verfolgt er von der Mitte des Sperrsitzes aus das Geschehen, still den Sieg genießend, den er letztlich davonträgt. Der von Porpora engagierte neue Landsmann – er hieß Francesco Maria Veracini – mochte ja zur Zeit der unbestrittene Weltmeister auf der Violine sein, seine Opern langweilen das Publikum. Ein gewisser Lord Hervey äußert sich in einem Brief folgendermaßen darüber: „Gerade komme ich mit dem König aus einem vier Stunden während Gähnen zurück, verursacht von der längsten und langweiligsten Oper der Welt... Das Drama stammt von einem namenlosen Idioten, die Musik von einem gewissen Veracini, einem Irren..." Wo die Rollen nichts hergeben, nutzt auch die protzigste Besetzung nichts. Farinelli, Senesino, Cuzzoni – sie alle, so muß man den bissigen Worten des Lords entnehmen, kommen nicht gebührend zur Geltung. Senesino wirkt nur noch durch Leibesumfang, die Stimme des auf die Sechzig Zugehenden hat offensichtlich an Klang verloren. Nur Händel im Zuschauerraum imponiert dem Briefschreiber. „Dieser Kerl", so bemerkt er, „hat mehr Verstand, mehr Geschick, mehr Urteilsvermögen und größere musikalische Ausdruckskraft, als jeder andere..."

So sieht es letztlich auch die gesamte königliche Familie, die ihn gerade jetzt wieder als Hauskomponisten braucht. Georg II. hat in Hannover für seinen aufmüpfigen Sohn eine 15jährige Braut ausersehen – Augusta Prinzessin von Sachsen-Gotha. Sie ist mit ihrer – wahrscheinlich von den Blattern herrührenden

– unreinen Haut keine Schönheit und von Verstand etwas einfach. Sie kann kein Wort englisch, lernt es auch in dem ihr noch verbleibenden Jahr bis zu ihrer Überfahrt nicht, weil die Mutter annimmt, nach zwei Jahrzehnten Welfenherrschaft spreche in der Londoner Oberschicht ohnehin jeder deutsch. Prinz Frederick sträubt sich nicht gegen des Vaters Wahl. Einmal im Ehestand, hofft er auf 100 000 Pfund Jahresgeld, wie es der Vater als verheirateter Prince of Wales gleichfalls beanspruchen durfte. Das erweist sich als Illusion: Frederick soll sich mit der Hälfte der Summe begnügen. Das sorgt im St. James-Palast für neuen Hauskrach. „Da geht er! Der Lump! Der Schurke!" giftet Königin Caroline, als sie ihren Sohn vom Fenster aus über den Hof schreiten sieht. Für sie bleibt er ein „Ungeheuer", das die Hölle verschlingen sollte.

Im April 1736 ist die deutsche Prinzessin aus dem Hause Wettin in London eingetroffen. Eine nächtliche Bootsfahrt bei Lichterglanz und festlicher Musik – natürlich Händelscher, dazu braucht es keines aktenkundlichen Belegs – empfängt die junge Braut. Im Mai wird die Hochzeit gefeiert, zur Trauung ein neues Anthem gesungen, das der eingebürgerte Landsmann der Braut – er spricht ihren heimatlichen Akzent – eigens für diesen Anlaß beigesteuert und einstudiert hat. Er steht bei ihr so hoch im Kurs, daß sie ihrem jungen Gemahl, der übrigens ein guter Cellist ist, sogar die Feindseligkeit gegen ihn ausredet. Sie kam ja ohnehin nicht aus dem Herzen, um so mehr Fredericks Begeisterung über das Hochzeitsanthem. Der Nobility-Oper kehrt er ab sofort den Rücken und unterstützt dafür Händels Unternehmen mit 1000 Pfund. Diese Genugtuung erhält bei dem Empfänger allerdings einen Dämpfer; denn den König veranlaßt die Freigebigkeit des Sohnes sogleich dazu, seinem Günstling den eigenen gleichfalls 1000 Pfund betragenden Zuschuß, sei es aus Geiz, sei es aus Verärgerung über den Prinzen, zu streichen.

Zu Ehren des Hochzeitspaares hat Händel auch seine 35. Oper „Atlanta" komponiert, ein zwischen riedgedeckten Landhäusern, Wald und Hügeln gebettetes Schäferstückchen, das mit Merkur schließt, der den königlichen Neuvermählten die Segensgrüße des Göttervaters übermittelt. Man hat einen neuen Kastraten verpflichtet – Gioacchino Conti, nach seinem Gesangslehrer Gizzi „Gizziello" genannt. Er bleibt ein Jahr und macht wie Farinelli einmal eine Traumkarriere auf der iberischen Halbinsel. Auch kann Händel inzwischen auf ein qualifiziertes englisches Sängerkontingent zurückgreifen, darunter die Sopranistin Cecilia Young, die der Strada eine gefährliche Konkurrenz wird, und der Tenor John Beard, von dem man sich am Theater Covent Garden einiges verspricht. Als „Atlanta" gleichfalls im Hochzeitsmonat (1736) Premiere hat, klatscht Prinz Frederick so rückhaltlos Beifall, daß Nicola Porpora, Operndirektor am Haymarket, zutiefst verstimmt das Ruder hinwirft und nach Italien zurückkehrt. Er will es auf eine Verliererrolle, wie sie seinem Landsmann Bononcini zugedacht war, gar nicht erst ankommen lassen.

Aber die Zeiten überlegener Triumphe sind für Händel lange her. Es geht bergab mit der Oper, das Publikum bleibt aus. Gerade hat im sogenannten Kleinen Theater am Haymarket die Bühnensatire eines gewissen Henry Fielding mit dem Titel „Pasquin" für Sensation gesorgt. Mit 64 Aufführungen reicht ihr unerhörter Erfolg geradezu an Beggar's Opera heran. Beide Operntheater bekommen das empfindlich zu spüren. „Pasquino", so nennen die Römer des 16. Jahrhunderts eine Statue unweit der Piazza Navona. Dort durfte man einmal im Jahr Plakate mit satirischen Versen ankleben. Wieder hat man es auf den skrupellosen Machtpolitiker Robert Walpole abgesehen. Der fühlt sich so unter Feuer genommen, daß er mit einer „Licensing Act" über alle Bühnen mit Ausnahme von Covent Garden und Drury Lane eine strenge Zensur verhängt. „Pasquin" hatte aber auch reichlich Pfeile gegen die Oper seria abgeschossen. Sie wirken tödlich. Der Eigentümer des Covent-Garden-Theaters John Rich wird als Harlekin karikiert, ihm lastet man das flache Niveau englischen Theaterbetriebs an. Wie hatte er es so weit herunterkommen lassen? Natürlich nur durch den Import von Ausländern!

Händel will die Niederlage noch immer nicht wahrhaben und produziert im Herbst 1736 gleich zwei Opern auf einmal: „Arminio" und „Giustino". Die Textbücher sind äußerst schwach, auch die blasse musikalische Umsetzung zeigt nun deutlich des großen Künstlers physische und seelische Erschöpfung. Er versucht das Publikum jetzt durch allerlei Bühnenzauber anzulokken. Dem Bauernsohn Giustino verspricht Fortuna im Traum Ruhm und Krone. In der Tat besteigt er bald den Thron von Byzanz. Bis dahin sind Abenteuer zu bestehen: Giustino befreit eine junge Frau aus den Tatzen eines Bären. Die Gemahlin des Kaisers wurde entführt. Auf einer meerumtosten Insel an einen Felsen gekettet, sieht sie sich einem fünfköpfigen Drachen zum Fraß vorgesetzt. Giustino tötet das Untier. Um Monster und wilde Bestien über die Bühne zu zerren, bedarf es findiger Maschinisten. Sie sorgen auch dafür, daß das Bühnenbild mindestens ein halbdutzendmal wechselt. Das vertreibt Langeweile und Dacapo-Überdruß. So notiert es sich auch ein anwesender Kapellmeister aus Dänemark: „Es ist wahr, man wird bei einer dreistündigen Musik endlich verdrießlich, und man will folglich noch durch etwas anderes unterhalten werden... Hierzu war also nichts besser, als die Schaubühne auf eine vortreffliche und sinnreiche Art auszuzieren."

Aber alles das rettet das Unternehmen nicht, die Unkosten klettern, die Schulden mit ihnen. In seiner Not fischt Händel aus der Tiefe seines Partiturenschatzes ein Vokalwerk frühster Jahre heraus – sein erstes Oratorium aus römischen Tagen „Il Trionfo del Tempo e del Disinganno". Er ändert es um und wandelt auch den Titel leicht ab: „Il Trionfo del Tempo e della Verità". Damals ein barockes Zeitthema über die Macht der Vergänglichkeit, jetzt ureigenste Lebenserfahrung. Jugend, Glanz, Kraft – wo waren sie geblieben? Wie kurzlebig schien selbst Ruhm. Davon konnte sogar die Konkurrenz ein Lied singen. London hat den vergötterten Farinelli fast schon vergessen. Ganze 35 Pfund bringen seine Abende noch ein, immer mehr Sitze bleiben leer. Im Sommer gibt er ohne großen Tusch seine Abschlußvorstellung und entschwebt dem Nebelland für immer. Am Hof von Madrid, wo ein König in hoffnungslose Melancholie versunken ist, singt der begnadete Kastrat dem Kranken Abend für Abend immer die selben vier Arien vor und holt den König ins Leben zurück. Händel kann nicht reisen, er hat Wurzeln geschlagen. Pausenlos führt er Opern und Oratorien auf. In einem Sechswochenzeitraum wird dreimal „Giustino" gegeben, viermal „Alexander's Feast", viermal „Il Trionfo del Tempo", zweimal „Esther", zweimal „Parnasso in Festa"... Alles unter seiner persönlichen Leitung! Die Überfülle der Vorstellungen soll dem Betrieb natürlich aus den roten Zahlen heraushelfen. Wenigstens hat man den Prinzen Frederick ganz für sich gewonnen: Als Händel zwischen zwei Akten wieder eine virtuose Einlage gibt, bittet sich die Königliche Hoheit persönlich die Wiederholung des ganzen Orgelkonzertes aus. Aber auch davon füllt das Haus sich nicht. „Partenope" wird für ganze vier Aufführungen neu aufgefrischt, ebenso „Poro", „Alcina", „Atlanta". Der über die Maßen gestreßte Musiker wird an den Rand seiner Kräfte gebracht. Kränkungen, öffentliche Gehässigkeiten bohren stärker in ihm, als die Urheber es von „charming brute" (dem reizenden Untier, wie Spötter ihn auf Karikaturen bezeichnen) wahrhaben wollen. Die miserablen Einkünfte hätten auch einem hartgesottenen Geschäftsmann den Schlaf geraubt. Eine zwischendurch wie aus dem Hut gezauberte dritte Oper „Berenice" steht zwar künstlerisch deutlich über den etwas blutarmen Zwillingsgeschwistern, doch ehe sie im Mai (1737) die Uraufführung erlebt, hat Georg Friedrich Händel wenige Wochen zuvor der Schlag getroffen.

Die Pressemeldungen geben nur ungenauen Aufschluß über das Krankheitsbild. Rechte Lähmung von Arm und Hand bis in die Fingerglieder deutet auf einen Schlaganfall. Anwandlungen von Geistesgestörtheit versetzen den Erkrankten darüberhinaus in einen Zustand dumpfer Depression. Davon ist bezeichnenderweise auch schon in der Schmähschrift die Rede, die sich des deutschen Musikers bediente, um den englischen Premierminister zu treffen. Melancholie, so heißt es dort, treibe Händel vorübergehend in den Wahnsinn, der sich in einem „hektischen, unzusammenhängenden Gefasel" äußere. Es sei ihm dann, als wollten ihn „zehntausend Opernteufel in Stücke reißen". Möglicherweise wußte man schon seit einiger Zeit von gelegentlichen Nervenzusammenbrüchen, die den Komponisten bis an den Rand zeitweiliger geistiger Umnachtung führten. Bei der pausenlosen übermenschlichen Anspannung, dem Übermaß jahrzehntelanger intellektueller Hochleistung verwundert das nicht.

Zweifellos liefert der Zweiundfünfzigjährige schon seit Jahren alarmierende Voraussetzungen für einen Gehirnschlag: Reibereien, Dauerstreß im Beruf, ungesunde, sitzende Lebensweise, die jede körperliche Fortbewegung allmählich beschwerlich macht, maßlose Eßlust, begleitet von schrankenlosem Tabak- und Alkoholgenuß, hohes Übergewicht, ein massiger, von Fettpolstern aufgeschwemmter Körper. Zeitgenossen rätseln über Händels Fingerschnelligkeit auf der Klaviatur. Bei solchen Händen? Die Knöchel sind wie bei einer Kinderpatsche unter gepolsterten Grübchen verschwunden. Der Wiener Schriftsteller Stefan Zweig, der die gesundheitliche Krise des großen Musikers in dem Bändchen „Sternstunden der Menschheit" zum Gegenstand einer historischen Erzählung macht, läßt den Diener des Meisters unter einem dumpfen Schlag, den jener ein Stockwerk über sich vernimmt, zusammenzucken. Er eilt hoch und sieht seinen Herrn, der eben noch rot vor Zorn aus einer Probe zurückgekommen war, röchelnd und starren Blicks am Boden liegen. Als ein herbeigeholter Arzt den Bewußtlosen zur Ader läßt, erwacht er wieder zum Leben... Aber Händel liegt weiter darnieder. Er kann weder Klavier spielen noch Proben dirigieren. Die Oper „Berenice" muß ohne ihn veranstaltet werden. Zwar wohnt die Königsfamilie dem Abend vollzählig bei, doch die Stimmung ist gedrückt. Man vermißt den Dirigenten, viele sind um ihn ernsthaft besorgt. Keine Händel-Oper wird so wenig gespielt wie „Berenice".

Den Kranken selbst verdüstern Schwermut und namenlose

Enttäuschung. Die Lähmung will nicht zurückgehen. Badekuren in Turnbridge schlagen nicht an. Zum Sommer hin mehren sich Anwandlungen geistiger Wirrnis. Im „Orlando" hatte er solchen Zustand künstlerisch gestaltet: „Ich bin mein eigener abgeschiedener Geist". Wie aber sollte er, wenn sich sein Befinden nicht besserte, sein Unternehmen retten? die Mitarbeiter bezahlen? die Gläubiger zufriedenstellen? Händel mußte wieder gesund und arbeitsfähig werden. So schenkt er seinen ärztlichen Ratgebern endlich Gehör, die ihn drängen, die heißen Quellen der Kaiserstadt Aachen zu versuchen, von denen man sich Wunderdinge erzählt. Ein Kurgast dieser Jahre, ein Baron von Pöllnitz schreibt: „Die Krancken finden in den heilsamen Brunnen Mittel wider die eingewurtzelsten Beschwerungen; die gebrechlichsten Cörper nehmen die vorige Stärcke wieder an sich."

Der vom Dämon Geschlagene fügt sich in das Unvermeidliche und unterzieht sich trotz seines jämmerlichen Zustandes den Beschwerlichkeiten einer mehrere Tage dauernden Reise auf den Kontinent. Er trifft Anfang September (1737) in der alten Krönungsstadt ein, in Händels Zeit ein elegantes, auf Fremdenverkehr eingestelltes, mondänes Pflaster mit breitangelegten, den Blick in eine grüne Landschaft eröffnenden Promenaden. Hier tummelt sich Europas erlauchteste Gesellschaft – gekrönte Häupter, verwöhnte Aristokraten, Berühmtheiten. Man spricht auf den Straßen alle dem Komponisten geläufige Sprachen: Französisch, Niederländisch, Deutsch, Italienisch und Englisch. Es gibt ein Ballhaus, eine Komödie, Caféhäuser, Spielbanken und warme Brunnen in Fülle, deren Schwefelgeruch dem Besucher in allen Winkeln der Stadt unangenehm in die Nase steigt. Das stimmt so manchen Gast verdrießlich. Friedrich der Große, der als junger König fünf Jahre nach dem Musiker in Aachen kurt, schreibt an seinen Freund Voltaire: „Ich bin in der Stadt Karls des Großen und der Griesgräme angekommen...., wo man die Wasser der Unterwelt trinkt, und in dem die Angeberei der Ärzte ihre Herrschaft selbst über den Geist ausübt."

263

Händel ist weder um Unterhaltung noch um Geselligkeit zu tun. Hier hat sich ein Schwerkranker eingefunden, der nicht länger als Krüppel vegetieren, sondern seinen begnadeten Beruf endlich wieder ausüben will. Er läßt sich Bäder verschreiben und steigt die Marmorstufen hinab ins heiße Becken, verweilt darin die vorgeschriebene Stundenzahl – nein, das genügt ihm nicht: das Doppelte, ja Dreifache an Badezeit mutet er seinem Kreislauf zu. Ein unbeugsamer Wille befiehlt seinem Organismus. Kein Brunnenarzt vermag ihm dreinzureden. Weiß er doch selbst am besten, was er seinem Körper abverlangen kann. Man vermutet, daß er sich bis zu neun Stunden täglich in den Wassern aufgehalten hat. Dergleichen Vitalität können wir nur aus dem Zeitalter begreifen, in dem urwüchsige Menschennaturen noch keine Seltenheit waren. Und siehe da – Händels Zustand bessert sich, rechte Hand und Fingergelenke erwachen zum Leben, ja er kann die erkrankten Gliedmaßen bereits nach drei Wochen wieder voll gebrauchen. Man rühmt schon damals die Quellen des heute eingemeindeten Burtscheid als besonders heiß, man könne Eier darin kochen. Die Heilung Gichtbrüchiger sei dort an der Tagesordnung. Möglicherweise hat Händel in Burtscheid seine wunderbare Kur genommen; denn als er vollständig geheilt ist, verschafft er sich Zutritt in die dortige Abteikirche und setzt sich an die Orgel. Er musiziert wie in alten Tagen. Die Ordensschwestern, so berichtet uns Mainwaring, erschauern, sie glauben fest, die Heilige Cäcilie habe in persona ein Wunder an dem Musiker vollbracht. Wie Händel das Wiedererwachen seiner alten Kraft selbst empfunden haben mag, darauf gibt uns vielleicht der frohlockende Tenor über den auferstandenen Messias eine Antwort: „Doch du ließest ihn im Grabe nicht".

Ganze sechs Wochen weilt Händel in Aachen, dann reist er, vollkommen wiederhergestellt, nach London zurück. Auf dem Weg durch Flandern, so erfahren wir aus den Memoiren des Earl of Shaftesbury, steigt Händel vor der Kirche einer größeren Stadt ab und läßt sich auf die Orgelempore führen. Kaum hat er zu musizieren begonnen, bleibt dem aufhorchenden Gemeindeorganisten der Atem stehen, ja er fällt dem Fremden nach dessen erster Fugenimprovisation spontan um den Hals. „Ihr könnt doch nur der große Händel sein!" soll er ausgerufen haben.

Gut sieben Monate ist Händel ausgefallen. Das bekommt dem Ruf eines Künstlers, der so wie er im Rampenlicht der Öffentlichkeit gestanden hat, ganz und gar nicht. Man hat ihn bereits abgeschrieben. Selbst seine Anhänger resignieren. Für die Zukunft, so glauben sie, werde nur noch die Erinnerung bleiben und ein gelegentlicher Blick in alte Notenpartituren. Friedrich von Preußen, der in drei Jahren den Thron besteigen wird, schreibt aus Schloß Rheinsberg an den Prinzen von Oranien, Ehegemahl der Lieblingsschülerin des Komponisten: „Händels große Zeit ist vorbei, seine Schaffenskraft erloschen, sein Stil aus der Mode." Schnell hatte der Genesene noch auf deutschem Boden der Ostseestadt Elbing zur Feier ihres 500jährigen Gründungstages ein Opern-Pasticcio aus verschiedensten eigenen Kompositionen zugehen lassen. O nein, er war noch nicht passé. Nach London zurückgekehrt, kümmert er sich sogleich um sein Operntheater und darf sich nachträglich sogar als Sieger fühlen. Die Nobility-Oper mußte im Sommer mit 12000 Pfund minus aufgeben. Nun kann er sogar am Haymarket den alten Kampfplatz wieder beziehen, ohne Konkurrenz. Unter solchen Voraussetzungen wird sogar Heidegger ein weiteres Mal sein Geschäftspartner. Natürlich ist auch Händel über die Ohren verschuldet, ja könnte sich ohne königliche Jahrespension selbst kaum über Wasser halten. Aber dank seiner allgemein anerkannten Ehrenhaftigkeit bringt niemand ihn in den Schuldturm. In der Tat wird Händel im Laufe der Jahre keinem seiner Gläubiger auch nur einen Penny schuldig bleiben.

So macht er sich umgehend an die Arbeit und schreibt eine neue Oper „Faramondo", deren Geschichte sich um einen legendären Frankenkönig aus vormerowingischer Zeit spinnt. Er wird verdächtigt, den Sohn König Gustavs ermordet zu haben, weshalb gegen Pharamond ein tödliches Komplott geschmiedet wird. Aber nach Abschluß des 2. Aktes muß Händel die Arbeit unterbrechen; denn am 20. November 1737 ist Königin Caroline gestorben. Sie hat ihre von einem Bruch herrührende tödliche Krankheit den Angehörigen lange Zeit verheimlicht. Der vierundfünfzigjährige König ist untröstlich. Als Caroline ihm noch kurz vor dem Tod zuredet, sich bald wiederzuverheiraten, entgegnet er auf französisch: „Nein, ich werde nur Mätressen haben". Darauf die sterbende Königin: „Du lieber Gott, das ist doch kein Hindernisgrund!" Dem Sohn grollt sie so tief, daß sie ihn selbst in ihrer letzten Stunde nicht wiedersehen will.

Voltaire, der während seines dreijährigen englischen Exils, bis 1729, von der Königin empfangen wurde, lobt Caroline als Fürstin, die „zur Ermutigung der Künste und zum Wohl der Menschheit geboren" sei. Ihr Hof glich einem Salon von Denkern, Gelehrten, Künstlern. Sie hatte durch Stiftungen aus ihrer Privatschatulle junge Talente gefördert und eine verarmte Tochter des Dichters John Milton vor dem Elend bewahrt. Händel war die Königin eine treue Verbündete und geistige Schwester, vermutlich die einzige Frau in seinem Leben, die diese Bezeichnung verdient. Alle ihre Kinder (vier an der Zahl) erhielten von ihm Musikunterricht. Nun schreibt er zu der Beisetzung eine Trauerhymne, deren Texte der Bibelkundige aus Büchern der Propheten, aus Samuel, Hiob, Salomonis Sprüchen weitgehend selbst zusammenfügt. „Sie befreite ja den Bedrängten, der reif den Verwaisten, ja ohne Helfer war", heißt es da. Der Künstler weiß, wovon er spricht. Wenn jemand unter den maßgeblichen Zeitgenossen Georg Friedrich Händel wirklich zu würdigen wußte, dann sie: „Gerechtigkeit war ihr Kleid, das sie anzog wie einen Rock; und ihr Recht war ihr fürstlicher Hut." Ein über 100 Mann starkes Orchester, über 80 Sänger lassen die Beisetzungsfeier in der Westminsterabtei mit Händels dreiviertelstündigem Chorgesang ausklingen, er selbst spielt die Orgel, jemand blättert ihm die Noten um. Die Versammelten haben ihren großen Musiker nach langer Krankheit wieder, er scheint ganz der alte. Die Menschen lauschen ihm bewegter denn je; die Presse lobt rückhaltlos, obschon die Aufführung, wohl wegen der allzu kurzen Einstudierungsfrist, nicht ohne Mängel war.

Am 3. Januar des neuen Jahres 1738 ist die Staatstrauer aufgehoben. An diesem Tag öffnet das Theater mit „Faramondo". Die Menschen drängen in die Oper, schon weil sie so lange ausgefallen war. Man will den wiederhergestellten Meister auf seiner gewohnten Kampfstätte wiedersehen. Sie lieben ihn ja doch, diesen importierten Deutschen, der zu einer nicht mehr wegzudenkenden Institution geworden ist. Rückhaltloser Beifall empfängt den vor die Bühne Tretenden und will sich nicht so schnell legen. Man erwartet auch mit Spannung neu engagierte Sänger: Elisabeth Duparc zum Beispiel, eine französische Sopranistin, „La Francesina" genannt; und für die männliche Hauptrolle den unentbehrlichen neuen Kastraten, Gaetano Majorano aus Apulien, nach seinem Gesangslehrer Cafaro „Caffarelli" genannt, ein in seinen Launen unberechenbarer, zu Arroganz und Rüpelei neigender Patron. Er mußte sich vor Jahren wegen Gotteslästerung vor dem Richter verantworten, weil er während eines Nonnengelübdes in der Kirche mit einem anderen Sänger eine Prügelei angefangen hatte. Er kannte das Gefängnis von innen, nachdem er eine Primadonna auf der Bühne mit unzüchtigen Gesten beleidigt hatte. Verspürt er keine Lust auf seine Opernrolle, singt er mit Absicht schludrig und redet sich hinterher mit einer faulen Entschuldigung heraus. Aber sein Sopran ist so überzeugend, daß er nach Farinellis Rückzug unbestritten als erster Sänger Europas gilt.

In diesen Januarwochen entsteht die Oper, deren Titel auch flüchtigen Händel-Kennern über die Lippen kommt, weil das Eingangslied die ganze Welt kennt: „Xerxes" (it. Serse). Diesen unglücklichen Großkönig, der in Aischylos' Tragödie „Die Perser" durch Boten die Vernichtung von Heer und Flotte vernimmt, so daß er in herzerweichende Klagen und Selbstvorwürfe ausbricht, erleben wir bei Händel nahezu entspannt. Er wandelt im Garten unter Platanen, sich des schattigen Laubes erfreuend, das der Südwind fächelt, und singt das als „Largo" berühmt gewordene Larghetto „Ombra mai fu". Daß es seitdem zu Hochzeiten und Trauerfeiern gleich häufig erklingt, zeigt erneut, wie vielerlei ein und dieselbe Händelsche Musik stimmungsmäßig auszusagen vermag. Sparsam wie die Natur, verwendet er selbst, wie wir von Anfang an gesehen haben, seine Erfindungen gerne mehrfach in oft recht unterschiedlichen Situationen, ohne daß uns das im geringsten stört. Es spricht eigentlich gar nicht so gegen die Nachwelt, daß sie sich gerade dieses schlichte und zugleich kunstvoll gewebte Gesangsstück, das man keineswegs gleich nachsummt, zu ihrer Lieblingsmelodie erkoren hat. Wie auch immer sie ausgeführt wird – auf Orgel, Harmonium, Klavier, von Straßenmusikern oder Unterhaltungssängern, nie läßt sie sich in die Niederungen des Kitschs wirklich herabziehen. Möglicherweise erklärt sich daraus ihre Vorzugsstellung auf Feiern, die allen Teilnehmern einen Augenblick stiller Besinnung abfordern.

Nachdem das Largo verklungen ist, der wandelnde Perserfürst sich in der Gartenidylle erquickt hat, vernimmt er, von Flöten und gedämpft tupfenden Streichern reizend untermalt, das Lied der schönen Romilda. Gleich stellt der Verliebte ihr nach, ja läßt ihr von seinem täppischen Diener, der sich als Blumenverkäufer tarnen muß, einen Liebesbrief überreichen. Aber Romilda ist mit dem königlichen Bruder verlobt und hat keineswegs vor, mit diesem zu brechen. Das bringt den König in Wut. Es kommt zu amüsanten Verstrickungen, auch der Diener Elviro gefällt durch Komik. So entschieden hat Händel sich noch nie zur Opera buffa bekannt. Aber da nun mal die Tugend siegen muß, findet König Xerxes im Laufe des Stückes zu der ihm anverlobten Prinzessin zurück. Caffarelli, Sopran, spielt den König, er ist der erste Sänger des „Largo".

Schulden drücken den Opernkomponisten. Die Familie der Strada ist im Begriff, ihn wegen ausgebliebener Gehaltszahlungen zu verklagen. Aber seit Neugierde und Wiedersehenserwartung beim Publikum einmal gestillt sind, kommen immer weniger Besucher in Händels Theater. So schmerzlich die Erkenntnis ist: „Faramondo" und „Xerxes" erweisen sich trotz schönster Musik als reine Mißerfolge. Das lag nicht zuletzt an einer neuen aufsehenerregenden Opernsatire, die kurz vor Händels Rückkehr aus Aachen das Theater am Covent Garden das Publikum in Scharen anlockte: „The Dragon of Wantley", ein rabaukiges Zotenstück, das der deutschstämmige John Lampe in Musik gesetzt hatte. Der Titelheld, ein Drachenmonster, sollte das Meeresungeheuer in Händels „Giustino" karikieren. Das Haus füllte sich 69mal in einer Spielsaison, das übertraf sogar die Beggar's Opera. Der König, hellentzückt von so viel Ulk, hatte ihm mehrmals beigewohnt, nicht zuletzt um hinterher der sterbenden Gemahlin mit seinen lustigen Schilderungen die Leidensstunden zu verkürzen. Händel selbst muß den Parodisten einräumen: eine gelungene Musik! Daß sie seiner Oper letztlich den Gnadenstoß versetzt hatten, dieser Realität muß er allmählich ins Auge sehen.

Mit seiner Person hat das nichts zu tun. Im Gegenteil, man nimmt Anteil an seiner wirtschaftlichen Situation. Freunde seiner Musik tun sich zusammen und veranstalten im März 1738 ein Benefizkonzert, eine Veranstaltung also, deren Erlös voll und ganz dem finanziell gehörig in die Klemme geratenen Opernunternehmer zukommen soll. Für das übervolle Abendprogramm braucht er kein einziges neues Stück zu komponieren. Man hat Teile aus „Esther", „Acis und Galatea", „Deborah", „Athalia" und dem Krönungsanthem ausgewählt. Alles wartet natürlich auf eine Einlage des großen Meisters selbst: Welches seiner gerade im Druck erschienenen Orgelkonzerte wird er spielen? Logen und Parkett erhalten, um den Zulauf zu sichern, einen Einheitspreis, selbst auf der Bühne werden für die Zuhörer Bänke aufgestellt. Der Platz eine halbe Guinee (etwa 10 Shilling). Die Londoner lassen ihren Komponisten nicht fallen. Sie strömen ins Theater am Haymarket, man zählt 1300 Besucher und schätzt den Gewinn für den Betroffenen auf 800 bis 1000 Pfund. Das ist eine stattliche Summe, wenn man sich vor Augen hält, daß 500 Pfund in jener Zeit einem Mann von gehobener Stellung erlaubten, ein ganzes Jahr lang standesgemäß zu leben. Doch was tut der große Künstler? Gerade ist ein Fonds zur Unterstützung bedürftiger Musiker und ihrer

Familien ins Leben gerufen worden. Die Geldgeber treten einen Monat nach der Benefizdarbietung in der Taverne „Crown und Anchor" zusammen. Händel gehört als einer der ersten zu ihnen.

Zu seinen Bewunderern gehört ein reicher Geschäftsmann namens Jonathan Tyers. Er allein hatte für das Benefizkonzert 50 Eintrittskarten gekauft und obendrein einen französischen Bildhauer beauftragt, von dem Komponisten ein marmornes Standbild herzustellen. Tyers war Pächter der öffentlichen Gartenanlagen von Vauxhall am südlichen Themseufer, er hatte sie zu einem beliebten Londoner Ausflugsziel gestaltet. Man wandelte durch Säulen- und Laubengänge, nahm seinen Imbiß in einem lauschigen Heckenkabinett, ließ sich in einer Rosengartennische Tee oder heiße Schokolade servieren und hörte der Kapelle zu, die in einem Pavillon musizierte. Auf diese zur Gartenseite offene überdachte Rotunde liefen alle Spazierwege zu. Sogar eine Orgel hatte der Erbauer installiert. Händel selbst ergeht sich zur Erholung gern in diesem Paradies. Einmal begleitet ihn ein älterer Herr, ein Geistlicher. Es ist Abend, sie wandeln fast allein und nähern sich den Musikern unter dem Runddach. „Kommen Sie, setzen wir uns", schlägt Händel vor, „hören wir uns an, was sie spielen." Es erklingt eine Hornpipe. Händel: „Nun, was halten Sie davon?" Der Geistliche: „Ein schlechtes Stück, es lohnt nicht, sich das anzuhören."- Händel: „Nicht wahr? Das fand ich auch, als ich es fertig hatte. Ich stand unter Termindruck und habe es zu schnell komponiert." Diese Anekdote überliefert uns der Enkel des Predigers in einer Geschichte über die Pfarrei des Großvaters.

Der Unternehmer Tyers möchte den großen Komponisten öffentlich ehren und läßt die fertiggestellte Händelstatue im April 1738 in einer dazu hergerichteten Nische seines Lustgartens aufstellen. Kostenpunkt 300 Pfund. Händel kann also auf seinem Spaziergang zusehen, wie ihm ein marmornes Denkmal gesetzt wird. Auch das hat kein Dante, kein Wagner, kein Liszt zu seinen Lebzeiten erfahren. Der Bildhauer Louis François

Roubillac erhielt mit dieser Arbeit seinen ersten öffentlichen Auftrag. Viele seiner Standbilder zieren seitdem als Könige und Berühmtheiten Englands Vestibüle, Parks und Plätze. Sein letztes großes Werk wird wiederum ein Händeldenkmal sein – für das Grabmal des Komponisten in Westminster Abbey. Der weißmarmorne Händel von Vauxhall Garden trägt keinen Staatsrock, keinen Degen, keine Lockenperücke. Er sitzt, die Beine übereinander geschlagen, und zupft an einer Lyra. Eine Nachtmütze verdeckt den Kahlkopf, ein Pantoffel baumelt auf der Fußspitze. Ein Knabe mit dicken Amorschenkeln kauert am Boden und bringt die Klänge des Meisters zu Papier. Als Schreibunterlage dient der Bauch einer quergelegten Gambe. Orpheus oder Apoll? rätseln die Vorübergehenden, sie tippen auf den Gott. Das Gesicht, das die Zeitgenossen sehr naturgetreu finden, ist fein durchmodelliert, ohne Fettpolster. Krankheit und Kur liegen noch nicht lange zurück. Die scherzhafte Darstellung entspricht dem frivolen Geist des Rokoko-Gartens, sie beweist zugleich Händels große Popularität.

Die Anlage wurde im neunzehnten Jahrhundert eingeebnet. Von ihr zeugt nur noch der Name. Er führt heute auf eine verödete Fußballwiese, auf die sich ein paar japanische Kirschbäume verirrt haben, und auf einen Kinderspielplatz mit roter Klettereisenbahn, Holzelefanten zum Turnen und Reiten. Die Kulisse bilden 20stöckige Hochhäuser. Das Händelmonument ging nicht verloren. Es wurde versteigert und zierte für Jahrzehnte den Treppenaufgang eines Londoner Musikverlages. Heute kann man es im Victoria & Albert Museum besichtigen.

11

„Tröste dich, mein Volk"

Charles Burney über Händel

„Händels gewöhnliche Miene war etwas finster und saucrsehend; wenn er aber einmal lächelte, so war es wie die Sonne, die aus einer schwarzen Wolke hervorbricht. Aus seinen Zügen strahlten dann auf einmal Verstand, Witz und gute Laune mit einer Stärke hervor, die ich nicht leicht bei sonst jemand bemerkt habe." Diese persönliche Beobachtung macht der Musikschriftsteller Charles Burney, als er noch in jugendlichen Jahren nach London kommt und Händel in dessen letzten beiden Lebensjahrzehnten verschiedentlich begegnet. Burney hat uns eine der frühesten Händel-Biographien hinterlassen. Sie ähnelt, wo immer der Bericht auf persönliche Erinnerungen und selbst ermittelte Zeugnisse zurückgreift, einem anschaulichen Skizzenbuch. Der junge Burney hat den berühmten Mann privat in dessen Haus erlebt, häufig auch als „rauhen, zupackenden" Menschenbändiger auf diversen Chor- und Orchesterproben. Händels Art sei in solchen Momenten aber stets frei von „Tücke und Bosheit" gewesen. Überhaupt habe er bei Zornesausbrüchen leicht spaßig gewirkt, zumal sein gebrochenes Englisch in der Erregung Heiterkeit hervorgerufen hätte. Burney rühmt Händels Gabe, kleine Episoden auf eine witzige Art zu erzählen, so daß man über Personen, Gegenstände, die er dabei aufs Korn nahm, nur noch lachen konnte. Er muß also in gelockerter Runde ein guter Unterhalter gewesen sein. Wir dürfen ihn uns gelegentlich in Gesellschaft von Swift, Defoe, Arbuthnot, Pope in einem Caféhaus des Londoner Golden Square denken, über Kunst und Politik diskutierend, dabei eine lange Pfeife rauchend.

Doch je älter er wird, desto mehr vermeidet Händel den Verkehr mit Menschen. Nach Gewohnheit großer Einzelgänger führt er laute Selbstgespräche. Auf einem Spaziergang im Park wird er dabei belauscht: „Der Teufel! Seinen Vater hat er angeführt – aber mich hat er nicht angeführt – es ist ein verwünschter Schurke – ein Taugenichts!" Ursache seines Ärgers – ein musikalisch begabter, anfangs vielversprechender, gefälliger Junge. Händel hatte ihn zu sich ins Haus genommen. Gott weiß, aus was für jammervollen Verhältnissen man ihn herausgezogen hatte. Möglicherweise zu spät, alle Liebesmüh erwies sich als fruchtlos.Nun war der Lümmel auf und davon... Der Ehelose hat eine Zuneigung zu Kindern.

Mindestens zweimal in seinem Leben soll er vor einer Eheschließung gestanden haben. Die Quellen dazu sind unsicher. Will man ihnen glauben, dann scheiterte die erste Gelegenheit an der Mutter des Mädchens; sie wünschte keinen „Fiedler" zum Schwiegersohn. Als sie unerwartet verstirbt und der Vater die Beziehung mit dem Abgewiesenen wieder anknüpfen will, sagt Händel aus verletztem Stolz nein. Die junge Frau, eine ehemalige Klavierschülerin, muß ihren Lehrer wirklich geliebt haben; denn sie zerbricht darüber und stirbt kurz darauf. Eine zweite Schülerin gehört wie die erste der guten Gesellschaft an, obendrein rühmt man ihre schöne Erscheinung. Doch auch diese Verbindung kommt nicht zustande, weil die Familie dem Ehekandidaten die Aufgabe seines Berufes zur Bedingung macht. Was immer daran wahr ist, soviel mag gewiß sein: Der gefeierte Musiker hätte sich schon von Rang und Herkunft nie dazu herbeigelassen, in kleine Verhältnisse einzuheiraten. In den Kreisen jedoch, die überhaupt für ihn in Frage kamen, stieß man auf Schranken. Den Bürger lutherisch-deutscher Herkunft hätten die Bewohner parkumschlungener Castles mit normannischer Ahnengalerie als angeheiratetes Familienmitglied vielleicht noch hingehen lassen, aber den Vollblutmusiker, der sich mit Komödiantenpack herumschlug? Empfindlichkeit, Stolz, eingewurzelte Schroffheit, berufliche Überbeanspruchung haben die Gelegenheiten, sich ehelich zu binden, für Händel sicher nicht begünstigt. Freiwillig wird er sich sein Los nicht ausgesucht haben.

Zerstreuung verleiht ihm außerhalb der Kunst das einzige Laster, das uns von ihm überliefert ist: seine maßlose Eßlust. Man muß bedenken, daß sie in einer Epoche von sich reden machte, in der Könige, Kanzler, Kapitelherren, Künstler allesamt große Fresser vor dem Herrn waren. Um seiner Leidenschaft zu frönen, geht Händel am liebsten aus und betritt ein erlesenes Gasthaus, in dem ein gedeckter Tisch für ihn bereit steht. Mehrere Menüs von bis zu 16 Gängen, begleitet von besten Weinen und Likören, hat er im voraus bestellt. Dem Wirt, der sich über das „Ausbleiben der Gesellschaft" wundert, erklärt der Gast Punktum – „die Gesellschaft bin ich" und setzt sich zur Tafel. Bedrückend stimmt die Vorstellung, daß er sich solchen festlichen Vergnügen in völliger Einsamkeit hingab.

Gern weilt Händel des Sommers auf dem Land. Hier umgibt ihn eine von Hecken durchsetzte, hügelige grüne Flur mit malerisch ausladenden Blutbuchen, Eschen, Edel- und Roßkastanien, unter denen Schafe weiden und durch deren Laub vom Atlantik her ständig ein Wind weht. Händel besitzt in der Provinz wohlhabende Freunde, die auf ihren antik stilisierten Herrensitzen gern einen weltberühmten Künstler zu Gast haben. Zu ihnen zählt ein des Griechischen und Lateinischen gleich mächtiger, schöngeistiger Landedelmann, der sich auf Gopsal in der Grafschaft Leicestershire aus Palladioarchitektur eine Privatresidenz errichtet hat. Dort sammelt er wertvolle Gemälde, streitet sich mit Shakespeare-Forschern um den Stein der Weisen und kauft sich Notenausgaben Georg Friedrich Händels, dessen Werke er schon seit Jahren subskribiert. Der Herr mit den rosigen, selbstgefälligen Gesichtszügen entfaltet einen Luxus, der ihm unter Spöttern den Spitznamen „Suleiman der Prächtige" eingetragen hat. Seinem wirklichen Namen Charles Jennens versucht er durch literarische Eigenproduktion Unsterblichkeit zu sichern. So hat er aus der Bibel die Geschichte König Sauls zu einer geradezu griechischen Tragödie gestaltet. Kein dem Zeitgeschmack Tribut zollendes religiöses Lehrstück also mit moralisierendem Unterton, o nein! Ein Charakterdrama liegt vor, Schicksalslied einer Leidenschaft, die zum Untergang führt. Nicht der Sünder Saul, der Mensch Saul macht schaudern, der die Feldherrnüberlegenheit seines jugendlichen Nachfolgers nicht verwindet, sich in Neid innerlich verzehrt und daran zugrunde geht. Jennens schickt dem verehrten Musiker das Textbuch vermutlich schon im Jahre 1735. Der schaut, wie ein kurzer Brief bezeugt, flüchtig hinein, der Theaterbetrieb ließ ihm im Moment keine Muße. Inzwischen sind drei Jahre vergangen. Gerade hat man aus der Zeitung erfahren, daß der Unternehmer Heidegger endgültig aus dem Operngeschäft ausgestiegen ist. Händel wirft sich kurz darauf auf Jennens Oratoriumstext. Die Dramatik, so gut kannte der Dichter ihn, entsprach ganz seiner künstlerischen Begabung. Aber er scheint unsicher und versucht sich zwischendurch an einer neuen Oper „Imeneo". Aber machte es wirklich Sinn, sich für eine Einrichtung zu verschwenden, zu der kein Publikum mehr kam? Der vornehme Mann sucht den Ratlosen persönlich auf, nicht zuletzt wohl, um ihm für die neue Sache Mut zu machen. Der Stoff scheint dem großen Künstler Ungeheuerliches abzuverlangen. Ist er dem nach überstandener schwerer Krankheit überhaupt gewachsen? Er bricht ab, streicht ganze Nummern, schreibt vorübergehend Arien für „Imeneo", kehrt zu „Saul" zurück, dort immer wieder neu ansetzend, bis Ende September ein fertiges Oratorium vor ihm liegt, wie es gewaltiger die Welt noch nicht gekannt hat.

„Suleiman der Prächtige" ist nicht leicht zufriedenzustellen. Dieser Händel hat ihm zu viele „Grillen" im Kopf. Das können wir einem Brief des Poeten an einen Verwandten entnehmen. Das Halleluja, mit dem man Davids Sieg über Goliath in der ersten Szene krönen will, stellt der Musiker eigenmächtig an den Schluß des ganzen Stücks! Das war mit dem Herrn auf Gopsal, nur gewohnt Befehle zu geben, nicht zu machen. Händel lenkt ein. Trotzdem hat Jennens nur Kopfschütteln für ihn übrig: Welche Ansprüche so ein berühmter Mann von sich machte, ohne von Stand zu sein! Läßt er sich doch sozusagen nach Maß eine eigene Orgel anfertigen, auf der er beim Spiel dem Publikum den Rücken zudrehen kann, nur damit er die Orchestermusiker besser im Visier hat und für sie nicht mehr den Takt schlagen muß! Ein teurer Spaß von 500 Pfund, schwamm man denn auf Brookstreet im Geld? Als Jennens den Tondichter dort aufsucht, kommt er aus dem Staunen nicht heraus. Was hatte sich der Eigentümer in seinem Zimmer für ein Ungetüm von Musikinstrument aufgestellt! bestehend aus Klaviertasten, vielen Hämmerchen und verschieden großen Glöckchen. Der Gast ist entsetzt: „Mit diesem zyklopenhaften Instrument wollen Sie den armen Saul in den Wahnsinn treiben?" Händel läßt sich in seine musikalischen Vorstellungen nicht dreinreden, zumal sein früherer Hamburger Operndirektor Reinhard Keiser kürzlich gleichfalls ein Glockenspiel in einem David-Oratorium eingesetzt hatte.

Eine Oper durfte man aus dem dramatisch mitreißenden Stoff wegen seines biblischen Ursprungs nicht machen, so mußte man, um das Publikum trotzdem zu fesseln, den Reiz auf Klanggewalt und Instrumentenvielfalt legen. Fagotte werden dreifach besetzt, ebenso viele Posaunen, Solo-Orgel, Harfe, Baßlaute (Theorbe) hinzugezogen, Militärpauken, mit denen Marlborough seine Feldzüge begleitet hatte, aus dem Tower ausgeliehen.... – Die Israelitinnen jubeln zum Glockenspiel: „Tausend schlug, o Saul, dein Schwert, David warf zehntausend hin..." Damit bricht Sauls Zorn gegen seinen Feldhauptmann David los. Um Rang und Krone bangend, schleudert er den Speer nach dem Rivalen, als dieser ihm mit Saitenspiel die Melancholie vertreiben will. Die königliche Wut macht vor Jonathan, dem eigenen Sohn, nicht halt, als sich herausstellt, daß dieser aus Freundschaft zu David des Vaters Mordpläne durchkreuzt. Vom Feind bedrängt, den eigenen Untergang wie Macbeth vorahnend, tritt Saul den Gang nach Endor zur Hexe an, obwohl er selbst die Zauberei im Lande streng bekämpft hat. Sie beschwört das Totenreich, Samuel, des Volkes letzten Richter, heraufrufend. Dieser verkündigt dem unglücklichen König Tod und Verderben seines gesamten Hauses.

Sauls Wutanfälle lassen den Klangkörper tosen. Der Chor

des zweiten Aktes stößt zu dem stampfenden Ostinato der Bässe Mahnungen aus: „Weiche, höllgeborner Neid, der du alles Gute meidest!" Warnend prangert er die gräßlichen Folgen zügelloser Raserei an: „Auf Schuld häuft Schuld sie sinnlos auf und stürmt zum Untergang in ihrem Lauf." Diese neuen Gipfel Händelscher Ausdrucksgewalt ragen in ihrer Unvergleichlichkeit wie Felsblöcke in die Landschaft. Sauls Monolog auf dem Wege zur Totenbeschwörerin „Elend und Qual hab ich selbst mir bereitet!" läßt erschauern. Wo nimmt Händel die Mittel her, um von diesem dramatischen Höhepunkt aus noch weitere tonmalerische Steigerungen für Hexenauftritt und Samuels Erscheinen zu erzielen! Er holt sie hervor. Ihre Wirkung macht sprachlos. Nachdem sich die Moira gnadenlos erfüllt hat – grausiger, als die Bibel es erzählt, kann sich das Ende eines Königshauses kaum vollziehen –, erklingt in vollem C-dur der berühmte Trauermarsch. Hörner, Posaunen, Tuba wechseln mit Blockflöten ab. Die Melodie ist so schlicht, wie sie ergreift. Was der Maler Michael Kramer an der Bahre seines Sohnes ausspricht, macht dieser Marsch empfinden:„ Der Tod ist das Große." Er gibt dem Menschen die Würde zurück. David und Jonathan nehmen sich gegen König Saul wie Knaben aus. Das widerspricht nicht dem biblischen Bericht. Ist doch der Hütebub David der Jüngste aus der Brüderschar im Hause Isai; niemand hätte angenommen, daß der Prophet Samuel diesen Allerkleinsten zum König Israels salben würde. Seine hohe Stimme stört nicht. Er siegt über Goliath wie im Spiel, alles gelingt ihm geradezu spielerisch; denn Gott ist mit ihm. So vergibt sich der Strahlende auch nichts, wenn er Jahwe um Vergebung für den rasenden, ihm nach dem Leben trachtenden König anfleht. Die Weise, die er anstimmt: „Wiegt nicht zu schwer des Königs Schuld", ist hinreißend in ihrer sangesseligen Leichtigkeit. Die beiden Töchter Sauls stellen in dem Drama die Frauenrollen: Merab, die ältere, verschmäht den Bräutigam David aus Standesdünkel. Händel kannte eine solche Situation vermutlich aus eigener Erfahrung. Michal, die jüngere, ist dem Sohn Isais innig zugetan. Die Liebenden finden zueinander in zärtlichen Duetten. Kein Kastrat wirkt mit, fast nur einheimische, in ihrer künstlerischen Höhe nicht gerade berauschende Kräfte haben sich verpflichtet, als Baß der deutschstämmige Gustavus Waltz, Händels Hauskoch.

Ungeheure Kräfte sind ihm bei diesem Schöpfungsakt zugewachsen. Ohne die öffentliche Wirkung des am 27. September 1738 abgeschlossenen Riesenwerkes – Dauer 160 Minuten – auch nur abzuwarten, entwirft er schon vier Tage danach ein neues dreiteiliges Oratorium – „Israel in Ägypten" – und vollendet es innerhalb eines Monats. Ein mächtiges Instrument hat ihm, so will es scheinen, den Wasserweg zu ungeahnten Ufern erst jetzt richtig aufgestoßen: die Orgel in Menschengestalt – der Chor. Ihm gehört in dem neuen Werk mit ganz geringen Ausnahmen das Feld. Das Textbuch stellt er, der Bibelkundige, selbst zusammen. Kein Drama gewinnt diesmal Gestalt, vielmehr ein Bilderzyklus für ein Kirchengewölbe. Leitthema des aufgerollten Panoramas: Die Kinder Israels, wie sie nach Josephs Tod im Land der Pyramiden unter der Knechtschaft schmachten, bis Mose sie daraus befreit und ins Gelobte Land führt. In einer Art Prolog wehklagen die Kinder Israels über Josephs Tod. Für diesen Gesang wird das Traueranthem zur Beisetzung Königin Carolines wiederverwertet, womit Händel eine für den Tag komponierte Begräbnismusik offensichtlich vor der Vergessenheit retten will. Nun erst beginnt das eigentliche Stück mit dem einen der beiden Hauptakte. Eine Bilderfolge zieht vorüber: Das versklavte Volk schreit und seufzt unter dem Joch. Moses – bei solcher Musik wie von Michelangelo gemeißelt – tritt auf den Plan, der Nil verfärbt sich zu Blut. Seuchenbringendes Getier aus Fröschen, Fliegen, Mücken, schwarze Wolken von Heuschrecken verheeren das Land, tagelange Finsternis begräbt die Zivilisation, aber Pharao bleibt verstockt, bis Gott Ägyptens Erstgeburt eigenhändig tötet. Nun kann Moses sein Volk trockenen Fußes durch das Rote Meer führen, während die ägyptische Reiterei auf der Verfolgung in den Fluten umkommt. Im zweiten großen Akt, von Händel selbst „Moses' Song" betitelt, preist der jüdische Gesetzesstifter in Dankespsalmen Gottes Stärke und Herrlichkeit.

Was uns in dieser auf ihre Weise wiederum einzigartigen Tonschöpfung überwältigt, sind die Firmamente sprengenden Chöre und die eindringlich realistischen Pinselstriche ihres Malers; denn die biblische Erzählung spielt sich vor den Augen des Zuhörers ab: Frösche hupfen, Insekten schwirren durch die Luft, eine beklemmende Finsternis senkt sich, Gott zerschmettert mit durchdringenden Schlägen Ägyptens erstgeborene Söhne. Mose aber führt zu Pastoralklängen sein Volk friedevoll wie der Hirte seine Schafherde. Alles das suggeriert die Musik durch raffinierte Instrumentierung, jähe Veränderung der Rhythmik, den unerwarteten Übertritt in eine benachbarte Tonart, virtuose Läufe der Bässe, einen einzigen Tonsprung, der in eine bedrückende Düsternis der Stimmen wie ein Sonnenstrahl fällt.

Händel macht gerne Anleihen bei fremden Komponisten. „Israel in Ägypten" liefert dafür ein krasses Beispiel, er muß also bei der Fertigstellung unter besonderem Zeitdruck gestanden haben. Von den dreißig Gesangsnummern beider Akte enthalten 17 sozusagen geistiges Diebesgut, bei fünfen hat er in vorhandenen Eigenkompositionen geschürft, dabei mit „Dixit Dominus" bis in die italienische Zeit zurücksteigend. Das Magnificat eines nicht einmal mehr im Fachlexikon stehenden Mailänder Komponisten namens Dionigi Erba ist geradezu aufgegangen in dem Riesenwerk: Wie der Reiche das einzige Schaf des armen Mannes für sein Festessen schlachtet, muß das einzige der Nachwelt vollständig überlieferte Chorstück des heute unbekannten italienischen Kollegen gleich an sieben verschiedenen Stellen des Oratoriums von seiner Substanz liefern. Das zeigt, daß Händel nach geeignetem Material gar nicht lange gesucht hat, sondern für seine Zwecke nahm, was er im Moment gerade unter der Hand hatte. Der lebenslustige Alessandro Stradella muß zu „Israel" viermal beisteuern. Es wird wieder in der alten Sammlung gewühlt mit den Abschriften des Jugendlichen aus der Heimat. Er findet Partituren längst verstorbener Komponisten wie Adam Strungk, Johann Kaspar Kerll und auch dem Lehrer Wilhelm Zachow. Sie alle leisten zu „Israel" ihren Tribut, wie wieder freigeschippte Wasseradern, die sich nun alle in das eine große Becken ergießen und damit allesamt der endgültigen Verschüttung entgehen. Die Zeitgenossen haben das keineswegs widerspruchslos hingenommen. Bononcini hatte sich wegen ähnlicher Praktiken unmöglich gemacht. Händel, wegen seiner Plagiate zur Rede gestellt, antwortet auf seine schroffe Art: „Aber diese Schweine wissen doch mit einer guten Melodie rein gar nichts anzufangen!" Keineswegs hat er den fremden Fund immer vollkommen umgestaltet. In der Eile beläßt er das Übernommene auch schon mal wie es ist, ohne daß der Laie es als stilistischen Fremdkörper empfindet. Das meiste aber wird veredelt, ja verzaubert. Das gilt auch für das Tedeum eines gewissen Antonio Urio aus Mailand, der nicht nur zum „Moses' Song", sondern auch für den Glockenspielgesang der Israelitinnen und das entsetzte Volk „O blinde Raserei der Wut" aus „Saul" die Themen geliefert hat.

Welche Aufnahme haben nun diese beiden gigantischen Schöpfungen beim Londoner Publikum gefunden? „Saul" wird um den Jahreswechsel einstudiert und am 16. Januar 1739 am King's Theatre uraufgeführt. Der Abend ist gut besucht, Königsfamilie und Hofgesellschaft haben sich eingefunden. Man entzückt sich an den Kesselpauken aus dem Tower, dem Glöckchenspiel, das einem lauschenden Architekten die Vorstellung von „Eichhörnchen in einem Käfig" suggeriert. Man begrüßt das diesmal in das Oratorium fest eingefügte Concerto mit virtuoser Orgeleinlage, bei dem der geniale Meister wie üblich selbst seinen großen Auftritt hat. Man nimmt mit nationaler Befriedigung zur Kenntnis, daß neben der „Francesina" und dem deutschen Baß Waltz ausschließlich englische Kräfte ihr Bestes leisten. Es gibt bis in den April hinein fünf Wiederholungen, deren Zugkraft auch noch durch Violinkonzerte eines italienischen Geigers gesteigert wird. Diese äußeren Attraktionen scheinen die Leute auf Anhieb mehr in Atem zu halten als die Musik-Tragödie selbst, für deren gewaltige Aussagekraft sich, so hat man den Eindruck, das Ohr noch bilden muß. Der große Durchbruch stellt sich erst nach zwei Jahren in der irischen Hauptstadt Dublin ein. „Israel in Ägypten" erntet am 4. April einen eher kümmerlichen Applaus. „Zu feierlich für gewöhnliche Ohren", bemerkt eine Händelverehrerin. „Israel" kommt nicht an. Die vielen großen Chöre scheinen das Publikum zu erdrücken, so daß ein Teil in den kommenden Aufführungen – es ergeben sich noch ganze zwei(!)- eiligst gestrichen wird. Man lockert die Darbietung mit Liedeinlagen auf, läßt die Francesina ein paar Arien aus „Athalia" und „Esther" singen. Auch Händels Orgelintermezzo bildet zu dem biblischen Trauerspiel einen trivialen Kontrast: Er spielt sein populäres F-dur-Konzert (ohne Opuszahl), das mit seinen Orgelspäßchen als „Der Kuckuck und die Nachtigall" in die Musikgeschichte eingeht. Die Engländer werden zu Lebzeiten des großen Komponisten mit „Israel" nicht warm. Dennoch gibt es Zeitgenossen, die von seiner Großartigkeit angerührt sind. Einer von ihnen bedrängt in einem anonymen Leserbrief die Redaktion der „Daily Post": Man solle doch alle Hebel in Bewegung setzen, damit weitere Aufführungen zustande kämen, schon um den Tonkünstler zu ermutigen, nur ja seine Sache fortzuführen. Es sei kaum zu begreifen, daß ein so geniales Musikstück bisher so wenig Beachtung gefunden habe. Das Schreiben schließt mit warmen Ratschlägen an das Publikum. Um sicherzustellen, daß „Israel" künftig mehr Eingang in die Herzen der Zuhörer finde, sei folgenderlei zu tun: 1) Genaues Studium des Textbuches; denn nur wenn man den Wortlaut genau kenne, lasse sich überhaupt ermessen, was der Künstler mit seiner Musik geleistet habe. 2) Verzicht des Publikums auf Zerstreuungen und laute Unterhaltung während der Aufführung. 3) Fort mit der albernen Unart, bei eingängigen Stellen laut den Takt mitzuklopfen! 4) Keine undisziplinierte Beifallsbekundung mehr; denn, so formuliert es der Enthusiast: „Ich halte bei musikalischen Darbietungen und angesichts erschütternden Unglücks in einer Tragödie die tiefe Stille für einen weit angemesseneren Ausdruck der Würdigung als all der lärmende Applaus, der heute so üblich ist".

Händel muß bei derart mäßigem Anklang sehen, daß durch Wiedereinstudierung früherer Kompositionen wenigstens so viel Geld einkommt, daß er restliche Schulden begleichen und seinen Lebensstandard halbwegs halten kann. So wird „Alexander's Feast" aufs Programm gesetzt, dann folgt das überarbeitete Oratorium aus römischer Zeit „Trionfo del Tempo". Und die Oper? Merkwürdigerweise regt sich am Covent Garden unvermittelt Konkurrenz. Lord Middlesex, einer der wichtigsten Betreiber der eingegangenen Nobility-Oper, hat „La Muscovita", eine italienische Sängerin zur Geliebten, der er ein paar öffentliche Auftritte sichern will. So sehr das Publikum dabei auch durch Abwesenheit glänzt, Händel nimmt den Fehdehandschuh auf, obwohl „Imeneo" noch nicht fertig ist, und stellt in großer Hast ein Pasticcio zusammen: „(Giove) Jupiter in Argo". 2 Rezitative, 5 Arien und der Schlußchor sind neu, den Rest bestreiten Ausschnitte alter Händel-Opern. Die Aufführung am 24. April ein Fiasko. Diesen Aufwand für den neuen, nur noch lächerlich wirkenden Zweikampf hätte er sich sparen können. Die italienische Oper war auf englischem Boden ohne Zukunft. Hat er das nun begriffen?

Seine Berufung zum Unternehmer hat er jedenfalls nicht aufgegeben. Wieder einmal treffen wir ihn als Theaterpächter, diesmal am Lincoln's Inn Field. Wir schreiben September 1739, ein goldenes Erntedatum, was Händels Schaffen betrifft. Er komponiert keine Oper, er huldigt der Heiligen Cäcilie ganz persönlich, deren Namenstag am 22. November England in ein Volksfest verwandelt. Was, wenn man die Spielsaison an diesem Tag eröffnete, und zwar mit „Alexander's Feast", das immer ankam, und einem völlig neuen Stück zu Ehren der Patronin? Das könnte gleich zu Anfang für ein volles Haus sorgen... Es existierte von John Dryden noch eine zweite, etwas ältere, inhaltlich einfachere Cäcilien-Ode. Sie erzählt nicht, rollt keine Handlung auf, preist lediglich die Tonkunst selbst, indem sie einzelnen Musikinstrumenten – der Laute, der Trompete, der Flöte, der Geige ein Loblied zueignet, um schließlich der Orgel – wie effektvoll für den Virtuosen! – den Siegeszweig zuzuerkennen. Sie ist es ja, die von der Stifterin des Festes selbst aus himmlischen Sphären auf die Erde gebracht worden ist. Natürlich klingt das Gedicht mit einer Verherrlichung der Heiligen Cäcilie aus. Händel braucht 9 September-Tage, um eines seiner populärsten Musiken zu Papier zu bringen. Auch dafur liefert ihm die zündenden Ideen das erst kürzlich der Druckerpresse entsprungene Klavierwerk des jungen Österreichers Gottlieb Muffat: „Componimenti musicali per cembalo". Diesmal verarbeitet Händel die Entlehnungen auf eine Weise, wie sie nur die einzigartige Höhe seiner schöpferischen Genialität zu Beweis stellt. Für Spezialisten eine Fundgrube zur Erforschung seiner beispiellosen Kompositionsweise. Diese sogenannte „kleine" Cäcilien-Ode (Dauer etwa 50 Minuten) wird Mozart in einer eigenen Bearbeitung ein halbes Jahrhundert später in Wien aufführen.

Die Ouvertüre, ein sich von Taktschlag zu Taktschlag höher hinaufschwingender, helljubelnd gipfelnder Himmelsköniginnenmarsch, die dreistimmige Fuge, die Händel wie so oft sehr frei und ohne kontrapunktische Strenge handhabt, das reigenhaft graziöse, sogleich ins Ohr gehende Menuett sind Lieblingsstücke der Musikliteratur, die schon zwei Wochen nach dem Entstehungsmonat in das volkstümlichste der 12 Concerti grossi opus 6 wandern: als Satz 1, 2 und 6 von Nr. 5 in D-dur. Zu Beginn der Ode wird die Harmonie als ordnendes Prinzip des Schöpfungsplans, ganz im Geiste der Leibnizschen Philosophie, „durch heil'ge Harmonie entstand dies weite Weltenall", und wie von den Erzengeln in Fausts Prolog preisend hervorgehoben. Der erste Chor, der dieses Lob anstimmt, ist von einer fesselnden Anmut. Singstimmen und Instrumentalgruppe laufen einander davon, treffen sich wieder, als einer dem anderen aufs neue entflüchtet, bis der tiefe Orgelton alles um sich vereint. Das entspricht dem Walten harmoniespendender Kräfte, die mit Goethes Worten „alles Irrende, Schweifende nützlich verbinden". Zu Gemüt gehend auch das Cellosolo, das die Sarabande für Sopran einleitet: „Wie hebt und senkt Musik der Seele Flug". Der männlich helle Kampfgesang des Tenors zu Trommeln und Trompete huldigt dem englischen Vorgänger Henry Purcell, dessen Cäcilien-Ode aus dem Jahr 1692 uns verblüfft, so täuschend glauben wir uns bei den Orchesterstücken mitten auf der Themse zu einer Hornpipe aus Händels Wassermusik.

Eine „kleine" Ode für die ganze Saison, ein Stück, das allein den Abend nicht bestritt, konnte als neue Geldeinnahme nicht genügen. Wie sieht es mit den Publikationen aus? Der Verleger John Walsh, durch Händel ein reicher Mann geworden, war, ein Vermögen von 30000 Pfund hinterlassend, gestorben. Händel soll einmal bemerkt haben: „In Zukunft gebe ich die Musik heraus, falls Walsh sie mir schreibt."- John Walsh Sohn führt den Betrieb fort und hält die Setzer in Atem. Verfälschende Raubdrucke verzerren den Markt, dem mußte mit qualifizierten, aber auch das Auge erfreuenden Ausgaben entgegengetreten werden. Orgelkonzerte waren erschienen, Klavierwerke, die Partitur der Oper „Faramondo". Es folgen sieben Triosonaten für zwei Violinen oder Querflöten und Basso continuo. Subskribenten schreiben sich bei dem Verleger ein, sie dürfen dazu auch das Haus des Komponisten aufsuchen. Umwerfend sind die Einnahmen für diesen nicht. Er hatte das Tal seiner finanziellen Misere noch keineswegs durchschritten und blieb darum auch auf bescheidene Geldsummen angewiesen. Das „Alexanderfest", eine Prachtausgabe mit Porträt des Musikers, hatte ihm vor Jahren 105 Pfund eingebracht. Das war außergewöhnlich hoch und blieb eine Ausnahme. Für eine abendfüllende Oper gab es 25, für ein Oratorium sogar nur 20 Pfund.

Er wirft sich also nach Abschluß der Cäcilien-Ode gleich wieder ins Geschirr und schreibt in der Zeitspanne eines Monats (!) seine berühmten 12 Concerti grossi opus 6. Nummer 1 G-dur wird nach Händels eigenhändiger Notiz am 29. September abgeschlossen, das letzte der zwölf, als Nummer 11 A-dur geführt, am 30. Oktober. Man stelle sich einmal vor, Beethoven

hätte seine fünf Klavierkonzerte in dieser Vierwochenfrist niedergeschrieben. Ihre Spieldauer deckt sich ungefähr mit Händels Zyklus. So naiv den Fachleuten solch ein Vergleich auch
erscheinen mag, er beeinträchtigt nur noch mehr unser Fas-
sungsvermögen angesichts dieser einzig dastehenden Leistung.
Bildet sie doch mit Bachs Brandenburgischen Konzerten die
absolute Krönung barocker Orchestermusik. So unverkennbar
Händel hier den Spuren seines Vorbildes Corelli folgt, wie weit
läßt er ihn hinter sich! Was die Opern uns lehren, man kann es
auch in diesen zwölf Konzerten studieren: Händel zerbricht
keine Formen, um völlig neue Wege zu beschreiten wie Beethoven, Wagner oder Berlioz. Er greift auf, was er an Formen
und Techniken vorfindet, und erweist sich wie sein Jahrgangsgenosse Bach als der große, von niemandem erreichte Vollen-
der.

Vier-, fünf-, sechssätzig, gleicht in Aufbau, Satzfolge, For-
menvielfalt auch nicht ein Konzert dem anderen. Nummer 10
d-moll beginnt prunkvoll à la française wie eine Opernouver-
türe, Nr. 8 c-moll hingegen wie eine Suite mit einer verspielten
Allemande, Nr. 9 F-dur lauernd wie die Ruhe vor dem ersten
Donnerhall, Nr. 2 F-dur feierlich ausschreitend wie der Marsch
zur königlichen Hochzeitstafel, Nr. 4 a-moll berückt mit einem
seelenvoll einsetzenden Arioso... Alle zwölf sind für Streichorchester geschrieben, für 1, 2, 5 und 6 wurden (ad libitum)
auch Oboenstimmen aufgefunden. Dem Tutti steht ein Concertino von 2 Violinen und Violincello gegenüber. Aber Händel macht von diesem Gegeneinander im Unterschied zu
Corelli gar nicht ausgiebig Gebrauch. Begegnen wir der Sologruppe, wie beispielsweise in dem effektvollen Eröffnungssatz
der Nummer 11 A-dur, so freuen wir uns schon auf den einfal-
lenden Streicherchor, dessen volle Kraft zu Händel gehört wie
der Erdgeruch zum Sommerregen. Es geht weniger konzertant
als symphonisch zu: durch Wechsel von Piano bis Pianissimo
und Forte, durch eingebautes Crescendo und Decrescendo,
durch plötzliche Spannungspausen, die das gesamte Orchester
für Sekundenbruchteile zum Schweigen bringen, durch uner-

wartete harmonische Wendungen und Tonsprünge... Sicherlich verständlich, daß die Zeitgenossen so manchen Satz als „kühn", „wild" und „eigensinnig" empfanden. Man höre dazu das gewaltige „Largo affetuoso" zu Nr. 6 g-moll – glaubt man nicht bei dem unvermittelten Sprung hinauf zur großen Sext, der Schoß der Erde tue sich auf? Liebenswürdige Tanzsätze sind eingestreut: eine Musette in Nr. 6, die Händel selbst so liebt, daß er sie bei verschiedensten Gelegenheiten als Einlage oder Zugabe wählt. Eine Hornpipe in Nr. 7 B-dur, an der man sich nicht satthört, ein einschmeichelnder Siciliano in Nr. 8, eine Polonaise in Nr. 3 e-moll, eine Gigue als Kehraus von Nr. 9. Es gibt Menuetts, Arien, Fugen, darunter humorige wie in Nr. 7, die aus dem einzigen in immer kleineren Notenwerten wiederholten Ton F besteht, was Wissenschaftler als das Gakkern eines Huhnes deuteten. Es ist schwer zu entscheiden, welchem der zwölf Orchesterwerke der eindeutige künstlerische Vorrang gebührt. Jedes einzelne eignet sich zum erklärten Lieblingskonzert je nach Temperament und individueller Gemütslage des Musikfreundes.

Wenn auch sparsam, so hat Händel wiederum für Opus 6 aus bereits vorhandenen Schätzen geschöpft, eigenen und fremden. Nummer 9 und 11 sind Bearbeitungen von Orgelkonzerten. Das hingehauchte Largo aus Nr. 8 entstammt der Oper „Julius Cäsar". Teile der noch immer unvollendeten Oper „Imeneo" gehen gleichfalls in den Concerti auf. Nr. 5 D-dur wird zur Hälfte aus Musik der Cäcilien-Ode bestritten, zu der wiederum Gottlieb Muffat Ideen erfand. Auch das in dieser Zeit im Druck erschienene Klavierwerk seines Freundes Scarlatti „Essercizi per cembalo" dient als Silbermine. Machen wir uns klar, daß Händel seine Stellung in der Öffentlichkeit eigentlich nur halten konnte, wenn er fast täglich Neues komponierte. Musikalische Themen standen ihm nicht zu Gebote wie ein Sack Tonerde, aus dem er sich bei der Produktion nur zu bedienen brauchte. Wie der Romancier mit dem Notizbuch ständig nach Motiven Ausschau hält, um sie für eine neue Erzählung zu verwerten, finden wir Händel tagaus, tagein auf der Suche nach

Melodien. Wehen sie ihm nicht zu, muß er wohl oder übel nach alten Partituren greifen oder in denen seiner Kollegen fündig werden. Dem Wert seiner davon gestalteten Kunstwerke tut das keinen Abbruch. Oft erlangt das Fremde erst durch diesen Raub Unsterblichkeit, wie das hüpfende Motiv des verstorbenen Lehrers Wilhelm Zachow in dem Schlußsatz des h-moll-Konzertes Nr. 12 zeigt. Händel benötigte die 12 Konzerte als Zwischenaktmusiken seiner Kantaten, Serenaden und Oratorien, die allein nicht immer abendfüllend waren. Sie finden bei ihrem ersten Erscheinen erstaunlichen Absatz, so daß auf dem Fuße zwei Neudrucke folgen.

Der neuen Spielsaison, die Händel am Lincoln's Inn Field mit seiner neuen Ode am 22. November 1739 eröffnet hatte, leuchtete kein Erfolgsstern. Daran trugen die Veranstalter selbst keine Schuld. Die Zeichen standen wieder einmal unter weltpolitischem Sturm. Spanien und Großbritannien zankten sich um die Vormachtstellung in der Karibik. Zeitungen meldeten ein spanisches Bubenstück: Ein englisches Schiff war aufgebracht und dessen Kapitän Robert Jenkins beide Ohren abgeschnitten worden. Georg II. hatte Spanien daraufhin den Krieg erklärt („wegen Jenkins' Ohren", so der Volksmund). Noch ein zweites Übel blockierte für Monate den Besuch von Theater und Konzertveranstaltungen: ein Jahrhundertwinter mit Polartemperaturen, wie man sie in diesen Breiten noch nie erlebt hatte: Die zugefrorene Themse wurde zu einem Volksrummelplatz mit Ochsenbraten am Spieß. Theaterunternehmer versprachen in den Tagesblättern, einzuheizen, Zugänge zu überdachen, Türen mit Vorhängen zu verkleiden, Wärmeschutz suchendes Gesindel durch Wachen fernzuhalten... Der Zustrom blieb indes so spärlich, daß man geplante Aufführungen wohl oder übel verschieben mußte.

Händel nutzt die vorübergehende Eiszeit am eigenen Kamin und arbeitet. Charles Jennens hat ihm einen neuen Text geliefert: Zwei gegensätzliche Temperamente – „L'Allegro" (der Heitere) und „il Penseroso" (der Grüblerische) werden von dem großen Dichter John Milton einander gegenübergestellt.

Umgeben von der Sommeridylle eines englischen Landsitzes, hatte der kaum Dreißigjährige die grüne Flur, den Frieden, Jagd und Dorftanz zwar genossen, war aber in der Abgeschiedenheit zwischendurch wohl von dem Bewußtsein zu Ende gegangener Jugend überrascht worden. Er formt diesen Zwiespalt zu einem Gedicht klassisch ausgefeilter, bilderreicher Verse. Jennens greift es auf und bearbeitet das Poem so, daß es Händel trotz mangelnder Dramatik künstlerisch reizt. „Allegro" und „Penseroso" sprechen nicht wie bei Milton jeder für sich einen ununterbrochenen Monolog, sie treffen sich in Jennens Bearbeitung zu einem Schlagabtausch: „Hinweg, Melancholie....! Bau deine Zelle dir, wo brütend Dunkel seine Flügel schwingt und der Nachtrabe singt!...." , so schmäht der Fröhliche den Nachdenklichen gleich zur Begrüßung. „Flieht, nichtge Freuden, flieht", schlägt der so Angesprochene zurück, die flüchtigen Gaukeleien der Heiterkeit mit einem Mückenschwarm vergleichend. So folgen zwei Akte lang Rede und Gegenrede. Einer überbietet den anderen mit reizvollen Bildern der Selbstdarstellung, als gelte es, für das eigene Lebensgefühl eine möglichst große Zahl von Parteigängern hinter sich zu scharen. Das Diesseits haben sich die beiden, so scheint es, in Interessensphären untereinander aufgeteilt und abgesteckt, so daß jeder sein angestammtes Terrain hat. „L'Allegro" gehört der Morgenhimmel samt Lerchengesang, das Ackerfeld, wo Pflüger, Schnitter, Milchmagd und Hirt ihrem einfachen Tagewerk nachgehen, die Jagd im Hochwald mit Hundemeute und Hörnerklang zählt dazu, das Feiertagsgeläute, die gesellig schmausende und tanzende Landbevölkerung, aber ebenso der Stadttrubel, ritterliche Turniere, geputzte schöne Damen...
„Il Penseroso" beansprucht für sich den Abend mit Mondlicht und Nachtigallenschlag, er fühlt sich auf einsamem Berghang zu Hause, den Sommer genießt er im Laubschatten bei Bienengesumm, oder er hört am stillen Herd das Heimchen zirpen. Seine Altersruhe stellt er sich am liebsten im härenen Gewand bei Orgelton im Klosterkreuzgang vor. Auf die Weise erfreut sich jeder der beiden seiner eigenen Idylle, so daß dem Zuhörer

22 Auf John Miltons (1608–1674) Dichtungen beruhen Händels „L'Allegro, il Penseroso ed il Moderato" und „Samson". Radierung von J. Houbraken.

die Entscheidung nicht eben leicht fällt. Der Dichter ist aber klassisch sowie literarisch hoch gebildet und keineswegs geneigt, den Leser darüber in Unkenntnis zu lassen. So haben die beiden Rivalen auch auf dem Olymp unter den parteiischen Göttern ihre Verbündeten. „L'Allegro" baut auf Venus, auf den Weingott Dionysos und auf die Schutzgottheit der Jugend Hebe, die ein Grübchen auf der Wange ziert. „Il Penseroso" verläßt sich lieber auf die herbe Vesta und den einsamen Saturn. Penseroso studiert die Philosophie Platons, Allegro geht viel lieber ins Theater, sich an Shakespearekomödien und Johnsons Schwänken ergötzend.

Unserem Komponisten bietet sich wieder eine gute Gelegenheit für musikalische Landschafts- und Genreskizzen. Wir vernehmen bei Geigengezirpe und Flötentrillern deutlich Lerche und Nachtigall. Jagdhörner, Trompetenschmettern, Glockenspiel, Orgelsolo stimmen uns je nach Gelegenheit in Ritterturniere, Dorffeste, Jagdpartien oder Klosterfriede ein. Wir hören zu Hebes Neckereien und Grübchenwange Solotenor und Chor aus vollem Herzen lachen. Aber Händel kann sich mit dem Schluß der Dichtung, die keine Versöhnung zwischen den beiden gegensätzlichen Lebensgefühlen zuläßt und dem Puritaner „Penseroso" auch noch das letzte Wort läßt, nicht anfreunden. Er wünscht sich einen die Gegensätze ausgleichenden dritten Teil „Il Moderato" (der Gemäßigte), den Jennens tatsächlich noch hinzudichtet. So sehr dieser Appendix künstlerisch gegen Miltons Verse abfällt, er verrät mit seiner pädagogisch moralisierenden Vernünftigkeit den Geschmack des Händelschen Zeitalters, das sich vom Barock endgültig verabschiedet hat. Das Publikum wird mit folgender Lebenslehre entlassen: „Denn wahren Reiz den Taten leiht nur Ordnung, Richtmaß, Ort und Zeit." Händel setzt „L'Allegro, il Penseroso ed il Moderato" zwischen Mitte Januar und Anfang Februar 1740 in Musik. Das etwa zweistündige Werk wird heute zu den Oratorien gezählt. Da der Text weder biblisch noch dramatisch ist, streiten sich die Gelehrten, die es teils der Gattung Ode, teils der Pastorale zuordnen.

Es wird zu Händels Lebzeiten über dreißigmal aufgeführt, selten in unveränderter Form. Schon ein Jahr später läßt er den 3. Teil „Il Moderato" weg und setzt die Darbietung mit der Cäcilien-Ode fort. Nach den ersten vier Wiederholungen im Frühjahr 1740 veröffentlicht eine Londoner Zeitung ein anonymes Gedicht. „Wenn Orpheus' Musik die Bäume bewegte, warum drängen sich dann die Bäume und Wälder Englands nicht danach, die noch süßeren Klänge von Händels Lied zu hören?" so umschreibt der Enthusiast seine Verwunderung über den viel zu matten Publikumsanklang so herrlicher Musik: Wenn Bitterkeit, Neid und Sorge oder tyrannischer Stolz oder verzweifelte Mordlust die Seele wie auf einer Folterbank quälten, dann wiege Händels Musik diese Ungeheuer in den Schlaf....

Zwischen den Akten musiziert das Orchester aus opus 6. Alle zwölf Konzerte sind inzwischen bei Walsh verlegt. Weit über hundert Subskribenten hatten sich ein Exemplar des ganzen Zyklus im voraus gesichert, darunter alle fünf Prinzessinnen des Herrscherhauses und der Bruder des Königs, Dichter, Gelehrte, Aristokraten, diverse Musikvereine, Musikgesellschaften und -clubs. Trotzdem darf Händel nicht aufatmen. So abwechslungsreich er das Programm seiner Schlag auf Schlag folgenden Veranstaltungen auch zusammenstellt: mal „Esther", mal „Acis und Galatea", mal „Alexander's Feast", dann wieder die neue Milton-Vertonung. Sie alle machen kein volles Haus. So widmet er sich im Herbst doch wieder der Oper und vollendet „Imeneo". Sie handelt von Hymen, einem jungen Athener, der seine Geliebte vor Seepiraten rettete und den die Sage zum Gott der Ehe machte. Das Textbuch ist schlecht, seine Vertonung, auf die der Komponist Zeit und Mühe verwandt hat, schönste Händelsche Musik voll tänzerischer, schalkhafter Leichtigkeit, keine reine Buffo-Oper und doch humorig. Aber dieser vorletzte Opernversuch erweist sich als reiner Fehlschlag. Der Uraufführung am 22. November 1740 folgt am 13. Dezember eine einzige Wiederholung.

Aber er hat, noch ehe er den „Imeneo" abschloß, im gleichen

Herbst ein weiteres Stück für die Bühne geschrieben – „Deidamia", die letzte seiner insgesamt 44 Opern. Deidamia heißt die Tochter des Fürsten Lycomedes, der Besuch von den griechischen Königen erhält – Helden, die allesamt auf dem Weg nach Troja sind. Sie wissen aber durch ein Orakel, daß sie nicht siegen werden ohne Achilleus, der Göttin Thetis Sohn. Diesen hat der Landesfürst als Mädchen verkleidet unter sein weibliches Palastgefolge gesteckt. Der gewitzte Odysseus (in der Oper Ulysses) läßt, um den Jüngling herauszufinden, die Schar junger Mädchen in einer Schatztruhe kramen, und siehe da – das „Mädchen" Pyrrha greift sich zwei in dem Tand vergrabene kriegerische Gegenstände heraus: Helm und Schwert. Das geschieht aber erst im 3. Akt. Deidamia weiß indes längst, wer sich in „Pyrrhas" Kleidern in Wahrheit verborgen hat, sie liebt den Götterssohn und erhielt auch von diesem eine Liebeserklärung. Als Deidamia nun gewahr wird, daß der Mann, der ihr den Geliebten rauben will, Ulysses, ein Auge auf sie geworfen hat, gibt sie diesem scheinbar nach, um ihn von Achilleus abzulenken. Das wiederum bringt den jungen Helden – er lauscht dem Gespräch der beiden hinter einem Busch – in rasende Eifersucht. Die Intrigen sind damit geknüpft. Wenn auch Achilleus am Ende begeistert mit den Helden zieht und Deidamia allein zurückbleibt, beeinträchtigt das nicht den frivol-heiteren Grundton des Stücks. Der Schlußchor zieht die Moral: Den Augenblick soll man so, wie er sich bietet, genießen. Das Textbuch des Verfassers Paolo Rolli ist witzig, die Musik von ausgesuchter Schönheit und voll südlicher Heiterkeit. Die Uraufführung erfolgt am 10. Januar 1741 ohne nennenswerten Erfolg, so daß „Deidamia" schon nach der dritten Vorstellung endgültig abgesetzt wird. An Händels Musik lag es nicht. Ihretwegen war man ja auch nie gekommen, die Sänger waren der Magnet gewesen, der sportliche Wettkampf hochtrainierter menschlicher Kehlen. Was Händel an stimmlichen Kräften zum Schluß noch aufbieten konnte, war unattraktiv: die neuengagierte italienische Sopranistin Maria Monza – sie übernahm den Achill – ein schief gewachsenes, unscheinbares Geschöpf, der einzige Kastrat Giovanni Battista Andreoni – er sang den Ulysses – ein unästhetischer Fettkloß mit eher zweitrangiger Stimmenqualität.

In der DAILY POST erscheint im April ein offener Brief, der die Dinge beim Namen nennt und zur Ehre der Londoner für den nun völlig gescheiterten Opernkomponisten eine Lanze bricht. Mit Blick auf die vom Publikum vergötterten Sänger der Vergangenheit bemerkt der Schreiber: „Wie Wahnsinnige liefen wir ihnen nach, spalteten uns in Lager für den einen oder anderen, so hitzig, als ob das Land in Flammen stünde. Ihre Stimmen waren zwar angenehm für das Ohr, aber es war Händel, der das erst möglich machte, denn seine Musik ergriff unsere Seele." Doch wer machte sich das ernsthaft bewußt? Der Kritiker fährt fort: „... der Sänger genoß den Gewinn und bekam das Lob, das wirklich Wesentliche aber war, unbemerkt und unbelohnt, das ärmliche, aber stolze Schicksal des vergessenen Meisters." Nach wie vor hat der berühmte Mann unter offenen Feindseligkeiten zu leiden. Frische Plakate, die seine Vorstellungen ankündigen, werden abgerissen. Was ihm die Zeitgenossen am wenigsten verzeihen, ist neben seiner Überlegenheit der unbeugsame, auf andere mitunter wohl verletzend wirkende Stolz. Der Mahner verschweigt das nicht, legt aber auch bei diesem wunden Punkt ein gutes Wort für Händel ein: „Sollte der Stolz also beleidigend gewesen sein, so laßt ihn uns doch ignorieren, wie wir die Sonnenflecken nicht bemerken, denn es sind zwar Flecken, aber sie verdunkeln nicht die große Begabung."

Es gibt also noch immer überzeugte Händel-Freunde auf der britischen Insel. Sie fühlen sich nicht grundlos beunruhigt: Händel, nun schon fast 30 Jahre in England und aus Londons Musikleben nicht wegzudenken, hat zum 8. April 1741 seinen Abschiedsauftritt angekündigt. Sein Plan, so will man wissen – Rückkehr nach Deutschland. Von einer Erkundungsfahrt auf den Kontinent, bereits im Sommer des Vorjahres von ihm unternommen, weiß eine Hamburger Zeitung zu berichten. Sie hat von einem Orgelspiel des Reisenden in einer großen Haarlemer Kirche erfahren und auch das Reiseziel: Berlin. Das klingt gar nicht so abwegig. Am 31. Mai 1740 war dort der knauserige Soldatenkönig gestorben. Man erträumte sich unter dem flötespielenden Nachfolger einen aufblühenden, seinesgleichen suchenden Musenhof. In der Tat rückt eine junge Generation hochqualifizierter Musiker in Friedrichs II. Hoforchester ein: Der Flötist Joachim Quantz, die Gebrüder Graun, der Cembalist Carl Philipp Emanuel Bach, zweitältester Sohn des Leipziger Thomaskantors. Ob der auf die Sechzig zugehende Londoner Altmeister zu der Avantgarde eines neuen Musikstils wirklich gepaßt hätte, noch dazu unter einem Souverän, für den er (wir erinnern uns an eine entsprechende Briefbemerkung) so gut wie „passé" war, bleibt dahingestellt. Der neue König hat ohnehin ganz andere Pläne. Wenige Monate nach seiner Thronbesteigung war in Wien Kaiser Karl VI. gestorben. Ihm folgten keine Söhne, nur eine Tochter: Maria Theresia. Seine Regierungszeit hatte er hauptsächlich dazu benutzt, die Zustimmung ganz Europas für ihre Berechtigung als weibliche Alleinerbin einzuholen (Pragmatische Sanktion hieß dieses habsburgische Hausgesetz). Aber kaum ist der Kaiser tot, will sich ein Halbdutzend Herrscher über die habsburgischen Erblande hermachen. Der wittelsbachische Kurfürst von Bayern meldet Thronansprüche an. Der junge Preußenkönig nutzt die allgemeine Verwirrung und fällt mit seiner schlagkräftigen Armee in das reiche Schlesien ein, ja macht es nach einem siegreichen Winterfeldzug zu einer preußischen Provinz.

Diese Ruhmesbotschaft aus der alten Heimat ist natürlich auch am Londoner Hof Tagesgespräch. Wir wissen nicht, wie sie auf Händel eingewirkt hat. Seine Verbindungen zu Deutschland sind nicht abgeschnitten; den Gedanken, dort neu Fuß zu fassen, hat er in diesen Jahren der Fehlschläge und Enttäuschungen zweifellos erwogen. Wer kennt ihn dort nicht? Man spielt seine Musik, führt seine Opern auf, wir lesen seinen Namen in Zeitungen, Fachblättern, musiktheoretischen Schriften. Nicht selten fällt, wenn von ihm die Rede ist, das Wort Vaterland, denn man spielt deutsche Talente gern gegen die anderer Nationen aus. In dem wöchentlich erscheinenden „Critischen Musikus", herausgegeben von Johann Adolf Scheibe, werden in einem Beitrag folgende herausragenden deutschen Musiker mit Namen aufgeführt: Hasse, Graun, Telemann, Händel und Bach. Dazu heißt es: „Männer, die zum Ruhme unsers Vaterlandes alle andere ausländische Componisten, sie mögen auch seyn, wo sie wollen, beschämen." In einem anderen Artikel lesen wir: „ Man verehrt einen deutschen Händel in England; Hasse wird von den Italienern bewundert; Telemann hat sich neulich in Paris nicht wenig Ehre und Beyfall erworben, und Graun machet gewiß unserm Vaterlande bei allen Kennern seiner Stücke viel Ehre. Was soll ich von Bachen und Weissen sagen? Anderer geschickten Männer zu geschweigen, die wir den Ausländern entgegen setzen könnten?"

Nun hat auch Johann Mattheson, der inzwischen gänzlich ertaubte alte Hamburger Freund, sein neues umfangreiches Fachbuch herausgegeben mit dem Titel „Grundlage einer musicalischen Ehrenpforte". Es enthält 149 Biographien namhafter Tonkünstler. Eine undankbare Arbeit liegt hinter dem Sechzigjährigen, weil er viele bedeutende Kollegen immer wieder, oft vergeblich, um Informationen anschreiben mußte. Unter denen, die ihn im Stich ließen, sind Bach und Händel zu zählen. Bach wird daraufhin in Matthesons Buch ganz unterschlagen. Über Händel, der ihm wegen Arbeitsüberlastung höflich, aber bestimmt seine Hilfe versagt hatte, sammelte er dennoch einige offizielle Fakten, den Rest schöpfte er aus seinen persönlichen Erinnerungen: „Ich weiß gewiß, wenn er dieses lieset, er wird im Hertzen lachen: denn äuserlich lacht er wenig. Insonderlich falls er sich des Taubenkrämers erinnert, der mit uns damahls auf der Post nach Lübeck fuhr, ingleichen des Pasteten-Beckers Sohns, der uns beym Spielen die Bälge in der hiesigen Marie-Magdalenen-Kirche treten muste. Das war den 30. Juli 1703, da wir den 15. vorher zu Wasser ausgewesen..."

Händel kehrt England in der Tat den Rücken. Fortuna lenkt seinen Weg aber nicht auf den Kontinent, sondern nach Westen in die Hauptstadt Irlands. Hier hat sein Name schon lange einen guten Klang. Eine treue Gemeinde pflegt seine Musik. Nun hat ihn der irische Vizekönig in Abstimmung mit einigen Wohltätigkeitsorganisationen für eine ganze Konzertsaison persönlich nach Dublin eingeladen. Schon packt er eine Auswahl jüngerer Partituren für die Reise zusammen. Doch das genügt ihm nicht, er will eigens für diesen Besuch auch ein völlig neues Oratorium komponieren; dafür zieht er sich einen Sommer ganz von der Öffentlichkeit zurück. Charles Jennens hatte ihm kürzlich ein neues Textbuch geliefert, weder ein eigenes Poem noch eine Milton-Überarbeitung, vielmehr ein Mosaik aus Versen der Heiligen Schrift. Jennens entnahm sie teils den Propheten und dem Psalter, teils dem Neuen Testament. Der Titel, der das Tempelgewölbe aus 5o Bibelzitaten wie ein Eckstein zusammenhält, lautet „The Messiah".

Stefan Zweig, der Händels Arbeit am „Messias" beschreibt, zeichnet ihn in einer Phase tiefster Depression. In der Öffentlichkeit nichts als Fehlschläge, Scherereien, Feindseligkeiten. Gläubiger mit Schuldzetteln umstreichen das Haus auf der Brookstreet. Labile Gesundheit, Anwandlungen von Verzagtheit und Lebensüberdruß vergiften ihm das Dasein. Er leidet unter Schlaflosigkeit und irrt ruhelos durch den Londoner Greenpark. In seinem Arbeitszimmer liegt unberührt Jennens Postsendung. Mitten in der Nacht reißt er den Umschlag auf, sein Blick fällt beim Schein der Kerze auf die erste Textseite. Er liest die Worte: „Comfort ye" („Tröste dich") – sie wirken elektrisierend – „nicht Wort: Antwort war es, göttlich gegeben", so sieht es der Wiener Schriftsteller. Das ist die Sternstunde. Und nun durchfliegt Händel den ganzen Text und findet überall Worte, als seien sie nur für ihn gesprochen: „Er wird dich reinigen", „Wundervoller Rat, mächtiger Gott, der den Frieden gab dem verstörten Herzen", „Er ist der wahre Helfer", „Und da war keiner, der Trost dem Dulder gab", „er vertraute Gott, und siehe, er ließ ihn nicht im Grabe ruhen". Für Händel ist es das Grab der Verzweiflung, die Hölle der Ohnmacht, aus der er sich wie durch ein Wunder plötzlich erlöst sieht. Schon türmen sich in seinem Geist erste Tonfiguren, Chöre schallen in seinem inneren Ohr. Händel ist zu neuer Kraft erwacht. Er will ein Preislied auf Gott den Herren schaffen, wie es glorreicher, gewaltiger, aussagekräftiger die Welt noch nie vernommen hat...

So ähnlich dürfen wir uns die Geburtsstunde der ersten Messias-Takte sicherlich vorstellen. Schriftstellerische Intuition kommt der Wahrheit manchmal näher als exakte Quellenforschung. Nicht zu bezweifeln ist, daß Händel sich nach seiner endgültigen Niederlage als Opernkomponist, also im Entstehungsjahr des „Messias" 1741, in einer großen Krise befand, die nicht zuletzt auch sein religiöses Empfinden verinnerlicht hat. Seine Neigung, Benefizvorstellungen zum Wohl verarmter Künstler und elternloser Kinder zu geben, ohne Rücksicht darauf, ob ihm die eigene wirtschaftliche Situation das überhaupt gestattete, verfestigt sich gerade in diesen Jahren. Die Uraufführung des neuen Oratoriums soll ganz und gar Armen und Gefangenen zugute kommen. Daraus entwickelt sich später ein fester Brauch. Also muß Händel den Schaffensrausch von 22 Tagen an seinem „Messias" im August/September des Jahres 1741 als eine besondere Gnade, ja persönliche Auferstehung erlebt haben. Wenn er darum den Erlös von Messias-Vorstellungen bis zu seinem Tod grundsätzlich Notleidenden zugute kommen läßt, so doch wohl, weil er mit diesem Werk Gott selbst besonderen Dank zu schulden glaubte.

Der „Messias" nimmt unter Händels Oratorien eine Sonderstellung ein. Er ist kein Drama mit Handlung, Spielern und Gegenspielern wie „Saul", er erzählt uns keine Geschichte wie „Israel", er liefert uns keinen Bilderbogen aus Landschafts- und Genreskizzen wie „L'Allegro". Der „Messias" ist Verkündigung, Bekenntnis, Gebet, christliche Hoffnung. Sein Thema: die Menschwerdung, das Leiden und Sterben des Sohnes Gottes, sein Sieg über den Tod, die Erlösung der Menschheit. Das alles wird weder szenisch dargestellt, noch wirklich erzählt, es wird mit Prophetenworten, Paulusepisteln, Botschaften der Evangelisten gepredigt („Bereitet dem Herrn den Weg"), geweissagt („Denn siehe der Verheißene des Herrn erscheint auf Erden"), verkündet („Ich bringe frohe Kunde von dem Heil"), gedeutet („wir entschlafen nicht alle, doch werden wir alle verwandelt"), zur Glaubenshoffnung erhoben („Ich weiß, daß mein Erlöser lebt"). Entsprechend der Dreieinigkeit wirkt in Teil I Gottvater („So spricht der Herr, Gott Zebaoth"). Er läßt seinen Sohn Mensch werden. Advent („Vernehmt die Stimme des Predigers in der Wüste") und Weihnachtsgeschehen („Denn es ist uns ein Kind geboren") bestimmen das Geschehen. Teil II handelt vom Sohn („er litt unsre Schmerzen"). Seinen Sieg über den Tod krönt der gewaltige Halleluja-Chor. Teil III, im Namen des Heiligen Geistes, gilt der Heilszuversicht der Christenheit („Sie erschallt die Posaun, und die Toten erstehen unverweslich").

Händels Schaffenshöhe zeigt, daß er im Vollbesitz seiner Kräfte ist. Er braucht in dieser Dreiwochenfrist (vom 22. August bis 14. September) nicht eine Nummer aus einem früheren Werk hineinzunehmen. Anleihen macht er lediglich in seiner eigenen Musik, so zum Beispiel bei seinen erst kürzlich entstandenen Liebesduetten, mit denen er sich für die noch unlängst erwogene Rückkehr an deutsche Fürstenhöfe versorgen wollte. Er bedient sich sparsamster Mittel, so als hätte er in Dublin höchstens ein kleines Streichorchester zur Verfügung; lediglich für das Halleluja und eine Baßarie sind Trompeten und Pauken vorgesehen. Szenische Ausmalung wird so einfach wie möglich bewerkstelligt, es erhöht die Aussagekraft: Unisono von Baß und Streichern illustriert das Herumtappen des „Volkes, das im Finstern wandelt". Tremolo in den Streichern beschwört tobende Heidenvölker, Erd- und Meerbeben, Sicilianotakte um einen ausgehaltenen Baß ohne Schalmeienklang schönste Hirtenmusik, Wiederholung eines Motivs in den hohen Geigen das Erscheinen der Engel... Mitgerissen fühlten sich die Menschen schon damals durch die 22 eingearbeiteten Chöre. Die Arien, an denen Händel später noch Überarbeitungen vornimmt, stehen diesen aber an künstlerischer Vollkommenheit nicht nach. Was die Musikstücke des „Messias" allesamt vermitteln, ist mehr als unübertreffliche Tonkunst, sie ist heilige Aussage und durchdringt den Menschen so, daß er von den Worten, die die Musik ihm zuträgt, nicht unberührt bleiben kann. Chöre wie „Wahrlich, er trug unsere Qual", „Durch Einen kam der Tod", „Würdig ist das Lamm" fahren ihm in die Glieder und pflanzen ihm eine Ahnung dessen ein, was der Menschheit Glaube und Hoffnung ist, solange sie besteht. Daß diese Wirkung in Händels Absicht lag, daran braucht nicht gezweifelt zu werden. Als ein halbes Jahrhundert später der dreiundsechzigjährige Joseph Haydn auf seiner Englandreise Händels Musik kennenlernt und in Anwesenheit König Georgs III. eine Aufführung des „Messias" erlebt, ist er überwältigt. Beim Erklingen des Halleluja-Chors verdeckt er sein Gesicht mit beiden Händen und weint laut. Zitternd wiederholt er immer wieder:„Er ist der Meister von uns allen!"

Der „Messias" ist nicht nur Händels bekanntestes Werk, er ist auch sein bestes, das alles, was er für Bühne, Kirche, Konzertpodium an Großartigem hervorgebracht hat, durch Vollendung noch übertrifft. Man sollte denken, dieser größte Wurf hätte sein Genie mindestens für Wochen ausgelaugt und erschöpft. Das Gegenteil ist der Fall. Am 29. September, zwei Wochen nach Abschluß des „Messias", hat er bereits den ersten Akt eines neuen Oratoriums allerhöchsten Ranges fertig ausgeführt: „Samson". Zwischen dem Abschluß des „Messias" (14. September) und der Beendigung des „Samson" (29. Oktober) liegen 45 Tage. Newburgh Hamilton, der Händel schon zu dem Textbuch „Alexander's Feast" verholfen hatte, lieferte ihm diesmal die Überarbeitung einer Altersdichtung John Miltons. Ein „dramatic poem" nach griechischem Vorbild, doch zum Lesen, nicht für die Bühne. Milton hatte in seinen besten Jahren für die Sache der Puritaner gestritten und sogar die Hinrichtung Karls I. in einer Schrift verteidigt. Als 1660 doch wieder ein Stuartkönig den Thron bestieg, war Miltons große Zeit vorbei. Verfemt, verarmt, vereinsamt, dazu alt und erblindet, bringt er seine letzten Lebensjahre zu. In Samson, dem geblendeten, seiner Kraft beraubten biblischen Helden aus dem Buch der Richter, erkennt sich der große Dichter selbst wieder. Er bannt Samsons letzte Lebenstage in Blankverse. An Ketten geschmiedet, bejammert der Blinde sein Los: „Völlige Dunkelheit! Keine Sonne, kein Mond, alles finster im grellsten Mittagslicht!" Das wird von Händel ergreifend in Musik gesetzt. Die Zuhörer weinen bei diesen Worten, denn sie erleben noch, wie der Komponist, gleichfalls erblindet, die Stelle selbst dirigiert. Nun läßt Milton Figuren auftreten, die sich mit dem Geschundenen auseinandersetzen. Der Jugendfreund Micha nimmt ratio-unterkühlten Anteil, wie wir es aus dem Geist des Vernunft-Zeitalters schon kennen. „Was sollen wir zuerst beklagen, deine Knechtschaft oder das verlorene Augenlicht?" begrüßt er den gefangenen Landsmann. Wenn das Licht nun einmal so lebensnotwendig ist, hebt Micha zu philosophieren an, warum bleibt das Sehvermögen nur auf das empfindliche Auge beschränkt, das so leicht auszuschalten ist, warum sehen wir nicht gleichzeitig mit anderen Körperteilen?... Der Vater Manoah, dessen warmer, liebevoller Gesang uns rührt, will den Sohn freikaufen. Dalila, die „Femme fatale" des Alten Testamentes, hatte Samson ja in der Liebesnacht das Geheimnis seiner übermenschlichen Kraft mit Listen entwunden, so daß man seine gottgeweihten Locken abscheren und ihn ins Elend führen konnte. Milton läßt auch sie vor Samson treten, zu dessen Ehefrau er sie gemacht hat. Sie lockt ihn mit Silbertönen, ja mit dem Gurren einer Turteltaube, wie Händel auf anmutigste Weise in den Geigen andeutet. Doch was für eine Zumutung für einen, der durch die Versucherin um sein Augenlicht gebracht worden ist! Samson erteilt der „Hyäne" eine Abfuhr. Das entspricht dem vernichtenden Urteil des Dichters über die „Künste der Weiber". Ein polternder Kraftmeier namens Harapha will nun den Wehrlosen herausfordern. Aber Samsons geweihtes Lockenhaar ist nachgewachsen. So läßt er sich bereitwillig als Siegestrophäe beim Opfergelage zu Ehren des heidnischen Götzen Dagon vorführen. Ein Knabe geleitet den Blinden auf Wunsch genau zwischen die beiden tragenden Säulen des Festpalastes. Mit seiner wiedergekehrten Kraft rüttelt er an ihnen und begräbt Tausende Philister unter den Trümmern des zusammenstürzenden Gebäudes. Händel gestaltet dieses Ereignis in Tönen zu einer hochdramatischen Szene: Eine aufgewühlte Sinfonia beschreibt die Katastrophe, Boten melden die Vernichtung, aber auch den Tod Samsons, der selbst von den herabstürzenden Mauersteinen erschlagen wurde. Unter Klängen des uns bereits aus „Saul" vertrauten Trauermarsches, wird der Leichnam vorbeigetragen. Der Totengesang gehört zu dem Ausdrucksvollsten, was Händel überhaupt geschaffen hat. Aber nicht solche Töne schließen das Stück. Samson starb ja als Held, der gottlose Feind wurde vernichtet. Darum werden zur Trompete durch einen jauchzenden Sopran die Engel selbst zum Schlußgesang aufgefordert. Der fällt mit bewährter Händelscher Kraft ein und läßt das Oratorium im Triumph ausklingen.

Zu Anfang des Monats November bricht der Komponist nach Irland auf. Ungünstige Windverhältnisse bescheren ihm einen Zwischenaufenthalt in Chester, einem englischen Tauberbischofsheim aus rot gedecktem, an Erkern und Zwerchgiebeln überreichen Schwarzweiß-Fachwerk, malerischen Ladenarkaden mit geschnitztem Gebälk, unter dem man in Höhe des ersten Stockwerks auch bei Regen trockenen Fußes an Geschäften, Werkstätten, Bierlokalen entlangwandeln kann. Hier lauert dem berühmten Mann ein 15jähriger Junge auf, der in der Kathedrale die Orgel spielen lernt. Es ist der zu Beginn des Kapitels zitierte Charles Burney, künftiger Musikhistoriker und Händel-Biograph. Er verfolgt den stattlichen Reisenden auf seinem Gang durch die mittelalterlichen Straßen, er sieht ihn am Tisch eines Kaffeehauses an einer langen Pfeife rauchen, bis er ihm im Beisein des Orgellehrers persönlich kennenlernen darf; denn Händel sucht Chorsänger, mit denen er Teile des „Messias" proben will. Sie werden eiligst zusammengetrommelt, dabei macht sich der Junge selber nützlich und kann nun im „Goldenen Falken", Händels Privatquartier, den Meister zum erstenmal in Aktion erleben. Einer der Sänger erwischt den falschen Ton. Händel fährt auf: „Du Schuft du, sagtest du nicht, du könntest vom Blatt wegsingen?" – „Ja Herr Kapellmeister", gibt der Getadelte zur Antwort, „das kann ich auch, aber nicht gleich das erstemal."

Er reist mit einem Stab von Sängern, Kopisten, Dienstboten. Unter dem reichlichen Gepäck die eigene Orgel. Er trifft am 18. November in der irischen Hauptstadt ein, Zeitungen haben ihn angekündigt. Er residiert in der Abbey-Street, unweit der Lyffey-Street. Hohe Herrschaften, mit denen er schnell auf vertrautem Fuß steht, empfangen ihn in ihren Häusern und Landsitzen. „Utrechter Tedeum" und „Jubilate" erklingen sogleich zu wohltätigen Zwecken während einer Kathedralmesse, Händel selbst spielt die Orgel. Es folgen sechs vom Adel subskribierte Abende für einen Saal von 600 Besuchern. Nicht eine Karte braucht er an der Kasse zu verkaufen. Folgende Werke gelangen in den nächsten vier Monaten bis zum März zur Aufführung: „L'Allegro" und „Esther" je dreimal, „Acis und Galatea", „Cäcilien-Ode", „Alexander's Feast" „Imeneo" in konzertanter Darbietung je zweimal. Eine Dubliner Zeitung berichtet nach der ersten Konzertveranstaltung: „Die Aufführung übertraf alles in dieser Art je Dagewesene in unserem Königreich." Händel ist ganz erfüllt von der Wärme und Aufgeschlossenheit dieses hochmusikalischen Menschenschlags. Das können wir einem Brief entnehmen, den er an seinen Textdichter Charles Jennens richtet. Solisten, Orchestermusiker geben ihr Bestes, Händel selbst brilliert auf der Orgel und erfreut sich bester Gesundheit. Schon lange nicht hat er so unbeschwerte, glückliche Tage gehabt.

Er beginnt nun damit, sein neues, geistliches Oratorium „Der Messias" einzustudieren. Am 27. März kündigen es die Zeitungen an. – Dublin, die zweitgrößte Stadt Großbritanniens, hat zwei Gesichter. Es ist eine blühende, dazu beliebte Kulturmetropole. Künstler, Literaten halten sich gern in ihren Mauern auf. Der Lustspieldichter William Congreve hatte hier studiert. Jonathan Swift versieht schon seit Jahren sein Priesteramt als Dechant der Kathedrale Sankt Patrick. Der italienische Geiger Francesco Geminiani hält sich am liebsten in Dublin auf. Auch deutsche Musiker hatten sich hier angesiedelt wie der ehemalige Hamburger Operndirektor Sigismund Kusser. Wäre Dublin auch eine neue Heimat für Georg Friedrich Händel, der überall zu Hause war, wo man seine Kunst anerkannte?

Aber Dublin war auch Hauptstadt eines unterworfenen Königreichs, dessen freier Handel zerschlagen, dessen Wirtschaft seit Cromwells Zeiten von London aus geknebelt und unterhöhlt war. Das Ergebnis: Massenelend. Jonathan Swift selbst macht sich zum Anwalt der heruntergekommenen Bevölkerung. Er schreibt: „Es ist ein trauriger Anblick für diejenigen, die durch unsere große Stadt (Dublin) oder über Land reisen, wenn sie sehen, wie die Straßen, die Wege und die Eingänge zu den Hütten von Bettlerinnen wimmeln, die, umgeben von drei, vier oder fünf Kindern, jeden Passanten um ein Almosen angehen. Statt ehrlich ihr Brot verdienen zu können, sind diese Mütter gezwungen, sich den ganzen Tag herumzutreiben, um den Lebensunterhalt für ihre hilflosen Kinder zu erbetteln. Die Kinder werden, indem sie heranwachsen, entweder aus Mangel an Arbeit zu Dieben oder sie verlassen ihr liebes Heimatland...." Händel muß die bittere Armut auf den Straßen sehr berührt haben. Durch Besuche überzeugt er sich auch von dem Elend überfüllter Gefängnisse. Er weiß aus Erfahrung, wie schnell einem der Schuldturm drohen kann. Viele Häftlinge verdämmerten hier seit Jahren, nur weil sie ein paar Pfund nicht zurückzahlen konnten. Der Erlös der ersten „Messias"-Aufführung soll hauptsächlich diesen armen Teufeln zugute kommen, aber auch Hospitäler will er unterstützen. Auf der Fishamble-Street war unlängst eine neue Music-Hall mit 600 Plätzen eröffnet worden. Wenn man die Damen der Gesellschaft darum bat, ihre Reifröcke zu Hause zu lassen, konnte man die Zahl der Sitze auf 700 erhöhen. Der öffentliche Aufruf dazu erfolgt.

Die Uraufführung des „Messias" am 13. April 1742 dürfen wir als Meilenstein in der Musikgeschichte verbuchen. Der Erfolg ist überwältigend. Schon nach der Generalprobe meldet das „Dublin Journal": „Die prominentesten Kunstverständigen sind sich einig, daß es ein absolut vollkommenes Musikstück ist." Am 17. April lesen wir in dem gleichen Blatt: „Die wichtigsten Kritiker erklärten es für das vollendetste Werk der Musikgeschichte. Mit Worten läßt sich der Genuß nicht ausdrücken, den das Stück für das versammelte staunende Publikum bedeutete." 400 Pfund Reingewinn geht zu gleichen Teilen an die Strafgefangenen, ein Armenkrankenhaus und das sogenannte Mercer's Hospital. Viele Häftlinge, deren Schulden nun bezahlt werden können, kommen frei. Eine Wiederholung des „Messias", ebenso gut besucht und bewundert, fällt in den Juni. Auch das Oratorium „Saul", gegeben am 25. Mai, reißt Musikexperten zu Superlativen hin. Behaupten sie doch, die beste Darbietung erlebt zu haben, die im ganzen Königreich überhaupt jemals zu hören gewesen sei.

Zu Händels Sängern gehören keine Kastraten mehr. Nur noch eine einzige bedeutende Sopranistin stammt aus Italien: Christina Maria Avoglio. Die übrigen Solisten tragen englische Namen. Von ihnen genießt Susanna Maria Cibber, Schwester des Komponisten Thomas Arne, eine Vorzugsstellung. Auf ihr deklamatorisches Talent sind die Altpartien im „Messias" eigens zugeschnitten. Sie hat nicht nur den Ruf einer ausgezeichneten Schauspielerin, sie ist auch eine reizvolle Erscheinung, der Händel die etwas lückenhaften Musikkenntnisse nachsieht, ja sogar ihr dünnes Stimmchen verzeiht. Sie darf obendrein auf seinen Schutz zählen; denn Susanna Cibber hat einen Trunkenbold zum Ehemann, vor dem sie zeitweise auf der Flucht ist. Von ihren engsten Vertrauten weiß fast nur Händel, wo sie sich versteckt hat. Auch Dublin dient der Sängerin als Zufluchtstätte. Es ist gut möglich, daß Händel diese Frau geliebt hat. Er bleibt mit ihr befreundet; denn Susanna scheint Händels Zuneigung zu erwidern.

Zehn Monate weilt Händel in Irland. Man reicht ihn herum, beste Familien schmücken sich mit seiner Gegenwart. Vornehme Damen schenken ihm ihre Gunst. Man freut sich an seiner Unterhaltungsgabe, spitzt die Ohren zu seinen Anekdoten; denn sein Wortschatz verrät, daß er in halb Europa zu Hause ist. Englische, französische, italienische, deutsche Brokken purzeln in seinen Erzählungen nur so durcheinander. Ganz sicher besucht er zwischendurch das Dubliner Theater, um den Shakespeare-Darsteller David Garrick auf der Bühne als Hamlet zu erleben. Kurz vor seiner Abreise macht er dem alten Swift seine Aufwartung, den er aus frühen Londoner Jahren persönlich kennt. Swift hat die Mitte siebzig erreicht, sein geistiger Zerfall hat bereits eingesetzt. Kurz vor der „Messias"-Aufführung hatte er die Chorsänger seiner Kirche wieder zurückgepfiffen und Händels Truppe mit „Fiedlerverein" beschimpft. Für den Komponisten kein Grund, dem großen kranken Mann nicht einen Abschiedsbesuch abzustatten. Als der Diener den Gast meldet, dauert es einige Zeit, dem Geistesverwirrten verständlich zu machen, wer ihn zu beehren wünscht. Da dämmert es in ihm noch einmal auf, eine letzte Erleuchtung kommt ihm über die Lippen: „ Oh! Ein Deutscher und ein Genie! Ein Wunder! Bitte ihn herein!" Am 13. August 1742 reist Händel endgültig ab und kehrt zu Ende des Monats nach London zurück.

12
„Seht, er kommt mit Preis gekrönt"

Wieder in London

Die Londoner Öffentlichkeit nimmt diesmal kaum Notiz von Händels Rückkehr. Die Opposition gegen ihn hat sich nicht schlafen gelegt. Die von Lord Middlesex am Leben erhaltene Oper – er hatte eine der Sängerinnen zu seiner Mätresse gemacht – spielte vor fast leerem Haus. Händel waren 1000 Guineen für die Lieferung zweier neuer Opern geboten worden, aber er hat vom Theater genug und zieht sich lieber ganz vom öffentlichen Leben zurück. Finanziell geht es ihm nun wieder gut, so daß er auf seiner Bank neue Papiere zeichnen kann. Er überarbeitet noch einmal gründlich seinen „Samson". Endlich, zu Anfang des Jahres 1743, meldet er sich mit der Ankündigung einer Reihe von Subskribtionskonzerten auf den Londoner Kampfplatz zurück.

„Samson" liegt den Konzertbesuchern schon vom Stoff her. Der lehrhaft-puritanische Geist Miltons entspricht der britischen Lebensauffassung. Die Erstaufführung in Covent Garden am 18. Februar, für die er als Zwischenaktmusik auch ein neues Orgelkonzert komponiert hat (Nr. 2 aus opus 7 in A-dur), findet ein erfreuliches Echo. So hat „Samson" es überhaupt nicht schwer, sich beim englischen Publikum durchzusetzen. Er kann achtmal in einer einzigen Saison gegeben werden und bleibt zu Lebzeiten des Komponisten eines seiner beliebtesten Chorwerke. Nun versucht er auch den „Messias" auf das Programm zu setzen – sehr vorsichtig kündigt er ihn an als „A new sacred oratorio", ohne den eigentlichen Titel zu erwähnen. Denn er weiß aus Erfahrung mit dem Oratorium „Israel" von der puritanischen Enge maßgeblicher Londoner Kreise. Der „Universal Spectator" druckt einen offenen Brief ab. „Ein Oratorium", so sein Verfasser, „stellt entweder eine religiöse

Handlung dar oder nicht. Ist es eine solche, dann frage mich, ob das Theater der geeignete Tempel dafür ist und ob die Mitglieder einer Schauspieltruppe die geeigneten Vermittler von Gottes Wort sind". Man empfindet es als Sakrileg, Stellen aus der Bibel auf der Bühne singen zu lassen. „Wie muß es einen frommen Juden verletzen", so entrüstet sich der Briefschreiber, „wenn er den großen Jehova, diesen würdigsten und heiligsten Namen Gottes (ein Name, den ein Jude, wenn er nicht Priester ist, kaum auszusprechen wagt), gesungen hört..." In der Tat ist dem „Messias" bei seiner Londoner Erstaufführung am 23. März 1743 kein Erfolg beschieden. Die gewaltigen Chöre befremden, man möchte doch lieber Arien, wie man sie von der Opernbühne kennt. Verärgert ist vor allem der Textdichter Jennens. Welcher Teufel hatte den Musiker geritten, die Stadt Dublin für die Uraufführung zu wählen! Und wie enttäuschend für Jennens das Stück selber! Empört äußert er sich in einem Brief an seinen Freund Edward Holdsworth: „Von seinem ‚Messias' war ich enttäuscht; er hat ihn in aller Eile vertont, obwohl er mir gesagt hatte, er werde ein Jahr darauf verwenden und daraus die beste Komposition machen. Ich werde ihm keinen meiner heiligen Texte mehr überlassen, nur damit er ihn mißbraucht..." Er behelligt den Tondichter mit Beanstandungen, drängt darauf, „schwache Stellen" zu überarbeiten, und beklagt sich über Händels „Trägheit", ja „Sturheit", weil dieser sich dazu nicht gleich bewegen läßt, bezichtigt ihn des geistigen Diebstahls bei Scarlatti...

Aber der Getadelte hat andere Sorgen, die Gesundheit läßt ihn aufs neue im Stich. Mainwaring spricht von Gichtbrüchigkeit, andere vermuten einen zweiten, leichten Schlaganfall, doch erholt er sich schnell, so daß er im Sommer ein neues Oratorium schaffen kann: „Semele". Die überarbeitete Dichtung war von ihrem Urheber William Congreve eigentlich für die Oper gedacht und scheint dazu wie geschaffen. Das mag zeigen, wie schwer es dem großen Bühnenkomponisten noch immer fiel, von diesem Genre, für das er sich wie kein zweiter geboren fühlen durfte, vollkommen Abschied zu nehmen. Der

Chor tritt zugunsten der Dacapo-Arie zurück, ohne den Zuhörer zu ermüden; denn es sind Duette eingeflochten, sogar ein in die Zukunft weisendes Quartett, Solo-Arien, die von Chorgesang eingeholt, sich zu klanglichen Höhepunkten steigern... Händel, so gewinnt man den Eindruck, verwendet auf die Formung der sinnenfreudigen, in ihrer Lebenslust aufs Ganze gehenden Königstochter Semele besondere Liebe. Sie ist so schön, daß sie den Olymp durcheinanderbringt; denn Zeus (Jupiter) selbst hat sie für seine irdischen Amouren ausersehen. Aber Semele gibt sich beim Göttervater mit der Rolle des Liebchens nicht zufrieden, sie will bei so viel Gunst Unsterblichkeit erlangen. Das aber verwehrt den Erdgeborenen ein ehernes Gesetz. Nun hat aber die Göttermutter Hera (Juno) in ihrer Rachsucht den Übermut der Rivalin mit perfider Kunst so aufgepeitscht, daß Semele sogar den verderblichen Rat annimmt, sie müsse den obersten Gott beim Styx schwören lassen, ihr jeden Wunsch zu erfüllen. In der Tat gelingt es ihr, gleichfalls durch Heras tückische Mithilfe, Jupiter so kopflos zu machen, daß er ihr mit der Erfüllung eines verhängnisvollen Wunsches im Wort steht: Er soll dem Mädchen in seiner echten Göttergestalt gegenübertreten, nur dann, so der Zeusgemahlin trügerische Weisung, könne ein Mensch unsterblich werden. Das Gegenteil tritt aber ein: Semele verglüht beim Anblick des leibhaftigen Donnerers. „Weh mir! Die nun zu spät bereut / den Wahn ruchloser Eitelkeit!", muß sie erkennen, als ihr der Untergang bevorsteht – eine von Händel meisterhaft gestaltete Szene. Zum Trost der Hinterbliebenen steigt Apoll am Schluß des Stückes mit einer Verkündigung herab: Semele hat im Sterben Bacchus, dem Gott des Rausches und der Daseinsfreude, das Leben geschenkt.

Menschen und Götter begegnen hier einander von Szene zu Szene. Wir bewegen uns in arkadischen Gefilden, wenn Zeus sein Schätzchen und diesem zur Gesellschaft auch noch die Schwester Ino entführt hat. Die Musik verzaubert und läßt uns über schwerelose Wolken schreiten. In einer von dumpfen Fagottönen ausgemalten Schlummergrotte sehen wir Morpheus, den Gott des Schlafes, liegen, den Hera mit einem Kunstgriff aufweckt, um ihn für ihre heimtückischen Pläne einzuspannen. Wir vernehmen den Gesang eines wahrhaft Verschlafenen. 160 Minuten origineller, neuester Händel, ohne jegliches Fremdgut. Er ist wieder ganz auf der Höhe seiner schöpferischen Kraft. Als „Semele" am 10. Februar 1744 in Covent Garden zum erstenmal auf die Bühne tritt, mißfällt sie und muß schon nach dem dritten Abend zurückgezogen werden. Zu begreifen ist das schwer. Charles Jennens, noch immer erbittert über den eigensinnigen Musiker, erklärt: „Semele, das ist kein Oratorium, sondern eine zotenhafte Oper."

Wir müssen noch einmal auf den Spätsommer des Vorjahres zurückschauen; denn Händel vollendete im August/September noch ein zweites Oratorium – „Joseph und seine Brüder". Damit kehrt er zum Alten Testament zurück, deren wichtigste Geschichten einem frommen Anglikaner geläufig waren. Man durfte sich des Anklangs solcher Stoffe also sicher sein. Das Libretto lieferte ein Pfarrer, der sich schlecht und recht als Theaterdichter behauptete – Reverend James Miller. Wir begleiten Jakobs Lieblingssohn auf seiner vom Herrn gesegneten Laufbahn: Die neidischen Brüder verkaufen ihn. Dadurch gelangt Joseph nach Ägypten und bringt es dank seiner göttlichen Gabe, Träume richtig zu deuten, zum ersten Minister unter Pharao. Als eine anhaltende Dürreperiode die Brüder zum Getreidekauf in das reiche Nilland treibt, kann Joseph sie das Fürchten lehren, gibt sich aber, da seine Bruderliebe stärker ist, schließlich zu erkennen und versöhnt sich mit ihnen; sie dürfen sich mit dem alten Vater sogar im Lande ansiedeln. Der Pfarrer setzt beim Zuhörer Bibelfestigkeit voraus, so daß er sich mit einer Auswahl von Bildern begnügt – z. B. Joseph im Gefängnis, Joseph deutet Pharao den Traum, Josephs Prophezeiung ist eingetreten... Den dramatischen Zusammenhang muß der Konzertbesucher aus eigenen Kenntnissen selbst herstellen. Das Gewicht liegt auf seelischen Vorgängen, insbesondere der Hauptfigur. Gerade das mag den Komponisten angesprochen haben: Er findet sich in der Josephs-Figur selbst wieder: Joseph lebt fern von der Heimat, berühmt und mit Auszeichnungen reichlich versehen – Händel geht es ebenso. Joseph könnte über seine Laufbahn Genugtuung empfinden, ja sich ausgiebig darüber freuen. Aber er kommt vor Betriebsamkeit kaum zu Atem – dem Londoner Händel geht es nicht anders. Joseph kann seine Brüder nicht vergessen, nicht seinen alten Vater, nicht seine Heimat, das erfüllt ihn mit Sehnsucht. Man entmenschlicht den großen Tonkünstler, wenn man ihm solche Gefühle einfach abspricht, weil er ja längst Engländer geworden sei. Er hat Mutter, Schwester, Verwandte, Lehrer, Freunde dort zurückgelassen, ihre Gräber deckt Heimatboden. Und Händel soll das nicht empfunden haben?. „Joseph and his Brethren" ist reich an farbigen Szenen und schönen Chören. Zu Unrecht wird das Werk heute vernachlässigt, es braucht nicht hinter „Saul" und „Samson" zurückzustehen und erleidet dieses Schicksal wohl auch nur, weil die Fülle herausragender Meisterleistungen, wie Händel sie uns hinterlassen hat, noch immer die Übersicht erschwert. „Josephs" Debüt in Covent Garden am 2. März 1744 findet größeren Zuspruch als „Semele", so daß es in der gleichen Saison zu vier Wiederholungen kommt; dennoch entspricht der eher mäßige Beifall nicht dem künstlerischen Rang des neuen Oratoriums.

Wenig ist in diesen Jahren von der königlichen Familie die Rede, deren Hofkomponist Händel nach wie vor ist. Seit Carolines Tod ist die politische Lage gespannt, die Aufmerksamkeit des Hofes entsprechend nach außen gerichtet. Inzwischen ist der Wittelsbacher Karl Albrecht von Bayern zum Kaiser gewählt. Diese Schwächung des Hauses Habsburg stimmt den englischen König besorgt um sein hannöversches Kurfürstentum. Im Osten sieht er es von einem jungen Preußenkönig bedroht, der sich im Handumdrehen zum Herrn über ganz Schlesien gemacht hat. Im Westen könnte Frankreich gefährlich werden, das die Stärkung des Bayern letztlich betrieben hatte. Habsburgs von Europas Fürsten zugesichertes Recht auf die Kaiserkrone auch bei weiblicher Nachkommenschaft mußte nun durch Waffengewalt wiederhergestellt werden. So sieht sich Georg II. in seinen alten Tagen genötigt, noch einmal einen Feldzug zu führen. An der Spitze eines aus Hannoveranern, Briten, Österreichern, Hessen und Niederländern zusammengewürfelten Heerhaufens trifft er in der Mainniederung unweit Frankfurt auf die Truppen der Franzosen. Man wird von diesen nahe dem Dorf Dettingen mächtig unter Feuer genommen, ja zwischen Fluß und Sümpfen fast eingeschlossen. Georg behält einen kühlen Kopf, seine Infanteriesoldaten leisten beharrlichen Widerstand, bis britische Reiterei den Gegner überrascht, zurückdrängt und durch Attacken zermürbt. Das ist der Sieg der „Pragmatischen Armee" bei Dettingen. Gefeiert wie ein Volksheld, kehrt König Georg nach England zurück; auf den Straßen Fackeln und Feuerwerk. Jubel auch für den Lieblingssohn des Königs, Herzog Wilhelm von Cumberland, der sich auf dem Schlachtfeld eine leichte Verwundung zugezogen hat. Nur der Prince of Wales hatte den Vater vergebens um ein eigenes Kommando ersucht. Der König hielt seinen Ältesten für unmilitärisch und disziplinlos.

Die Kampfhandlungen am Main fielen 1743 genau in den Sommer, als Händel an seinen Oratorien „Semele" und „Joseph" arbeitete. Die Musik zur Feier des Sieges erstellt er nun zwischendurch innerhalb von vierzehn Tagen. Sie geht als das „Dettinger Tedeum" in die Geschichte ein. Manche Experten sehen in dieser Auftragskomposition, zu der er obendrein ein Tedeum des Italieners Urio weidlich ausgebeutet hat, die überlegene, aber letztlich nicht bedeutende Leistung eines Routiniers, der sich einer leidigen Pflicht entledigt habe, ohne mit dem Herzen bei der Sache gewesen zu sein. Entsprechend kühl und auf Effekt berechnet nähmen sich die 13 verschiedenen Gesangsnummern aus, die bis auf zwei Ariosi ganz von Chören bestritten werden. Einem solchen Urteil widerspricht das getragene, den Zuhörer durchaus anrührende Baßsolo „Bewahr o Herr, du treuer Gott", ebenso der von der Altstimme angeführte wundervolle Schlußchor, dessen inständiges „Herr, auf dich steht mein Hoffen", eine frohmachende Glaubenszuversicht vermittelt. Der sensibel durchkomponierte Abschnitt 10 –

„Nimm uns auf in deine heilige Zahl....Leite uns, heb uns empor" – ergreift den Zuhörer und ist, ob Routinearbeit, ob heilig empfunden, von einzigartiger Schönheit. Fraglos haben die glanzvollen Siegeschöre mit ihren Fanfaren, der auf und abschwellende vielstimmige Heilig-Gott-Zebaoth-Schwung der englischen Nation sehr geschmeichelt. Händel konnte sich des vollen Erfolgs bei der Siegesfeier am 29. November sicher sein. Letztlich haben solche Nebenprodukte, wie wenig später der Gassenhauer „Lied auf die Adeligen Freiwilligen", Händel wirklich populär gemacht, viel weniger die wirklich großen Leistungen.

Noch immer giftig registriert Charles Jennens Händels neue Komposition. In seiner Wut verhehlt er dem Freund Holdsworth nicht seine Genugtuung darüber, daß der Musiker zwischendurch krank war, ja im Fieberdelirium geäußert habe, Jennens aggressive Briefe hätten zu seinem zerrütteten Zustand beigetragen. Das ist ein deutlicher Hinweis, daß Händel, der Hüne, bei aller Löwenhaftigkeit sehr verletzbar war. Aber Jennens triumphiert darüber wie ein Kleingeist: „Das zeigt, daß ich ihn getroffen habe; aber ich bin noch nicht fertig mit ihm." Der Freund Holdsworth ist von dieser Äußerung so entsetzt, daß er dem Messias-Librettisten nun doch den Kopf zurechtrückt: „Werden Sie nicht wie Samson und verwandeln sich in einen Philister..."

Sehr zu schaffen machen dem Komponisten viele persönliche Schikanen in der Hauptstadt. Vornehme Häuser geben ihre großen Gesellschaften absichtlich an Händels Konzertabenden, um die Besucherzahl kleinzuhalten. Man dingt Schlägerbanden, die Leute auf dem Weg zu seinen Veranstaltungen bedrohen. Man verübelt ihm die Oratorien, weil sie der ohnehin schwachbrüstigen Adelsoper des Lord Middlesex zusätzlich den Rang streitig machen. Was war „Semele" anderes als eine verkappte Oper? Händel will sich darin sogar noch überbieten. Dazu hat er nach einem weiteren heidnisch-antiken Stoff gegriffen: „Herkules". Das Fundament für eine Handlung haben ein Sophokles-Drama und eine Metamorphose des lateinischen

Dichters Ovid geliefert. Wiederum ein Geistlicher mit dem Namen Thomas Broughton hat daraus ein Eifersuchtsdrama konzipiert, in dessen Mittelpunkt nicht der eher harmlos biedere Herakles steht, sondern die Gemahlin Dejanira. Sie mißtraut ihrem nach seinen glücklich abgeleisteten 12 Arbeiten endlich heimgekehrten Gatten, zumal er als Trophäe eine schöne Gefangene mitgebracht hat, die Königstochter Jole. Aber Dejaniras Eifersucht ist unbegründet, lediglich ihr Sohn Hyllus macht der verlassenen Heimat und erschlagenem Vater Nachtrauernden den Hof. Dejaniras Argwohn scheint unheilbar. In ihrem Wahn läßt sie dem Gemahl bei dessen Dankesopfer an geweihter Stätte ein Gewand des Kentauren Nessos überbringen. Es enthielt angeblich die Zauberkraft, erstorbene Liebe wiederzuerwecken. Aber Nessos hatte sich an Herakles für den empfangenen Todesstreich nur rächen wollen. Als der Held es anlegt, verbrennt er von dem Gift, mit dem das Kleid in Wahrheit benetzt ist, bei lebendigem Leibe. Irrsinnig vor Qualen, verflucht er die Gattin. Diese erkennt, völlig vernichtet, die Wurzel ihrer verhängnisvollen Tat als reines Hirngespinst. Sie verfällt in ihrem letzten Auftritt in wilde Raserei: „Wo flieh ich hin? Wo berg' ich dieses Haupt?" Der Wechsel verzweifelten Hin-und-Herrennens und dumpf brütender Erschöpfung einer ins Äußerste getriebenen Seele, der nur noch Nichtsein Erlösung bringen kann, ist nicht nur bis heute ein sängerisches Paradestück, sie weist auch als Muster musikalischer Charakterzeichnung in die Zukunft. Nimmt man den opernhaften Schluß aus, der Herakles den Göttern zuführt und Jole dem Hyllus vermählt, steht „Herkules" ganz unter der Wucht einer griechischen Schicksalstragödie. Der Chor, sparsam eingesetzt, hat mahnende, warnende, beschwörende Funktion: „Eifersucht, o Höllenfluch, Folter der gequälten Brust...", er trauert aber auch um den sterbenden Helden. „Herkules" ist ein großartiges Stück, es zeigt den fast sechzigjährigen Musiker im Vollbesitz seiner großen Gaben.

Charles Jennens muß sich die Ermahnung seines Freundes Holdsworth, kein Philister zu werden, zu Herzen genommen haben. Es kommt zwischen ihm und Händel zu einer Aussöhnung, so daß in einem lebhaften Briefwechsel sogar wieder von einem gemeinsamen neuen Projekt die Rede ist: „Belsazar". Händel hat „Herkules" gerade beendet, als er sich schon begierig dem ersten Akt der neuen Dichtung zuwendet, ohne deren Fortgang abzuwarten – Jennens ist noch bei der Arbeit. Geht Händel der Text aus, komponiert er trotzdem weiter und ändert nachträglich alles wieder um, weil die Fortsetzung meist nicht in das vorgegebene musikalische Gerüst hineinpaßt. „Ich bedränge Sie herzlich, mir bald die Gunst des letzten Aktes zu erweisen, den ich dringend erwarte...", ersucht er ungeduldig den auf seine Eingebung harrenden Dichter. Der Brief ist vom 13. September 1744. Seit dem 23. August hat er mit der Vertonung begonnen und hätte, wie wir ihn kennen, nicht zwei Monate für das ganze Werk gebraucht, wäre Jennens mit seinen Versen schnell genug nachgekommen. Händel ist voll des Lobes und schreibt: „Es ist in der Tat ein edles Werk, äußerst großartig und außergewöhnlich; es gab mir einige seltene Ausdrucksmöglichkeiten und hat mir Gelegenheit zu einigen ganz besonderen Einfällen gegeben, neben so vielen großen Chören." Kopfzerbrechen macht ihm allerdings die Überlänge, bedingt durch Jennens schwelgerischen Wortreichtum. „Wenn ich die Musik entsprechend ausdehnen würde", gibt Händel zu bedenken, „würde es vier Stunden und mehr dauern." Er streicht kurzerhand 200 Zeilen, vor allem dort, wo der Handlungsgang aufgehalten wird. Dies zeigt, daß der Komponist Textvorlagen selten unkritisch vertonte und von guter Dramatik eine klare Vorstellung hatte. Jennens hat die Kürzungen nicht ohne Verstimmung hingenommen und findet nun wieder Grund, sich bei Holdsworth über Händels „Niederträchtigkeit" zu beklagen. Der vornehme Herr giftet: „Aber wenn er sich nicht besser benimmt, möchte ich nichts mehr mit ihm zu tun haben."

Die Geschichte Belsazars, Sohn und Nachfolger des Assyrerkönigs Nebukadnezar, steht im Prophetenbuch Daniel. Dieser letzte König von Babylon frevelt bei einem heidnischen Gelage gegen den Gott der in Gefangenschaft lebenden Juden, indem er ihre heiligen Gefäße aus dem Tempel holen läßt und als Weinpokale entweiht. Geisterhaft und zum Entsetzen des Königs erscheinen Finger einer Menschenhand, die Schriftzeichen an die Wand des Saales malen, sie kündigen Belsazars Untergang noch zur selben Nacht an. Es ist kein Stück der großen Charakterfiguren. Belsazar erleben wir nur als fröhlichen Zecher; Daniel, wie der Perserkönig Cyrus von einer Frauenstimme gesungen, als Jehovas edlen Künder und Mahner. Er entziffert dem König die geheimnisvollen Schriftzeichen. Cyrus, der sich durch Umleitung des Euphrats in einen See, im Handstreich zum Eroberer Babylons macht, ist ein gerechter, hochherziger König, wie ihn sich das Zeitalter der Aufklärung denkt. Besondere Liebe verwendet Händel an der Königinmutter, einer Kassandra, die um den vermessenen Sohn und das sittenlose Land in gleicher Weise leidet und wie der siegreiche Perserkönig zu Jahwe aufschaut. Es gibt keinerlei Liebesintrige. Aber Chöre in großer Zahl bringen Bewegung, sie verkörpern verschiedene Völker – Babylonier, Perser, Juden. Der Charakterzeichner ist in seinem Element: Die Babylonier hört man auf ihren Wehrmauern über die Belagerer höhnen und lachen: sie taumeln vor Trunkenheit und grölen im Gassenton. Den frommen Juden merkt man das schmerzvolle Entsetzen an, als zechende Heiden sich an den heiligen Gefäßen vergreifen; man vernimmt ihren geradezu schadenfrohen Triumph, als der Götze „Baal dahin sinkt, Nebo stürzt". Wir hören den von Trompeten erstrahlenden Jubelschrei der siegreichen Perser.... – Das Anliegen des Oratoriums liegt diesmal im Philosophisch-Lehrhaften. Es erklärt die anfängliche Überlänge des Textbuches, über die Händel zunächst stöhnte. Gleich zu Beginn reflektiert Nitocris, die Königinmutter, über „das Los der Menschenherrschaft" und deren verderbliche Auswüchse. Dagegen stellt sie Gott: „Du allein bleibst immerdar dir selber gleich". Auch der Perserchor zieht aus Cyrus' Gerechtigkeit die Lehre: „Wär jeder Thron dem deinen gleich.. , es folgte frei, bereit und blind Gehorsam als der Liebe

Kind". Das hat Händels künstlerische Phantasie dennoch nicht zu lähmen vermocht. Vielmehr hat er mit „Belsazar" eines seiner prachtvollsten und farbigsten Vokalwerke überhaupt hervorgebracht, das sich bis heute großer Beliebtheit erfreut. Er läßt es übrigens mit einem dem englischen Publikum bereits bekannten Lord-Chandos-Anthem ausklingen: „Sei von mir gepriesen, o Gott, mein Herr!" Über diese Absicht weiht er den Textdichter Jennens in einem Brief behutsam ein.

Man sollte annehmen, daß nach solcher Hochleistung – zwei ausgezeichnete Oratorien in einem Herbst – dem Komponisten der Triumph in der neuen Spielsaison sicher gewesen sei. Das Gegenteil tritt ein. „Herkules" fällt durch. Der Stoff wird ihm nun auch von denen verübelt, die sich als Publikum zu Händel bekennen. Das sind vor allem bürgerliche Schichten, gute Anglikaner, fromme Juden, die gerade deswegen die Oper meiden, weil sie von der heidnischen Sagenwelt genug haben. Sie wollen sich erbauen und erwarten biblische Vertonungen. Händels ganze Konzertplanung steht unter dem Fluch gewaltiger Fehleinschätzungen. So hat er zur Abwechslung das teure King's Theater am Haymarket gemietet und sich selbst für eine Spielzeit 24 Subskriptionskonzerte aufgebürdet. Das läßt sich nicht durchführen. Schon zur ersten „Herkules"-Vorstellung spielt man vor halbleerem Haus. Die Londoner interessieren sich nicht für Oratorien. Unter Händels eingeschworenen Gegnern gibt es einflußreiche Damen, die mit Bällen, Kartenspielabenden seine Konzerte gezielt sabotieren. Zur Anführerin des Rachechors hat sich Lady Brown gemacht, Frau des englischen Geschäftsträgers in Venedig. Sie hat sich, aus der Lagunenstadt zurückgekehrt, zur Anwältin der italienischen Oper gemacht. Der genialste lebende Fachmann für diese Spezies ist ihr ein rotes Tuch, seit dieser sich von der Bühne abgekehrt hat. Händel hat sich aber auch in fataler Selbstüberschätzung unglückliche Wochentage für seine Veranstaltungen ausgesucht wie den Samstag, an dem es in London Konzerte, Versammlungen, Bälle, Sportkämpfe die Fülle gab. Als der Zulauf immer spärlicher wird, kann Händel die Kosten nicht mehr dekken. Eilig läßt er in die Zeitung einen Brief setzen, in dem er bedauert, die Konzertreihe abbrechen zu müssen; den Subskribenten will er das Geld zurückzahlen. Eine Briefstelle muß den Lesern besonders zu Herzen gegangen sein: „Im übrigen bin ich überzeugt, daß eine Nation, deren Merkmal Gutherzigkeit ist, von eines Mannes Zusammenbruch mitbetroffen würde, der gerade auf seine Bemühungen zurückzuführen ist, sie zu unterhalten." Eine Antwort aus der Anhängerschaft folgt auf dem Fuß: „Als ich heute morgen in Ihrer Zeitung Händels Brief las, war ich tief betroffen vom Unglück dieses großen Meisters, dessen Bemühungen, das Publikum zu unterhalten, gescheitert sind..." Für den Verfasser gibt es nur eine Möglichkeit, dem Veranstalter aus seiner Notlage zu helfen: „Die Subskribenten sollten ihre Zahlungen nicht zurückfordern..." In der Tat will ein Teil der Angesprochenen der Empfehlung folgen. Lobgedichte, schmeichelhafte Epigramme auf den großen Künstler machen die Runde. Der wirtschaftlich bedrängte Mann ist von so viel Mitgefühl in einer Weise gerührt, daß er die Konzertreihe, „ungeachtet des Risikos", so sein Antwortschreiben, doch wieder aufnimmt. Darauf erlebt am 27. März 1745 „Belsazar" seine Uraufführung. Nur wenige Hände regen sich zum Applaus; denn das Haus ist leer geblieben. Eine Mitschuld trägt sicherlich die mittelmäßige Qualität der Sänger. Miss Carter, eine Besucherin der „Belsazar"-Vorstellung, die den außergewöhnlichen Rang des neuen Stücks sogleich erfaßt, äußert sich in ihrer erhaltengebliebenen Korrespondenz darüber so: „Die Musik, obwohl verdorben von den miserablen Sängern, übertrifft alles, was ich bisher gehört habe. Es ist darin ein Chor, den die Babylonier, Cyrus vor den Mauern verspottend, singen, der der beste Ausdruck hochmütigen Lachens ist, den man sich vorstellen kann...." Miss Carter bleibt leider ein Einzelfall. Ein Witz kursiert in dieser Zeit, den uns Charles Burney überliefert hat: Ein Lord will ein Händel-Konzert besuchen. Als er das Theater betritt, kommt ihm ein Bekannter entgegen. „Wieso, Mylord, sind Sie umsonst gegangen?", fragt er ihn, „ist heute abend kein Oratorium?" – „O ja", antwortet der andere, „sie spielen schon, aber ich möchte nicht da bleiben, um den König nicht in seiner Einsamkeit zu stören."

Er versucht es noch einmal mit dem „Sacred oratorio", nachdem er sich sogar zu einigen Änderungen bequemt hat, die dem Nörgler Jennens noch immer nicht genügen. Er hat plötzlich an der „dem Messias unwürdigen" Ouvertüre einiges auszusetzen. Händels Mißerfolge schreibt er sowohl den „Machenschaften der Damen" als auch dessen eigener „Unvorsichtigkeit" zu. Der „Messias" findet auch diesmal seinen Durchbruch nicht. So bleibt Händel nach einer dritten Vorstellung „Belsazars" vor wiederum unbesetzten Stuhlreihen am 23. April nichts anderes übrig, als die Konzertreihe vorzeitig einzustellen. Finanziell aufs neue ruiniert – er muß zwei Kammerorgeln zum Verkauf anbieten –, bricht er, wie das nach vielen Enttäuschungen und persönlichen Kränkungen nun immer häufiger der Fall ist, auch gesundheitlich zusammen. Zu rheumatischen Anfällen stellen sich erneut Lähmungen ein und Anzeichen geistiger Verwirrung.

Er besucht englische Bäder, schöpft neue Kräfte auf dem Lande, zu Gast bei Aristokraten, auf deren freundschaftliches Wohlwollen er bauen darf. Graf Gainsborough unterhält auf seinem Landsitz ein eigenes Theater mit seinen Töchtern. Händel steuert, als er dort weilt, ein paar Arien und Chöre zu einem Milton-Stück „Comus" bei. Aber noch im Spätsommer klagt er über seine schlechte Gesundheit. Der Earl of Shaftesbury macht sich über ihn Sorgen und äußert sich Ende Oktober dazu in einem Brief: „Der arme Händel sieht ein bißchen besser aus. Ich hoffe, er wird irgendwann vollkommen wiederhergestellt sein, wenn sein Verstand auch sehr in Mitleidenschaft gezogen war." Man hat den Eindruck, Händels Befinden beschreibt eine Wellenlinie: Nach Tagen relativen Wohlbefindens, stellen sich Depressionen, Gichtanfälle oder rheumatische Leiden ein. Anders läßt es sich nicht erklären, daß er zwischendurch komponieren kann.

Mittlerweile haben sich auf der britischen Insel die Ereignisse überschlagen: Am 25. Juli war Prince Charles Edward, Sohn Jakobs III., des letzten Stuart und Anwärters auf den englischen Thron, in Schottland vor Anker gegangen. Dieser hübsche, dunkeläugige Kerl von 25 Jahren, in braunem Coat, scharlachroter Weste und Breecheshose, das Bild eines kühnen jungen Helden, erklärt: „Charles Stuart ist gekommen, die Krone seiner Vorfahren wiederzugewinnen oder bei dem Kampf um sie zu sterben." Scharen bewaffneter Schotten folgen ihm. Er hat den Zeitpunkt klug gewählt. Die englische Heeresmacht, immer noch verwickelt in den Erbfolgekrieg, operiert auf dem Kontinent. „Bonnie Prince Charlie", wie ihn die Leute nennen, läßt seinen Vater zum König ausrufen, hält selbst als „Regent" Einzug in Edinburgh und rückt nach Süden vor. Er erobert Manchester und hat bis London nur noch 130 Meilen vor sich. Dort ist man in Panik. Die Börse erlebt einen Tiefsturz, der Hof will nach Hannover fliehen. Doch nun gibt es an der Spitze der Rebellen Uneinigkeit über den Fortgang des Feldzuges. Der Stuart-Prinz kann sich mit seinem Entschluß, unverzüglich gegen die Hauptstadt vorzustoßen, nicht durchsetzen. Zeit geht verloren, darüber wird es Winter. Inzwischen ist der Herzog von Cumberland mit seinen Truppen über den Kanal zurückgekehrt. Vor einer Armee von 30 000 Mann muß sich das Häuflein von 5000 Aufständischen wohl oder übel nach Norden zurückziehen. Schon das wird in London als Sieg gefeiert. Händel bekommt wieder zu tun.

Nachdem sein „Chorus Song... for the Gentlemen Volunteers of the City of London" die Straße erobert hat, soll er etwas Monumentales liefern, am besten ein Oratorium . Den Text stellt Newburgh Hamilton aus Bibelstellen zusammen, die Milton und andere Vorgänger bereits in Verse gegossen haben. Jehova wird angerufen, damit Friede und die „Lebenssonne" Freiheit wieder einkehren können. Wehe den fliehenden Unruhestiftern, sie trifft die Rache Gottes: „Wer kann entweich'n vor ihrem Streich? Entfliegt der Pfeil, trifft euch der Tod." Händel stellt die Musik im Januar des neuen Jahres eilig zusammen. Die Arien und Chöre für „Comus", komponiert in den

Sommertagen für den Grafen Gainsborough, lassen sich dafür noch einmal verwenden. Er entnimmt Teile aus „Israel", aus „Athalia", borgt bei Telemann, bei Stradella aus und wählt als Abschluß das erste Krönungsanthem. Das wird am 14. Februar 1746 uraufgeführt und erhält die Bezeichnung „Occasional Oratorio" (Gelegenheitsoratarium). Die Abonnenten, die im Vorjahr durch den vorzeitig abgebrochenen Zyklus um ein Drittel ihrer Konzerte gekommen waren, erhalten jetzt ein Freibillet. Der sieghaft vaterländische Vollton des an schönen, bereits bewährten Gesangsnummern reichen Stücks wird begeistert aufgenommen, es kommt zu zwei Wiederholungen. Nur Jennens hat seine Vorbehalte, diesmal sicher nicht ganz zu Unrecht. Der zusammengeflickte Text wirkt auf ihn chaotisch, die Aufführung hört er sich gar nicht erst an.

Um diese Zeit hält sich, möglicherweise auf Einladung der Adelsoper, ein deutscher Musiker in London auf: Ein Forstmeisterssohn aus der Oberpfalz von Anfang dreißig, eine robuste, pockennarbige Erscheinung. In Mailand, Venedig, Crema, Turin hat er sich bereits als Opernkomponist durchgesetzt. Sein Name: Christoph Willibald Gluck. Geschickt greift er die aktuellen Ereignisse auf und verherrlicht Cumberlands siegreiches Vordringen in einer Serenata „La Caduta de' Giganti" (Sturz der Giganten), wobei er sich händelscher Praktiken bedient: Er fügt aus früheren Kompositionen eine Art Pasticcio zusammen und erntet einen solchen Beifall, daß auch die Wiederholungen ein volles Haus bringen. Es folgt ein weiteres Pasticcio „Artamene".

Er begegnet Händel und schaut zu ihm auf. Möglicherweise gab er den eigentlichen Anlaß für Glucks Reise, denn seine späteren Bühnenwerke sind ohne Händels Vorbild gar nicht denkbar. Noch im Alter hat er ein Porträt des verehrten Meisters über seinem Bett hängen. Beide scheinen sich zu verstehen. Händel gibt sogar beim Verleger Walsh sechs Triosonaten des jungen Gluck heraus und erteilt ihm wohlmeinende Ratschläge. Im Blick auf die musikalische Sensibilität der Inselbewohner äußert sich Händel so: „Was die Engländer mögen, ist

Musik, zu der sie den Takt schlagen können, etwas, das unmittelbar ins Ohr geht." Seine gleichfalls durch Burney überlieferte, von einem Fluch begleitete Bemerkung, Gluck verstehe vom Kontrapunkt ebenso viel wie sein Koch Waltz, verrät eher Resignation angesichts einer über ihn selbst hinwegschreitenden Zeit, die neue Kunstmaßstäbe zuläßt, und gewiß nicht mangelnde Wertschätzung gegenüber dem jüngeren Kollegen, zumal ja Waltz, wie später Rossini, Koch und Musiker war.

Man veranstaltet am 25. März ein gemeinsames öffentliches Konzert mit Auszügen aus Glucks „Caduta", einem Händelschen Orgelkonzert sowie Arien aus „Samson" und „Alexander's Feast". Wenig später folgt eine Benefizvorstellung mit einer besonderen Attraktion: Gluck stellt 26 verschieden gefüllte Trinkgläser zusammen, so daß sich 26 unterschiedliche Tonlagen ergeben. Auf dieser von ihm persönlich ausgeklügelten „Glasharmonika" musiziert er virtuos in Begleitung des Orchesters zur Verblüffung des Londoner Publikums. Bald darauf scheint Gluck wieder abgereist zu sein.

Etwa um diese Zeit dringt der Herzog von Cumberland immer weiter nach Norden vor. In den Sümpfen von Culloden stößt er Mitte April (1746) auf Prince Charlies 6000 schlecht ausgerüstete, dazu miserabel verpflegte Kilts, denen obendrein das strategische Konzept fehlt. Nach 25 Minuten werden die Highlander zerstreut, niedergemetzelt; es setzt eine blutige Verfolgungsjagd ein, die dem Lieblingssohn Georgs II. den Spitznamen „Billy Butcher" (Willi Schlächter) einträgt. Charlie, der eigentlich siegen oder sterben wollte, kann entkommen. In monatelanger Flucht schlägt er sich bis zu den Hebriden durch, in Hütten, Höhlen, Bergspalten übernachtend, während vor der Küste Schiffe kreuzen; auf ihn ist ein Kopfgeld von 30 000 Pfund ausgesetzt. Auch ein Mädchen namens Flora MacDonald leistet ihm Hilfe, er selbst schlüpft unter dem Decknamen „Betty Burk" in die Kleider einer Dienstmagd. Als er Ende September endlich wieder französischen Boden betritt, sieht er Schottland nie wieder. Prince Charlie heiratet mit 52 Jahren eine Deutsche, doch bleibt er zu seinem Kummer ohne Sohn. Resigniert ergibt er sich dem Brandy und stirbt mit 68 Jahren in Rom. Fazit seines Lebenslaufs: Indem er dabei scheiterte, eine Krone zu gewinnen, gewann er Unsterblichkeit. Der letzte Stuart lebt in den Herzen der Schotten fort, sein kühnes Unterfangen zieht ein in Legenden, Lieder und Balladen.

Nun wird Georg Friedrich Händel offiziell beauftragt, Cumberlands siegreicher Rückkehr mit einem neuen Oratorium zu huldigen. Der Kronprinz Frederick empfiehlt ihm dazu einen geeigneten Textdichter – den angesehenen Theologen Thomas Morell. Händel begegnet einem umgänglichen, gutmütigen Dilettanten, der ihm schon nach drei Tagen den ersten Akt überbringt. Held des biblischen Stoffes ist Judas Makkabäus, Judas „der Hammer", des Priesters Mattathias Sohn, der den jüdischen Aufstand gegen den Seleukidenherrscher Antiochos IV. führt. Der Komponist ist angetan. „Wie gedenken Sie nun fortzufahren?" will er wissen. Morell erwägt für den Anfang des 2. Aktes die Kunde eines siegreich ausgegangenen israelischen Gefechts: „Fallen is the foe, o Lord" (Gefallen ist der Feind, o Lord). Schon schlägt Händel am Klavier ein paar Akkorde an, in seinem Kopf bildet sich der erste und zugleich originellste aller Chöre des neuen Werkes. Morell plaudert in späteren Jahren gern von seiner Zusammenarbeit mit dem berühmten Musiker. Der flucht einmal über des gelehrten Pfarrers Jamben, obwohl es eigentlich Trochäen sind. Als nach kurzer Zurechtfeilung wirklich Jamben vorliegen, fügen sie sich in eine Musik, die den Dichter selbst entzückt. In dieser Hinsicht hat Händel mit dem Pfarrer Glück: Er ist im Unterschied zu Jennens weder schwierig noch hochnäsig.

Eines frühen Morgens hört man vor Hochwürdens Haus außerhalb der Hauptstadt Pferdegetrappel. Ein Wagen hält, Morell, aus dem Schlaf gerissen, schaut zum Fenster hinaus. In der vorgefahrenen Kutsche sitzt Georg Friedrich Händel, nicht bereit auszusteigen. Der Pfarrer: „Was gibt's denn?" Händel: „Was, zum Teufel, bedeutet das Wort ‚billow'?" Der Befragte kann sich das Lachen nicht verkneifen. „‚Billow', das heißt

Welle, die Welle im Meer." – „Ach, die Welle", der Mann im Wagen ist zufrieden, er gibt dem Kutscher Befehl und jagt nach London zurück, um weiterzukomponieren.

Bedauerlich bleibt es dennoch, daß Händel sich von Jennens getrennt hat. Thomas Morell ist ein sehr bescheidenes Dichtertalent, ohne Instinkt für Versmelodik, ohne Sinn für Dramatik. Im ersten Akt wird lediglich der tote Retter des Landes betrauert und dessen Sohn Judas zum Nachfolger und künftigen Anführer im Kampf bestellt. Im 2. Akt ist der Feind bereits gefallen, bis Meldung eintrifft, daß man noch einen weiteren zu bezwingen habe. In Akt 3 ist auch das erledigt, es folgt Siegerehrung. Konnte man da von Handlung sprechen? Judas hat keinen persönlichen Gegenspieler, seine Reden sind stets brav, tatenfreudig, gottgefällig, er bleibt sich gleich. Simon, sein priesterlicher Bruder, der einen Gegenpart hätte abgeben können, verficht in seiner Funktion die gleiche Sache und ändert sich ebenfalls nicht. Es gibt keinen Charakter zu zeichnen und wenig Gelegenheiten für Malerei. So bleibt fast nur – denn über Schlachtgetümmel und Siege wird ausgiebig berichtet – Glorifizierung nationaler Ruhmestaten. Sie aber ist dem Komponisten Händel keine Herzenssache. Wen wundert es also, wenn er sich nur an den Stellen wirklich ins Zeug legt, die seine Phantasie entzünden. Der Fluß einiger Arien und Rezitative ermüdet durch Blässe, man freut sich um so mehr über ein paar reizvolle Duette. Erheblich ist auch die Zahl der Rückgriffe auf Altes, zum Teil noch aus italienischer Zeit, und Fremdes wie beispielsweise der einem Klavierstück von Muffat entnommene Siegesmarsch. Großartiges, zum Teil geradezu Unvergleichliches gelingt ihm, sobald im Chor das Volk zu Wort kommt. Wir hören es gleich nach der herrlichen Ouvertüre und auch im 2. Akt, nach dem Rückschlag, herzbewegend trauern und zagen; der Psychologe ist am Werk, als der Aufschrei „The foe is fallen" ertönt, denn die Menschen sind von der Wundermär so perplex, daß es sie die Sprache verschlägt und nur noch ein dumpfes Stammeln übrigbleibt. Die Menge dankt Gott und preist den Sieger in eingängigen, schlichten Weisen, die die Zuhörer auf den Straßen weitersingen. Das gilt nicht zuletzt von dem Huldigungslied „See, the conquering hero comes" (deutsche Version: Seht, er kommt mit Preis gekrönt) , das eigentlich in das später folgende Oratorium „Josua" gehört – Händel hat es wegen seiner Zugkraft erst nachträglich dem siegreich heimkehrenden Judas zugeeignet. Als Adventslied „Tochter Zion, freue dich" wandert es in deutsche Kirchengesangbücher.

Händel wird mit der Uraufführung des „Judas Maccabäus" am 1. April 1747 ein ungeheurer Triumph zuteil. Er hat nun klar erkannt, was die Massen wirklich hinriß: nicht ländliche Pastorale, nicht tiefempfundene Opernarie, nicht musikdramatische Zuspitzung, nicht geistlicher Chorgesang, sondern – hohes Lob der nationalen Leistung, Verherrlichung der britischen Weltmacht als gottgewollte Einrichtung: „Wenn wider uns die Völker sich empören, / wird Rom (sprich London) mit aller Macht zu unserm Schutz sich rüsten / Und rächend breiten seinen Arm über Land und Meer, / die Hochmütigen zu beugen..." Solche Worte fanden Anklang. Sie bedurften bei der Vertonung keiner hohen Kunst. „Judas Maccabäus" erfährt zu Händels Lebzeiten 50 Aufführungen, er selbst verdient nicht schlecht daran. Erst dieser vaterländische Farbklang verschafft Händel den wirklichen Durchbruch. Mit ihm wird er nun zum Komponisten Englands schlechthin und damit zu einer nationalen Institution.

Neider müssen nun verstummen, eingeschworene Feinde endgültig aufgeben. Was sie im kleinen noch gegen den Riesen aushecken mögen, es kann ihn wie „Mannberg" in Swifts „Gullivers Reisen" nur noch zwacken wie jene auf uns gekommene boshafte Karikatur, die den Komponisten mit Schweinskopf vor baumelnden Schinken und Kapaunen an der Orgel zeigt – ernsthaft schaden kann ihm nun keiner mehr. Er braucht zur Zeit weder Subskribenten noch Abonnenten, weil vom Adel bis zum Mittelstand ohnehin alles zu seinem neuen Oratorium strömt. „Judas Maccabäus" tritt auch den Siegeszug auf dem Kontinent an; denn seine Chöre sind so schlagkräftig, daß andere Nationen sich nicht weniger angesprochen fühlen. So wird aus „Judas Maccabäus" nach den Freiheitskriegen schließlich das beliebteste Chorstück zur feierlichen Begehung siegreicher Anlässe.

Man kann es dem Musiker so wenig wie dem Librettisten verdenken, daß sie sich von der patriotischen Welle erst einmal weitertragen lassen und mit ihren Plänen noch einmal auf die gleiche Trumpfkarte setzen. Da gab es in „Judas Maccabäus" noch einen zweiten deutlichen Zungenschlag, nämlich den konfessionellen, der den Götzendienst getilgt wissen und Astarthe, die „Himmelskönigin", weit nach Phönizien verbannen will. Das geht auf die Heiligenverehrung und den Marienkult der katholischen Kirche, die ja durch die Stuarts in England stets Fuß zu fassen drohte. In der neuen Textdichtung, die Thomas Morell für Händel wiederum aus den Makkabäer-Büchern schöpft, ist der Syrerkönig Alexander Balus („der Erhabene") zwar ein edler, auf Freundschaft und Versöhnung ausgerichteter Herrscher, unterliegt aber, weil er Mithras und nicht Jehova dient. Auch der Isis-Anbeter Ptolemäus fällt, während Jonathan, letzter noch lebender Bruder der Makkabäer, das Feld behält, obwohl er wegen seiner Doppelzüngigkeit unsympathisch erscheint. Aber er hat Jehova auf seiner Seite.

In Morells zweitem Textbuch „Alexander Balus", das Händel im Monat Juni 1747 in Musik setzt, kommt das schöpferische Genie besser auf seine Kosten; denn der Dichter hat dem von Religion, Moral und Machtintrigen geprägten Stück durch die ägyptische Prinzessin Kleopatra eine reizvolle Frauengestalt beigegeben, an die sich poetische Liebesszenen knüpfen. Kleopatra ist zwar nicht mit Cäsars Geliebten (ein Jahrhundert später) identisch, beflügelt den Komponisten aber wie diese zu schönsten Inspirationen. Kleopatra, Pharaos Tochter, die den syrischen König Alexander liebt und mit ihm vermählt wird, überstrahlt alle übrigen Figuren. Der zu Klangmalerei hingerissene Tondichter macht sich ein Vergnügen daraus, durch Harfe, Flöte, Mandoline orientalische Atmosphäre zu schaffen. Es gibt dramatische Höhepunkte, wie z. B. im dritten Akt, als vom Ägypterkönig gedungene Räuber Kleopatra gewaltsam aus ihrem Palastgarten entführen. Ptolemäus hat seine Tochter Alexander Balus nämlich aus reiner Tücke zur Frau gegeben, weil er hofft, ihn auf diesem Wege besser beseitigen zu können. Zwar endet das Oratorium mit einem Hallelujachor, wir leiden aber mit der Prinzessin, die von der Meldung über den Tod des Gatten und des Vaters mit zwei Schicksalsschlägen zugleich fertigwerden muß. „Convey me to some peacefull shore" (Trage mich an eine friedvolle Küste) ist das ergreifende Zeugnis einer von Leid umgemähten Seele.

Gesundheitlich scheint Händel wieder auf der Höhe; denn vierzehn Tage nach Abschluß des „Alexander Balus" vertont er im Juli / August noch einen dritten Text des Theologieprofessors – das Oratorium „Josua". Die Thematik ist noch einmal die gleiche: nationaler Waffenruhm und Auserwähltheit vor anderen Völkern. Israel leistet hier nur Stellvertreterdienste. Josua, der Nachfolger des Moses, darf Gottes Volk in das gelobte Land führen. Er geleitet es durch den zurückweichenden Jordan, er läßt vor der Stadt Jericho die Posaunen blasen, um die Mauern zum Einsturz zu bringen, er gebietet Sonne und Mond, damit die Schlacht zugunsten Israels ausgehen kann. Trotzdem werden die Ereignisse – wir kennen das von dem Dichter schon – nicht in einen dramatischen Zusammenhang gebracht. Josua ist nur Gottes Sprachrohr und ausführendes Organ, kein sich entwickelnder Held. Die eingearbeitete Liebesgeschichte zwischen des Feldherrn Kaleb Tochter und einem jungen Israeliten, der sich durch Bewährung im Kampf die Braut erst noch verdienen muß, bringt ein bißchen Poesie und ländliches Vogelgezwitscher in den Kriegsalltag, schafft aber keine wirkliche Handlung. Das scheint Händel selbst verdrossen zu haben, so daß man sich bei mancher etwas matt geratenen Nummer schon auf die Szenen freut, von denen man im voraus ahnt, daß sie seine Erfindungsgabe herausgefordert haben. Geraten wir an sie, enttäuscht Händel auch in diesem Oratorium nie. Einzigartig beschwört er, wen kann das überraschen, das Bild der einstürzenden Mauern Jerichos. Chor und Orchester malen die Katastrophe so eindrucksvoll, daß schon Joseph Haydn darüber in Bewunderung geriet. Unvergeßlich die Darstellung des unfaßbaren Augenblicks, als Josua Sonne und Mond befiehlt. Der Augenblick bleibt nach solcher Musik in der Tat „unfaßbar"! Nahe geht der Gesang des gramvoll klagenden Volkes nach erlittenem Rückschlag, geradezu überwältigend der Chor des Passafestes, der sich von Stufe zu Stufe verstärkt und dabei von einem ostinaten Streicherbaß wie auf Atlas' Schultern getragen wird. Das Begrüßungslied „Seht, er kommt mit Preis gekrönt" gilt nicht dem Volksführer Josua, sondern dem jungen Othniel, der einen Eroberungsauftrag siegreich ausgeführt hat. Nun darf er Kalebs Tochter heiraten. In dem folgenden Duett scheren sich die beiden Verliebten einen Deut um den Stand nationaler Ereignisse. Sie haben nur Augen füreinander und Händel, so scheint es, hat sie nur für die aneinander genug habenden jungen Menschen. Das macht auch das abschließende Halleluja nicht ungeschehen.

„Alexander Balus" wurde im März 1748 vom Publikum eher kühl aufgenommen, „Josua", der im gleichen Monat besser ankam, kann sich an Popularität mit „Judas Maccabäus" gleichfalls nicht messen, zu dessen Vorstellungen auch kleine Leute strömen. Das ändert freilich nichts mehr an Händels Stellung. Gelder fließen ihm reichlich zu. Allein mit der Jahrespension von 600 Pfund, die ihm der König zukommen läßt, kann er sich ein Leben in großer Wohlhabenheit leisten. Aus dieser Zeit höchster Ehrung und Anerkennung stammt das Händel-Porträt des Malers Thomas Hudson, durch das uns die äußere Erscheinung des Musikers am vertrautesten ist. Es zeigt Händel im Zenit seiner künstlerischen Laufbahn. Mit großer weißer Lockenperücke, die selbst schon, so bemerkten Zeitgenossen, einer Fuge glich, und in diesem Format hauptsächlich Feldherren- und Fürstenhäupter schmückte, präsentiert er sich uns im violetten Staatsrock mit silbernem Brokatbesatz. Nach oben hin aufgeknöpft ergießt sich darüber die Gischt weißer Rüschen wie eine französische Gartenkaskade. Die aus einer wei-

23 Georg Friedrich Händel nach einem Gemälde von Thomas Hudson um 1745/47.

ßen Blume von Manschette überhüllte linke Faust herrisch auf den Oberschenkel gestemmt, in der Rechten die „Messias"-Partitur vor sich haltend, sitzt er vor uns in imposanter, königlicher Haltung, daß nur noch der Auftakt zu seiner festlichsten Ouvertüre fehlt. Die Augen blicken herausfordernd über die Partitur hinweg und an uns vorbei. Wie auf keinem anderen Bildnis verraten sie seine cholerische Neigung und seinen Humor. Von diesem stolzen, sich ganz auf seiner Höhe fühlenden Mann geht keine Kälte aus.

In der Tat erinnern sich Zeitgenossen als erstes an Händels Liebenswürdigkeit, an seine guten Formen, die stets den Mann von Welt zeigten. Besonders soll er sich auf den galanten Umgang mit Frauen verstanden haben. Es gab einen kleinen Kreis von Freundinnen, darunter Susanna Cibber und Mary Delany, in dem sich der berühmte Mann geben konnte, wie er war: gesprächig, witzig, aufgeräumt. Er lädt auch manchmal Gäste ein und läßt für sie auffahren. Mitten bei der Tafel springt er plötzlich auf: „Entschuldigt Freunde, mir ist gerade ein Einfall gekommen!" Er eilt ins Nebenzimmer, um es aufzuschreiben, man kennt das schon. Als sich die Ausflüge nach nebenan auffallend häufen, werden die Gäste neugierig. Einer von ihnen guckt durchs Schlüsselloch und entdeckt den Hausherrn beim Genuß eines kostbaren Bordeaux, den ihm ein Freund verehrt hatte.

Inzwischen ist der junge Charles Burney nach London gezogen. Er erlebt den verehrten Tonkünstler privat in dessen Haus, aber auch im Orchester von seinem Geigerpult aus. Händels Erscheinen auf der Bühne gleicht einer Zeremonie. Zwei Kerzenlichter werden ihm vorangetragen und dort, wo er zum Musizieren Platz nimmt, vor ihm aufgestellt. Verläuft das Konzert zu Händels Zufriedenheit, können Eingeweihte das schon an einer Kopfbewegung feststellen, die sich mit einem besonderen Schwung der weißen Perücke mitteilt. Heiß begehrt sind im Carleton-House Händels Konzertproben. Der Hof läßt sich das Vergnügen nicht nehmen. Nur mucksmäuschen still muß man sein, wenn man den Meister nicht aus der Fassung bringen will. Prinzen und Prinzessinnen dürfen ihn durch Zuspätkommen nicht stören. Schwatzende Hofdamen werden von ihm namentlich zurechtgewiesen, meist aber kommt ihm die Kronprinzessin zuvor und raunt dem undisziplinierten Gefolge zu: „Stille, Stille, Händel ist böse!"

1749, das Geburtsjahr des größten deutschen Dichters Goethe, hat im Februar/März die Erstaufführung zweier neuer Oratorien zu verzeichnen, und zwar allerhöchsten Ranges; denn es hatte in Händels Schaffen im Vorjahr noch einmal einen besonders ertragreichen, früher als gewöhnlich einsetzenden Arbeitssommer gegeben. Im Mai/Juni 48 war „Salomo" und im Juli/August „Susanna" entstanden. Den Librettisten des ersten Oratoriums kennen wir nicht, was sogar zu der Vermutung verleitet hat, der Verfasser sei – zumindest zu einem Teil – der Komponist selbst gewesen. Händel war Augenmensch, großer Liebhaber und fraglos auch Kenner der Natur. Das trifft für den Textdichter ebenso zu, der sich an Gräsern, am Tau der Blumen, an Gewürzduft und Rosenhainen ergötzt und wie der junge Goethe auf Berg und Flur dem „Allumfasser" selbst zu begegnen meint – „Allmächtge Kraft, die Höh' und Tief' umspannt..."

Auch „Salomo" ist eine Huldigung. Nur gilt sie diesmal nicht der Nation, sondern dem König. Warum auch nicht? Georg II. war Händel ein guter König, der ihm in allen Lagen die Treue gehalten hatte. Mit „Salomon" kann er ihm einen persönlichen Dank abstatten und ist schon deswegen mehr mit dem Herzen bei der Sache als in den vier vorangegangenen Oratorien. Es geht nicht um einen Herrscher, der draußen das Schwert führt, feindliche Völker züchtigt, gottlose Städte bezwingt, sondern um einen, der daheim alles zum Rechten bestellt, im Lande Friede und Ordnung wahrt. Die Ereignisse sind dem 1. Buch der Könige und den Chroniken entnommen. Akt 1 zeigt Salomon, der dem Schöpfer zum Dank einen Tempel errichtet; denn Gott hat den König von Israel reich und weise gemacht, darüber hinaus ihn mit einer liebreichen Gemahlin beschenkt, Pharaos Tochter. Die Ehegatten sind noch jung und vernarrt ineinander. Darum begegnen uns im ersten Teil nicht nur glanzvolle Chöre, die Gottes Herrlichkeit und Salomos hohe Gaben preisen, sondern auch reichlich Liebesmusik. Akt 2 stellt uns den König als weisen Regenten und Richter vor. Wir erleben, wie er im Streit zweier Dirnen um einen Säugling sein berühmtes Urteil fällt. Dabei kommt der Dramatiker Händel auf seine Kosten; denn es spielt sich im Zwiegesang ein heftiger Zank ab, bei dem die echte Mutter, die ihr Kind lieber der anderen überlassen will, als es vom Richterschwert entzweigeteilt zu sehen, und die schrill auf ihr vermeintliches Recht pochende falsche Mutter eindrucksvolle Gegensätze schaffen. Musikalischer Höhepunkt bleibt dennoch Akt 3 vorbehalten: Der König als weiser Außenpolitiker, der Bündnisse für die Sicherung von Frieden und internationalen Handel knüpft. Dazu beehrt ihn die Königin von Saba mit einem Staatsbesuch. Das bietet dem Gastgeber reichlich Gelegenheit, der fremden Monarchin die volle Pracht seines blühenden Reiches vor Augen zu führen. Das spiegelt sich in der Musik in einer Weise, die uns vor Bewunderung wieder einmal sprachlos macht. Man muß fassungslos staunen, wie Händel sich in diesem späten Werk noch immer steigert und mit seinen achtstimmigen Doppelchören Horizonte aufreißt, die uns wiederum völlig neuen, überwältigenden Klangerlebnissen zuführen. „Salomo" glimmert wie ein Karfunkel, die Musik strahlt schlossiges Gepränge, wie das zu einer königlichen Umgebung gehört, ohne dadurch hohl zu geraten. Die Vielstimmigkeit erhebt, die Sologesänge rühren an durch Wärme und Innigkeit.

Gegen den auf Großklang und hohes Stimmenaufgebot ausgerichteten „Salomo" nimmt sich „Susanna" mit ihren spärlichen Chören und der hohen Zahl von Dacapo-Arien wie ein Kammeroratorium aus. Die Geschichte der keuschen Susanna, die ein Bad in ihrem Garten nimmt, als zwei mit dem Richteramt betraute Älteste sich an ihr vergehen wollen, steht in einem apokryphen Kapitel des Buches „Daniel". Es geht auch hier um eine gerichtliche Angelegenheit, und zwar, wie sie nicht ablaufen sollte. Denn wäre der junge Prophet Daniel nicht als

Deus ex machina eingesprungen, um die Sache als kluger Strafverteidiger zu einem guten Ende zu führen, der Urteilsspruch der Richter hätte eine Unschuldige getroffen und das Glück zweier unbescholtener Menschen zerstört. Darin spiegeln sich nicht nur vergangene Jahrhunderte: Zwei Prominente nutzen ihr öffentliches Amt und die Würde, in diesem alt geworden zu sein, für ihr eigenes strafwürdiges Tun schamlos aus. Ihre einflußreiche Stellung macht es dem Opfer nicht nur unmöglich, sich zu wehren, sie können, da sie selbst die oberste Verantwortung tragen, den Prozeß so manipulieren, daß der Geschädigte auch noch angeklagt und verurteilt wird. Übrigens fühlt sich der ehelose Komponist so in die Gemütslage glücklich Verheirateter hinein, daß man ihrem innigen Gesang das Ohneden-anderen-nicht-Sein-Können abnimmt. Joachim muß die schöne junge Gattin wegen einer Geschäftsreise für eine Woche allein lassen. Wir glauben der Wartenden, daß ihr „Stunden zu Tage" werden. Auch um die Problematik Altwerdender, denen das lebendig gebliebene Triebleben zu schaffen macht, muß der Dreiundsechzigjährige gewußt haben, schwerlich hätte er sonst die beiden Lustgreise so glänzend zu charakterisieren vermocht. Das Textbuch stammt möglicherweise von dem Verfasser des „Salomo"; denn es zeichnet sich durch gleiche Naturschwärmerei aus. Naturbilder stehen für entscheidende Handlungsweisen, moralische Sachverhalte, seelische Vorgänge. So vergleicht sich der abreisende Ehegemahl mit einem Vogelweibchen, das zur Futtersuche seine Brut verlassen muß. Der erste Ehebrecher beschreibt seine Leidenschaft mit einem Sturm, der das Meer aufwühlt, und seine dabei aussetzende Vernunft mit Wolken, die den Himmel verdüstern. Es ist von Tau im Morgensonnenstrahl die Rede, von Zypressenschatten, blühenden Silberlilien, vom Hänfling im Laub, von Reben, die sich um eine Zitterpappel ranken... Wir wissen, wie solche Bilder Händels musikalische Gestaltungsfreude anfeuern. „Susanna" ist ein an Liebeslyrik voll schlichter, sich selbst singender Weisen reiches Oratorium, in dem aber auch der Chor zwar einen bescheidenen, aber ausdrucksvollen Part spielt, z. B. in der Rolle des Volkes, das bei Gericht den Gang der Dinge verfolgt, indem es zu Anfang wie ein Rachechor „she is guilty" (sie ist schuldig) ruft, dann aber zu Daniels Auftritt die Gerechtigkeit Gottes beschwört, beides dramatisch hinreißende Stücke.

„Susanna" wird in Covent Garden am 10. Februar den Londonern zum erstenmal vorgestellt, „Salomo" am 17. März, beide bei vollem Haus, versteht sich. Es ist üblich geworden, in Händels Chorkonzerte zu gehen. Selbst die noch immer nicht untergegangene Adelsoper spielt – ohne Beteiligung des Komponisten – Händel-Opern, Händel-Pasticcios. Und doch brauchen die Menschen ihre Zeit, um ein so gewaltiges Werk wie „Salomo" zu verarbeiten, mehr als zwei Wiederholungen kommen vorläufig nicht zustande. „Susanna" fällt nach einer letzten Vorführung in Händels Todesjahr in einen hundertjährigen Dornröschenschlaf; denn der puritanischen Gesellschaft ist nicht wohl bei der Geschichte: Zwei Männer, die im Garten eine nackte Frau behelligen!

Im April ist ganz London auf den Beinen, man strömt in den Green Park. Seit Monaten war man dort mit Bauarbeiten zugange gewesen. Ein riesenhafter Triumphbogen aus Holz ragt nun in den Himmel, symmetrisch eingerahmt von Arkaden und Pavillons. Was die Menschen dort hintreibt, ist ein von langer Hand vorbereitetes Feuerwerk. Im Oktober des Vorjahres war der Erbfolgestreit auf dem Kontinent endlich beigelegt worden, dabei hatte man vor allem die Franzosen in die Schranken weisen können. Dieser sogenannte „Aachener Friede" sollte nun als Volksfest gefeiert werden. Georg Friedrich Händel war mit einer Musik beauftragt worden, von der er Tage vor dem Spektakel im Vauxhall Garden eine erste öffentliche Probe gegeben hatte. Über 12000 Menschen waren unterwegs gewesen, auf der London Bridge hatte es eine mehrstündige Fuhrwerkverstopfung gegeben. So hatte Händels berühmte Feuerwerksmusik schon bei der Generalprobe eine Völkerwanderung verursacht.

Es handelt sich wie bei der Themsemusik um eine Konzertsuite, bestehend aus einer prachtvollen französischen Ouvertüre, einem Largo alla Siciliana, „La Paix" (der Friede) geheißen, und einer Reihe anspruchsloser Freiluftstücke, zu denen das Volk den Takt schlagen konnte. Die Anfertigung hatte dem Künstler etwas Verdruß bereitet, denn es war ihm zu viel hineingeredet worden. Nur „kriegerische" Musikinstrumente hatte sich der König gewünscht, keinen Streicherchor. Das aber widersprach Händels Kunstempfinden. Er beugt sich schließlich dem Willen des Hofes, fügt aber bei späteren Aufführungen Streicher hinzu, die in der Tat eine besondere Labsal in dem überwiegend dröhnend lauten Orchesterwerk sind. Für die Feuerwerksveranstaltung hat Händel folgendes Aufgebot an Instrumenten vorgesehen: 9 Trompeten, 9 Hörner, 24 Oboen, 12 Fagotte, ein Kontrafagott, Trommeln und 3 Paar Kesselpauken. Der angesetzte Abend wird zu einer Katastrophe, weil es zu regnen beginnt, viele Raketen nicht zünden, die Illumination nur kümmerlich in Gang kommt. Statt dessen gerät ein Holzpavillon in Brand, was in der Menge eine Panik auslöst. In diesem Durcheinander scheint die Musik etwas untergegangen zu sein.

Wir sind in dem Schaffen dieses einzigartigen Künstlers an eine Wegbiegung gelangt, von der aus das Ende nicht mehr weit ist. Er schreibt im Todesjahr seines Jahrgangsgenossen Bach (1750) noch eine Schauspielmusik „Alceste", zu der ein englischer Arzt namens Smollet den Text geliefert hat, sowie ein als Aktintermezzo gedachtes Kurzoratorium „Die Wahl des Herakles", für das der sparsame Meister Teile aus „Alceste" gleich wiederverwendet, zumal Smollets Stück nicht aufgeführt wird. Beide Werke stehen im Schatten des im Juli 1749 entstandenen vorletzten Oratoriums „Theodora", das Händel selbst als sein bedeutendstes Chorwerk ansah, ja dessen Schlußchor im 2. Akt „He saw the lovely youth" (er sah den Jüngling ruhn) er noch über den Halleluja-Chor des Messias stellte. Aber die Aufführung am 16. März 1750 im Covent Garden Theatre wird ein Mißerfolg. Schuld an dem leeren Haus war ein leichteres Erdbeben gewesen, das viele Bewohner Hals über Kopf in die

Flucht aufs Land getrieben hatte; denn man befürchtete noch weitere Erdstöße. Man schien aber auch enttäuscht, weil Händels neueste Schöpfungen den vaterländisch lärmenden Anstrich vermissen ließen und statt dessen religiöser wurden. Er selbst sah voraus, daß das Publikum ihn im Stich lassen würde und äußert sich seinem Librettisten Morell gegenüber so: „...die Juden werden nicht kommen, weil es eine christliche Geschichte ist, und die Damen werden wegbleiben, weil es sich um eine tugendhafte Geschichte handelt. Die Männer werden erst recht nicht erscheinen, weil es an Pauken-, Trompeten- und Fanfarenmusik fehlt." Er trägt es mit Humor, zumal ihm den Gewinn ohnehin Dauerbrenner wie „Judas Makkabäus", „Alexanderfest", „Acis und Galathea" einbrachten. Auf den gähnend leeren Theatersaal angesprochen, bemerkt er: „Das macht nichts, desto besser wird die Musik klingen."

Solche Gelassenheit zeigt, daß es Händel um Beifall und gute Einnahmen bei seinen letzten Werken nicht mehr so ankam. Es war ihm jetzt nur noch um die eigene persönliche Aussage zu tun und darum, sie in seine Sprache umzusetzen. Dafür schien ihm der Moraltheologe Thomas Morell als Librettist der geeignete Mann zu sein. Händel muß ihn menschlich sehr geschätzt haben; denn er bedenkt ihn später in seinem Testament. Morell war bei dem englischen Schriftsteller Robert Boyle auf einen frühchristlichen Stoff gestoßen: Theodora, eine vornehme Römerin, ist Christin geworden und weigert sich, den römischen Kaiser Diokletian auf einem heidnischen Fest wie einen Götzen zu verehren. Sie wird eingekerkert und soll zur Strafe beim Venuskult geschändet werden. Aber Didymus, ein von ihr bekehrter römischer Offizier, befreit sie aus dem Gefängnis, indem sie mit ihm die Kleider tauscht. Er wird aber selbst entdeckt und muß zur Strafe sterben. Theodora kehrt daraufhin ins Gefängnis zurück, um mit dem Geliebten gemeinsam den Märtyrertod zu erleiden.

„Theodora" weist mit ihrem menschlichen Anliegen weit in die Zukunft. Denn es geht letztlich um die Gefahr des Menschen, daß er mit einer Ideologie Kompromisse schließt, die die

Würde des Menschen preisgibt und den Personenkult um einen Herrscher, der sich selbst an Gottes Stelle setzt, zur Bürgerpflicht macht. „Schuf nicht die Natur den freien Geist des Menschen ewig frei?" fragt Didymus seinen römischen Vorgesetzten, der die Gefangennehmung Theodoras in die Wege leiten soll. Um Bekenntnis zu dieser Freiheit des Geistes, für die im Grenzfall dem Menschen selbst Martyrium und Tod nicht zu teuer sein sollten, geht es in dem Oratorium. Der alternde Musiker rechnet aber auch mit der Welt ab: Denn als Theodora erfahren muß, daß sie ihren Glauben nicht ohne Todesstrafe leben darf, singt sie: „Fahr, stolze Welt, dahin!", und hofft auf Gottes Verheißung. In der Kerkernacht fühlt sie ihre Seele emporgezogen in das Reich des Lichts. Selbst die römischen Soldaten sind beschämt von der moralischen Kraft, zu der der Glaube die beiden Liebenden befähigt: „O edler Kampf,/wo jeder für den anderen strebt/Den Tod zu leiden!"

Alles das wird uns in einer musikalischen Sprache vermittelt, in der Musik nur noch dem Ausdruck dient und nirgends der Verzierung, die man als Zugeständnis an die Selbstdarstellung des ausführenden Solisten deuten könnte. Selbst die Chöre verzichten auf effektsicheres Doppelaufgebot, das den Besucher auf seinem Sitz zusammenfahren läßt. Der Chor der Heiden, der der herrschenden Staatsideologie huldigt und musikalisch zu dem der auf Kraft des Glaubens, Kraft der Liebe und Opferbereitschaft vertrauenden Christen einen unvergeßlichen Kontrast schafft, der Gesang des mitfühlenden Römers Septimius „O komm, sanft Mitleid", Theodoras nächtliche Kerkerszene samt der mit „Largo" bezeichneten Introduktion, das Lied der Christin Irene von der Hoffnung auf den Heiland, mit dem Bild des aufgehenden Morgenrots veranschaulicht, sind von einer Suggestionskraft und Schönheit, die das Oratorium „Theodora" rangmäßig ohne Frage in nächster Nähe des „Messias" ansiedelt.

13
„Ich weiß, daß mein Erlöser lebt"

Mittlerweile sind in London auch Messias-Aufführungen zu einem festen Brauch geworden; der König, der ganze Hof erhebt sich von den Plätzen, wenn das Halleluja ertönt. Diese Gepflogenheit, es stehend anzuhören, hat sich in England bis heute erhalten. Schon in Vergessenheit geraten, war es am 23. März 1749 endlich unter der ihm zukommenden Bezeichnung „The Messiah" erklungen. Das ohne kirchliche Vorbehalte, seit der Londoner Bischof einem etwas toleranteren Nachfolger Platz gemacht hatte. Nun nimmt der Siegeslauf des Oratoriums einen Weg, der es wiederum aus dem Gebirge Händelscher Kompositionen wie einen Schneegipfel heraushebt.

Es gab in London einen Mann, der als Kapitän auf einem Handelsschiff zu Geld gekommen war. Sein Name Thomas Coram, ein untersetzter, weißhaariger Seemann mit gütigem Gesichtsausdruck. Er hatte ein Herz für Kinder und entsetzte sich über die vielen zerlumpten, bettelnd auf den Straßen herumstreunenden Waisen, die oft aus bitterer Not von den eigenen Müttern ausgesetzt worden waren. Coram wurde sich klar, daß zur Linderung solchen Elends etwas Grundlegendes geschehen mußte. Er suchte einflußreiche Damen der Londoner Gesellschaft auf, um sie zur Unterzeichnung einer Bittschrift für die Gründung eines Findelhauses zu gewinnen. Der König selbst händigte dem rührigen Mann für die Errichtung einen Freibrief aus und spendete 2000 Pfund. Andere wohlhabende Persönlichkeiten folgten dem Beispiel, so daß 1739 mit dem Bau begonnen werden konnte.

Wieder zu Geld und Ansehen gelangt, gehört auch Georg Friedrich Händel zu den Wohltätern. Publikum hat er jetzt in Fülle. So veranstaltet er am 27. Mai 1749 zugunsten der Waisen ein Benefizkonzert, zumal die gerade errichtete Kapelle noch

337

MESSIAH.

AN

ORATORIO.

As it is Perform'd at the

THEATRE-ROYAL

IN

COVENT-GARDEN.

Set to Musick by Mr. HANDEL.

MAJORA CANAMUS.

And without Controversy, great is the Mystery of Godliness: God was manifested in the Flesh, justified by the Spirit, seen of Angels, preached among the Gentiles, believed on in the World, received up into Glory. In whom are hid all the Treasures of Wisdom and Knowledge.

LONDON:

Printed by and for J. WATTS; and Sold by him at the Printing-Office in *Wild-Court* near *Lincoln's-Inn-Fields:*

And by B. DOD at the *Bible* and *Key* in *Ave-Mary-Lane* near *Stationers-Hall.*

[Price One Shilling.]

24 Titelblatt zu Händels „Messias“. Aufführung 1749 in Covent Garden Theatre.

Mittel benötigte, um ganz fertiggestellt zu werden. Der Raum vermag die musikhungrigen Massen kaum zu fassen. Das liegt natürlich an dem Programm: Der neue Publikumsliebling, die Feuerwerksmusik – diesmal mit Streicherpart – kommt zu Ehren, das „Dettinger Tedeum", Teile aus „Salomo" und ein eigens für das Heim komponiertes „Foundling Hospital Anthem". Das Konzert bringt 500 Pfund ein, der anwesende König gibt aus eigener Schatulle 2000 Pfund dazu und schlägt Händel als „Governor" für das Direktorium der Einrichtung vor.

Der Kinderlose sieht sich nun als Haupt einer Vielheit von kleinen Schutzbefohlenen, unter denen sich natürlich ein Chor zusammenstellen läßt, den er selbst leitet. Als die Kapelle eingeweiht wird, stiftet er die Orgel und führt nun eine äußerst bemerkenswerte Sitte ein. Jedes Jahr wird an dieser neuen Stätte der „Messias" gegeben. Der Eintritt von einer halben Guinee pro Besucher soll ganz den Findelkindern zugute kommen. Diese Gewohnheit wird zu einem stadtbekannten Ereignis, zu dem die Londoner in Scharen strömen. Wie einst in Dublin dürfen Mitglieder der vornehmen Gesellschaft weder mit Degen noch mit Krinoline erscheinen. Trotzdem reichen die Sitzplätze nicht aus, so daß viele Besucher draußen bleiben müssen. Händel selbst läßt dem Findlingsheim bis zu seinem Lebensende über 10000 Pfund zukommen, mit unseren Maßstäben gerechnet ein Millionenbetrag.

Noch heute erinnert unweit der U-Bahnstation Russel Square ein kleines Museum an Thomas Corams Lebenswerk, zumal die Stiftung noch besteht. Neben Gemälden, darunter Bilder des Genremalers William Hogarth, der gleichfalls zu den Förderern zählte, treffen wir auf eine Händel-Büste des Bildhauers Roubillac, auf die Klaviatur der von Händel gestifteten Orgel und auf die Originalpartitur des „Messias", die er dem Heim gleichfalls vermacht hatte. Die denkwürdige Kapelle wurde in den Zwanzigerjahren unseres Jahrhunderts leider wegen Baufälligkeit abgerissen.

Wie reich Händel nun ist, beweisen seine Bankguthaben. Allein im Jahr 1750 zahlt er zwischen März und August fast

1000 Pfund ein, über 1200 Pfund legt er in Aktien und Staatspapieren an. Am liebsten leistet er sich wertvolle Gemälde. Einen „großen Rembrandt" kauft er sich, möglicherweise ein diesem nur zugeschriebenes Werk von Koninck; denn es stellt, wie einem Brief des Grafen Shaftesbury zu entnehmen ist, eine Rheinlandschaft dar. Aber Händel besitzt seit Jahren auch ein echtes Rembrandt-Bild, das ihm ein Freund, der Bruder Mrs. Delanys, geschenkt hatte. Gesundheitlich geht es dem Fünfundsechzigjährigen wieder gut. Das verrät seine von Zeitgenossen bekundete wohlausschende Erscheinung. Er überlebt allmählich seine früheren Mitstreiter: Heidegger ist gestorben, Aaron Hill ebenfalls. Am 28. Juli stirbt in Leipzig der Thomaskantor Bach. Er war in den letzten Jahren erblindet. Ein englischer Augenarzt namens Taylor hatte ihn operiert, ohne Erfolg. Medikamente hatten seinen Gesundheitszustand noch verschlimmert. Bach hinterläßt kein Vermögen, seine Frau bezieht von der Stadt Leipzig keine Rente und muß von Almosen leben.

In diesem Sommer taucht eine welk gewordene, verarmte italienische Sängerin in London auf: Francesca Cuzzoni. Sie gibt vor dem englischen Adel, der sie einst so gefeiert hatte, ein paar Konzerte, um ihre Schulden zu bezahlen. Zwischendurch wird sie sogar inhaftiert. Bei ihrem letzten Auftritt trägt sie noch einmal Arien von Georg Friedrich Händel vor, darunter aus „Ottone" – „Falsa imagine", das sie sich vor 27 Jahren zu singen gesträubt hatte, weshalb der Komponist sie vor Wut am liebsten aus dem Fenster geworfen hätte. Es nehmen nur wenige von ihren Veranstaltungen Notiz, so daß sie enttäuscht abreist und in Bologna ihre Tage als Knopfmacherin beschließt.

Händel fühlt sich um die Hochsommerzeit, als in Leipzig Johann Sebastian Bach im Sterben liegt, rüstig genug, eine letzte Reise nach Deutschland anzutreten. Er will Freunde besuchen, Verwandte, um möglicherweise Nachlaßangelegenheiten zu besprechen; denn er hat kurz zuvor sein Testament verfaßt und darin seine Nichte Johanna Friederica Floercke (sein Patenkind) zur Haupterbin bestimmt. Wir wissen heute nicht, welche Stationen er im einzelnen aufgesucht hat. Im August erleidet er, laut Pressebericht, auf der Strecke zwischen Den Haag und Haarlem einen Verkehrsunfall: Die Kutsche stürzt um, er selbst wird „schwer verletzt". Auf welche Weise er zu Schaden kam, ist unbekannt. Auf jeden Fall wirkt der von der Reise Zurückgekehrte auf Mitmenschen verändert. Man findet ihn antriebslos, resigniert, düster, melancholisch. Die Ursache sind vielleicht erste sichere Anzeichen eines Augenleidens. Was das in der Zukunft für ihn bedeuten würde, darüber war er sich im Hinblick auf die eigene Mutter sicherlich klar. Einem Brief vom Dezember an Georg Philipp Telemann ist kein Trübsinn anzumerken. Telemann hatte ihm geschrieben, weniger, wie es scheint, aus musikalischem Interesse, der Hamburger Kollege war auch Gartenfreund. Händel läßt ihm eine Kiste Blumenzwiebeln zukommen, die den Adressaten angeblich nicht erreicht. Der sei nämlich, so die Auskunft des Kapitäns, inzwischen verstorben. Das stellt sich später als falsch heraus. Telemann schickt an den Kapitän sogar eine neue Wunschliste, um weitere „exotische Pflanzen" (wahrscheinlich Hyazinthen) zu beziehen. Händel ist sehr erleichtert, Telemann noch am Leben zu wissen, und diktiert im Jahr 1754 an ihn ein zweites, gleichfalls französisch verfaßtes Schreiben, um ihm bei der Übersendung neuer Blumen wiederum behilflich zu sein. Von Händels eigenem beklagenswerten Zustand erfährt Telemann bei der Gelegenheit kein Wort.

Neujahr 1751 entsteht noch einmal ein Orgelkonzert. Es zählt zu Opus 7, trägt die Nummer 3 und steht in der von Händel oft bevorzugten Tonart B-dur. Es beginnt überraschend mit den Anfangstakten des Halleluja aus dem „Messias", erinnert aber im Durchführungsteil des ersten Satzes an die Kompositionstechnik Johann Sebastian Bachs in den Brandenburgischen Konzerten. Ist das ein Zufall? Satz 2, reines Orgelsolo, umspielt das Paul-Gerhardt-Lied „Nun ruhen alle Wälder", das in Bachs Orgel- und Kantatenwerk bis hin zur Matthäuspassion eine Rolle spielt. Haben wir vielleicht auch das als einen Nachruf an den Verstorbenen zu verstehen, von dessen Ableben er auf seiner letzten Deutschlandreise zweifellos erfahren hat? Daß er vom Bachschen Werk rein gar nichts kannte, wirkt wenig glaubhaft. Eher ist es denkbar, daß ihm, dem großen Italiener und Theatermann, Bachs Verharren in der deutschen Kirchenmusiktradition wesensfremd blieb, so daß ihn die Kunst des Thomaskantors wenig interessierte. Anderenfalls hätte er Bach auf einer seiner Reisen in Leipzig sicherlich aufgesucht.

Für die Vollendung des Orgelkonzertes, in dessen drittem Satz er noch einmal ein Muster seiner thematischen Verknüpfungskunst gibt, braucht er vier Tage. Nach einer Pause von weniger als drei Wochen geht Händel am 21. Januar an die Vertonung seines letzten Oratoriums „Jephta" nach einem Textbuch von Thomas Morell. Jephtas Geschichte steht im Buch der Richter. Die Bibel nennt ihn ein „Hurenkind", das von den Halbbrüdern ausgestoßen wurde. In der Fremde macht er sich zum Anführer eines verwegenen Haufens, der es mit den Feinden aufnimmt. Als der Druck der Ammoniter auf die Kinder Israels immer stärker wird, rufen die Brüder den Verstoßenen zurück und stellen ihn an die Spitze der israelitischen Streitkräfte. Jephta tut, bevor er in den Kampf zieht, vor Gott ein Gelübde: Sollte der Herr ihm den Sieg verleihen, werde er ihm das, was ihm bei der Heimkunft als erstes aus der Haustür entgegenkomme, zum Opfer darbringen. Als Jephta in der Tat siegreich zurückkehrt, eilt aus dem Haus zur Begrüßung sein einziges Kind auf ihn zu, die Tochter, der Morell (wohl in Anspielung auf die gleichfalls geopferte griechische Iphigenie) den Namen Iphis gegeben hat. Zu Boden geworfen, aber letztlich gebunden an sein Wort, muß Jephta nach biblischem Bericht das Menschenopfer leisten. Morell mildert diesen grausigen Schluß, indem er wie in der Geschichte Abrahams einen Engel herabsteigen läßt, durch dessen Mund Gott von Jephtas Tochter nur fordert, daß sie sich ihm als Nonne weiht.

Nimmt man das Oratorium „Deborah" aus, hat Händel in

keinem anderen so zahlreiche Anleihen bei sich und anderen Komponisten gemacht wie in „Jephta". Die Messensammlung eines 1706 geborenen böhmischen Musikers namens Habermann wurde dazu als brauchbare Rohstoffquelle ausgeschöpft. Trotzdem zählt dieser Schlußstein zu Händels großartigsten Oratorien, ja er macht bei manchen Kennern sogar dem „Messias" den Königsrang streitig. Das liegt vor allem an einigen gewaltigen Chorgesängen, die drei bis vierteilig in der Tat einen Gipfel abendländischer Vokalkunst überhaupt darstellen. Ihre Aussagekraft verdichtet sich auf wahrhaft atemberaubende Weise, weil Händel an der Schwelle zur größten Krise seines eigenen Lebens in dem Führer Israels – und zwar dem biblisch unverfälschten, nicht dem von Morell opernhaft geglätteten – seinen Schicksalsgefährten erkennt.

Verfolgen wir hierzu zunächst den Gang seiner Arbeit an der Komposition. Akt 1 scheint zügig voranzugehen, auch in Akt 2 dringt er am 13. Februar bis zum Schlußchor vor, muß aber bei der ersten Zeile „How dark, o Lord, are thy decrees" (Wie hart, wie dunkel, o Herr, sind deine Entscheidungen) die Feder aus der Hand legen. Die Partitur ist fast unleserlich geworden. Er schreibt unter sie in der Muttersprache: „Biss hierher kommen den 13. Februar 1751, Mittwoch, verhindert worden wegen relaxation (Nachlassens) des Gesichts meines linken Auges." Damit beginnt des großen Künstlers persönliche Tragödie.

Er läßt die Arbeit liegen und leitet zwischendurch eine „Belsazar"-Aufführung, als Zugabe in der Pause sein neues Orgelkonzert vorführend. Die Kunde über des verehrten Meisters Mißgeschick verbreitet sich. „Der edle Händel hat ein Auge verloren", das teilt man sich brieflich mit, und ist nur froh, daß ihm wenigstens die Finger heilgeblieben sind, wie sollte er sonst seine Kunst weiter ausüben. Am 23. Februar, seinem 66. Geburtstag, geht er wieder an die Partitur: „Den 23., Sonnabend, dieses etwas besser worden, wieder angegangen" notiert er unter die Textworte „as the nigth succeed the day" (wie die Nacht dem Tag folgt). Es wurde eine Leidensnacht, möglicherweise wieder begleitet von neuen hirnparalytischen Schäden. Ärztliche Kapazitäten werden herbeigerufen. Händel reist zu Kuren in englische Bäder. Vermutlich hoffte er, eine Hebung des allgemeinen körperlichen Zustandes würde sich auch auf seine Sehkraft günstig auswirken. Das Gegenteil ist der Fall. Allmählich erkrankt auch das rechte Auge. Er läßt sich von Doktor Samuel Sharp behandeln, einem international angesehenen Chirurgen am Londoner Guy's Hospital. Dessen Diagnose: „gutta serena", so der Terminus für Erblindung ohne äußerlich wahrzunehmende Anzeichen am befallenen Organ. Heilung aussichtslos.

Nach diesem niederschmetternden Befund wirft sich der Komponist am 18. Juni mit der ihm noch verbliebenen Sehkraft auf sein letztes Oratorium. Die Arbeit schleppt sich, zweifellos aufgrund neuer Beschwerden, über zwei Monate hin. Am 30. August ist „Jephta" abgeschlossen. In den hinter ihm liegenden Wochen hat Händel Zwiesprache mit seinem Helden gehalten, der fassungslos wie er selbst nur noch dem Unabwendbaren gegenübersteht – „Wie dunkel Herr, was du gebracht/Wie tief verborgen unserm Blick!". Was zu seiner Natur gehörte – Kampfbereitschaft, Rastlosigkeit, Tatkraft, Unbesiegbarkeit –, damit war nun nichts mehr zu gewinnen. „Kein sicheres Glück, kein dauernd Heil/wird uns auf Erden hier zuteil", reflektiert der Chor Händels eigene Erkenntnis. „Laß mich in Verzweiflung untergehn!" ruft Jephta aus. Händel fühlt wie Jephta. Gott schweigt dazu. Es gibt keinen Trost, nur hoffnungsloses Alleinsein gegenüber dem Verhängnis. Der Chor aller Chöre am Ende des zweiten Aktes pflanzt uns diese menschliche Ausweglosigkeit unmißverständlich ein. Aber Händel verharrt nicht in der Klage, das ist das eigentlich Ergreifende: In ihm erwacht Bereitschaft, sein Geschick zu tragen, vollziehe es sich, wie es wolle. Nicht: „Was Gott verhängt, ist gut", so formuliert der Pfarrer Morell den letzten Satz. Händel ändert das eigenhändig ab, er zitiert Alexander Pope: „Whatever is, is right" (Was immer eintritt, ist recht). Dieser neunfach wiederholte Wahlspruch des gesamten Chores hat die Wucht eines Hammerschlags. Die Wirkung ist ungeheuerlich. Es gibt keine Stelle in Händels Musik, wo er sich noch überbietet. „Jephta" wird am 26. Februar 1752 uraufgeführt. Das Echo kann nicht groß gewesen sein, sonst wäre es bezeugt. Immerhin begriffen Menschen, die wie Mrs. Delany dem Komponisten nahestanden, auf Anhieb den außergewöhnlichen Rang des neuen Chorwerks und bewunderten seine Schönheit. Es wird zu Lebzeiten des Meisters noch sechsmal gegeben.

Zum Sommer hin verschlechtert sich Händels gesundheitlicher Zustand. Der „General Advertiser" meldet „paralytische Störungen", die „seinen Kopf ergriffen und ihn des Augenlichtes beraubt" hätten. Händel sucht den Spezialisten William Broomfield auf, Chirurg am St. George's Hospital, und unterzieht sich am 3. November einer Staroperation. Sie bestand in Durchbohrung der Hornhaut mit einer Nadel, so daß die Linsenverflüssigung unter die Pupille geschoben werden konnte – der Star wurde „gestochen". Eine nicht allzu schmerzhafte Operation mit guten Erfolgschancen. Tatsächlich tritt Besserung ein: der Patient kann wieder sehen, seine Freunde atmen auf. Aber schon Ende Januar 1753 berichten die Zeitungen von Händels völliger Erblindung. Die Konzerte nehmen dennoch ihren Fortgang. Der junge Christopher Smith kehrt von einer Reise eigens zurück, um seinem alten Lehrer bei den Aufführungen behilflich zu sein. Es wird auch ein befähigter Organist hinzugezogen, John Stanley, der seit seinem zweiten Lebensjahr blind ist. Händel erwidert dem Arzt, der ihn auf den blinden Orgelspieler verwiesen hatte, sarkastisch: „Haben Sie die Bibel nicht gelesen, Doktor Sharp? Haben Sie den Spruch vergessen: Wenn der Blinde den Blinden führt, fallen sie beide in die Grube?" Händel wirkt auf andere gebrochen. Lord Shaftesbury beobachtet ihn auf einer Aufführung des „Alexanderfestes" und schreibt seinem Vetter: „... ich vergoß Tränen des Mitleides, als ich Händel niedergeschlagen, matt und düster dabeisitzen sah, er spielte nicht mehr auf dem Cembalo, und ich dachte daran, daß sein Licht im Dienste der Musik ausgebrannt ist." Der Graf verargt den anwesenden Besuchern, daß sie vom Zustand des großen Musikers anscheinend wenig Notiz nahmen, ihm sogar den gebührenden Beifall versagten.

Aus diesen Jahren völliger Erblindung hat Thomas Hudson den Tondichter noch einmal porträtiert, diesmal von Kopf bis Fuß. Das ist jetzt der berühmte Mann, dessen Werke man im ganzen Land und in der Hauptstadt nicht selten an drei Theatern zugleich spielt. Sogar in Amerika ist seine Musik zu hören. Für 1 Pfund das Stück kann man seine Gipsbüste erstehen und sich ins Wohnzimmer stellen... – Hudson malt den Musiker sitzend, in brokatverbrämtem Samtrock, seidenen Strümpfen, Schnallenschuhen, den Degen gegen den Stuhl gelehnt, vor ihm aufgeschlagen die Partitur des „Messias". Die rechte Hand umschließt den gezierten Griff eines Gehstocks, die linke ist in den über der Brust aufgeknöpften Rock geschoben. Das Gesicht unter der schneeweißen Perücke – hohe Stirn, kräftige Augenbrauenbögen – erkennen wir wieder: Es ist Händel, doch müde und leidend, der zahnlose Mund ist fast lippenlos geworden.

Aber der heimgesuchte Mann läßt sich nicht fallen. Das entspräche auch gar nicht dem Geist, in dem er erzogen wurde. Die Mutter hatte Gebrechlichkeit und Blindheit mit Demut und innerer Gefaßtheit ertragen. Warum nicht auch er? Seine alte Betriebsamkeit lebt wieder auf. Er übt seine Orgelkonzerte ein, bis er sie aus dem Kopf spielen kann. Läßt ihn das Gedächtnis im Stich, noch besser – dann improvisiert er. Charles Burney berichtet darüber: „...er gab dem Orchester bloß das Skelett oder die Ritornelle (Vor- oder Nachspiel des Tutti) jedes Satzes und spielte alle Solosätze aus dem Stegreif, indes die übrigen Instrumente ihm freie Hand ließen und das Signal eines Trillers erwarteten, um die Stücke des Tutti weiter zu spielen..." Er konzertiert wie in alten Tagen. Aufführungstermine jagen einander wie eh und je: „Belsazar", „Israel", „Joseph", „Esther", „Deborah" und immer wieder „Judas Maccabäus". Die Einzahlungen auf das Bankkonto ergeben immer fettere Summen.

Er komponiert auch noch – diktierenderweise, versteht sich.

Er nimmt an bestehenden Werken Änderungen vor, wie das schon immer seine Art war. Er strafft, fügt Neues hinzu. Das Oratorium „Esther" erhält ein Duett mit Chor: „Zion soll sein Haupt nun heben". Die Ergänzung zeigt, daß die Erfindungsgabe des Erblindeten keineswegs gelitten hat. In „Judas Maccabäus" wird die Tenorarie „Wise me, flattering, may deceive you" (Der Weisen Schmeicheln mag dich täuschen) umgestaltet. Schließlich nimmt er sich sein erstes Oratorium aus italienischer Zeit „Il Trionfo del Tempo e del Disinganno" noch einmal vor. Wir erinnern uns: Er hatte es in den dreißiger Jahren schon einmal überarbeitet. Die alte Barockweisheit von der Nichtigkeit weltlichen Glanzes hat ihn durch sein Leben begleitet. Jetzt bittet er Thomas Morell um ein englischsprachiges Libretto, es trägt den Titel „The Triumph of Time and Truth" (Der Triumph der Zeit und der Wahrheit). Mozart ist schon geboren, als sich Händel zu Ende des Jahres 1756 ans Werk macht. In seinem Heimatland ist der Siebenjährige Krieg um Schlesien ausgebrochen. Der König von Preußen, jetzt mit England verbündet, muß sich gegen ein halbes Dutzend Feinde zur Wehr setzen. Man nennt ihn schon Friedrich den Großen. Die Kunde seiner Siege bei Prag, Leuthen, Roßbach, Zorndorf löst auf Londons Straßen Volksfeststimmung aus. Haben die Ereignisse auch Händel bewegt? Mit Sicherheit.

Der ihm nach wie vor wohlgesonnene König läßt sich kaum ein Konzert seines Hofkomponisten entgehen. Auch sein Haus wurde heimgesucht: Im März des Jahres 1751 war Frederick, der Prince of Wales, an einer Rippenfellentzündung gestorben. Dessen ältester Sohn, der künftige König Georg III. (1760–1820), ist noch keine dreizehn Jahre alt. Der Riese beugte sich einmal zu ihm herab: „Du bist ein liebes Kind, nicht wahr? Du wirst meine Musik beschützen, wenn ich tot bin!" Der junge Prinz hält Wort, wie sich Jahrzehnte später zeigen wird.

Den Konzertbesuchern ist es nun ein vertrautes Bild, wie der Siebzigjährige zur Orgel geführt wird. Sein Gang schwerfällig, schwankend, sein Haupt voll Würde. Er verbeugt sich vor einer

Menge, die gerührt ihren Beifall zollt. Als bei einer „Samson"-Aufführung der Tenor John Beard Samsons Lied „Total eclipse no sun, no moon" (Völlige Finsternis – keine Sonne, kein Mond) anstimmt, sehen die Anwesenden dem Komponisten seine tiefe Bewegung an. Manche weinen.

Aber er ist wieder besserer Gesundheit. Graf Shaftesbury stellt das zwei Jahre vor dem Tod des berühmten Musikers mit Erleichterung fest: „Händel geht es besser als seit Jahren, er kann sogar Chöre und andere Musik zu seiner eigenen Zufriedenheit (und folglich der seines Publikums) komponieren. Sein Gedächtnis hat sich in jüngster Zeit in erstaunlichem Maße gebessert." Zuverlässig versieht er sein Amt als „Governor" des Findlingsspitals, so daß alljährlich kurz vor Ostern der „Messias" einstudiert wird. Händel selbst dirigiert die Aufführung vom Cembalo aus. Den beträchtlichen Erlös läßt er ohne Abzug den Heimkindern zukommen. Die Zeitungen berichten über diese Veranstaltungen. Wenn Händel von zwei Kindern zu seinem Instrument begleitet wird, brechen die Zuhörer bei dem Anblick in Tränen aus. Hebt dann das Oratorium selbst an, weinen viele vor Ergriffenheit durch die Musik.

Er ist in diesen Altersjahren nicht umgänglicher geworden. Der treue Smith hat täglich seine liebe Not, scheint aber selbst ein Dickkopf zu sein. Während einer Kur in Turnbridge geraten die alten Männer auf der Straße in einen solchen Streit, daß Smith den Blinden stehen läßt und das Weite sucht. Händel will ihn aus seinem Testament streichen, bringt es aber nicht fertig. Smith der Ältere erbt 2000 Pfund, dazu sämtliche Tasteninstrumente und Partituren. Händel ist wie der reiche gute Nathan: er schenkt, so lange er lebt, nach allen Seiten. Den „edlen" Händel nennen sie ihn, den „gütigen", Großmut und Milde zählen sie zu seinen ersten Tugenden. Die Liste der von ihm in seinem Testament bedachten Personen und Organisationen ist lang. Dienstmädchen, Diener, Apotheker, Ärzte erhalten ihren Teil. Der Gesellschaft zur Unterstützung notleidender Künstler und ihrer Familien wird er 1000 Pfund vermachen, dem Diener Duburk 600 Pfund, so daß dieser sich dafür Händels Wohnhaus auf der Brookstreet kaufen kann. Der Librettist Morell wird bedacht, der Theaterunternehmer John Rich, Charles Jennens darf auf einige Gemälde hoffen. Groß ist die Zahl der berücksichtigten Verwandten. Händel ist für unsere heutigen Begriffe Millionär, er wird rund 20000 Pfund hinterlassen. Der Löwenanteil steht Händels Nichte Friederike Floercke geborene Michaelsen zu. Friederikes Ehegatte bekleidet einen Lehrstuhl für Rechtswissenschaften und ist Rektor der Universität Halle.

Für seine eigene Person hat Händel keinen Luxus beansprucht. Das Mobiliar seines Hauses ist bescheiden, zum Teil alt und abgenutzt. Er gönnte sich lediglich kostbare Gemälde, ein wenig gutes Porzellan, wertvolle Partituren, Musikinstrumente und natürlich reich ausgestattete Küchenräume mit Batterien von Kupferkasserollen, Zinntöpfen, Bratspießen, Fischkesseln, Pfannen und Kaffeekannen. Hier beschäftigte er stets mehrere Personen.

Im August 1758, Händels letztem Sommer, zieht ein Quacksalber namens John Taylor durch die Lande, es ist der besagte Augendoktor, der vor knapp zehn Jahren in Leipzig Bachs Erblindung durch Operation noch verschlimmert und diesen mit falschen Medikamenten möglicherweise nur früher ins Grab gebracht hatte. Das vollkommene Fiasko seiner ärztlichen Kunst hat sich im Kopf des Scharlatans längst in eine Wunderheilung verwandelt. Er prahlt von dem „berühmten Meister der Musik", der von seiner, des „Chevalier" Taylors, Hand sein Augenlicht wiedererhalten habe, obwohl er damals bereits im 88.(!) Lebensjahr gestanden hätte. Händel trifft in Turnbridge mit dem Kurpfuscher zusammen und läßt sich, um nichts unversucht zu lassen, vermutlich gleichfalls behandeln, natürlich ohne Besserung seines Zustandes und, wie es scheint, mit ähnlichen Folgeerscheinungen; denn auch Händel lebt nun nicht mehr lange. Seine Gesundheit verschlechtert sich in den ihm verbleibenden Monaten, Depressionen befallen ihn, Müdigkeit, Schlaffheit und – in seinem Fall besonders ungewöhnlich: Appetitlosigkeit.

25 London, Westminster Abbey: am 20. April 1759 wird Händel dort beigesetzt.

Er verläßt das Haus eigentlich nur noch, um zweimal am Tag die St. Georgskirche am Hanover Square aufzusuchen. Auch die „Messias"-Aufführungen versäumt er nicht. Das Dirigieren überläßt er anderen, spielt aber noch immer die Orgel. Die Oratorienspielzeit in den Fastenwochen des Jahres 1759 schließt mit drei Messias-Vorstellungen. Der Vierundsiebzigjährige will nach der letzten, am 6. April, zur Kur nach Bath reisen, bricht aber nach der Aufführung ohnmächtig zusammen. Der Kranke muß nach Hause transportiert werden. Wieder bei Bewußtsein, fühlt er, wenngleich ihm wohler ist, deutlich sein Ende. Am 11. April nimmt er sich das Testament noch einmal vor, ändert einiges ab und fügt einen an das Domkapitel gerichteten Wunsch hinzu: Er möchte in der Westminsterabtei bestattet werden. Für die Errichtung eines Grabmals stellt er 600 Pfund zur Verfügung.

Die Zeitungen berichten von Händels plötzlicher Erkrankung, die ihn gehindert habe, nach Bath zu reisen. Es ist Gründonnerstag, vier Tage vor Ostern. Händel hat nur noch ein Anliegen: Er möchte am Karfreitag sterben mit der Hoffnung, so berichtet Burney, „seinen Gott und Erlöser am Tag der Auferstehung zu erblicken." Als der Freitag angebrochen ist, nimmt er von allen, die um ihn sind, bis auf seinen Arzt Doktor Warren, einen Apotheker und einen befreundeten Drogisten namens James Smyth Abschied. Gegen sieben Uhr abends schickt er auch den Freund fort mit der Zuversicht, er werde sich mit ihm wiedersehen, und gibt dem Diener Befehl, niemanden mehr hereinzulassen; denn er habe nun mit der Welt abgeschlossen. Am folgenden Morgen des 14. April gegen acht Uhr stirbt Georg Friedrich Händel.

Die Zeitungen berichten schon am gleichen Tag, zum Teil sogar vorzeitig über seinen Tod und verschweigen nicht die Höhe seines hinterlassenen Vermögens. Der letzte Wunsch des großen Mannes wird ihm von der englischen Nation gewährt. Am Abend des 20. April drängen 3000 Menschen zur Beisetzung in die Westminsterabtei. Der Chor der Kathedrale, verstärkt durch den der Royal Chapel und aus St. Paul, singt eine Begräbnismesse des Engländers William Croft. Der im Südkreuz der Kathedrale in die Gruft gesenkte Sarg ist in rotem Samt eingeschlagen. Nach 110 Jahren wird er noch einmal hervorschimmern, wenn neben dem großen Musiker ein weltberühmter Schriftsteller beigesetzt wird: Charles Dickens.

Drei Jahre nach Händels Bestattung wird das Grabmal mit einem von Louis François Roubillac gefertigten Standbild des Musikers enthüllt. Der Bildhauer hat das Gesicht nach der Totenmaske geformt, die er dem Verstorbenen abgenommen hatte. Barhäuptig schaut Händel blinden Auges aufwärts, mit dem Finger nach oben weisend, wo in den Wolken ein Engel die Harfe spielt, in der rechten Hand ein Notenblatt mit einer Arie aus dem „Messias": „Ich weiß, daß mein Erlöser lebt."

„Im Leben bewundert und belohnt, nach dem Tode als Heiliger verehrt", wer will dem deutschen Dichter Christian Daniel Schubart widersprechen, daß keinem anderen Tonkünstler der

Welt vor Händel je solche Ehre zuteil geworden sei? Als Ende des Jahrhunderts Joseph Haydn in London weilt, ist Händel noch immer die alles englische Musikleben bestimmende Gestalt. Ganz im Bann seiner Chöre schreibt Haydn selbst zwei eigene Oratorien. Mozart führt in Wien den „Messias", „Acis und Galatea", das „Alexanderfest" und die „Cäcilien-Ode" auf. Beethoven erhält während seiner letzten Krankheit die vierzigbändige Gesamtausgabe des Händelschen Werkes zum Geschenk. Beglückt läßt er sich die Bände reichen. Denn für ihn ist Händel der größte aller Meister, von ihm, so einer seiner letzten Aussprüche, könne er noch hinzulernen. Das neunzehnte Jahrhundert beschert Händel nach Wiederentdeckung der Matthäuspassion durch Felix Mendelssohn Bartholdy in Johann Sebastian Bach einen ernsten Rivalen. Man spielt Bach gegen Händel aus, bis man erkennt, daß ein solches Unterfangen so sinnlos ist wie der Versuch, Shakespeare gegen Goethe aufbieten zu wollen. Bleibt der ewige Streit, welcher Nation Händel am Ende zuzuordnen sei: der englischen oder der deutschen? Doch wäre es für eine gerechte Entscheidung in einem solchen Fall nicht fair, man würde auch noch eine dritte ebenso gut in Frage kommende Nation hinzuziehen? Denn der *Musiker* Händel war Italiener! Stellt man zudem in Rechnung, daß Händel sich entsprechend dem Geschmack seiner Zeit französisch kleidete, artikulierte, bewegte und benahm, sich bei seiner Leidenschaft für schöne Gegenstände wie Malerei am liebsten in den Niederlanden zu Hause fühlte, ja seinen Durchbruch als Komponist des „Messias" nicht den Engländern, sondern den Iren verdankt, dürfen wir in ihm den ersten wirklichen Europäer unter den großen Musikern sehen. Hält man sich auch noch seine griechisch-mythologisch orientierte Opernwelt und seine jüdisch alttestamentarischen Oratorienstoffe vor Augen, kann Händel als der lebendigste Beweis dafür gelten, daß große kulturelle Leistungen immer nur im friedlichen Zusammenwirken und Austausch der Nationen untereinander entstehen und niemals durch Abkapselung und egozentrische Selbstüberhebung einer einzigen. Im Blick auf den endgültigen

352

Fortfall politischer Grenzpfähle und das Zusammenrücken aller Europäer zu einer echten Gemeinschaft, kann Händel allen Völkern nicht nur als geeignete Leitfigur dienen, seine Musik könnte sogar die Siegesfanfaren dazu liefern.

Zeittafel

1622 Georg Händel, Wundarzt, Vater des Komponisten am 24. September geboren.

1651 Dorothea Händel geb. Taust, Mutter des Komponisten am 10. Februar geboren.

1683 Zweite Eheschließung Georg Händels mit Dorothea Taust am 23. April.

1685 Georg Friedrich Händel am 23. Februar zu Halle an der Saale geboren, getauft am 24. Februar; am 21. März zu Eisenach Johann Sebastian Bach geboren.

1694 Unterricht bei Friedrich Wilhelm Zachow.

1697 Tod des Vaters am 11. Februar.

1702 Immatrikulation an der Universität Halle, Anstellung als Domorganist.

1703 Aufbruch nach Hamburg, Orchestergeiger an der Oper am Gänsemarkt, Bekanntschaft mit Johann Mattheson.

1705 Uraufführung der Opern „Almira" und „Nero" am Gänsemarkt.

1706 Reise nach Italien, Ziel vermutlich Florenz.

1707 Aufenthalt in Rom, Kardinäle Panfili, Colonna, Ottoboni seine Mäzene, Entstehung der Psalmgesänge, Aufführung des Oratoriums „Il Trionfo del Tempo".

1708 Rom und Neapel, Entstehung und Aufführung von „Aci, Galatea e Polifemo", Oratorium „La Resurrezione".

1709 Venedig, Erfolg der Oper „Agrippina".

1710 Rückkehr nach Deutschland, kurfürstlicher Kapellmeister zu Hannover. November Besuch in England.

1711 24. Februar Uraufführung der Oper „Rinaldo" in London.

1712 Rückkehr nach London, Oper „Il Pastor Fido".

1713 Oper „Teseo", „Utrechter Tedeum", „Ode for the Birthday of Queen Anne".

1714 Tod Königin Annas, Kurfürst Georg Ludwig von Hannover wird als Georg I. König von England.

1715 Premiere der Oper „Amadigi".

1717 17. Juli Bootsfahrt des Königs auf der Themse, Aufführung der „Wassermusik". Hauskomponist des Lord Chandos.

1718 „Chandos-Anthems", Oratorium „Esther".

1719 Musikalischer Direktor an der Royal Academy, Reise nach Dresden, „Brockes-Passion".

1720 Eröffnung der ersten Spielzeit, Premiere der Oper „Radamisto".

1721 Opern „Muzio Scevola", „Floridante", Giovanni Bononcini Händels Konkurrent.

1723 Erfolg der Oper „Ottone" mit Francesca Cuzzoni, Oper „Flavio".

1724 Uraufführung der Opern „Giulio Cesare", „Tamerlano", Händel Hausbesitzer auf der Brookstreet.

1725 Oper „Rodelinda".

1726 Opern „Scipione", „Alessandro", Engagement Faustina Bordonis.
1727 Händel britischer Staatsbürger, Tod Georgs I., Krönung Georgs II., „Krönungsanthem", Oper „Admeto", „Riccardo Primo".
1728 Opern „Siroe", „Tolomeo", Premiere der „Beggar's Opera", Schließung der Royal Academy.
1729 Reise nach Italien, Weiterführung des Opernunternehmens, Neueröffnung mit der Oper „Lotario".
1730 Uraufführung der Oper „Partenope", 16. Dezember Tod der Mutter.
1731 Oper „Poro".
1732 Premiere der Oper „Ezio", Abschluß der Opern „Sosarme" und „Orlando".
1733 Uraufführung von „Orlando", Oratorium „Deborah", Juni/Juli Reise nach Oxford, Oratorium „Athalia".
1735 Uraufführung der Opern „Ariodante" und „Alcina", Orgelkonzerte Opus 4.
1736 „Das Alexanderfest", Oper „Atlanta", Wiederaufnahme von „Acis und Galatea".
1737 Uraufführung der Opern „Arminio", „Giustino", „Berenice", Überarbeitung des Oratoriums „Il Trionfo del Tempo"; April körperlicher Zusammenbruch, im Herbst Bäderkur in Aachen.
1738 Opern „Xerxes" und „Faramondo". Komposition der Oratorien „Saul" und „Israel in Ägypten". Händel-Statue von Roubillac in Vauxhall Gardens.
1739 „Cäcilien-Ode", 12. Concerti grossi opus 6.
1740 Oratorium „L'Allegro, il Penseroso ed il Moderato", Oper „Imeneo".
1741 Oper „Deidamia", August/September Arbeit am Oratorium „Der Messias". September/Oktober Oratorium „Samson". November Reise nach Irland.
1742 Konzerte in Dublin, Uraufführung des „Messias" am 13. April, Rückkehr nach London im Spätsommer.
1743 Oratorien „Semele" und „Joseph und seine Brüder", das „Dettinger Tedeum".
1744 Oratorien „Hercules" und „Belsazar".
1745 Prince Charles Edward Stuart in Schottland, Aufstand der Jakobiten.
1746 „Occasional Oratorio", Oratorium „Judas Maccabäus".
1747 Triumph mit „Judas Maccabäus", Oratorien „Alexander Balus", „Josua". Thomas Hudsons Händelporträt.
1748 Zwei „Concerti a due Cori", Oratorien „Salomo" und „Susanna".
1749 Feuerwerksmusik, Oratorium „Theodora".
1750 Letzte Reise nach Deutschland, Wahl in den Vorstand des Findelhauses, dort Aufführung des „Messias" am 1. Mai, Händel macht sein Testament. Johann Sebastian Bach am 28. Juli in Leipzig gestorben.
1751 Oratorium „Jephta", Beginn der Erblindung.
1752 November erfolglose Augenoperation.
1753 Völlige Erblindung.
1758 Oratorium „The Triumph of Time and Truth".
1759 Händel stirbt am 14. April in seinem Haus auf der Brookstreet, am 20. April Begräbnis in der Westminsterabtei.

Personenregister

Bruno Keiser

Bevor das Jahrtausend anbrach
Adelheid

Königin, Kaiserin, Heilige

Ein Leben in bewegter Zeit

260 Seiten, zahlreiche Abbildungen, gebunden mit Schutzumschlag

*Adelheid, die „Mutter der Königreiche".
Das erzählte Leben einer der
faszinierendsten Frauen europäischer
Geschichte.*

Thomas Haenel

Stefan Zweig
Psychologe aus Leidenschaft
Leben und Werk aus der Sicht eines Psychiaters

380 Seiten, zahlreiche Abbildungen, gebunden mit Schutzumschlag

*Die Passion seines Lebens:
Stefan Zweig und sein Werk aus der Sicht
eines Psychiaters.*

Droste Verlag Düsseldorf